W0245389

Aus dem Programm Huber: Psychologie Praxis

Inhaltsverzeichnis

Einleitung

Hypnose als eine der ältesten Techniken der Psychotherapie hat viele Abkömmlinge hervorgebracht: nicht nur die Psychoanalyse (beobachtbar in den "Studien über Hysterie" von Breuer und Freud) oder das Autogene Training, sondern auch einen wichtigen Zweig der Verhaltenstherapie, nämlich die systematische Desensibilisierung (Wolpe 1958). Trotzdem ist in den sechziger Jahren die Hypnose aus der verhaltenstherapeutischen Praxis weitgehend verschwunden, bis durch die Publikation von Dengrove (1976) viele wichtige bis dahin nur sehr verstreut vorliegenden Arbeiten der Öffentlichkeit zugänglich gemacht wurden. Danach nahm im englischen Sprachraum das Interesse an möglichen praktischen und theoretischen Verbindungen zwischen Hypnose und Verhaltenstherapie stetig zu, während im deutschen entsprechende Vorstöße zunächst Einzelfälle blieben. Dies änderte sich in dem Maß, in dem die Arbeiten Milton H. Ericksons auch bei uns bekannt wurden. Sein Verdienst war es, die Hypnose aus ihren suggestionstheoretischen Fesseln befreit zu haben, und er entwickelte eine unglaubliche Kreativität bei der Anwendung von Interventionsstrategien, die für jedes Individuum maßeschneidert waren. Im April 1987 wurde ein Heft der Zeitschrift *HYPNOSE UND KOGNITION* dem Thema von *Hypnose und Verhaltenstherapie* gewidmet, und dieses Buch versteht sich als eine Fortführung und Konsolidierung der dort begonnenen Arbeit.

Laien und auch manche Professionelle haben nur wenige und oft entstellte Kenntnisse von Hypnose und Verhaltenstherapie. Insbesondere über die Hypnose existieren die seltsamsten Vorstellungen: das Spektrum reicht von naivem und überschwenglichem Wunderglauben bis hin zu dem Verdacht der Scharlatanerie, was aus den vielen Miverständnissen über Natur und Wirkungsweisen der Hypnose auch leicht zu erklären ist. Dieses Buch beginnt daher mit Kapiteln, in denen zunächst die wichtigsten Prinzipien der Hypnose (Kap. 1), der Verhaltenstherapie (Kap. 2) und schließlich die Geschichte ihres gegenseiten Verhältnisses (Kap. 3) dargestellt werden.

Für den nächsten Teil des Buches (Kap. 4) haben wir zehn Falldarstellungen ausgewählt, in denen auf praktische Weise die Kombinationsmöglichkeiten von Hypnose und Verhaltenstherapie demonstriert werden. Wir haben hier Wert darauf gelegt, nicht nur Interventionen bei unterschiedlichen Störungen vorzustellen, sondern auch Interventionen unterschiedlichen *Stils,* der von dominant verhaltenstherapeutisch bis dominant hypnotherapeutisch reicht.

Im letzten Teil dieses Buches (Kap. 5 bis 7) greifen wir das Problem des Verhältnisses von Hypnose und Verhaltenstherapie noch einmal auf. Dabei diskutiert jeder der Autoren dieses Problem unter seiner Sichtweise, und es wird deutlich, daß große Übereinstimmungen bestehen, aber auch durchaus konträre Auffassungen. Wir konnten und wollten keine harmonische Integration erreichen; wir wollten über ein faszinierendes Thema sprechen und die Diskussion darüber ein Stück weiterbringen. Wir wollten zeigen, daß weder Hypnose noch Verhaltenstherapie in sich abgeschlossene Praxissysteme sind, die unabhängig vom Kontext der allgemeinen Psychologie, insbesondere der Lern- und Kognitionspsychologie, analysiert und erforscht werden könnten.

Wir haben dieses Buch nicht nur herausgegeben und uns als Autoren beteiligt, wir (B. Peter und C. Kraiker) haben es auch am Computer gesetzt und die Vorlagen gedruckt, so daß am optischen Erscheinungsbild den Verlag keine Schuld trifft. In diesem Zusammenhang danken wir auch herzlich Frau Ursula Grau, Frau Gabi Reinmann-Rothmeier, Frau Isa Zalaman, Frau Caroline Meiller und Herrn Christian Kinzel für hilfreiche Schreib-, Index-, und Korrekturarbeiten, sowie dem Lektor des Huber-Verlages, Herrn Dr. Stehlin, für die große Geduld, mit der er das Entstehen dieses Buches verfolgte. Besonders bedanken wollen wir uns auch bei unseren Frauen, welche auf die eine oder andere Art direkt oder indirekt am Zustandekommen dieses Buches beteiligt waren.

Alle Herausgeber- und Autorenhonorare fließen der *M.E.G.-Stiftung zur Förderung der Klinischen und Experimentellen Hypnose*[1] zu.

München, im Juni 1990

Burkhard Peter - Christoph Kraiker - Dirk Revenstorf

1 Die Stiftung der Milton Erickson Gesellschaft für Klinische Hypnose (M.E.G.-Stiftung) wurde im Anschluß an den ersten deutschen Hypnose-Kongreß 1984 zur Förderung der experimentellen und klinischen Hypnose gegründet. Treuhänder dieser Stiftung ist Dr.jur. Herbert Broelmann. Dem Stiftungsbeirat gehören an Walter Bongartz, Wilhelm Gerl, Christoph Kraiker, Burkhard Peter, Dirk Revenstorf und Gunther Schmidt. Die M.E.G.-Stiftung ist auch Trägerin von *HYPNOSE UND KOGNITION, Zeitschrift für die Grundlagen und klinische Anwendung von Hypnose und Kognitiver Psychologie*, welche das wissenschaftliche Publikationsorgan der M.E.G. darstellt.

1. Was ist Hypnose?

Burkhard Peter

1.1 Zur Theoriegeschichte der Hypnose

Die Geschichte der Hypnose ist reich an Mißverständnissen in der Theorie und so muß es nicht verwundern, wenn auch heute noch bei Laien aber auch bei manchen Kollegen eher extreme und/oder unrealistische Vorstellungen oder indiskutable Ablehnung vorherrschen anstelle vernünftigen Erwägens dessen, was Hypnose ist, wie sie wirkt und was sie zu leisten imstande ist.

Als Beginn der theoretischen Kontroverse, die Hypnose nun seit über 200 Jahren begleitet, will ich die Erinnerung an jene von dem bayerischen Kurfürsten Max Joseph einberufene Kommission wählen, in welcher Franz Anton Mesmer 1775 nachwies, daß er die gleichen Effekte erzielen konnte wie der damals berühmte Pater Gassner (1774), welcher vorgab, durch Exorzismus zu heilen. Mesmers Heilmethode basierte auf seiner Theorie des *animalischen Magnetismus*; die von beiden erzielten Effekte seien also nicht auf das erfolgreiche Austreiben böser Mächte zurückzuführen sondern auf die erfolgreiche Korrektur einer Art Biomagnetismus im Körper des Patienten. In einem Zeitalter beginnender Aufklärung war Mesmers quasi-physikalische Theorie leichter zu akzeptieren als Pater Gassners überholte magisch-mystische Sicht. Obwohl Mesmer dem Pater Gassner größere Heilkräfte zuschrieb als sich selbst, verschwand jener dann in der Versenkung und Mesmer wurde in Wien mit einigen spektakulären Heilerfolgen berühmt. Leider brachte ihn dort das Phänomen des sekundären Krankheitsgewinnes zu Fall: Eine seit ihrem dritten Lebensjahr blinde und damals wegen ihrer Darbietungen trotz fehlendem Sehvermögens sehr bekannte und bei der Kaiserin Maria-Theresia angesehene Pianistin lernte durch Mesmers Hilfe wieder zu sehen, was ihr jedoch sehr bald sowohl von ihren Ärzten wie auch von ihrer Familie ob des zu erwartenden Prestigeverlustes wieder ausgetrieben wurde (siehe Ullrich, 1961-1962). Der bei der Wiener Ärzteschaft bis dahin ohnehin argwöhnisch beobachtete Mesmer[1] verlor nun selbst sein Prestige, verließ Wien 1777, war ein Jahr lang depressiv und begann mit seiner Methode des *Mesmerisierens* dann 1778 seine 6 Jahre dauernde Phase des Erfolgs in Paris, bis 1784 die Berichte zweier von König Louis XVI eingesetzter wissenschaftlicher Kommissionen auch seiner Arbeit ein Ende setzten. Diese von Mesmer selbst gewünschten Kommissionen stellten fest, daß es mit seiner Theorie nichts auf sich habe, wenn auch die Erfolge nicht zu leugnen waren. Als Alternativerklärungen präsentierten diese Kommissionen[2] geradezu modern

---

1 Bei ihm war u.a. auch Mozart zu Gast.
2 Einer dieser Kommissionen gehörte auch Benjamin Franklin an, der damals amerikanischer Abgesandter in Paris war.

anmutende psychologische Gedanken: die Effekte würden auf imaginativen, imitativen und Placebo-Prozessen beruhen. Gravierender für Mesmers Sturz war wohl ein dritter, geheimer Bericht, in welchem vor sittlichen Gefahren durch die bei Mesmers *baquets* oft erzielten hysterischen Exaltationen, die sog. Krisen, gewarnt wurde. Nach der Zurückweisung seiner Theorie verschwand auch Mesmer ab 1785 in der Versenkung und er starb 1815 in Meersburg am Bodensee,[3] nicht jedoch seine Theorie des animalischen Magnetismus und nicht seine Praxis des Mesmerisierens. Deren akademische Zurückweisung bewirkte lediglich, daß sie abgedrängt wurde in die Geheimzirkel mondäner Salons und auf die Jahrmarktsszene der Gaukler und Wunderheiler. In Paris wurden in der Folge Anhänger Mesmers, soweit sie akademische Reputation besaßen, wissenschaftlich exkommuniziert; in Wien wurde das Mesmerisieren 1815 sogar offiziell verboten.

Einer der treuesten Schüler von Mesmer, der Marquis de Puységur, Sproß eines in Frankreich angesehenen Adelsgeschlechtes, entdeckte an seinem an Atemwegsinfektion erkrankten Untergebenen Victor, daß dieser beim Mesmerisieren überhaupt nicht in jene konvulsiven Krisen verfiel, welche Mesmers Patienten noch vorexerziert hatten, sondern daß er in eine Art merkwürdigen Schlaf versank, in welchem er geradezu luzide wirkte, also gar nicht mehr devot und eingeschränkt; er zeigte ein wacheres und aufgeweckteres Verhalten, schien seine Krankheit diagnostizieren und Behandlungen vorschlagen zu können; nach diesem Zustand war er jedoch wieder völlig der alte und konnte sich an nichts mehr erinnern. Die Ähnlichkeit dieser Art des *magnetischen Schlafes* zu dem Verhalten von Schlafwandlern führte dann zu der Bezeichnung *künstlicher Somnambulismus*. Puységur begriff auch, daß hierbei nicht ein ominöses Fluidum am Werk sei, sondern daß der Wille und der Glaube des Magnetiseurs die wesentliche Rolle beim Zustandekommen dieses außergewöhnlichen Zustandes spielte: "Ich glaube an die Existenz einer Kraft in mir. Aus diesem Glauben leitet sich mein Wille ab, sie wirksam werden zu lassen. Die ganze Lehre vom tierischen Magnetismus ist in den zwei Worten enthalten: *Glauben und Wollen*. Ich *glaube*, daß ich die Kraft habe, das vitale Prinzip meiner Mitmenschen in Gang zu setzen; ich *will* diese Kraft gebrauchen; dies ist alles was ich weiß, und dies sind alle meine Mittel" (Puységur, 1897; zit. nach Ellenberger, 1985, S. 117; Hervorh. im Original). Implizit wird mit diesen Worten Ende des 18. Jahrhunderts ein weiteres psychologisches Prinzip für die Hypnose konzeptualisiert: der *Rapport*, von Puységur allerdings noch als einseitige Einflußnahme derart verstanden, daß der Hypnotiseur seine besondere "Kraft" auf den Patienten überträgt.[4]

Mit der Revolution 1789 verschwanden die noch von Mesmer initiierten und aufgrund der Zurückweisung durch das akademische Establishment gefestigten "Sociétés de l'Harmonie", welche sich in Frankreich und über ganz Europa ausgebreitet hatten und v.a. auch Adelige zu ihren Mitgliedern zählten. Mit der Revolution verschwanden aber auch einige frühere Gegenspieler von Mesmer, einige unter dem Schaffott, wie z.B. der Arzt Guillotin, andere in der Emigration. Nach der Revolution und zwei Jahren Gefängnis nahm Puységur das Mesmeri-

---

3 Dort ist heute noch Mesmers Grab zu besichtigen.
4 Die heutige moderne Version des Rapports, verstanden als spezielle wechselseitige (hypno)therapeutische Beziehung zwischen Patient und Therapeut, besagt, daß der Hypnotherapeut die Selbstheilungskräfte des Menschen aktualisiert und seine Ressourcen mobilisiert.

sieren wieder auf; u.a. beschäftigte er sich auch mit der Frage, ob Geisteskrankheit nicht eine Art somnambuler Deformierung sei, eine Idee, die in verschiedenen Varianten immer wieder aufgetaucht ist.[5] Nach dem Sturz Napoleons wirkte eine neue Generation von Magnetiseure. Sie und ihre Vorgänger entdeckten und beschrieben nach und nach alle Phänomene der Hypnose, wie wir sie heute kennen. Aber trotz allen Fleißes und der großer Sorgfalt, welche diese Laienmagnetiseure bei ihren Behandlungen und deren Protokollierungen an den Tag legten, blieben Frankreichs akademische Türen für sie und damit auch für die Hypnose verschlossen; dadurch, daß sie als Laien "heilten", zogen sie sich vielmehr den Zorn der Ärzteschaft zu.

1813 erregte in Paris der portugiesische Priester Abbé Faria Aufsehen; er ließ Patienten sich in bequeme Stühle setzen und sie u.a. auch seine erhobenen Handflächen fixieren; auf ein kräftiges "dormez" hin verfielen viele von ihnen dann in einen "luziden" Schlaf, in welchem Faria auch posthypnotische Suggestionen gegeben hat.[6] Aufsehenerregend war auch seine Theorie: Es sei weniger die Macht des Magnetiseurs und schon gar nicht die eines physikalischen Fluidums, welche Menschen in diesen Zustand versetze. Der Vorgang des Magnetisierens gehe vielmehr auf die magnetisierte Person selbst zurück, welche die Fähigkeit besitzen müsse, sich intensiv zu *konzentrieren*; manche Menschen könnten dies besser als andere (Faria, 1819). Damit war die Theorie von der *Suggestibilität*, verstanden als eine der Person inhärenten Eigenschaft, geboren und Abbé Faria kann als der Vorläufer sowohl der Schulen von Nancy als auch der ersten Stanford-Tradition (Weitzenhoffer & Hilgard, 1959) angesehen werden. Des weiteren kannte und akzeptierte Faria die Existenz von Autosuggestionen und sah in ihnen die Grundlage für die Ausführung posthypnotischer Suggestionen. Auch Faria verschwand sehr bald in der Versenkung, nachdem ein simulierender Schauspieler ihn vor aller Öffentlichkeit getäuscht hatte.

Ganz anders als in Frankreich und Österreich herrschte Anfang des 19. Jahrhunderts an deutschen Universitäten ein freundlicheres Klima für den Magnetismus. Eine 1812 von der preußischen Regierung eingesetzte Untersuchungskommission kam zu einem günstigen Ergebnis, woraufhin an den Universitäten Berlin und Bonn Lehrstühle für Mesmerismus eingerichtet wurden (siehe Erman, 1925). Für diese Entwicklung stand die romantische und naturphilosophische Bewegung Pate; Gegenstand des Interesse war hauptsächlich der *Rapport* zwischen Hypnotiseur und Hypnotisand. Dieser wurde nun als grundlegende Variable des Magnetisierens angesehen; in romantischer Verklärung zog man Vergleiche wie beispielsweise zu der besonderen Beziehung einer Mutter zu ihrem Foetus, welche bis zur Geburt besondere Phasen durchlaufe und eines außergewöhnlichen Schutzes bedürfe (siehe Kluge, 1811). Auch Mesmers originale Fluidumstheorie kam ganz im Sinne der Romantiker wieder zu Ehren; das Universum wurde als eine lebendige und beseelte Einheit verstanden und in der Luzidität des magnetischen Somnambulismus vermutete man das Vehikel, mit dem der menschliche Geist mit der Weltseele in Verbindung treten könne. Unter den magnetischen "Heiligen" und "Seherinnen" jener Tage wurde insbesondere Frie-

---

5 Für die moderne Version siehe Gilligan (1988) und Zeig (1988).
6 Posthypnotische Suggestionen waren allerdings schon 1787 beschrieben worden.

dericke Hauffe berühmt; der Dichter und Arzt Justinus Kerner hatte mit ihr die letzten 3 Jahre ihres Lebens verbracht und seine Aufzeichnungen hierüber veröffentlicht (1829).

Ab Mitte des 19. Jahrhunderts aber erstarkte der Positivismus und wissenschaftliche Rationalismus, und der Mesmerismus war wohl schon zu sehr assoziiert mit romantischem Mystizismus, als daß er zumindest in Deutschland in dieser neuen Zeit noch hätte von Bedeutung sein können. Hinzu kam, daß um die Mitte des 19. Jahrhunderts von Amerika ausgehend eine Welle des Spiritismus auf Europa übergriff und eine ganz und gar unheilige Allianz mit dem Magnetismus einging. Hypnose geriet nun vollends in Verruf als Okkultismus und Scharlatanerie. Die wahre Epidemie an derartigen Darbietungen brachte indirekt aber auch wiederum Gutes für die Hypnose: Angelockt von den öffentlichen Großveranstaltungen professioneller Hypnotiseure begannen sich vereinzelt auch Ärzte, Neurologen und Physiologen für die Phänomene der Hypnose zu interessieren.

Der englische Arzt James Braid war 1841 von einem französischen Magnetiseur so beeindruckt, daß er dessen Demonstrationen an seinen eigenen Patienten mit großem Erfolg wiederholte. In einer leichten Modifikation der Technik des Abbé Faria ließ er sie einen glänzenden Gegenstand fixieren, beobachtete die hierbei auftretenden physiologischen Veränderungen, schloß auf zentralnervöse Umschaltungsprozesse und konstruierte eine neurophysiologische Theorie; das Ganze nannte er zunächst Neurhypnologie (1843) und später dann abgekürzt Hypnotismus. In späteren Jahren (1855/1970) griff Braid Farias Idee der Konzentration wieder auf und entwickelte seine eigenen Vorstellungen vom *Monoideismus* als dem tertium comparationis all jener Methoden, mit deren Hilfe durch den Geist Veränderungen im Körper hervorgerufen werden können. Bezüglich des Spezialfalles Hypnose meinte er, daß "die unterschiedlichen Vorgehensweisen, den Zustand des Hypnotismus oder Mesmerismus zu induzieren, offensichtlich darin bestehen, einen Zustand der Abstraktion und Konzentration der Aufmerksamkeit - d.h. einen Zustand des Monoideismus - zu induzieren (p. 373); später wurde hierfür der Ausdruck Ideomotorik bzw. Ideosensorik benutzt. Auch Braid hatte sich noch heftig zu verteidigen, sowohl gegen die Kirche, die ihn teuflischer Machenschaften zieh (Braid, 1842/1970), wie auch gegen Kollegen seines eigenen Berufsstandes, obwohl er bei ihnen vermutlich wegen seines Versuches, Hypnose neurophysiologisch zu erklären, nicht in Mißkredit geriet. Anders erging es dagegen seinem chirurgischen Kollegen John Elliotson (1843), der von der Idee des Fluidums und der Praxis des Mesmerisierens zur gelungenen Anästhesie bei seinen Patienten nicht lassen wollte oder konnte (Äther und Chlorophorm wurden erst 1846 bzw. 1847 eingeführt), und daraufhin seine Reputation und seine Krankenhausanstellungen verlor.

Auch in Frankreich mußte jeder Arzt um seine Approbation und erst recht um seinen wissenschaftlichen Ruf fürchten, wenn er es wagte, sich des Mesmerismus zu bedienen. Einer der wenigen, die dieses Risiko eingingen und sich offen dazu bekannten, war der Landarzt Auguste Ambroise Liébeault (1866). Er schlug seinen Patienten vor, sich gegen Honorar konventionell oder kostenlos mit Magnetismus behandeln zu lassen; dadurch hatte er einen großen Zulauf, war aber bei seinen Kollegen nicht nur als Scharlatan sondern wegen dieser kostenlosen Behandlungen auch als Spinner verschrieen. Liébeault hypnotisierte mittels Faszination und Suggestion: seine durchwegs armen Patienten, Bauern aus der Umgebung und einfache Leute aus der Stadt, mußten ihm tief in die Augen schauen, während er ihnen zunächst Schläfrigkeit suggerierte und dann in einem oft nur leichter Trancezustand das Verschwinden ihrer Symptome. Hippolyte Bernheim, Titularprofessor für innere Medizin an der neuen Universität von Nancy, besuchte 1882 Liébeault, ließ sich nach anfänglicher Skepsis überzeugen und nahm ihn mit nach Nancy; so entstand die sog. erste Schule von Nancy (Bernheim, 1888/1985), die die Suggestionstheorie der Hypnose begründete. Diese besagt, (1) daß durch entsprechende verbale Suggestionen ein hypnotischer Schlaf herbeigeführt werden könne, (2) daß in diesem die schon a priori vorhandene, mehr oder weniger ausgeprägte Suggestibilität gesteigert sei, und (3) daß in diesem Zustand gesteigerter Suggestibilität bzw. hypnotischer Trance applizierte therapeutische Suggestionen leichter angenommen und ausgeführt würden. Diese Vorstellung von der Natur und Wirkungsweise der Hypnose hat natürlich auch ihre Vorläufer, war aber im Vergleich zu diesen so elaboriert, daß man sie möglicherweise als erste psychologische Theorie der Hypnose bezeichnen kann.[7] Suggestibilität wurde verstanden als ideoaktive psychologische Eigenschaft, die zustande kommt aufgrund der Worte des Hypnotiseurs, die Ideen hervorrufen, welche in die entsprechenden sensorischen, affektiven oder behavioralen Prozesse umgesetzt werden unter Umgehen intermittierender Kontrollvorgänge. Im Laufe der Zeit machte Bernheim auch die Erfahrung, daß sog. *Wachsuggestionen* schon genügen, daß es also der Induzierung eines hypnotischen Schlafes gar nicht bedürfe, und so kam er zu der berühmten Gleichsetzung von Hypnose und Suggestion: "Wenn man die Hypnose als einen provocirten Schlaf definirt, so engt man die Bedeutung dieses Wortes unnöthiger Weise ein und trägt den zahlreichen, vom Schlaf unabhängigen Phänomenen keine Rechnung, welche die Suggestion erzeugen kann. Ich ziehe es vor, die Hypnose anders zu definiren, nämlich als die Hervorrufung eines besonderen psychischen Zustandes, in dem die Suggerirbarkeit gesteigert ist. Es ist allerding richtig, dass der erzwungene Schlaf - wenn man ihn nämlich erzwingen kann - die Suggerirbarkeit unterstützt, aber er ist keine unerlässliche Vorbedingung für dieselbe. Der Kernpunkt, die Hauptsache der Hypnose, ist die Suggestion" (1888/1985, S. 16 f). Wie schon viele vor ihm, machte auch Bernheim die Erfahrung, daß diese Art der "Gehirngefügigkeit" bei dem einfachen Volke stärker ausgeprägt schien als bei den Gebildeten und Adeligen; er hypnotisierte allerdings auch nur diejenigen, bei denen er sich hinreichenden Erfolg versprach.[8] Bernheim suggerierte offensichtlich recht autoritär und war auch damit vielen Zeitgenossen ein Vorbild; die Psychiater Albert Moll und Schrenck-Notzing in Deutschland, Krafft-Ebing in Österreich, Bechterew in Rußland, Bramwell in England und Morton Prince in

---

7 Als Psychotherapietheorie ist diese Suggestionstheorie allerdings recht eingeschränkt und problematisch; siehe Kraiker (1987).
8 Dies hätte Sigmund Freud, der Bernheim und Liébeault in Nancy besucht hatte, schon zu denken geben müssen.

den USA gehörten im weitesten Sinne zur Schule von Nancy, ahmten sie nach und verbreiteten die Theorie der Suggestion.[9]

Bernheim trat bald in einen heftigen wissenschaftlichen Disput mit der Schule der Salpêtrière, kurz nachdem 1882 deren Leiter, der berühmte Neurologe Jean-Martin Charcot an der Académie des Sciences seinen berühmten Vortrag über den Hypnotismus gehalten hatte und damit der Hypnose endlich das seit Mesmers Zeiten verweigerte akademische entrée verschafft hatte. Es gehört mit zu den vielen Merkwürdigkeiten in der Geschichte der Hypnose, daß ausgerechnet diese akademische Vorstellung unter theoretischen Vorzeichen geschah, die heute nurmehr als anekdotische Randbemerkungen denn als ernstzunehmende Theorie gewertet werden: Charcot sah in der Hypnose einen psychopathologischen Zustand ähnlich dem der Hysterie. Trotz dieser fundamentalen Fehleinschätzung, welche u.a. mit den besonderen Zuständen an der Salpêtrière zu erklären ist, verlieh Charcot der Hypnose einen neuen Ruf und brachte sie zu Ehren. Sein eigener Ruf als vorzüglicher Neurologe und brilliant dozierender Professor zog viele Kollegen aus ganz Europa nach Paris; u.a. waren Gilles de la Tourette, Raymond, Babinski, Pierre Janet und Sigmund Freud seine Schüler. Wohl wandten sich einige wieder von ihm ab, als er sich dem Studium des Magnetismus zuwandte, doch manchen erschien Hypnose als die Psychotherapiemethode der Wahl, wie z.B. Freud und Janet. Charcot war nicht unangefeindet. So bezichtigten ihn beispielsweise ausgerechnet die Magnetisten der Scharlatanerie; und auch die Polemik aus Nancy nahm an Heftigkeit zu: Bernheim spottete, daß er unter den Tausenden, die er hypnotisiert habe, nur eine einzige Frau getroffen habe, die die von Charcot beschriebenen drei Stadien der Hypnose (Lethargie, Katalepsie und Somnambulismus) schulgemäß zeigte, und diese Frau sei eine ehemalige Patientin der Salpêtrière gewesen - kurz, Charcot habe keine Ahnung von Hypnose, die von ihm beschriebenen Phänomene und Stadien seien Artefakte und die hierauf begründete Theorie blanker Unsinn. Janet (1895) hat scharfsinnig analysiert, welche Fehler Charcot unterliefen; u.a. schien er sich nicht im geringsten um die Frühgeschichte des Mesmerismus zu kümmern und glaubte deshalb, alles was er an der Salpêtrière über die Hypnose und ihre Phänomene gefunden hatte, seien seine originären Entdeckungen gewesen - eine Untugend, die auch heute bisweilen noch zu beobachten ist.

Sigmund Freud war von Oktober 1885 bis März 1886 an der Salpêtrière und von Charcot, wie so viele, tief beeindruckt. Nach seiner Rückkehr eröffnete er (neben einer Spitaltätigkeit) in Wien seine Privatpraxis und begann, in Vorträgen vor der Wiener Ärztegesellschaft die Lehren seines Meisters zu verkünden. Zum Teil noch als Student hatte er 1880 bis 1882 die hypnotische Behandlung der Anna O. durch seinen väterlichen Freund Josef Breuer miterlebt. Im Juli 1889 besuchte er Liébeault und Bernheim in Nancy und danach im August den *1. Internationalen Kongress über Hypnotismus* in Paris; es ist unwahrscheinlich, daß er dort Pierre Janet nicht persönlich getroffen oder zumindest gehört hat, denn diesem war neben Gilles de la Tourette die undankbare Aufgabe zugefallen, Charcot gegen die heftigen Angriffe Bernheims zu verteidigen. Bis zur Publi-

---

9 Die nach dem ersten Weltkrieg von J.H. Schultz initiierte deutsche Schule der sog. ärztlichen Hypnose fußt ebenfalls auf dieser Suggestionstheorie Bernheims; siehe Langen (1972) oder Krapf (1977).

kation der "Studien über Hysterie" 1895 schien Freud bezüglich seiner Einstellung zur Hypnose noch recht unentschlossen: von Charcot war er anfangs sehr geprägt; Janets "L'Automatisme psychologique" hat er mit großer Wahrscheinlichkeit gekannt und damit auch die berühmte Geschichte der Marie, denn die Behandlung seiner Patientin Emmy von N. läßt große Ähnlichkeiten hierzu erkennen und in den "Studien" nimmt er immer wieder, wenn auch kritisch und sich distanzierend, auf Janet Bezug; in einem Vortrag 1893 vor der Wiener Ärztegesellschaft stellt er seine (und Breuers) Theorie über Hysterie vor, Grundlage für die "Vorläufigen Mitteilungen", den ersten Baustein der Psychoanalyse; 1882 hatte er noch in einem anderen Vortrag den Wiener Ärzten empfohlen, unbedingt nach Nancy zu gehen; und 1893 hatte er eine erfolgreiche klassisch Bernheimsche Suggestionsbehandlung bei einer Frau durchgeführt, die ihr Kind nicht stillen konnte. Spätestens in den "Studien" jedoch löst sich Freud sowohl von Breuers kathartischem Hypnosekonzept wie auch von Janets Dissoziationstheorie: aus psychastheniebedingter Abspaltung bestimmter Ideen wird bei Freud ein aktiver Mechanismus dynamischer Abwehr. Daß es aber zu dem vernichtenden und bis heute (zumindest unter deutschen Psychoanalytikern) fortdauernden Verdikt über die Hypnose kam, hat nicht nur rein theoretische Gründe: Freud war offensichtlich ein schlechter Hypnotiseur und hatte zudem in seiner Wiener Klientel nicht so Hochsuggestible wie Bernheim und Liébault in Nancy und bestimmt nicht so hysterische Simulantinnen wie Charcot in der Salpêtrière; die spontane Umarmung einer Patientin nach der Hypnose hat ihn (zum Glück für die Übertragungsanalyse) offensichtlich so irritiert, daß er beschloß, die Finger davon zu lassen; und als rationalem Menschen mußte es ihm ein intellektueller Greuel gewesen sein, in direkten Suggestionen jenes Leiden zu leugnen, welches außerhalb der Suggestionen doch so präsent war (siehe auch Lebzeltern, 1987). In späteren Jahren bekannte er jedoch, daß es notwendig werden könnte, das reine Gold der Analyse mit dem Kupfer der Hypnose zu legieren. Verwunderlich ist es schon, daß Freud von jener Umarmung durch eine Patientin so überrascht war und sich durch die Widerspenstigkeit vieler seiner Patientinnen gegen Hypnose so verzagt machen ließ. Ähnlich wie Charcot (und ganz im Gegensatz zu Janet) schien auch er wohl wenig über die alten Magnetiseure und Hypnotiseure gewußt zu haben. Diese hatten sowohl den "Widerstand" wie auch die "Übertragung" gekannt und wußten damit gut umzugehen (wie 150 Jahre später auch Milton H. Erickson), ohne diese Phänomene als allzu störend zu empfinden. Deren Patienten fielen oft genug nicht oder nicht tief genug in den hypnotischen Schlaf und führten dann selbst in Trance Suggestionen nicht oder nicht wortgetreu aus. Was Freud "Übertragung" nannte, wurde schon lange davor als "Rapport" diskutiert. Neu an Freuds Psychoanalyse war allerdings, daß er diese Phänomene zum Inhalt der Behandlung und ihre Analyse zur Behandlungstechnik erkor; man kann dies wohl zu Recht als das erste systematische Reframing bezeichnen.

Unter dem Freudschen Verdikt stagnierte die Hypnose in Deutschland und den meisten deutschsprachigen Ländern sowohl theoretisch wie auch praktisch. Das von J.H. Schultz entwickelte Autogene Training, verstanden als autohypnoides Verfahren, sowie die von einigen Ärzten praktizierte Form der klassischen Hypnose fußen auf der Schule von Nancy (siehe Krapf, 1977 oder Langen, 1972).

Alle weitere wichtige theoretische Entwicklung vollzog sich in unserem Jahrhundert hauptsächlich in den anglophonen Ländern USA, Kanada, England und Australien. Die theoretische Kontroverse, was denn unter Hypnose nun eigentlich zu verstehen sei, dauert allerdings an (siehe Sheehan & Perry, 1976; Naish, 1986). Im wesentlichen bewegt sich diese Diskussion auf den beiden Dimensionen Zustand vs. Nichtzustand und gläubig vs. skeptisch.

Die *Zustandstheoretiker* sehen Hypnose bzw. hypnotische Trance als einen besonderen, veränderten kognitiven Zustand an, der sich deutlich vom normalen Bewußtsein unterscheide, wobei gewöhnlich das Konstrukt der Dissoziation als tertium comparationis angeführt wird. Prominente Vertreter dieser Zustandstheorie sind der Lerntheoretiker Ernest R. Hilgard (1989) auf der akademischen und Milton H. Erickson (Erickson & Rossi, 1981) auf der klinischen Seite.

Die *Nicht-Zustandstheoretiker* sind Sozialpsychologen und stellen dementsprechend sozialpsychologische Faktoren in den Vordergrund ihrer Theorie; ihrer Meinung nach sind es weniger interne als vielmehr externe, situationscharakterisierende bzw. kontextmarkierende Kriterien, welche als Erklärungsansätze für Hypnose völlig hinreichen und somit die Postulierung eines besonderen Zustandes überflüssig machen. Wohlgemerkt, sie zweifeln nicht die Erfahrungen der jeweiligen Vpn oder Patienten an und haben kein Interesse, diese als falsch oder vortäuschend zu qualifizieren; sie finden es nur überflüssig, Hypnose und hypnotische Phänomene als einen veränderten internen Zustand anzusehen und möchten das Wort Hypnose am liebsten nur in Gänsefüßchen schreiben. Zu den wichtigsten Vertretern dieser Richtung gehören Sarbin mit seiner Rollenspiel-Theorie (role-taking bzw. role-enactment; siehe z.B. 1950), Barber mit seiner Theorie der aufgabenbezogenen Motivation (task-motivation, siehe z.B. 1979) und Coe, der sich selbst als Kontextualisten bezeichnet (siehe z.B. 1978, 1989).[10] Fouries *ökosystemischer Ansatz* ist nur als eine Weiterentwicklung dieser non-state-Position anzusehen (vgl. Fourie, 1980; Fourie & Lifschitz, 1987).

Die andere Dimension der Gläubigkeit bezieht sich auf die mit Hypnose für möglich gehaltenen Effekte, wobei die *gläubigen Hypnosevertreter* reale physiologische Veränderungen postulieren, die *Skeptiker* hingegen die von den Vpn berichteten oder erlebten Veränderungen auf der Ebene der kognitiven Verarbeitung (Wahrnehmung, Imagination) belassen wollen. In zwei Arbeiten stellte Sutcliffe (1960, 1961) diese kontroversen Sichtweisen einander gegenüber. Anhand einer kritischen Würdigung der anekdotischen und experimentellen Literatur kommt er (1960) generell zu dem Ergebnis, daß Untersuchungen, die die gläubige Position stützen, sehr skeptisch betrachtet werden müßten, da sie in vielerlei Hinsicht mangelhaft seien. Untersuchungen mit einem sorgfältigen Design hingegen hätten immer wieder die skeptische Postition bestätigt. Die Anhänger der gläubigen Position wie z.B. Erickson schenkten den Berichten ihrer

---

10 Für eine nähere Darstellung dieser Kontroverse, bezogen auf die Themen der Dissoziation und des sog. Geheimen Beobachters (hidden observer), siehe das Heft 6(2), Okt. 1989 von Hypnose und Kognition mit dem Leitthema "Dissoziation"

Pbn vollstes Vertrauen und hielten sie - auch im physiologischen Sinne - für "wahr": berichtete Änderungen in Hypnose hätten also eine wahre physiologische Grundlage.[11] Die Skeptiker hingegen würden zwar den Vpn durchaus zugestehen, daß sie ihre Wahrnehmung so erleben, wie sie sie tatsächlich schildern; dennoch seien diese Forscher sich dessen bewußt, daß eine Vp sich entsprechend der Suggestion und anderer motivationaler Komponenten nur so verhält, *als ob* dies so wäre, wie ihr suggeriert worden ist: die berichteten Änderungen hätten also keinerlei physiologische Evidenz. Diese Kontroverse ist heute dahingehend obsolet, als man allgemein eher von einer "skeptischen" Position ausgeht (Bongartz, 1985; Bongartz & Bongartz, 1988). Dies heißt beispielsweise, daß bei hypnotischen Halluzinationen keine "realen" neurophysiologischen Veränderungen stattgefunden haben, auch dann nicht, wenn die Vpn beispielsweise eine suggerierte Farbenblindheit tatsächlich erleben und berichten; oder bei erfolgreicher hypnotischer Analgesie "zeigen" die physiologischen Parameter auch dann noch Schmerzen an, wenn der Patient sich subjektiv völlig schmerzfrei fühlt. Bezogen auf emotionale Inhalte bzw. emotional gesteuertes Verhalten ist die Situation jedoch weit weniger eindeutig (siehe Peter, 1990).

Einen Ausweg aus dieser Kontroverse schlägt der *radikale Konstruktivismus* vor: Die Unterscheidung zwischen "real" und "vorgestellt" ist dann obsolet, wenn man die Realität des Menschen in toto als eine Konstruktion des Gehirns begreift (vgl. Kruse, 1987; Kruse & Gheorghiu, 1989; Revenstorf, 1990).

1.2 Hypnose als psychotherapeutisches Verfahren

Mesmers Praxis der "Hypnose", das sog. Mesmerisieren bzw. Magnetisieren, mutet heute sehr fremd an, ist aber vor dem Hintergrund seiner Theorie eines quasiphysikalischen animalischen Fluidums leicht zu verstehen. Den Berichten zufolge (siehe z.B. Binet & Féré, 1888) behandelte er in Paris nur mehr in Gruppen: Die Patienten mit den unterschiedlichsten körperlichen und/oder seelischen Störungen saßen in einem abgedunkelten, verspiegelten und von Glasharfen- und Harmoniummusik durchströmten Raum zunächst schweigend um einen Holzzuber, aus welchem Eisenstäbe ragten; die Patienten in der vordersten Reihe berührten diese Eisenstäbe unmittelbar mit den Händen, die Anwesenden in den hinteren Reihen hatten durch "magnetische" Bänder und durch physischen Kontakt untereinander und zu den Personen der vorderen Reihe indirekt teil an der magnetischen Heilwirkung dieses *baquets*. Aus heutiger Sicht kann man diese Situation als eine Form von Gruppentrance bezeichnen, in welcher alle äußeren, situativen und kontextuellen Stimuli die Konzentration auf innere Heilungsprozesse förderten. Mesmer selbst trat erst nach einiger Zeit in Erscheinung; in einem Mantel aus lila Seide, umgeben von verschiedenen Schülern und Helfern, berührte er die Patienten mit einem langen Metallstab; anderen setzte er sich bei Bedarf gegenüber, fixierte sie mit seinen Augen und legte seine Hände auf deren kranke Körperteile oder ganz unspezifisch auf deren Unterbauch; oder er führte

---

11 Eine Fortführung dieser gläubigen Postition findet sich z.B. bei Rossi (1988)

die berühmten *passes* durch, d.h. er strich mit seinen Händen über die "befallenen" Körperteile oder über den gesamten Körper, angefangen vom Kopf bis hinunter zu den Füßen. Die gesamte Prozedur konnte sich über Stunden hinziehen, bis die Patienten in mehr oder weniger ausgeprägte *Krisen* verfielen. Diese Krisen könnte man heute als kathartische Abreaktionen oder vielleicht auch - in eher abschätzigem Sinne - als hysteriformes Ausagieren verstehen; rein phänomenologisch erinnern sie an gewisse Situationen, wie sie auch heute noch in manchen experientiellen Therapieformen vorkommen oder provoziert werden. Mesmer hatte mit diesem Verfahren ganz unbestreitbar Erfolge.

Bei den Mesmeristen und Magnetseuren der folgenden Jahrzehnte dürfte der Holzzuber, das *baquet* mit seinen magnetischen Eisenstäben keine große Rolle mehr gespielt haben. Wohl aber berührten diese ihre Patienten auch weiterhin noch mit Eisenstäben; insbesondere führten sie aber die *passes* durch, die auch heute noch als Standardmethode des Mesmerisierens angesehen werden können. In der Regel wurde dabei nicht gesprochen; erst später verwandte man zusätzlich auch verbale Suggestionen des Müdewerdens und Einschlafens. Elliotson in England und Esdaile in Indien z.B. verfuhren so, daß sie zur Induktion einer Anästhesie den Körper der Patienten bis über eine Stunde lang bestrichen, bis sie die erzielte Unempfindlichkeit z.B. mit einem Stückchen glühender Holzkohle auf der Haut oder auf andere Weise erfolgreich ratifizieren und dann mit ihren chirurgischen Eingriffen beginnen konnten. Verbale Suggestionen scheinen also beim Magnetisieren nur eine geringe und, wenn überhaupt, eine recht unspezifische Rolle gespielt zu haben; exzessiv und spezifisch war dafür wohl der körperliche Kontakt, ganz im Sinne der theoretischen Vorstellung, daß der Magnetiseur die Macht habe, das gestörte physikalische (Mesmer) bzw. nichtphysikalische (Puységur) Fluidum im Körper des Patienten wieder ins rechte Lot zu bringen. Aus heutiger Sicht kann man sich allerdings mit einer gewissen Berechtigung fragen, ob mit den stundenlangen *passes* nicht doch ein anderer psychophysischer "Zustand" erzeugt worden ist als mit den in in der Regel in kürzerer Zeit applizierten verbalen und nonverbalen Induktionsmethoden der suggestiven Hypnotiseure der späteren und heutigen Zeit (vgl. Gauld, 1988; Gibson, 1988).

Die Suggestionsmethoden, mit denen man auch heute noch Hypnose am ehesten in Verbindung bringt, wurden von Faria Anfang des 19. Jahrhunderts eingeführt; dieser wehrte sich vehement gegen die Idee des Fluidums und faßte die gesamte Prozedur des Magnetisierens als einen Vorgang intensiver Konzentration auf; den Zustand des Magnetisiertseins verstand er als *luziden Schlaf*, nicht unähnlich dem natürlichen Schlaf (Faria, 1819). Zur Herbeiführung des luziden Schlafes setzte er seine Patienten in einen bequemen Stuhl, hieß sie, ihre Augen zu schließen, und befahl ihnen dann zu schlafen. Wenn nötig wiederholte er diesen Befehl mehrere Male oder forderte sie auf, mit offenen Augen seine Hand zu fixieren, die er bei Bedarf dann u.U. auch näher an das Gesicht des Patienten heranführte und so vermutlich eine konvergenzbedingte Ermüdung der Augenmuskeln hervorrief. Faria nahm damit sowohl die Braidsche Augenfixationsmethode wie auch die verbale Suggestionstechnik von Liébeault und Bernheim vorweg.

Liébeault behandelte anfangs in einer Scheune auch in Gruppen. Er war wohl der liebenswürdige, etwas merkwürdige aber dennoch respektgebietende Landarzt, der bisweilen auch ganz beiläufig aber effektvoll den hypnotischen Schlaf induzieren konnte. So beschreibt Bramwell (1906), wie er zwei kleine Mädchen, die zum ersten Mal zu ihm gebracht worden waren und sich hinter ihn auf ein Sofa gesetzt hatten, mit einer einfachen Geste und dem simplen Satz "Schlaft, meine kleinen Kätzchen" ganz nebenbei in Trance versetzte. Wenn nötig verwandte aber auch Liébeault die Faszinationsmethode, d.h. er blickte dem Patienten in die Augen und versuchte verbal, in ihm die Vorstellung von Schlaf und Heilung zu erzeugen. Hierbei war er offensichtlich sehr geschickt und verstärkte mit weiteren Suggestionen alle minimalen Anzeichen körperlicher Veränderungen. Der Wirkmechanismus dieser Form der hypnotischen Suggestionstherapie wird von Bernheim wie folgt beschrieben: "Der Kranke wird durch Suggestion eingeschläfert, indem man die Vorstellung des Schlafes in sein Gehirn einträgt; er wird nun auch mit Suggestion behandelt, indem man die Vorstellung der Heilung seinem Gehirn aufdrängt. Die Methode Liébeault's besteht darin, wenn der Patient eingeschlafen ist, mit lauter Stimme vor ihm das Aufhören der Symptome, welche er verspürt, zu behaupten. Man sucht so in ihm die Ueberzeugung zu befestigen, dass diese Symptome vergangen sind oder vergehen werden [...]. Man bedient sich dabei der ganz besonderen psychischen Zugänglichkeit, welche die Hypnose schafft, der Gehirngefügigkeit, der gesteigerten Gläubigkeit, der ideo-motorischen, ideo-sensitiven und ideo-sensoriellen Reflexsteigerung, um heilbringende Reflexe hervorzurufen, um das Gehirn aufzufordern, alles, was in seinen Kräften steht, zur Umsetzung der gegebenen Vorstellung in Wirklichkeit beizutragen. Dies ist die Methode der therapeutischen Verwertung der Suggestion, als deren Urheber Liébeault zu nennen ist. Er hat zuerst klar dargethan, dass die Heilung, welche die alten Magnetiseure und ebenso die hypnotischen Proceduren von Braid erzielt hatten, weder einem mysteriösen Fluidum noch physiologischen Einwirkungen in Folge besonderer Eingriffe, sondern einzig und allein der Suggestion zuzuschreiben sind" (1888/1985, S. 190).

Es ist offensichtlich, daß sich diese Form des suggestiv-hypnotischen Vorgehens in direkter und unmittelbarer Weise auf das Symptom bezieht, ohne irgendwelche Gesichtspunkte seiner Entstehung und Aufrechterhaltung, seiner Funktion und Bedeutung oder gar der inneren Verarbeitung bei der Symptomauflösung zu berücksichtigen. Als wichtiges Effizienzkriterium scheint neben dem Geschick und der Autorität des Hypnotiseurs hierbei die a priori vorhandene Suggestibilität des Patienten eine mehr oder weniger große Rolle zu spielen; diese, verstanden als eine Art Eigenschaft des Individuums, scheint damals wie heute annähernd normalverteilt, wenn man die hypnoseinduzierenden Techniken als invariate Größe betrachtet.[12] Zu bedenken ist allerdings, daß jenseits der gegebenen Suggestibilität die traditionell vorgegebenen Standardsuggestionen von Patienten unterschiedlicher Strukturiertheit je nach Bildung und Standeszugehörigkeit auch unterschiedlich akzeptiert und rezipiert werden; so ist

---

12 Die alternative (eher Ericksonsche) Position würde besagen, daß die Art der Hypnoseinduktion flexibel dem einzelnen Patienten anzupassen sei, um so in möglichst vielen Fällen einen Rapport herstellen zu können; unter dem Primat dieses Rapports wäre dann die Suggestibilität von eher untergeordneter Bedeutung.

es plausibel, daß ein einfacher französischer Bauer auf solche klassischen Suggestionen anders, d.h. wohl williger reagierte als ein relativ aufgeklärter Wiener
Großbürger, der das Ganze möglicherweise gleich von Anfang an als Humbug
abtat. Versucht man nämlich sich vorzustellen, daß es zur Linderung oder Beseitigung eines Symptoms nicht genügt, jemandem einfach zu sagen, er solle damit
aufhören, sondern daß in den meisten Fällen spezielle interne kognitive und
emotionale bzw. psychophysische Veränderungen notwendig sein werden, die
von außen durch die Worte des Therapeuten nur angestoßen und geleitet werden
können, so muß in jedem Fall ein bewußter oder "unbewußter" Prozeß des Ver-
stehens, Annehmens und Umsetzens dieser Suggestionen stattfinden; diese müssen daher sowohl vom Inhalt wie auch von der Form her für den Patienten einen
zumindest plausiblen Sinn ergeben. Würde man Suggestibilität im o.g. Bern-
heimschen Sinne jedoch tatsächlich als eine Art reflexbedingten Befehlsau-
tomatismus oder als Gehirngefügigkeit (miß)verstehen, so erschiene der Unterschied zwischen dem französischen Bauern und dem Wiener Großbürger oder
zwischen einem preußischen Untertan und einem heutigen Angestellten noch
eklatanter.

Man könnte also spekulieren, daß Freud mit Hypnose vielleicht mehr Erfolg
gehabt hätte, wenn er sich bloß mehr Mühe gegeben hätte, die bei Bernheim und
Liébeault gelernten Methoden sprachlich und prozedural adäquat an seine
Wiener Klientel anzupassen. Wie oben schon dargestellt, kann man dies aber
nicht als den alleinigen Grund für Freuds Ablehnung der Hypnose betrachten.
Ihn störte offensichtlich auch der simple S-R-Mechanismus des Suggestionsmodells: Ein Patient reagiert (R) einfach mit Veränderung seiner Symptomatik, nur
weil er dafür vom Hypnotiseur den entsprechenden verbalsuggestiven Stimulus
(S) erhalten hat. Dieses Modell erscheint auch dann, wenn man als sog. Organismusvariable den Zustand des hypnotischen Schlafes bzw. die Eigenschaft einer
vorhandenen und zusätzlich gesteigerten Suggestibilität mit einbezieht, zu eingeschränkt, um der Komplexität der Symptome bzw. des Menschen ganz allgemein
gerecht werden zu können. Psychotherapie kann auf diese Weise und mit diesem
Modell im allgemeinen nicht funktionieren (siehe auch Kraiker, 1987), wenn
auch erklärungsbedürftig bleibt, warum sie dennoch manchmal so funktioniert.[13]

Breuers kathartisches Hypnosemodell hingegen schien Freud intellektuell
mehr zu befriedigen. Breuer benutzte bei Anna O. Hypnose nicht in erster Linie
zur direkten Symptombeseitigung sondern um via hypnotischer Altersregression
abgespaltene Affekte wieder zu reassoziieren und (zumindest im Freud/
Breuerschen Verständnis) um diesen "eingeklemmten" Affekten die Abfuhr in
Ausdruck und Handlung zu ermöglichen. Hierbei ergaben sich nicht nur Symp-
tomveränderungen sondern auch Einblicke in die Genese der Störung. Ähnlich
wie sich in unserer Zeit der "Kognitiven Revolution" vormals klassisch-verhal-
tenstherapeutisch orientierte Forscher und Therapeuten für die kognitiven und
emotionalen, d.h. für die internen Verarbeitungsprozesse in der black box wieder
zu interessieren begannen, schien auch damals die Zeit dafür reif, das einfache

---

13 Bei der Vielzahl der psychotherapeutischen Methoden und der dazu aufgestellten Theorien sowie der Tatsache, daß diese alle mehr oder weniger Erfolge vorweisen können, kann man diesen Erklärungsmangel allerdings zumindest vorläufig wieder zur Seite legen. Hinsichtlich einer wieteren Diskussion der Problematik dieses Suggestionsmodells siehe Kraiker (1987).

Suggestionsmodell Bernheimscher Prägung zu erweitern und zu transzendieren, ohne es allerdings ganz zu verwerfen; man begann einfach seine Einschränkungen zu erkennen und suchte nach erweiterten Möglichkeiten.

Etwa zur gleichen Zeit wie Breuer und vermutlich, ohne von dessen Behandlung der Anna O. zu wissen, benützte in Frankreich Pierre Janet ebenfalls hypnotische Altersregression, um Symptome erfolgreich zu beseitigen. Im Unterschied zu Breuer beließ es Janet allerdings nicht bei der Wiederbelebung der traumatischen Situation und dem Ausagieren der begleitenden Affekte, sondern er konstruierte mit Hilfe von hypnotischen Suggestionen Teile der Vergangenheit seiner Patienten neu. Als Beispiel dieses Vorgehens der Neukonstruktion der Vergangenheit unter Hypnose soll kurz ein Teil der Behandlung von "Marie" beschrieben werden: Die 19jährige Marie wurde in den Zeiten ihrer Menstruation regelmäßig finster und gewalttätig, bekam Krampf- und Schmerzanfälle und verfiel dann in ein tagelanges Delirium. Nach acht Monaten vergeblichen Bemühens mit üblichen Behandlungsmaßnahmen versetzte Janet sie unter Hypnose zu dem Zeitpunkt ihrer ersten Menstruation (mit 13 Jahren) zurück und erfuhr, daß Marie damals aus Unwissenheit und Schrecken versucht hatte, die Blutung zu stillen. Sie hatte sich hierzu in ein Faß mit eiskaltem Wasser gesetzt und darin so lange gewartet, bis die Blutung zum Stillstand gekommen war. Danach bekam sie Schüttelfrost, erkrankte schwer und fiel für mehrere Tage in ein Fieberdelirium. Der Erfolg dieser Roßkur war so gewaltig, daß ihre Mensis erst mit 18 wieder einsetzte, nun allerdings mit den beschriebenen Symptomen, die denen der Originalsituation glichen, ohne daß Marie sich dessen bewußt gewesen wäre. Janets erfolgreiche Intervention bestand nun darin, Marie wieder zu dieser Originalsituation zurückzuversetzen und ihr zu suggerieren, daß die Menstruation schon drei Tage normal verlaufen und durch keinerlei bedauerliches Ereignis gestört worden sei. Hernach verlief die Regel der 19jährigen Marie tatsächlich völlig normal und die entsprechenden Symptome waren verschwunden. Andere Symptome, die Marie auch noch hatte, konnte Janet via Altersregression ebenfalls auf traumatische Ereignisse zurückführen und durch die gleiche Technik der Neukonstruktion der Vergangenheit beheben (siehe Ellenberger, 1985, S. 492 ff bzw. Janet, 1889, S. 436 ff).

Ein ähnliches Beispiel neukonstruierter Vergangenheit durch hypnotische Altersregression ist fast 100 Jahre später in Ericksons Fallgeschichte "Der Februar Mann" beschrieben (Erickson & Rossi, 1981, S. 529 ff; Erickson & Rossi, 1988): Eine jung verheiratete Frau litt unter schweren Depressionen und hatte u.a. Angst, Kinder zu bekommen, da sie ihre eigene Kindheit als überaus unglücklich und einsam erlebt hatte. Ihr Vater war ein überlasteter Geschäftsmann, ihre Mutter führte ein Jet-Set-Leben und sie selbst war in der alleinigen Obhut verschiedener Kindermädchen. In vier langen und sorgfältig geplanten Sitzungen führte Erickson sich selbst als guten Bekannten ihres Vaters in die Altersregression ein und besprach und erlebte mit ihr sukzessive verschiedene Ereignisse ihrer Kindheit bis hin zu ihrer Teenagerzeit. "Mit dieser Methode war es möglich, ihre Erinnerungen mit einem Gefühl der Akzeptation zu durchsetzen und ihr den Glauben zu geben, mit einem menschlichen Wesen viele Stationen ihres Lebens zu teilen. Sie fragte den Februar-Mann immer wieder, wann sie ihn das nächste Mal sehen werde; wenn sie sich ein Geschenk von ihm wünschte, erhielt sie immer nur schnell vergängliche Dinge. [...] Ich spürte, daß ich mit all diesen Dingen in ihre Erinnerungen erfolgreich das Gefühl einer emotional befriedigenden Kindheit intrapolieren konnte" (Erickson in Haley, 1978, S. 183).

Von Interesse wäre natürlich die Frage, was bei einer Altersregression das spezifische therapeutisch wirksame Agens ist: das hypnotisch regressive Wiedererleben allein, die während der Regression gegebenen und ev. die Vergangenheit neukonstruierenden Suggestionen und/oder die Abfuhr des Affektes per se. Horowitz (zit. nach Hilgard, 1977, p. 45) wies Schlangenphobiker drei Gruppen zu, einer Wartekontroll- und zwei Behandlungsgruppen. Die Patienten der beiden Behandlungsgruppen wurden via Altersregression zu ihrem ersten Erlebnis mit Schlangen zurückgeführt, wobei die der einen Behandlungsgruppe auch die begleitenden Emotionen wiedererleben sollten, während bei der zweiten Gruppe die Emotionen von der Erinnerung dissoziiert wurden. Das Ergebnis zeigte für die zweite Gruppe bessere Resultate als für die erste und lieferte so eine indirekte Bestätigung für Janets Vorgehen, welches im Gegensatz zu Freuds Behauptung steht, daß "affektloses Erinnern fast immer völlig wirkungslos" sei (Freud & Breuer, 1895, S. 85). Eine Übergeneralisierung dieses Ergebnisses wäre jedoch vermutlich genauso verfehlt wie die Übergeneralisierung der kathartischen Methode.

Bemerkenswert an Janets psychotherapeutischem Vorgehen ist auch, daß er Hypnose bzw. Suggestionen nur fakultativ innerhalb eines elaborierten Behandlungskonzeptes und zudem relativ flexibel anwandte. In seinem Verfahren der psychologischen Analyse nahm Hypnose wohl einen prominenten aber keinen exklusiven Stellenwert ein; sein Gesamtwerk einer Theorie der Ätiologie und Therapie psychischer Störungen wies Hypnose nur eine untergeordnete Rolle zu; man kann daher nicht von einer expliziten Hypnosetheorie Janets sprechen. Seine diesbezüglichen Vorstellungen weichen aber offensichtlich ganz erheblich von dem einfachen Suggestionsmodell ab und beziehen sowohl ätiologische wie auch komplexere Faktoren der kognitiv-emotionalen Verarbeitung mit ein. Verglichen mit dem Katharsismodell von Freud/Breuer erfolgt bei Janet eine aktiv therapeutische Umstrukturierung kognitiver Schemata. Unglücklicherweise ist Janets Gesamtwerk auch in Teilen kaum bekannt geworden. Dies ist für die Hypnose umso bedauerlicher, als sie darin einen integralen Platz einnahm und daher zu keiner Zeit mit einem Verdikt belegt wurde. Demzufolge konnte in den deutschsprachigen auch in den angelsächsischen Ländern bis in die 70er Jahre der eben beschriebene elaboriertere Ansatz der Hypnose und Hypnotherapie kaum bekannt wurden. Die Hypnose in Deutschland, als deren prominenteste Vertreter Schultz (1979), Langen (1972) und Krapf (1977) genannt werden können, verharrte beispielsweise bis in jüngere Zeit auf dem suggestionstheoretischen Standpunkt der Schule von Nancy.

Ende der 70er Jahre wurde bei uns der hypnotherapeutische Ansatz Milton H. Ericksons bekannt.[14] Erickson hat weder eine explizite Hypnosetheorie noch

---

14 1978 wurde die "Milton Erickson Gesellschaft für klinische Hypnose (M.E.G.)" gegründet, neben der 1982 entstandenen "Deutschen Gesellschaft für Hypnose (DGH)" heute die bedeutendste Hypnosegesellschaft in Deutschland.

ein entsprechendes Behandlungskonzept hinterlassen, das in einfacher Weise operationalisierbar wäre. Aus seinem umfangreichen Gesamtwerk (siehe Erickson, 1980) lassen sich jedoch einige Grundmaximen für die hypnotherapeutische Behandlung destillieren, die heute unter den Begriffen Utilisationsansatz, indirekte Suggestionen, strategisches Vorgehen und "Arbeit mit dem Unbewußten" bekannt sind.

Offiziell lernte Erickson Hypnose bei dem Lerntheoretiker C.L. Hull, welcher in den 30er Jahren an der Universität von Wisconsin umfangreiche Untersuchungen zur Suggestion und Suggestibilität durchgeführt hatte (Hull, 1933); den inoffiziellen Beginn seiner Bekanntschaft mit Hypnose kann man jedoch in Ericksons Kindheit und Jugend sehen, wo er bei der Überwindung mannigfaltiger Handicaps ganz offensichtlich und in einer sehr bewußten Art hypnotische Phänomene nutzte (siehe Erickson & Rossi, 1977/1980; Peter, 1988). Seine persönlichen Erfahrungen sowie die Auseinandersetzung mit Hulls klassisch-direktiven Standardmethoden führten zu dem, was wir heute unter indirekter Suggestion und Utilisieren verstehen.

Utilisieren wird (in eher schlechtem Deutsch) oft mit Nutzbarmachung übersetzt und meint, daß zur Hypnoseinduktion, aber auch ganz allgemein zur Psychotherapie alle vom Patienten offen oder verdeckt gezeigten Fähigkeiten und Fertigkeiten, Eigenschaften, Besonderheiten und auch Absonderlichkeiten für das jeweilige therapeutische (Teil-)Ziel genützt werden; insbesondere heißt dies auch, daß es nicht mehr darum geht, präsentierte Symptome einfach nur "wegzusuggerieren" sondern sie u.U. eher umzudeuten, ihnen einen anderen bzw. neuen Stellenwert zu geben und sie dadurch auch überflüssig zu machen. Diese strategische Kunst des Reframing[15] kann sich auf die Veränderung von Kontextvariablen beziehen und/oder auf die Umstrukturierung kognitiver Schemata; sie kann auf der Verahltensebene beispielsweise durch Symptomverschreibung (paradoxe Intentionen), durch spezielle, auch herausfordernde Hausaufgaben (was Haley 1989 "Ordeal-Therapie" nennt) erfolgen oder in therapeutischen Gesprächen, die den sokratischen Dialogen kognitiver Therapeuten nicht unähnlich sind; provokative Elemente in Ericksons Interviewstil faszinierten schon lange, ehe Farelly damit bekannt wurde. Insbesondere benutzte Erickson aber hypnotische Suggestionstechniken und hypnotische Phänomene, um Patienten Anstoß zu Veränderungen zu geben, welche sie dann als selbstinitiiert erlebten. Zu dieser Veränderung kognitiver Schemata und/oder emotionaler Reaktionsmuster erschien ihm Hypnose in vielen (nicht allen!) Fällen als die via regia, ohne deren Vorhandensein vieles nicht denkbar gewesen wäre. Der Patient in Hypnose wird hier also nicht mehr als eine Art tabula rasa angesehen, welche beliebige suggestiv vermittelte Inschriften aufnehmen kann, sondern er erscheint als in hohem Maße aufmerksam, rezeptiv und in seinem kognitiven modus operandi flexibel, um mit Hilfe dissoziativer und assoziativer Prozesse Zugang zu seinen Ressourcen zu finden und damit einen ganz persönlichen Weg der Symptombewältigung zu gehen.

---

15 in einen anderen Rahmen stellen bzw. den kognitiv/emotionalen Bedeutungsrahmen verändern

Des öfteren wird Ericksons Therapie auch als "Arbeit mit dem Unbewußten" dargestellt - eine Sichtweise, die ebenso naiv und irreführend ist wie die simplifizierende Annahmen über die Wirkungsweise reiner Suggestivtherapien. Gewiß verwandte Erickson seinen Patienten und Schülern gegenüber diese Metapher vom Unbewußten in einem sehr konfirmativen Sinne, so daß man bei oberflächlicher Betrachtung auch leicht zu der Überzeugung gelangen könnte, er habe damit einen versteckten homunculus, eine Art kluge, weise und gute intrapsychisch wirkende regulative Instanz gemeint,[16] die man nur an- und zu Hilfe rufen müsse. Soche Vorstellungen stammen jedoch eher von einigen seiner "Schüler" denn von Erickson selbst, der sich bei der Umschreibung dieses Unbewußten immer auf latente Erfahrungen bzw. Lerninhalte bezog, die es z.B. mittels hypnotischer Phänomene zu erinnern, zu evozieren, zu nutzen und auszubauen gilt. Daß es auf diese Weise nach Ericksons Überzeugung angeblich immer eine Möglichkeit zur Symptombeseitigung bzw. zur Problembewältigung gäbe, ist jedoch ebenso eine Mär wie die, daß Erickson jedem Patienten, der zu ihm kam, habe helfen können. Bedauerlich ist, daß in einem Teil der sog. Ericksonschen Literatur, d.h. in der Meinung einiger seiner "Schüler", ein geradezu grotesk verzerrtes und naives Bild von angeblich Ericksonschen Prinzipien dargestellt wird (zur diesbezüglichen Kritik siehe z.B. Hammond, 1986, 1988), so daß die von anderen wiederum so betonte Komplexität seines therapeutischen Ansatzes geradezu konterkarriert wird.

Beim Thema indirekte Suggestionen ist ebenfalls zu sehen, wie Ericksons Intentionen mißverstanden werden können. Zunächst einmal ist gemeint, daß Suggestionen nicht immer nur offen und direkt wie in der klassischen Suggestionstherapie erteilt werden, sondern in manchen Fällen viel wirksamer sind, wenn sie als solche gar nicht erkannt und verstanden werden können. Die Möglichkeiten, suggestive Anweisungen beispielsweise durch Implikationen, durch Bindungen und Doppelbindungen, durch Gemeinplätze, Verneinungen oder Einbettungen zu verdecken, sind in Erickson & Rossi (1981) ausführlich dargestellt und sollen hier nicht weiter ausgeführt werden. Gerade durch die Möglichkeiten, Suggestionen syntaktisch kunstvoll in therapeutischen Beispielgeschichten zu verstecken oder eine solche Geschichte als ganzes im Sinne einer impliziten Suggestion zu konstruieren (vgl. z.B. Hoppe, 1985), hat das Mißverständnis offensichtlich geradezu herausgefordert, ein "Ericksonscher Hypnotherapeut" müsse nur mit bedeutungsvoller Intonation und Gebärde irgendwelche schwer oder gar nicht verständlichen Geschichten erzählen und das "Unbewußte" des Patienten werde sich dann schon das jeweils Passende herauspicken und aus eigenem Antrieb zur Problembewältigung konstruktiv verarbeiten. Völlig übersehen wird dabei, daß Erickson selbst oft stundenlange penible Explorationen und Verhaltensanalysen betrieb und danach aufgrund der so gewonnenen Informationen und Hypothesen gezielte Interventionen einführte und sorgfältig auf ihre Brauchbarkeit hin überprüfte; deren verbale Formulierung hatte er vorher auch oft genug exakt ausgearbeitet. Völlig übersehen wird auch,

---

16 Ähnliche Mißverständnisse und daraus resultierende Vorwürfe beziehen sich ja auch auf Hilgards "hidden observer"; vergl. das Heft 6(2), Okt. 1989, von Hypnose und Kognition mit dem Leitthema "Hypnose und Dissoziation".

daß Erickson offensichtlich gute Kenntnisse der Motivations-, Lern- und Wahrnehmungspsychologie besaß und diese in geschickter Weise für den einzelnen Patienten nutzte. Vielleicht war es in dieser Hinsicht einfach von Nachteil, daß der Nicht-Psychologe Haley "Die Psychotherapie Milton H. Ericksons" (1978) bekannt gemacht hat und daß damit der unmittelbare Bezug zu allgemeinen Prinzipien der Psychologie verloren gegangen ist und erst heute langsam wieder hergestellt werden muß (vgl. Feldman, 1988; Riebensahm, 1985; Sherman, 1988). Alle Anstrengungen, eine eigene Ericksonsche Hypnose- oder Psychotherapie kreieren zu wollen (siehe z.B. Zeig, 1985, 1988), scheinen mir fehl am Platze und schon deshalb zum Scheitern verurteilt, weil auf diese Weise ein Widerspruch zu Ericksons Therapiestil geschaffen wird, der doch in sehr ideosynkratischer und äußerst flexibler Weise auf dessen Person zugeschnitten ist.

Diese Flexibilität im Umgang mit Patienten und deren Problemen lassen manche Fallbeschreibungen Ericksons als verhaltenstherapeutische, andere als kognitive und wieder andere als psychodynamisch orientierte Behandlungen erscheinen, je nachdem unter welchen theoretischen, interventiven oder prozessuralen Gesichtspunkten man sie betrachtet; ebensogut kann man strategische oder systemische Begriffe verwenden, um bestimmte Fallbeschreibungen treffend zu charakterisieren. Manche Behandlungen waren so ungewöhnlich, daß Hilgard (1988) Erickson sogar als Drehbuchautor und Regisseur bezeichnete, der für manche Patienten ein eigenes Skript erstellt und dessen Realisierung autoritär, klug und auch listig leitete. Andere Autoren (z.B. Kirmayer, 1988) sprachen Erickson sogar ab, in einem strikten Wortsinne Hypnose benutzt oder mit hypnotischer Trance gearbeitet zu haben, was sehr wundernimmt, da es wiederum genügend Fallbeschreibungen ganz expliziter hypnotischer Behandlungen Ericksons gibt; diese Autoren mögen allerdings insofern recht haben, als Erickson nie einfach nur Trance induzierte, um dann Symptome auf klassische Weise einfach wegzusuggerieren (vgl. auch Peter, 1988), sondern Hypnose immer nur innerhalb eines sehr elaborierten psychologischen Behandlungskonzeptes verwandte (vgl. auch Kapitel 5).[17]

Neben diesen dargestellten theoretischen und praktischen Hauptströmungen der Hypnose und Hypnotherapie gab es etwa seit den 50er Jahren immer wieder Ansätze, Hypnose und Verhaltenstherapie kombiniert zu verwenden bzw. zu integrieren. Wolpe (1958) beispielsweise verwandte für seine Systematische Desensibilisierung anfangs Hypnose und der Psychoanalytiker Wolberg beschrieb 1948 mehrere Beispiele für "Hypnosis in Desensitization" und "Hypnosis in Reconditioning" (siehe auch Kraiker, 1987). Eine ausführlichere Darstellung dieser Kombinationsversuche findet sich im Kapitel 3 dieses Buches.

1.3 Zu den hypnotischen Techniken und Phänomenen

Mesmers Ambiente wird heute wohl nur noch von Heilpraktikern inszeniert. Psychologische und ärztliche Kollegen verzichten in der Regel auf ein beson-

---

17 Für eine genauere Darstellung der hypnotherapeutischen Arbeit Ericksons verweise ich auf Haley (1978), Erickson, Rossi & Rossi (1978), Erickson & Rossi (1981), Zeig (1988) und Peter (1989).

deres externes "hypnotisches" Flair nicht zuletzt zugunsten der Entmythologisierung der Hypnose; zudem haben die hypnotischen Phänomene eine in der Regel per se überzeugende Wirkung. Eine genaue Unterscheidung zwischen Techniken und Phänomenen läßt sich nur schwer treffen, da nur zum Hervorrufen der kinästhetischen Phänomene einfache "Techniken" beschrieben werden können; diese kinästhetischen und die anderen sog. kognitiven Phänomene sind per se wiederum Techniken, um therapeutische Prozesse höherer Ordnung auszulösen.[18]

Zu den klassischen Techniken zählt zunächst die Fixationsmethode, bei der der Patient seine Augen unverwandt auf ein in der Regel unbewegliches Objekt richtet; das kann z.B. der Finger des Hypnotiseurs sein, welcher in einem Abstand von ca 10-20 cm oberhalb der Stirn des Patienten gehalten wird und durch die damit erzwungene Konvergenz eine raschere Ermüdung der Augenmuskeln bedingt. In der Regel genügt es jedoch, den Patienten zu bitten, seine Augen auf einem bestimmten Punkt in seinem Blickfeld ruhen zu lassen, denn auch hier kommt es früher oder später zum Lidschluß und zur Augenkatalepsie. Sinn und Zweck dieser wie auch der folgenden Prozeduren ist es zunächst, den externen sensorischen Input zu verringern und die Wahrnehmung sukzessive auf interne Vorgänge auszurichten. Die vielfältigen kinästhetischen Phänomene bieten hierzu weitere Hilfestellungen; diese können von einfacheren Parästhesien bis hin zu Katalepsie, Levitation oder Anästhesie der Hände und Arme oder anderer Körperteile reichen. Den Arm nicht mehr willkürlich heben oder ein unwillkürliches Heben des Armes willkürlich nicht mehr stoppen zu können, gehört auch nach mehrmaligem Erleben zu den sehr beeindruckenden hypnotischen Erfahrungen. Intendiert wird hierbei eine generelles Umschalten des kognitiven Modus von willkürlicher auf eher "autonome" Kontrolle, des öfteren auch als Bewußt-Unbewußt-Dissoziation[19] bezeichnet. Diese und andere kinästhetischen Techniken bzw. Phänomene werden je nach theoretischer Präferenz zur Induzierung des Trancezustandes bzw. zur Etablierung und zum Ausbau des therapeutischen Rapports verwandt. Die angesprochene Präferenz spielt insofern eine Rolle, als man den theoretischen Schwerpunkt eher auf die Herstellung eines besonderen kognitiven Zustandes (z.B. einer erhöhten Suggestibilität oder nur eines Zustandes psychophysischer Entspannung, also primär auf die Veränderung einer Organismusvariablen) und/oder auf die Etablierung eines besonderen Interaktionsmodus zwischen Patient und Therapeut legt, nämlich auf den hypnotischen Rapport, verstanden als wechselseitige erhöhte Aufmerksamkeit und Rezeptivität. Ganz unabhängig von der primären Intention ist meines Erachtens letztlich wohl beides notwendig, um an solche Phänomene therapeutische Prozesse koppeln zu können; denn für sich genommen wären sowohl die Techniken wie auch die damit erzielten hypnotischen Phänomene therapeutisch völlig sinnlos. Im einfachsten Fall kann man Handlevitation z.B. als sog. unbewußtes Signalisieren verwenden in der Art "Wenn Du nun dieses oder jenes erlebst (erinnerst, durcharbeitest etc.), hebt sich die rechte Hand, ansonsten geht die Linke

---

18 für eine ausführlichere Darstellung siehe Peter (1990) und Revenstorf (1990)
19 Zur Problematik der Verwendung des Begriffes "Unbewußtes" in diesem Zusammenhang verweise ich auf das Heft 6(1), Apr. 1989, von Hypnose und Kognition mit dem Leitthema "Hypnose und das Unbewußte".

hoch" oder "Wenn die Antwort auf meine Frage Ja ist, dann hebt sich die Linke" etc. Insbesondere aber stellen diese Phänomene auch die starke implizite Suggestion dar, zur Bewältigung eines anstehenden Problems auch andere Funktionsweisen als die üblichen, bislang wenig effektiven, zu benutzen.

Für die weiteren sog. kognitiven Phänomene wie Altersregression, Halluzinationen, Amnesie und posthypnotische Suggestionen sind die entsprechenden Techniken zu komplex und v.a. zu uneinheitlich, als daß sie hier detaillierter beschrieben werden könnten; ich verweise daher auf Peter (1990) und gebe nur einen kurzen Überblick.

Altersregression und Halluzinationen gehören wohl zu den potentesten hypnotherapeutischen Techniken. Neben der potentiell anamnestischen und diagnostischen Funktion kann Altersregression sowohl im Freud/Breuerschen Sinne als kathartische Technik verwandt werden oder auch in dem oben schon beschriebenen Sinne der Neukonstruktion der Vergangenheit. Während Janet dies noch via direkter Suggestionen bewirkte, verwandte Erickson schon eine Art pädagogisch-diskursives Verfahren zur Implementierung neuer Erfahrungen und zur damit notwendig gewordenen kognitiven und emotionalen Umstrukturierung. Anstelle dieser einfachen und klaren Vorgehensweise, die natürlich nicht bei allen Patienten gelingen kann, ist es in der Altersregression auch möglich, systematisch verschiedene Dissoziationsprozesse einzuführen derart, daß beispielsweise der gesamte Affekt bei einer traumatischen Situation abgespalten wird, um diese zunächst visuell, akustisch und kognitiv genauer untersuchen und hierbei vielleicht schon ansatzweise umstrukturieren zu können, bis schließlich, nunmehr unter Kontrolle und diesmal wahrscheinlich mit veränderten Konsequenzen, der Affekt wieder reassoziiert werden kann. Daß sich hypnotische Altersregression auch hervorragend zur Gewinnung von anamnestischen Inhalten verwenden läßt, muß wohl nicht eigens betont werden.

Was erstmals von Piaget in der kognitiven Entwicklung des Kindes als *Dezentrierung*[20] beschrieben worden ist, kann als eine Art heuristischer Prozeß gelten, der sowohl bei der Altersregression wie auch bei anderen mittels halluzinativer Techniken erzielter Umstrukturierungsprozesse wirksam ist. So kann man z.B. via hypnotischer Halluzinationen einen phobischen Patienten dazu bringen, seiner Angst gestalt zu geben und diese dann von der eigenen Person zumindest eine zeitlang völlig dissoziiert zu halten; allgemein kann natürlich auch jede Systematische Desensibilisierung mit Hilfe hypnotischer Halluzinationen lebensecht und damit sehr wirksam gestaltet werden (siehe z.B. Wolberg, 1948, S. 198 oder 213f; Erickson, 1943/1980).

Hypnotische Phänomene stellen also ein umfangreiches Instrumentarium dar, um Wahrnehmung, Kognition und Affekt von Patienten effektiv beeinflussen zu können. Die hieraus resultierenden Veränderungen im Verhalten sind immer direkt intendiert, werden in der Regel aber nur mittelbar erzeugt - auch dann, wenn es den Patienten manchmal ganz anders erscheinen mag; denn aufgrund spontaner oder durch gezielte Suggestionen unterstützter amnestischer Prozesse

---

20 Verlassen der egozentrischen Betrachtungsweise bzw. die Fähigkeit, einen Sachverhalt auch aus anderer Perspektive betrachten zu können; vgl. auch "Dezentrierung bei Piaget" in Peter, B. (1987) Dissoziation in kognitiven Therapien. Hypnose und Kognition, 4(1), 22-40.

werden sie den Bezug zwischen intrahypnotischem Geschehen und posthypnotischer Verhaltensänderung nicht immer klar herstellen können. Für diesen, in der Praxis allerdings nicht so häufigen Fall besteht natürlich die Gefahr, daß die Verursachung und Kontrolle der Veränderung ganz im Sinne laienhafter Klischeevorstellungen allein dem Therapeuten oder dem Agens Hypnose zugeschrieben wird; diese Gefahr ist dann natürlich umso größer, wenn der Therapeut aus persönlichen Motiven heraus nicht Wege findet, eine solche fehlerhafte Attribuierung zu verhindern. Denn es soll noch einmal betont werden, daß direkte intra- oder posthypnotische Suggestionen - in der Form: Versetze einen Patienten in Trance und suggeriere ihm dann dies oder jenes. - in den wenigsten Fällen unmittelbar therapeutisch wirksam sind bzw. wirksam sein können; wohl aber können sie eine wichtige Rolle innerhalb eines elaborierten psychologischen Behandlungskonzeptes spielen, wenn sie kompetent und kunstvoll eingesetzt werden. Die weiteren ausführlichen Beispiele in den Falldarstellungen (Kapitel 4) werden zeigen, auf welch unterschiedliche Weise dies geschehen kann.

2. Was ist Verhaltenstherapie?

Christoph Kraiker

2.1 Einleitung

Unter Verhaltenstherapie versteht man eine offene Klasse von Techniken, die durch Familienähnlichkeit miteinander verwandt sind. Aber auch das ist keine ganz korrekte Formulierung: Tatsächlich ist Verhaltenstherapie ein auf bestimmten Grundannahmen beruhendes Forschungsprogramm zur Entwicklung und Anwendung von Interventionen. Eine dieser Grundannahmen ist die Art und Weise, wie die sogenannten psychischen Störungen und ihre Behandlung konzeptualisiert werden. Psychische Probleme werden angesehen als mangelnde Fähigkeiten beim Bewältigen bestimmter Aufgaben bzw. als Konsequenz des ständig wiederholten Einsatzes falscher Strategien. Der Verhaltenstherapeut versteht sich also als eine Art Problemlösetrainer, im Grunde als Problemlösetrainer zweiter Stufe: er vermittelt nicht nur Techniken zur Bewältigung eines speziellen Problemes, sondern die Fähigkeit, für Probleme unterschiedlichen Types jeweils Lösungsstrategien zu entwickeln. Er handelt nicht wie ein Arzt, der Krankheiten zu heilen versucht, sondern eher wie ein Pädagoge.

Die innere Plausibilität dieser Betrachtungsweise ergibt sich zunächst daraus, daß viele der grundliegenden therapeutischen Prinzipien in der informellen Alltagserziehung angewandt werden und und sich dort über die Menschheitsgeschichte hinweg bewährt haben. Sie sind in ihrer Wirkungsweise unmittelbar einleuchtend und bedürfen von daher keiner besonderen Begründung. Begründet werden muß lediglich ihre Anwendung in diesem speziellen Bereich, und der Sinn oder Unsinn dieser Übertragung ist etwas, was nicht a priori entschieden werden kann, sondern was empirisch untersucht werden muß.

Es gibt jedoch auch verhaltenstherapeutische Techniken, die in der informellen Alltagserziehung normalerweise nicht eingesetzt werden. Dazu gehört etwa das mentale Training, die Tatsache, daß Fähigkeiten bis zu einem gewissen Grad auch in der Vorstellung geübt werden können. Es ist zwar nicht üblich, einem Kind etwa das Fahrradfahren mittels mentalem Training beizubringen, weil man das eben auch leicht in der Realität machen kann. Trotzdem wird auch beim mentalen Training von einer alltäglichen psychischen Funktion Gebrauch gemacht, nämlich von der Tatsache, daß wir alle die Bewältigung schwieriger Situationen vorher in der Imagination einüben. Jeder, der eine Rede oder einen Vortrag halten mußte, weiß dies aus eigener Erfahrung. Das kann sogar gegen den eigenen Willen passieren: wenn sich das Nachdenken über das, was wir tun müssen, nicht mehr "abschalten" läßt.

Insgesamt kann man sagen, daß viele der bisher entwickelten verhaltensthera-peutischen Strategien sehr nahe an der Alltagserziehung sind, andere sind etwas weiter weg, wieder andere, die noch geschildert werden, sind ganz neuartig.

Die wichtigsten Prinzipien, um die es hier geht, sind nun folgende:

Gewöhnung durch wiederholte Konfrontation
Sensibilisierung
Verhaltensübung
Verhaltensformung
Modellernen
Selbststeuerung

Sie werden im folgenden genauer dargestellt:

2.2 Gewöhnung durch wiederholte Konfrontation

Viele psychische Probleme haben als Hauptsymptom eine übermäßige emotio-nale Reaktivität auf bestimmte Objekte oder Ereignisse. "Übermäßig" heißt in diesem Fall subjektiv sehr belastend und den normalen Lebensvollzug ernsthaft beeinträchtigend. Viele Menschen haben soziale Ängste verschiedener Art; sie können in Gegenwart mehrerer Personen kaum das Wort ergreifen, sie können sich gegenüber Autoritätspersonen nicht durchsetzen, sie können sich gegen unzumutbare Forderungen nicht wehren (sie können nicht "nein sagen"), sie scheuen sich, Kontakt mit potentiellen Liebespartnern aufzunehmen, usw. Es gibt spezielle Ängste, z.B. Prüfungsängste oder Angst vor sexuellem Verkehr, und es gibt die Phobien, z.B. große Angst vor bestimmten Tieren (etwa Hun-den), vor Höhen, und besonders vor Plätzen, Straßen, Menschenmengen und öffentlichen Verkehrsmitteln (die sog. Agoraphobien).

Nun sind insbesondere für Kinder, aber auch für Erwachsene, neue schwie-rige Situationen meist mit Angst besetzt: zum ersten Mal im tiefen Wasser schwimmen, zum ersten Mal allein mit dem Fahrrad fahren, zum ersten Mal vor der Klasse ein Referat halten, zum ersten Mal ein Auto steuern. Viele dieser Ängste legen sich von selbst oder werden wenigstens viel geringer, wenn man diese Situationen mehrmals bestanden hat. Wir haben uns daran gewöhnt; es macht uns keine Angst mehr. Voraussetzung dafür ist allerdings, daß man sich tatsächlich immer wieder mit der Situation konfrontiert und sie in irgendeiner Form zu bewältigen lernt. Dieses Prinzip der Gewöhnung durch Konfrontation ist also ein alltäglicher Vorgang. Bei den eben erwähnten Ängsten und Phobien scheint es jedoch versagt zu haben. Die wichtigsten Gründe dafür sind wahr-scheinlich extrem angsterregende Erlebnisse im Zusammenhang mit solchen Si-tuationen (z.B. Autounfall, vom Hund gebissen werden, auf aggressive Weise von anderen lächerlich gemacht werden) oder das Übernehmen solcher Ängste von wichtigen Bezugspersonen, die ihre eigenen Ängste exzessiv demonstrieren. Die Angst kann dadurch so stark werden, daß die normalen Konfrontationen mit den Objekten nicht mehr ausreichen, um sie zum Verschwinden zu bringen, oder sie verursachen ein so ausgedehntes Vermeidungsverhalten, daß es zu ausreichenden Konfrontationen nicht mehr kommen kann. In diesen Fällen kann "Gewöhnung durch Konfrontation" therapeutisch nachgeholt werden. Um diese Gedanken möglichst konkret zu illustrieren, beginnen wir mit einer Schilderung jener verhaltenstherapeutischen Technik, die am weitesten verbreitet ist, nämlich mit der Systematischen Desensibilisierung. Von dieser, im folgenden SD abgekürzten Therapieform, gibt es eine "orthodoxe" Variante, jene im Jahre 1958 von J.Wolpe in einer ausführlichen Monographie vorgestellte Version, sowie zahlreiche Abänderungen und Entwicklungen, die in den Letzten Jahren und Jahrzehnten eingeführt wurden.

Wir schauen uns zunächst die orthodoxe Variante an, die aus den folgenden vier Hauptkomponenten besteht:

A. Analyse der Faktoren, die für das Auftreten von Angst verantwortlich sind;
B. Gemeinsame Erarbeitung einer Hierarchie von angstauslösenden Faktoren;
C. Training in einer Entspannungstechnik;
D. Vorstellungsmäßiges Durcharbeiten der Hierarchie in einem konzentrierten und entspannten Zustand.

Dazu folgende Erläuterungen:

Zu A.: In jeder angsterregenden Situation gibt es verschiedene Faktoren, die dafür verantwortlich sind, ob und in welchen Ausmaße Angst entsteht, die ferner die subjektiv empfundene Qualität der Angst zumindest mit-determinieren. Betrachten wir als Beispiel die häufig vorkommende Angst vor dem öffentlichen Auftreten, z.B. vor vielen Leuten eine Rede halten zu müssen. Angstdimensionen, also angstauslösende Elemente der Situation, können folgende sein:

1. Das Ausmaß der eigenen Sicherheit (je schlechter vorbereitet, desto mehr Angst);
2. Anzahl der Zuhörer (je mehr, desto schlimmer);
3. Subjektive Einschätzung der Zuhörer (werden sie als feindselig oder wohlwollend eingeschätzt);
4. Eigene körperliche Verfassung (wenn man sich schlecht fühlt, hat man mehr Angst);
5. Objektive Wichtigkeit des erfolgreichen Auftretens (ist es eine prüfungsähnliche Situation?) ;
   .... und so weiter.

Dies sind nur Beispiele, die keineswegs auf alle Klienten und auch nicht in dieser Weise zutreffen müssen. Es ist die Aufgabe der sog. Verhaltensanalyse, herauszufinden, welche solcher Faktoren für die Ängste eines Klienten bedeutsam sind und auf welche Weise, in welchem Ausmaß. Diese Verhaltensanalyse wird durchgeführt mittels ausführlicher systematischer Befragung, häufig werden auch spezielle Fragebögen eingesetzt (Bergold 1974) oder Verhaltensbeobachtungen, sei es in der Realität, oder, wenn das nicht möglich ist, im Rollenspiel.

Zu B.: Das Erstellen einer Hierarchie heißt, daß der Therapeut mit dem Klienten zusammen eine Reihe von Situationen beschreibt und schriftlich fixiert (zweckmäßigerweise auf Karteikarten), die in unterschiedlichem Ausmaße angsterregend sind. Man kann das dadurch erreichen, daß man die Intensität der verschiedenen angstmachenden Faktoren ändert. So können die entsprechenden Situationen variieren von "kleiner süßer Hund hinter einer Schaufensterscheibe" bis "großer Schäferhund kommt ohne Leine und Maulkorb auf dem Parkweg entgegen". Um bei diesem Beispiel zu bleiben: variieren kann man hier verschiedene Dimensionen, z.B. die Größe des Hundes, seine Entfernung, seine Kontrolliertheit (Leine, Maulkorb), sein Wesen (ruhig, laut bellend, Zähne blekkend). Die so beschriebenen Situationen werden in eine Reihenfolge gebracht, und zwar so, daß man mit einer sehr einfachen Situation anfängt, dann immer schwierigere einführt und die Reihe mit der am meisten angstmachenden enden läßt. Die so gewonnene Liste enthält meist zehn bis zwanzig Elemente (sog. "Items"), es können aber auch mehr oder weniger sein. Es ist in der Regel zweckmäßig, darauf zu achten, daß der Abstand zwischen den einzelnen Situationsbeschreibungen in Bezug auf ihr Angstpotential nicht zu groß wird.

Zu C.: Obwohl die Notwendigkeit eines speziellen Entspannungstrainings bei der SD umstritten ist, werden die Klienten doch meistens frühzeitig in einer solchen Entspannungstechnik unterwiesen, wenn man sich einmal zur Durchführung einer SD entschlossen hat. Meist ist dies die sog. Progressive Muskelentspannung (vgl. Bernstein & Berkovec 1975), da diese von den meisten Menschen am schnellsten erlernbar ist und in relativ kurzer Zeit einen leichten bis mittleren Grad der Entspannung ermöglicht, der für die SD vollkommen ausreicht. Es kann aber auch Autogenes Training eingesetzt werden (Schultz 1970), zumal dann, wenn der Klient damit schon zufriedenstellende Vorerfahrungen hat, ausserdem bestimmte Atemtechniken, entspannungsfördernde Selbstinstruktionen, und ähnliches. Der Klient soll dabei lernen, seine häufig chronischen Anspannungen besser wahrzunehmen, um sie durch Entspannung lindern zu können. Für diesen Zweck ist ein gewisses Minimum an regelmäßigen selbst durchgeführten Entspannungsübungen notwendig, da sonst in kritischen Situationen eine Entspannungsreaktion nicht zuverlässig genug eingeleitet werden kann (Vaitl 1978). Der Hauptzweck des Entspannungstrainings bei der SD ist jedoch die Verwendung der Entspannung beim Durcharbeiten der Angsthierarchie. Entspannung dient hier als angstreduzierende und die Vorstellungsfähigkeit und Konzentration fördernde Hilfstechnik.

Zu D.: Dieses Durcharbeiten ist nach allgemeiner Auffassung der wirksamste und daher zentrale Aspekt der SD. Die nach ihrer angstauslösenden Intensität geordneten Situationsbeschreibungen liegen als Ergebnis der Verhaltensanalyse und Hierarchieerstellung bereits vor. Der Klient, der bequem sitzt oder liegt, wird durch entsprechende Instruktionen in einen entspannten Zustand versetzt und dann gebeten, sich die erste, am wenigsten bedrohliche Situation genau vorzustellen. Das mag etwa eine halbe bis zwei Minuten dauern, und wird, unterbrochen von erneuten Entspannungsinstruktionen, ein paar Mal wiederholt, bis der Klient sich die Situation angstfrei vergegenwärtigen kann. Nun wird die nächste Situation auf die gleiche Weise bearbeitet, und dieser Prozeß wird in mehreren Sitzungen fortgeführt, bis alle Situationen der Angsthierarchie ohne Erregung vorgestellt werden können.

Es wird dabei angenommen, daß sich dieser Gewöhnungseffekt auf die reale Situation überträgt; die Begründung für diese Annahme ist ein psychologisches Phänomen, das Löschungsgeneralisierung genannt wird. Diese Generalisierung tritt jedoch nicht immer zuverlässig ein, oder nicht in dem gewünschten Ausmaß, so daß die geschilderte "Desensibilisierung in der Vorstellung" in verschiedener Hinsicht erweitert wurde, und zwar durch Prinzipien, die weiter unten dargestellt werden. Zunächst aber zum Prinzip der

2.3 Sensibilisierung

Sensibilisierung ist, wie der Name schon zum Ausdruck bringt, ziemlich genau das Gegenteil von Desensibilisierung. Während es bei jener um die Überwindung unkontrollierbaren Vermeidungsverhaltens geht, dadurch, daß man die in bestimmten Situationen ausgelösten vermittelnden Emotionen reduziert, geht es bei dieser um den Abbau exzessiven Annäherungsverhaltens, insbesondere bei suchtartigen oder triebgesteuerten Verlusten der Impulskontrolle. Der Grundgedanke ist der, daß man den impulsauslösenden Reiz mit extrem aversiven Stimuli assoziiert, um die Annäherung durch gleichzeitig ausgelöste Vermeidung zu neutralisieren. Verfahren dieser Art, auch unter dem Stichwort Aversionstherapie bekannt (Fliegel et al. 1981), wurden aus ethischen Gründen immer als etwas anrüchig betrachtet, und ihre Anwendung auf außergewöhnliche Fälle eingeschränkt. Ein Beispiel ist das Vorgehen von Freund: Er behandelte männliche homosexuelle Patienten durch Injektionen von Emetika (übelkeiterregenden Mitteln). Sobald den Patienten schlecht wurde, zeigte man ihnen Bilder von attraktiven Männern. Damit sollte die Wertigkeit dieser Auslöser reduziert werden (Freund 1960). Dies war natürlich nicht die ganze Therapie; hier soll lediglich das Grundprinzip sichtbar gemacht werden. Als aversive Reize wurden auch (unschädliche aber schmerzhafte) elektrische Schläge verwendet, etwa in der Therapie des Alkoholismus. Auch hier überwiegen jedoch negative Bewertungen (Sobell et al. 1982), obwohl gerade beim Alkoholismus jedenfalls mit Emetika Erfolge erzielt werden konnten (Cannon et al. 1981).

Von besonderem Interesse in diesem Zusammenhang sind jedoch die Techniken der sog. Verdeckten Sensibilisierung (Cautela 1967; Cautela & McCullough 1978). Dabei wird wiederum das Prinzip des mentalen Trainings eingesetzt, d.h. es werden bestimmte Handlungsauslöser mit aversiver Stimulation gekoppelt, aber nicht in der Realität, sondern in der Imagination. Während sich etwa der Patient vorstellt, daß er ein alkoholisches Getränk konsumiert, beschreibt der Therapeut ekelerregende Szenen von Übelkeit und Erbrechen, die erst aufhören, wenn der Patient sich vorstellt, wie er das Trinken beendet. Ein Beispiel:

"Du betrittst die Kneipe, um ein Bier zu trinken, und da ist plötzlich dieses widerliche Gefühl, das im Bauch anfängt und immer schlimmer wird, bis Dir ganz schlecht ist. Du schmeckst den ekligen Saft, der im Hals hochkommt, aber Du zwingst Dich dazu, das Zeug wieder runterzuschlucken. Du greifst nach dem Bier, um es runterzuspülen, aber als die Hand das Glas berührt, kannst du den Brechreiz nicht länger kontrollieren. Dein Mund öffnet sich und Du kotzt über die Theke und das Glas und ins Bier hinein. Du siehst wie Kotze und Speisereste im Bier herumschwimmen. Alle Leute starren Dich an, und Du fühlst Dich miserabel und furchtbar blamiert. Schon sich vom Bier abzuwenden, bringt etwas Erleichterung; du läufst raus an die frische Luft, und da geht es Dir gleich viel besser (Cautela & McCullough 1978, 231, eigene Übers.).[1]

Es konnte nachgewiesen werden, daß diese Ekelreaktion tatsächlich auf realen Alkohol generalisiert (Elkins 1980), auch wenn insgesamt die therapeutische Wirksamkeit derartiger Verfahren noch nicht klar bewiesen ist (Little & Curran 1978). Dies gilt auch für andere Anwendungsgebiete wie sozial disruptives Verhalten, übermäßiges Essen, oder Rauchen.

2.4 Prinzip der Verhaltensübung

Die ursprüngliche Auffassung von der Rolle der Imagination war die, daß man den Prozeß der Vorstellung für einen Wahrnehmungsprozeß gehalten hat, mit dem einen Unterschied, daß kein realer Wahrnehmungsgegenstand vorhanden war - also praktisch für eine Art Halluzination. Dem entsprach die Behauptung von der "funktionalen Äquivalenz" von Wahrnehmung und Vorstellung; abgesehen von dem schon erwähnten Unterschied, und abgesehen davon, daß Vorgestelltes vielleicht etwas verschwommener war als Wahrgenommenes, seien beide Funktionen gleichwertig (Cautela & McCullough 1978, 228).

Ohne auf die Diskussion dieser Auffassung näher einzugehen, möchte ich lediglich konstatieren, daß diese Annahme inzwischen überholt ist. Einerseits kann man bestenfalls von einer gewissen funktionalen "Ähnlichkeit" von Wahrnehmung und Vorstellung sprechen, andererseits ermöglich die Vorstellung nicht nur "Quasi-halluzinationen", sondern vor allem Probehandlungen. In der Imagination vergegenwärtige ich mir nicht nur mögliche Welten, ich übe auch mögliche Handlungen und teste deren mögliche Auswirkungen. Wie man auf reale oder potentielle Situationen reagiert, hängt nicht allein vom Charakter dieser Situation ab, sondern auch von der Einschätzung der eigenen Fähigkeiten, mit dieser Situation fertig zu werden. Mangelnde Kompetenzerwartung macht Situationen bedrohlich, die es für Leute mit Selbstvertrauen nicht sind. Die Herstellung von Kompetenzerwartung durch Vergegenwärtigung, daß man sie ja schon besitzt, oder durch ihr Einüben, ist daher ein wichtiger Bestandteil der Therapie bei den meisten Formen von Ängsten. Diese Kompetenz kann nun auch imagi-

---

1 Weder von den Definitionen her noch anhand der Beispiele wird der Unterschied zwischen Bestrafungs- und Sensibilisierungsverfahren ganz deutlich, aber das kann hier nicht erörtert werden (vgl. Kraiker, 1974, S.656)

nativ im Rahmen einer SD geübt werden, da eben die Imagination, wie gerade festgestellt, auch den Charakter von Probehandeln besitzt, nicht nur im Sinne des Testens potentieller Handlungskonsequenzen, sondern auch im Sinne des Aneignens neuer Handlungsfertigkeiten. Die während einer SD durchgearbeiteten Elemente der sog. Angsthierarchie enthalten nunmehr nicht allein Stimulusbeschreibungen, sondern auch Handlungsbeschreibungen. Man stellt sich also nicht nur Situationen vor, sondern auch, wie man in diesen Situationen handelt, welche Konsequenzen das hat. Auch dabei wird man das Prinzip der sukzessiven Approximation berücksichtigen, d.h. man wird mit einfachen Problemen und einfachen Handlungen beginnen, und die jeweiligen Schwierigkeiten allmählich steigern. Bei einem schüchternen jungen Mann könnte das etwa heißen, daß er sich zunächst vorstellt, eine ältere Dame nach dem Weg zu fragen, bevor er irgendwann schließlich seine Traumfrau ins Theater einlädt.

Ein Sonderfall dieses Vorgehens ist die aktive Rekonstruktion und Bewältigung von Problemen aus der Vergangenheit der Klienten, meist im Zusammenhang mit ihren Eltern oder anderen wichtigen Bezugspersonen. Wir haben es da häufig mit stark belastenden Konflikten zu tun, die zu ihrer Zeit nicht befriedigend bewältigt werden konnten, da den Beteiligten die dazu notwendigen Fähigkeiten abgingen, oder auch die nötige Motivation. Wenn man annehmen kann, daß jetzt der entsprechende Wunsch vorhanden ist, und wenn man ferner annehmen kann, daß inzwischen der Klient neue Fertigkeiten erworben hat oder erwerben kann, mit denen der Konflikt zu bewältigen ist, dann kann man das - nach entsprechenden Vorarbeiten - auch in der Imagination bearbeiten. Schauen wir uns folgendes Beispiel an:

"Ein depressiver, etwa 36 Jahre alter Patient erlebt in einer Szene von Altersregression die Weihnachtsfeier in seinem elften Lebensjahr. Er wird von seinem Vater in das Weihnachtszimmer geführt und will - voller Glück, daß sein sehnlichster Wunsch in Erfüllung gegangen ist - auf das unter dem Weihnachtsbaum stehende Kasperletheater zugehen. Da schreitet der Vater ein, hält ihn schroff zurück und bedeutet ihm, daß dieses Geschenk für den Bruder vorgesehen sei und er leer ausgehen müsse, weil er Verbote des Vaters übertreten habe. Entsetzt verkriecht sich der Junge unter den Tisch und erlebt so im Tagtraum das Elend der damaligen Situation, seine Scham, Machtlosigkeit und Resignation. - Daß damit starke Affekte frei werden, bedarf keiner weiteren Erwähnung.- Der Therapeut diskutiert diese Szene mit dem Patienten in der nächsten Sitzung und regt ihn zu Einfällen an, wie er sich im Wiederholungsfalle adäquater verhalten könne mit dem Ziel, das Kasperletheater doch noch zu erhalten. Die darauf erneut eingestellte Weihnachtsszene findet nun eine Korrektur dadurch, dass der Patient, statt verängstigt unter den Tisch zu kriechen, den Mut hat, mit dem Vater ins Gespräch zu kommen, ihm die vermeintlichen Verfehlungen erklärend darzustellen und ihn schliesslich zu bitten, ihm das Kasperletheater doch noch zu schenken. Er hat in dieser Tagtraumszene Erfolg damit" (Kulessa; in Leuner, 1980, 81f).

Leider wird in der Verhaltenstherapie dieses Vorgehen nur selten eingesetzt, und auch das zitierte Beispiel kommt aus einer ganz anderen Richtung, nämlich aus dem tiefenpsychologisch orientierten Katathymen Bilderleben, was allerdings zeigt, wie die Entwicklung von Techniken konvergieren kann.

Wenn das Erlernen und Üben von Fertigkeiten verschiedener Art eine so große Rolle spielt, dann ist es nur konsequent, daß dies nicht nur in der Imagination gemacht wird, sondern auch in der Realität. Die Wahl des imaginativen Vorgehens in der SD war zwar auch durch praktische Gründe bestimmt (und ist es noch), aber auch durch die starke Konzentration auf den Wahrnehmungsaspekt des Durcharbeitens. In dem Ausmaß, wie dieser durch den Handlungsaspekt ergänzt wird, wird man auch mehr Wert darauf legen, das mentale Training durch konkretes Handlungstraining zu ergänzen. Wir kommen damit zum nächsten Punkt:

2.5 Prinzip der Verhaltensformung

Es handelt sich hierbei um eine andere Variante des Vorgehens in kleinen Schritten. Allerdings geht es hier nicht, oder nicht in erster Linie, um die Gewöhnung an emotional belastende Situationen, sondern um das Erlernen komplexer Verhaltensweisen. Das Haupteinsatzgebiet ist der Aufbau von alltäglichen Fertigkeiten bei retardierten Kindern. Bei diesen ist die Beeinträchtigung oft so stark, daß die normalen "semi-chaotischen" Familienumgebungen nicht ausreichen, um Fähigkeiten wie selbständiges Anziehen, Waschen, das Klo benutzen, Essen, oder sogar Sprechen zu vermitteln. Bei der Verhaltensformung wird zunächst das gewünschte Verhalten definiert, dann in einfachste, aufeinander aufbauende Elemente zerlegt, und ein Programm definiert, bei dem das Kind für jede Annäherung an das gewünsche Verhalten belohnt (bzw. verstärkt) wird (z.B. durch ein Löffelchen Pudding oder Joghurt). So wird das Kind etwa bereits für das Ergreifen des Löffels belohnt, dann für das Eintauchen des Löffels in den Brei, dann für das Hochheben des Löffels mit Brei drin, usw. Man macht dabei das gewünschte Verhalten oft vor, damit das Kind es imitieren kann (sog. Modellernen, s.u.), oder man aktiviert es, indem man zum Beispiel die Hand des Kindes ergreift, zum Löffel führt, dann zum Brei, usw. Das klingt so einfacher als es ist; man braucht dafür aber viel Erfahrung, große Geduld und Konzentrationsfähigkeit.

In ähnlicher Weise wird Verhaltensformung bei vielen Verhaltensproblemen eingesetzt, z.B. bei der Therapie von Arbeitsstörungen oder beim Selbstsicherheitstraining. Auch hier kann imaginatives Vorgehen ergänzend eingesetzt werden, z.B. durch die sog. verdeckte Verstärkung. Ein typisches Anwendungsgebiet ist das Training von sozialen Fertigkeiten. Als Verstärker wird ein vorher eingeübtes angenehmes Vorstellungsbild verwendet (z.B. am Strand in der Sonne liegen). Der Patient erhält die Instruktion, sich die angenehme Szene vorzustellen, wann immer der Therapeut eine entsprechende Aufforderung (durch [A] dargestellt) gibt.

"Stellen Sie sich vor, daß Sie zu einem Fest gehen [A]. Bei der Ankunft begrüßen Sie den Gastgeber mit einem Lächeln und einem freundlichen «Guten Tag» [A]. Jedesmal, wenn Sie anderen Leuten vorgestellt werden, lächeln Sie, schauen ihnen in die Augen, und schütteln ihnen die Hand [A]. Sie unterhalten sich mit einigen Gästen [A] und denken daran, was für ein angenehmes Fest dies ist [A]" (Cautela & McCullough 1978, S. 232, eigene Übers.).

2.6 Prinzip des Modellernens

Es ist allgemein bekannt, daß ein großer Teil des Erwerbs von neuen Fähigkeiten durch Imitation geschieht. Jemand, der es schon kann, macht es vor, der Lernende macht es nach. Im Verlauf der Alltagserziehung geschieht dies oft ganz automatisch. Die Kinder sehen und hören eine ganze Menge bei den Erwachsenen, was sie zur Nachahmung anregt. In der Verhaltenstherapie wird dieses Prinzip systematisiert: man gibt dem Klienten die Möglichkeit, andere Personen (z.B. auch den Therapeuten) im Umgang mit bestimmten Problemen zu beobachten, bevor er sich selbst an ihre Bewältigung macht. Das Vorbild wird Modell genannt, der Prozess Modellernen bzw. Modelltraining (von Seiten des Therapeuten betrachtet). Der Therapeut demonstriert z.B. die Übungen zur progressiven Muskelentspannung, er demonstriert eine günstige Sitzhaltung, er zeigt, wie man eine Katze oder eine Schlange hält (im fortgeschrittenen Stadium der Behandlung von entsprechenden Tierphobien), er geht vor dem Patienten mit Höhenangst eine steile Treppe hoch, er zeigt im Rollenspiel, was man in einer Prüfung machen kann, wenn man die Antwort auf eine Frage nicht weiß usw. Wenn die Behandlung in einer Gruppe durchgeführt wird, können auch die Gruppenmitglieder für bestimmte Aufgaben als Modell eingesetzt werden. Sie zeigen z.B. im Selbstsicherheitstraining, wie man bei einer Reklamation auf seinem Recht beharrt, oder, bei der gemeinsamen Behandlung von Agoraphobikern, wie man entspannt einen großen Platz überquert. Das letzte Beispiel zeigt, daß durch Modelle unterschiedliche Informationen übermittelt werden: nicht nur, wie man etwas macht (das ist häufig schon bekannt), sondern auch, daß dabei nichts Schlimmes passiert, daß man dafür Anerkennung findet, u.ä.

Verdecktes Modellernen findet in der Vorstellung statt und kann - in Analogie zum offenen Modellernen - zur Förderung oder Reduktion von Verhalten eingesetzt werden, meist in Verbindung mit anderen Techniken (Kazdin 1978). Cautela und MacCullough (1978, S. 233) bringen folgendes Beispiel:

"Stellen Sie sich vor, wie eine Frau, die etwa so alt ist wie Sie, im Bett liegt und schläft. Sie wacht gerade auf, und als sich ihre Augenlider allmählich öffnen, beginnt sie zu lächeln. Sie denkt an den Tag, der vor ihr liegt, und wie sie ihn genießen wird."

2.7 Prinzip der Selbstkontrolle

Wir begleiten und steuern viele unsere Handlungen mit Selbstgesprächen, mit Kommentaren, Überlegungen, Warnungen, Ermutigungen, Befehlen etc. Solche Selbstgespräche können sich negativ auf Emotionen, Stimmungen und Verhalten auswirken, besonders wenn sie entmutigenden Charakter haben oder selbstentwertend sind. Dazu gehören Bemerkungen wie: "das schaff ich nie", "das ist ja nicht zum Aushalten", "dieser Schmerz ist unerträglich", "du bist einfach zu nichts fähig", "jeder normale Mensch kann das, nur ich kann es nicht", "du brauchst gar nicht erst anzufangen" usw. Solche Selbstgespräche, oft begleitet von entsprechenden Phantasien, werden auch automatische Gedanken (Beck et al. 1981) genannt: damit soll zum Ausdruck gebracht werden, daß sie spontan auftreten, unter Umständen ohne daß man sich ihrer klar bewußt wird, und ohne daß man sich ihrer zu einem späteren Zeitpunkt erinnern kann. Sie sind gewissermaßen das Vehikel, mit dem Einstellungen und Überzeugungen ihre Wirksamkeit entfalten. Durch Selbstinstruktionstraining verändert man diese Selbstgespräche so, daß sie positive Einflüsse ausüben. Man kann dabei die verhaltenssteuernden Effekte ausnutzen, z.B. beim Selbstkontrolltraining impulsiver Kinder (Meichenbaum & Goodman 1971), die ermutigenden Effekte bei der Therapie von Depressionen (Beck et al. 1981), die einstellungsändernden bei Selbstentwertung (Ellis & Grieger 1979) etc. Das Vorgehen von Meichenbaum und Goodman (1971) zeigt auch eindrucksvoll die Kombination mit Modellernen und Verhaltensformung: der Therapeut führt eine bestimmte Handlung aus und gibt sich dabei laut Anweisungen. Die Kinder machen diese Handlung nach und geben sich ebenfalls laute Instruktionen, wofür sie verstärkt werden. Im nächsten Durchgang geben sie sich dann nur noch leise Instruktionen, und schließlich verlagern sie diese Instruktionen ganz nach innen, d.h. sie sprechen sie nur noch im Geiste.

Während bei diesen Verfahren bestimmte, meist verbale Reaktionen verwendet werden, um andere Reaktionen zu modulieren (d.h. abzuschwächen oder zu verstärken oder in ihrer Topographie zu ändern), wird bei der Technik der Stimuluskontrolle diese Verbindung durch einen weiteren Zwischenschritt ergänzt. Die Modulierung des eigenen Verhaltens geschieht hier durch gezielte Veränderung der Umgebung, in der man sich aufhält, bzw. durch systematische Selektion der Umgebungen, die man aufsucht bzw. vermeidet. Bei Alkoholproblemen z.B. heißt das: keine alkoholischen Getränke zu Hause aufzubewahren, kein Besuch von Kneipen, Abwendung von Alkoholwerbung. Bei Studienproblemen könnte es bedeuten: keine Zeitungen und Krimis im Arbeitszimmer, kein Fernseher, Telefon stillegen, bzw. Aufsuchen von Orten, bei denen derartige Ablenkungen (auch durch Besuche) nicht möglich sind, also etwa öffentliche Bibliotheken oder Arbeitsräume.

2.8 Schlußbemerkungen

Nachdem diese Prinzipien genauer beschrieben wurden, ist es von zentraler Bedeutung, die fundamentale Logik ihrer Anwendung deutlich zu machen, da diese häufig völlig mißverstanden wird. Bei allen Verfahren werden durch den Einsatz spezieller Techniken die Reaktionen einer Personen in konkreten Situationen geändert: durch Entspannung vis-à-vis angstmachender Reize, durch Imitation eines Modells, durch Selbstinstruktionen, durch Kontrolle von Vorstellungsinhalten, durch Veränderung der Umgebung u.ä. Die Verhaltenstherapie besteht aber nicht darin, daß man solche "Tricks" lernt und anwendet; das sind immer nur die ersten Schritte. Das Ziel ist vielmehr, durch ständig wiederholte Modulierung des Verhaltens in den relevanten Lebenssituationen eine dauerhafte Änderung der Verhaltensdispositionen eines Individuums zu erreichen, die letztlich die Anwendung dieser "Tricks" entbehrlich macht. Das Ziel einer Angsttherapie ist es zum Beispiel nicht, Angst durch Entspannungsreaktionen zu hemmen, sondern dies so oft zu tun, daß schließlich Angst gar nicht mehr entsteht und so auch auf die Entspannung verzichtet werden kann. Einem Menschen mit Alkoholproblemen den Alkohol wegzunehmen, ist keine Therapie; die Therapie besteht vielmehr darin, ihn dazu zu bringen, seine Tage so oft sinnvoll ohne Alkohol leben zu lassen, bis er den Alkohol tatsächlich nicht mehr benötigt.

Allerdings muß auch gesagt werden, daß diese beiden Prinzipien (aktuelle Verhaltensmodulation und dauerhafte Dispositionsänderung) nicht immer so klar unterscheidbar sind - denken wir an den Alkoholiker, der meist lebenslängliche Stimuluskontrolle braucht. Manchmal sind immer wieder einzusetzende Techniken der Verhaltenskontrolle das beste, was man erreichen kann, aber das ist nicht die ideale Lösung.

Die obige Aufstellung von Techniken ist nicht vollständig, und ihre Einteilung ist nicht zwingend. Das verhaltenstherapeutische Forschungsprogramm wird von sehr verschiedenen Gesichtspunkten geleitet, die auch nicht nahtlos zusammenpassen, so daß unterschiedliche Akzentsetzungen möglich sind. Einige fundamentale Polaritäten sind etwa "respondente versus operante Verfahren", "kognitive Techniken versus Verhaltenstechniken", "Fremdkontrolle versus Selbstkontrolle", "offene versus verdeckte Techniken", "verbale versus imaginative Techniken", "orthodox versus eklektisch" usw. Jede Darstellungsstruktur wird damit zum Kompromiß, aber ich denke, daß die anfangs erwähnten Familienähnlichkeiten trotz aller Verschiedenheiten erkennbar bleiben.

3. Hypnose und Verhaltenstherapie

Ein kurzer Rückblick

Hans-Christian Kossak

3.1 Behavioristische Ansätze

Die Forschungsrichtung des Behaviorismus in der Hypnose versucht zu ergründen, inwiefern Hypnose als Verhalten anzusehen ist und ob dieses Verhalten auf definierbare Variablen zurückgeführt werden kann.

Bei seinen Experimenten über den bedingten Reflex beobachtet Pawlow (1923), daß seine in das Experimentiergeschirr geschnallten Hunde in schlafähnliche Zustände verfallen. Er leitet davon eine Theorie des Schlafes ab, in der er unterschiedliche Erregung und Hemmung verschiedener Hirnzentren annimmt. Eine Stufe davon ist der hypnotische Schlaf, in welcher Konditionierungsprozesse innerhalb des ersten Signalsystems wirksam werden. Pawlow nimmt sogar Rapportzonen an, also Cortexareale, die durch Suggestionen anzusprechen sind. Diese *Zentrentheorie* wird später widerlegt (Hull, 1933). Es besteht nur eine rein äußere Ähnlichkeit zum Schlaf; die im Schlaf und in Hypnose produzierten EEG-Muster sind z.B. sehr verschieden (Evans, 1979).

Hull (1933) kann nachweisen, daß in Hypnose unterschiedliche Konditionierungen bewirkt werden können und daß Hypnose selbst Lerngesetzen unterliegt. Er bezeichnet Hypnose deshalb nicht mehr als einen besonderen Bewußtseinszustand, sondern als ein Verhalten (habit). Durch sehr einfache Konditionierungsexperimente kann auch nachgewiesen werden, daß in Hypnose ohne Lernphasen nur durch Vorstellungen physiologische Reaktionen erzeugbar sind (Leuba, 1940; Leuba & Dunlap, 1951). Dies wird als Beleg dafür angesehen, daß auch das sekundäre Signalsystem Pawlows in Hypnose wirksam wird. Welch (1947) nennt dies später *abstraktes Konditionieren*.

Barber (1969), der sich sein Studium durch Showhypnose finanzierte, verfolgt den behavioristischen Ansatz weiter - zumal er von seinen Vorführungen weiß, daß hierbei kein besonderer Bewußtseinszustand hervorgerufen wird. Er extrahiert unterschiedliche Variablen, die zu "hypnotischem" Verhalten führen; dies sind z.B. Erwartungshaltung, Einstellung der Versuchspersonen, Prestige des Versuchsleiters und Aufgabenmotivation. Mit seinem *kognitiv-behavioralen Ansatz* (1977; Barber & Wilson, 1972) belegt Barber, daß die unter Hypnose erzeugten Phänomene auch im Alltagsleben auftreten; sog. abnorme Zustände wie "Trance" sind dafür nicht als Erklärungsmodell notwendig. Lediglich imaginative Fähigkeiten, selektive Aufmerksamkeit und bestimmte kognitive Strategien sind relevant; dabei sind vorausgehende Variablen wie Erwartungshaltung etc. wesentlich (Bearoff, 1984; Spanos, 1988).

3.2 Hypnose als komplexes Verhalten?

Wie dargestellt, hat Hull (1933) Hypnose als Verhalten eingestuft. Dabei stellt sich die Frage, durch welche Reize das Verhalten auszulösen sei. Hier können einerseits die Verbalsuggestionen des Therapeuten als Auslöser für "hypnotisches" Verhalten angesehen werden; andererseits können auch kognitive Stimuli wie Imaginationen komplexe Verhaltensweisen auslösen, wie es z.B. bei der spontanen Altersregression festzustellen ist. Die Suggestion in Hypnose ist danach ein Rückgriff auf erlernte Konditionierungen, die jedoch auch selbsterzeugt als Innenbilder auftreten können. Wenn wir andererseits beobachten, wie bei Halluzinationen die Reizfunktionen verändert werden können, ist eher anzunehmen, daß fremd- und selbsterzeugte Hypnosesuggestionen bestimmte Stimuli sind, die die Aktivitäten subcortikaler Zentren beeinflussen und dort wie Steuer- und Filtersysteme arbeiten (siehe z.B. Crawford, MacDonald & Hilgard, 1979; Crawford, 1989).

Die bislang sehr wenigen Experimente, die überprüfen, inwiefern hypnotisches Verhalten Lerngesetzen unterliegt, zeigen auf, daß unter Hypnose erworbene Konditionierungen löschungsresistenter sind (Hudgins, 1933; Smolenskii-Ivanov, 1955; McCraine & Crasilneck, 1955; Barrios, 1973); die Generalisierung von hypnotischem in nichthypnotisches Verhalten ist eindeutig (Hull & Huse, 1930; Welch, 1947); und auch die Dauerhaftigkeit des Erlernten ist unter Hypnose erheblich verbessert (Smolenskii-Ivanov, 1955). Bei all diesen frühen Experimenten ist jedoch zu bedenken, daß es sich oft um einfache Konditionierungen handelt; komplexe klinische Problemstellungen sind nicht erfaßt worden.

3.3 Hypnose in der Verhaltenstherapie

Der historische Vater der Anwendung von Hypnose, kombiniert mit Verhaltenstherapie, ist wahrscheinlich Wolberg. In seinem Standardwerk *Medical Hypnosis* (1948) beschreibt er graduiert vorgenommene Desensibilisierungen und Rekonditionierungen unter Hypnose. Der Begriff *systematische Desensibilisierung* wird später allerdings durch Wolpe (1961) bekannt. In seinem Grundlagenwerk *The Practice of Behavior Therapy* (1969) zeigt Wolpe die Effektivität der Verhaltenstherapie auf. Bei ungefähr einem Zehntel seiner Fälle führt er die Desensibilisierungen unter Hypnose durch und verwendet dabei auch die von Wolberg erwähnte Hand-Schwebe-Technik (Handlevitation).[1]

Sehr überzeugend wirkt auch Salter (1961, 1973), der unter Hypnose Konditionierungen vornimmt und dadurch deutlich macht, daß psychoanalytische Annahmen und Konstrukte (wie anal, oral, Verdrängung) für eine Behandlung eher hinderlich sein können, bzw. daß auch ohne diese Annahmen sinnvolle Behandlungen möglich sind.

In dieser historischen Recherche begegnen wir anfangs nur Einzelfallberichten, bei denen bestimmte verhaltenstherapeutische Techniken unter Hypnose

---

1 Vergl. ausführlicher Kraiker, C. (1987). Die Geburt der Verhaltenstherapie aus dem Geist der Hypnose. Hypnose und Kognition, 4(1), 1-9.

angewandt werden. Oft sind es Psychoanalytiker, die sich punktuell dieser Methodenkombination bedienen. Beispiele hierzu sind: Aversionstherapie bei zwanghaftem Essen (Hershman, 1955) und bei Alkoholikern (Femster & Brown, 1963), bei Rauchern (von Dedenroth, 1964) und bei Enuresis (Erickson, 1954). Eine Art Selbstkontrollprogramm setzt Mann (1961) bei Alkoholismus und Adipositas ein.

Dies führt dann dazu, daß sogar das *International Journal of Clinical and Experimental Hypnosis* den Band 1, 1973, Themen über Hypnose und Verhaltensmodifikation vorbehält. Hier berichten Astor (1972) und Moss und Bremer (1973), wie sie Psychoanalyse mit Desensibilisierung unter Hypnose kombinieren bzw. bereichern. Lazarus (1973) weist in einem Experiment nach, daß Versuchspersonen dann bessere Behandlungsergebnisse erzielen, wenn sie die Erwartung haben, Hypnose zu erhalten - auch wenn sie nur Entspannung bekamen. Wir finden hier bereits jene Variablen vor, die Barber, Spanos und Chaves (1974) später als vorausgehende Variablen definieren werden. Barrios (1973) zeigt in beeindruckenden Experimenten auf, daß posthypnotische Suggestionen Konditionierungen höherer Ordnung sind. Von Dengrove (1973) werden die Vorteile der Kombination von Hypnose und Verhaltenstherapie wie folgt zusammengefaßt[2]: Erleichterung der Entspannung; Verbesserung der Imaginationen; Anwendung von Techniken, die bei besonders schwierigen Patienten erforderlich sind.

Als umfangreichere Darstellungen zum Thema sind noch folgende Werke zu erwähnen:

Kroger und Fezler legen mit *"Hypnosis and Behavior Modification: Imagery Conditioning"* (1976) ein Standardwerk vor, in dem sie zahlreiche verhaltenstherapeutische Aspekte und Anwendungsbereiche der Hypnose bei unterschiedlichsten Problemstellungen bzw. Symptomen aufzeigen. Ihr Ansatz besteht darin, für die jeweilige Symptomatik und Intervention eine ausgewählte Kombination von standardisierten strukturierten Hypnosebildern vorzugeben (so z.B. zur Altersregression, Zeitverzerrung, Anästhesie). Obwohl das gesamte Werk als Novität äußerst interessant ist und dem Verhaltenstherapeuten viele Anregungen gab, müssen die angeführten Methoden vom gegenwärtigen Standpunkt aus als teilweise veraltet betrachtet werden. Hinzu kommt, daß die Möglichkeiten einer differenzierten Verhaltensanalyse (z.B. Kanfer & Saslow, 1969) hier noch nicht einbezogen wurden. So bleiben die Methoden entsprechend relativ starr und symptombezogen.

Dengrove stellt in *Hypnosis and Behavior Therapy* (1978) zahlreiche Artikel zum Thema Hypnose und Verhaltensmodifikation von verschiedenen Autoren zusammen. In diesen 31 Beiträgen werden nun immer mehr Kombinationen dargestellt, so z.B. *covert conditioning* (siehe auch Cautela, 1976). Zwei Hauptkapitel des Buches werden als *Anwendung der Hypnose in der Verhaltenstherapie* und *Anwendung der Verhaltensterhapie in der Hypnose* benannt. Diese Zweiteilung macht deutlich, wie stark das Konzept des *altered state of consciousness* noch vertreten ist (z.B. Weitzenhoffer, 1972; Hartland, 1971), aber auch, daß man die *Hypnotherapy* primär als eine Methodenkombination von Hypnose und Psy-

---

2 sein Manuskript lag übrigens seit 1968 in der Redaktion des Journals vor

choanalyse betrachtet. Der Nachteil des Werkes besteht darin, daß der Herausgeber auf vorhandene ältere Beiträge zurückgreifen muß und die Aktualität etwas leidet.

Clarke und Jackson stellen in *Hypnosis and Behavior Therapy* (1983) ausschließlich die Behandlung von Ängsten und Phobien dar. Sie berücksichtigen zahlreiche auslösende und aufrechterhaltende Bedingungen und beziehen auch kognitiven Aspekte in der Enstehung und Behandlung der Angstprobleme mit ein.

Die Literaturberichte nehmen von diesem Zeitpunkt an zwar zu, sind jedoch nach wie vor ein sehr kleiner Anteil an der gesamten Hypnoseliteratur und betragen von diesem o.g. Zeitpunkt an bis heute unter 5% der gesamten internationalen Hypnose-Literatur (Kossak, 1989), die vorwiegend im englischsprachigen Raum konzentriert ist.

Im deutschsprachigen Raum beginnt die Entwicklung der Verhaltenstherapie wie v.a. auch die der Hypnose wesentlich später; entsprechend sind auch die Ansätze zur Methodenkombination ebenfalls noch sehr selten zu finden: Die DDR-Autoren Kriegel und Graefke (1978) geben eine systematische Übersichtsdarstellung zur Anwendung der Hypnose in der Verhaltenstherapie, in der auch die Methodenvielfalt deutlich wird. Svoboda (1979) nimmt eine kleine Pilotstudie vor, die über die sinnvolle Kombination und Effektivität der Methodenkombination berichtet. Kossak (1983) zeigt in einer Fallstudie den konkreten Anwendungsbereich auf; erstmalig im deutschsprachigen Raum wird hier eine gesamte Behandlung, beginnend von der Verhaltensanalyse über die Hypnoseplanung und -anwendung bis zur Katamnese dokumentiert.

Weitere, jedoch vereinzelte Beiträge folgen dann in den bekannten Zeitschriften *Hypnose und Kognition*[3] und *Experimentelle und klinische Hypnose*. Insgesamt zeigt die Tendenz jedoch, daß sich das Interesse an der Methodenkombination zu entwickeln scheint. So befaßt sich die umfassende Lehrbuch-Darstellung von Kossak (1989) schwerpunktmäßig mit der verhaltenstheoretischen Betrachtungsweise und Erklärung der Hypnose bis hin zu Erklärungsmodellen und Anwendungsformen in den neueren kognitiven und attributionstheoretischen Verhaltenstherapieformen unter Hypnose.

3.4 Kritische Betrachtungen

In vielen der relevanten Veröffentlichungen wird der Vorteil der Methodenkombination recht eindeutig hervorgehoben. Nachfolgend soll kritisch untersucht werden, ob diese Vorteile nachzuvollziehen sind.

Spinthoven (1987) hat in einer umfangreich angelegten Literaturstudie all die Therapievergleiche untersucht, die Hypnose und Verhaltenstherapie anwenden. Er nahm insgesamt 21 Studien von 1970 bis 1981 in seine Analyse auf, deren Untersuchungsgruppen 12 bis 252 Patienten bzw. Freiwillge hatten. Vorwiegend wurden Phobien, Adipositas, Asthma und Rauchen behandelt. Der Vergleich

---

3 Vergl. das Heft von Hypnose und Kognition 4(1), 1987, mit dem Leitthema "Hypnose und Verhaltenstherapie".

zeigt auf, daß Hypnose als Therapieergänzung genauso wirksam ist wie andere allgemeine Therapiefaktoren wie z.B. positive Erwartungshaltungen gegenüber der Behandlung. Letzlich führt diese Schlußfolgerung zu dem gleichen Ergebnis, wie es bereits von Lazarus (1973) formuliert wurde. Dieser Methodenvergleich mußte jedoch zu genau diesen Ergebnissen kommen, da zahlreiche methodische Fehler und Abweichungen kaum eine Vergleichbarkeit zulassen. Einige dieser Methodendifferenzen seien hier kurz umrissen:

Gruppenuntersuchungen vs. Einzelfallberichte: Gruppenuntersuchungen müssen stets vergleichbar sein und verwenden somit stets Standardverfahren. Oft werden die Bedingungen so "rein" gehalten, daß nur allein Monosymptome extrahiert werden, was kaum der therapeutischen Realität entspricht. Einzelfallberichte haben zwar keine Vergleichbarkeit, keine statistische Relevanz, sind ohne Kontrollgruppen usw., aber der individuelle diagnostische und therapeutische Spielraum mit all seiner erforderlichen Vielfalt wird deutlich. Die Effektivität ist hier zwangsläufig stets sehr hoch.

Art der Hypnoseanwendungen: Die in den einzelnen Studien angewandten Hypnoseformen sind nicht miteinander vergleichbar. Die Experimentatoren verwenden unterschiedliche Definitionen und Anwendungsmöglichkeiten. Angewandt werden hier folgende Formen (hier ohne Nennung der Autoren): a) Hypnoseinduktion als reine Entspannung, ohne jegliche Suggestionen; b) Hypnose, verbunden mit allgemeinen Suggestionen; c) Hypnose, mit direkt symptombezogenen Suggestionen; d) Hypnose, kombiniert mit einem umfassenden Therapieprogramm. Besonders bei der erstgenannten Form kann das Ergebnis eines Vergleiches mit reiner Entspannung kaum nennenswerte Unterschiede aufweisen.

Unterschiedliche Verhaltensmodifikationen: Die Autoren verwenden teilweise sehr unterschiedliche Verfahren wie z.B. Aversionstherapie, covert conditioning, Selbstkontrollprogramme. Diese sind ebenfalls kaum miteinander vergleichbar und je nach Symptom (und individueller Indikation) sehr unterschiedlich effektiv.

Hypnotisierbarkeit: Der Bezug zwischen Symptomatik, Behandlungserfolg und Hypnotisierbarkeit der Patienten wird selten überprüft bzw. ist in den wenigen Studien, die sich damit befassen, uneinheitlich. Kaum eine der bekannten Untersuchungen nimmt Vergleiche zwischen Geringsuggestiblen und Hochsuggestiblen vor.

Symptomatik: Es handelt sich um ausgewählte Symptome. Für die Untersuchungsgruppen werden andere als die für die Fragestellung relevanten Symptome negiert. Diese vorgetäuschte Monosymptomatik ist unrealistisch und muß zwangsläufig zu sehr unterschiedlichen Behandlungserfolgen führen.

Nachfolgeuntersuchungen: Die kritisch überprüften Studien beinhalten selten eine Nachfolgeuntersuchung; wird sie durchgeführt, so erstreckt sie sich über zu kurze Zeiträume (2-5 Monate).

Die Folgerungen aus diesen Kritikpunkten sind, daß allgemein besser kontrollierte und methodisch zureichende Studien durchgeführt werden müssen, die direkte Vergleiche ermöglichen.

3.5 Vorteile der Methodenkombination

Verhaltenstherapie und Hypnose haben zahlreiche gemeinsame Bestimmungs-elemente: Motivation und positive Einstellungen erhöhen die Behandlungseffek-tivität (Lazarus, 1971; Spanos & Barber, 1974; Wolpe, 1969; Leitenberg et al., 1969); Verbalsuggestionen sind bei beiden wesentlich (Spanos & Barber, 1974; Gibbson et al., 1970); in besonderer Weise sind die Entspannungsinstruktionen und die Imaginationen wichtig (Spanos, 1973), wobei die persönliche Einbe-zogenheit in die Innenbilder besonders effektiv ist (Danaher & Thoresen, 1972).

Die Vorteile der Methodenkombination liegen u.a. in folgenden hier kurz zu-sammengefaßten Aspekten (nach Kossak, 1989):

Diagnostische Hilfen: In Ergänzung zum verbalen Bericht der Verhaltensex-ploration verhilft Hypnose dazu, ganzheitliche Szenen der fraglichen Situation zu erstellen, was eine wertvolle Ergänzung darstellt. Dadurch werden mitunter Pro-blemstellungen und Zusammenhänge deutlich, zu denen man sonst nicht so schnell Zugang finden würde.

Problempatienten: Einige Patienten stellen den Therapeuten vor erhebliche Probleme, so z.B., wenn sie ihre Gefühle und körperlichen (psychophy-siologischen) Vorgänge nicht wahrnehmen können. Auch hier hilft Hypnose, differenzierte Einblicke zu bekommen.

Ermöglichung von Therapieszenen: Einige Behandlungsformen benötigen das Agieren in sehr komplizierten und nur schwer zu erstellenden Situationen. Zu denken ist hier an Ängste vor großen Personengruppen und sexuelle Übungs-verfahren. Durch Hypnose können alle diese Bedingungen beliebig verfügbar ausgestaltet und kontingent eingesetzt werden.

Ermöglichung von Modifikationen: Mitunter sind bei bestimmten Störungen Modifikationsformen erforderlich, die in einer Realsituation kaum herstellbar sind. Zu denken ist hier z.B. an Verstärkerentzug bei aggressiven Verhaltenswei-sen in der Schulklasse und gleichzeitiger Verstärkung des Alternativverhaltens. Auch hier kann die relevante Situation in Hypnose hergestellt und entsprechend eingeübt werden (Kossak, 1989).

Insgesamt stellt die Methodenkombination eine sehr sinnvolle und effektive Vorgehensweise dar, die in der Psychotherapie sehr hilfreich ist. Grenzen sind dann selbstverständlich immer noch dort zu sehen, wo die Grundfähigkeiten des Therapeuten liegen. Er wird weiterhin seine differenzierte Diagnostik und The-rapieplanung in gewohnter verhaltenstherapeutischer Form durchführen, bis er dann zur Intervention unter Hypnose schreiten wird. Denn - gleich welche Form der Verhaltensmodifikation durchgeführt wird - es ist nie ein *Hypnotherapie.* Dies würde implizieren, daß Hypnose das einzige und wirksame Agens ist. Bei sinnvoller Methodenkombination wird es stets Verhaltenstherapie unter Hyp-nose sein.

4. Fallbeschreibungen

4.1 Agoraphobie

Christoph Kraiker

Die im folgenden beschriebene Therapie ist im Hinblick auf die eingesetzten Interventionstechniken eine routinemäßig durchgeführte Behandlung; sie gibt einen guten Überblick über Verfahren, die ich auch sonst anwende. Üblicherweise dauern jedoch Behandlungen bei dieser Art und dieser Schwere von Störungen länger als die hier vorgestellte, und sie sind auch nicht immer erfolgreich. Begünstigend haben sich hier meines Erachtens zwei Dinge ausgewirkt: Das Fehlen von sozialen Verstärkern für die Symptome (psychoanalytisch gesprochen, das Fehlen von sekundärem Krankheitsgewinn) und, damit zusammenhängend, die ungewöhnlich starke Motivation des Klienten, an seinen Schwierigkeiten, die existenzbedrohend geworden waren, wirklich intensiv zu arbeiten. Vielleicht hat auch eine prätherapeutische Suggestion eine Rolle gespielt; die Empfehlung eines geschätzten Bekannten des Klienten, sich wegen seiner Störung unbedingt an einen von zwei hervorragenden Verhaltenstherapeuten zu wenden. Einer davon war ich.

4.1.1 Symptomatik

Herr J., Alter 40 Jahre, von Beruf freiberuflicher Übersetzer, hauptsächlich von Werbetexten bzw. Inschriften mit graphischen Darstellungen (z.B. Gebrauchsanweisungen), wohnt allein, zur Zeit keine engeren Beziehungen. Die beklagte Symptomatik bei der ersten Kontaktaufnahme war das Auftreten von massiven Ängsten in einiger Entfernung von der eigenen Wohnung.

Ursprung: Die Symptomatik war zum ersten Mal vor etwa zehn Jahren aufgetreten. Der Patient ist, von einem Auftraggeber kommend, in der U-Bahn nach Hause gefahren und hat plötzlich eine Kreislaufschwäche erlitten. Er wurde ganz weiß im Gesicht (das sagte ihm jemand) und bekam Angst, hatte kalten Schweiß auf der Stirn und im Gesicht, befürchtete umzukippen; seitdem allmähliche Steigerung der Ängste, wenn er irgendwohin muß.

Gegenwärtige Symptomatik: Angst, sich größere Strecken von der eigenen Wohnung zu entfernen. Am besten funktioniert es noch mit dem Fahrrad; die

Bewegung tut ihm gut. Zu Fuß fühlt er sich wesentlich unsicherer. Er kriegt Zittern im Knie, Herzjagen, Beklemmungsgefühle in der Brust, Drücken im Bauch, Schwitzen, Schwächegefühle. Am schlimmsten ist es im Auto, insbesondere, wenn er selbst am Steuer sitzt, obwohl er an sich gerne mit dem Auto fährt. Auch Angst vor Zügen und U-Bahn (ist aber schon lange nicht mehr gefahren). Lebt in ständiger Anspannung, ob er es schaffen wird, irgendwohin zu kommen und wieder zurück, hat die Befürchtung, daß es schlimmer wird und er eines Tages überhaupt nicht mehr aus der Wohnung kommt, oder daß er nicht rechtzeitig Termine wahrnehmen kann und als unzuverlässig gilt. Hilfreich, wenn auch nicht viel, ist Bier trinken oder mit anderen Leuten reden. Konversation entspannt ihn.

Phantasien: Daß er seinem Körper Schaden zufügt, wenn er ihn der Erregung und Anspannung aussetzt. Daß er unterwegs einen Herzinfarkt erleidet, oder so schwach wird, daß er sich hinsetzen muß und nicht mehr hoch kommt, daß ihm niemand helfen kann. In der U-Bahn, daß er zusammenbricht. Beim Autofahren, besonders, wenn er dringend zu einem Termin muß, allein fährt, dichter und nervöser Verkehr herrscht: daß er in unkontrollierbare Hektik gerät und jemanden überfährt oder einen Unfall baut (schaut häufig in den Rückspiegel, um sich zu vergewissern, daß nichts passiert ist). Generell aber: schaut nicht nach links oder rechts.

Weiteres Symptom: Ständiger Zweifel, was er tun soll: Schadet er damit seinem Körper oder nicht, soll er den Bekannten besuchen oder nicht, soll er noch ein Bier trinken oder nicht, soll er das Medikament nehmen oder nicht, schafft er es zur Therapie oder nicht, soll er schon jetzt zu Bett gehen oder erst später.

Der *medizinische Status* ist unauffällig, insbesondere besteht keine Herzerkrankung, die eine erhöhte Infarktgefahr bedeuten würde. Nach seinen eigenen Angaben nimmt der Patient an Medikamenten gelegentlich Baldrianpräparate, die manchmal auch helfen, wenn auch nur vorübergehend.

Formale Diagnose: Agoraphobie ohne Panikstörung in der Vorgeschichte (300.22 DSM III-R)

4.1.2 Verlauf der Sitzungen

1.-3. Sitzung: Anamnese, Exploration und Verhaltensanalyse im Sinne der oben skizzierten Daten. Jeweils etwa 15 Minuten lang werden einige Standardübungen der Progressiven Muskelentspannung (PME) nach Jacobson trainiert.

4. Sitzung: Ruhe- und Schwereinstruktionen aus dem Autogenen Training (AT) werden eingeübt. Erste Phantasiearbeit: der Patient wird gebeten, sich auf eine Matratze zu legen (Rückenlage); der Therapeut sitzt daneben auf einem niedrigen Kissen und läßt einige Entspannungsübungen (PME) durchführen. Er gibt dann die Instruktion: "Stellen Sie sich vor, daß Sie langsam und bedächtig vor Ihrem Haus auf und ab gehen. Stellen Sie sich vor, daß Sie im Rhythmus des Gehens immer wieder innerlich zu sich sagen: «Ich bin ganz ruhig'." Es wurden drei Vorstellungsübungen dieser Art durchgeführt, jeweils etwa eine Minute lang, unterbrochen von Entspannungsinstruktionen.

5. Sitzung: Der Patient berichtet, daß er zur Zeit nicht viele Aufträge habe und deshalb nicht oft ausgehen müsse. Das sei ihm zwar angenehm, aber löse natürlich nicht sein Problem. Der Therapeut fährt mit weiteren Übungen des AT fort, nämlich Wärme und Atmung. (Herz-, Sonnengeflechts- und Gesichtsübungen werden in dieser Therapie nicht eingesetzt.). Der Patient, wieder auf der Matratze liegend, erhält in tiefer Entspannung die Selbstinstruktionsformel «Anspannung ganz gleichgültig», mit der Aufforderung, sie sich etwa 2 Min. lang zu vergegenwärtigen, danach die Formel «Die Ruhe stärkt den ganzen Körper» (auch etwa 2 Min. lang).

6. Sitzung: Es wird eine Hausaufgabe definiert, die am Wochenende durchzuführen ist. Der Patient soll zu einem Denkmal gehen, das in einem nahegelegenen Park steht und in 10-15 Min. zu erreichen ist. Dort soll er sich die Inschrift notieren und schriftlich folgende Einschätzungen vornehmen:
  1. Stabilität der Beine (fest oder wackelig)
  2. Stabilität der Wahrnehmung (sieht er alles deutlich oder nicht)
  3. Herzschlag (ruhig oder erregt)
  4. Schwitzen (vorhanden oder nicht)
  5. Subjektives Angstgefühl auf einer 5-Punkte Skala (0 = gar nicht, 1 = etwas, 2 = mittel, 3 = stark, 4 = sehr stark).
Diese Hausaufgabe wurde in der Phantasie eingeübt. In tiefer Entspannung (durch Kombination von PME und AT) sollte sich der Patient vorstellen, daß er durch die Straßen zu dem Park mit dem Denkmal geht und sich dabei folgende Selbstinstruktionen gibt:
  «Anspannung ganz gleichgültig»
  «Die Ruhe stärkt den ganzen Körper»
  «Mein Körper kann es gut vertragen»
Im Anschluß an die Vorstellung wird die Entspannung etwa 10 Min. lang weiter vertieft, und der Patient dann zurückgenommen (dies geschieht meistens durch lauter und schneller werdendes Zählen von 1 bis 10, mit anschließender Rücknahme wie im AT üblich). Der Patient erklärt, daß er sich den Spaziergang und die Selbstinstruktionen gut habe vorstellen können und keine Angst gehabt habe.

7. Sitzung: Rückfall: Der Patient hat sich nicht in der Lage gesehen, die Hausaufgabe durchzuführen und ist deswegen sehr niedergeschlagen. Den ganzen Samstag und Sonntag habe er starke Erregungen und Beklemmungen gespürt, am Montag und Dienstag habe er lange Entspannungsübungen zu Hause durchgeführt und mit den Selbstinstruktionen gearbeitet «Anspannung ganz gleichgültig» und «Das Laufen tut mir gut'; Die Beklemmungen seien auch total verschwunden, aber zum Denkmal habe er trotzdem nicht gehen können. Der Therapeut übernimmt dafür die Verantwortung, indem er erklärt, er habe offensichtlich den Fehler begangen, zu früh eine Hausaufgabe zu stellen, die erst später hätte gestellt werden dürfen. Man könne aber auch nie mit Sicherheit abschätzen, wozu der Klient schon in der Lage sei und wozu noch nicht. Das beste sei es, einfach mit einer leichteren Aufgabe weiterzumachen und zu schauen, wie der Klient damit zurecht komme. Patient und Therapeut vereinbaren, daß der Patient bis zur nächsten Sitzung zwei bis drei mal zu einem Platz mit Brunnen geht, der in etwa 5 Min. erreicht werden kann. Das Gehen dorthin wird nach anfänglichen Entspannungsübungen in der Vorstellung trainiert (etwa 10 Min. lang). Der Patient berichtet von keiner Angst während der Phantasieübung.

8. Sitzung: Der Patient berichtet, es wiederum nicht geschafft zu haben. Er sei am Montag hingegangen, aber nur bis zur nächsten Straße gekommen; dort habe er zwei bis drei Minuten gestanden und sei dann umgekehrt. Heute morgen sei er um 9.00 Uhr nochmal losgezogen und habe es zwar bis zu übernächsten Straße geschafft, aber schließlich doch nicht bis zu dem vereinbarten Platz. Der Therapeut fragt ihn, ob er sich daran erinnern könne, was er dabei gefühlt habe und welche Gedanken ihm durch den Kopf gegangen sind. Der Patient erzählt von den Erfahrungen des gleichen Tages: "Als ich in der B-straße war, klopfte mein Herz ganz stark und ich sagte mir, mein Kreislauf ist nicht in Ordnung, das geht gegen meinen Körper, ich muß umkehren; jetzt habe ich solange hingearbeitet, aber es nützt nichts, ich schaffe es das nächste Mal auch nicht. Ich muß Übungen machen wie ein Kleinkind, das ärgert mich. Es darf auf gar keinen Fall schlechter werden, als es jetzt schon ist."

Der Therapeut macht eine Entspannungsübung mit ihm und erzählt ihm die Geschichte eines früheren Patienten, eines Schauspielers, der wegen Partnerschaftsproblemen in Behandlung gekommen war und im Verlauf der Therapie oft davon sprach, daß er selbst nach vielen Jahren vor jedem Auftritt ungeheures Lampenfieber habe, zittere, in Schweiß gebadet sei und davon überzeugt sei, daß er es nie schaffen werde - und trotzdem schaffe er es nicht nur jedesmal, sondern sei sogar sehr bekannt geworden. Er kenne übrigens viele Kollegen, denen es auch nicht anders ginge.

9. Sitzung: Mit der Begründung, daß die Vorstellungsübungen offenbar nicht ausreichen, um solche Angst zu erzeugen, wie sie in der Realität auftaucht, schlägt der Therapeut einige in vivo Übungen vor. Er geht mit dem Patienten in dem kleinen Park hinter dem Institutsgebäude spazieren und gibt dabei folgende Instruktionen:

"Gehen Sie ganz ruhig, ganz gelassen, ganz entspannt. Lassen Sie Ihre Arme schwer werden, lassen Sie die Schultern entspannt herabsinken, und gehen Sie mit erhobenem Kopf. Sagen Sie sich, still und ruhig im Inneren, und immer wieder «Laufen ist gut für meinen Körper, die Anspannung kann ich ertragen» (etwa 5 Min.). Und jetzt schauen Sie sich um, schauen Sie, wo Sie sind, betrachten Sie Ihre Umgebung. Beschreiben Sie mir, wie die Wiese aussieht ... (Patient tut es) ..., beschreiben Sie mir, was für Bäume es hier gibt ..., beschreiben Sie mir das Mensagebäude ..., schauen Sie sich die hübschen Mädchen an, die hier auf den Bänken sitzen. Welche gefällt Ihnen gut? OK - wie sieht sie aus, was könnte man an ihr noch verbessern? ... Suchen Sie sich eine andere aus, schauen Sie sie an ... was gefällt Ihnen an ihr am besten. Gehen Sie weiter, ganz ruhig, ganz entspannt, ganz gelöst, schauen Sie sich die Mädchen an, die hier herumlaufen, schauen Sie, was für süße Pos die haben, schauen Sie, wie nett die Brüste beim Gehen herumwackeln. So, ich setz' mich jetzt auf eine Bank, und Sie gehen allein um das Mensagebäude herum und kommen dann wieder hierher. Sagen Sie sich dabei «das Laufen tut mir gut» und schauen Sie sich um. Erzählen Sie mir, wie es hinter dem Gebäude aussieht. Ist das OK?"

Der Patient ist einverstanden, geht allein um das Gebäude herum (das ziemlich groß ist), erzählt, wie es dahinter aussieht, und wiederholt die Übung noch dreimal. Er findet das dann ziemlich langweilig, hat aber keine Angst.

Da der Patient am folgenden Wochenende zu einem Seminar an einen anderen Ort fahren muß (er wird von Bekannten begleitet), macht der Therapeut den Vorschlag, dort einfach mal auszuprobieren, allein ein bißchen herumzulaufen und sich wirkungsvolle Selbstinstruktionen auszudenken und zu testen.

10. Sitzung: Patient berichtet vom Seminar. Bei der Hinfahrt sei er ziemlich angespannt gewesen, am Abend sei er mit anderen zum Essen gegangen und habe keine Spannung mehr verspürt. Am 2. Tag seien Spannungsgefühle zunächst in Intervallen aufgetreten, zur Mittagszeit habe er einen Spaziergang zu dritt gemacht, sei aber allein zurückgekehrt. Das waren ungefähr zwei Kilometer gewesen, und er habe die ganz Zeit leichte innere Spannung gespürt, aber er habe sich immer wieder vorgesprochen «damit kann ich leben» und «komm ich hin, komm ich irgendwie auch zurück». Der 3. Tag war wie der zweite. Er ist ein Stück allein spazierengegangen, dann mit den anderen im Auto zurückgefahren. Dabei leichte Spannungsgefühle, aber am Abend war alles vorbei. Therapeut macht mit ihm Entspannungsübungen im Stehen und Gehen und schlägt vor, nochmals zu versuchen, den Platz mit dem Brunnen zu erreichen.

11.Sitzung: Der Patient erzählt, daß er es bis zum Platz geschafft habe, bei geringer Anspannung. Er habe auch sonst kaum Beklemmungen gespürt und fast alle Wege zu Fuß gemacht, lediglich beim Weg zum Bäcker sei plötzlich starke Anspannung aufgetreten, sei aber nach kurzer Zeit wieder verschwunden. Der Therapeut geht erneut mit dem Patient hinaus und läßt ihn in der Umgebung des Instituts längere Zeit allein herumlaufen, immer mit dem Hinweis, die Selbstinstruktionen nicht zu vergessen.

12. Sitzung: Patient berichtet, daß er wiederum viel gelaufen sei; mit anderen Leuten wegzugehen, mache ihm praktisch keine Schwierigkeiten mehr. Er sei auch zur Bank gegangen und habe dort erfolgreich eine Verhandlung abgeschlossen. Therapeut und Patient führen ein längeres Gespräch über ein paar wichtige Grundhaltungen des Patienten und Möglichkeiten, sich positivere Einstellungen zu vergegenwärtigen. Der Patient meint, er dürfe nicht alles so schwer nehmen, nicht hundertprozentig auf Sicherheit bedacht sein. Da er vorhat, wieder das Autofahren zu üben, wählt er als generelle Selbstinstruktionen: «Nimms leicht», «Probier's mal aus», «Du kannst auch ein bißchen fahren», Bleib entspannt und fahr ein bißchen».

13. Sitzung: Zur Vorbereitung auf das Autofahren schlägt der Therapeut eine längere Übung begleitender Imagination vor. Er erklärt dem Patienten, daß er ihm dabei nicht einfach sagen wird, was er sich vorstellen soll, sondern daß er sich erzählen läßt, was gerade in der Phantasie des Patienten vorgeht, daß der Therapeut Fragen stellt und Hinweise gibt, daß gewissermaßen beide zusammen die Fahrt unternehmen. Der Verlauf dieser Sitzung soll hier nicht vollständig, aber doch in den wesentlichen Teilen dargestellt werden:

Therapeut: "Legen Sie sich ganz entspannt auf die Matratze, lassen Sie den Kopf, die Arme, die Beine schwer und entspannt aufliegen, und beobachten Sie, wie Sie atmen. Es ist egal, ob Sie flach oder tief atmen, ob Sie unregelmäßig oder regelmäßig atmen, ob Sie schnell oder langsam atmen. Spüren Sie einfach die Bewegungen des Körpers beim Ein- und beim Ausatmen; spüren Sie, wie der Körper beim Einatmen sich ausdehnt und aufbläst, wie er beim Ausatmen in sich zusammensinkt. Spüren Sie den Rhythmus der Atembewegungen in Ihrem Körper, und wie von selbst sinken Sie mit jedem Ausatmen tiefer und tiefer in das Gefühl der Ruhe, in das Gefühl der Entspannung. Sprechen Sie zu sich «ich sinke in die Ruhe» ..., sprechen Sie zu sich «Arme und Beine sind angenehm schwer» ... Während Ihr Körper ruhig, schwer und entspannt ist, bleibt Ihr Geist ganz wach, ganz klar. Stellen Sie sich vor, Sie steigen gleich in Ihr Auto und fahren los zu einer Übungsfahrt ... vielleicht ein paar Kilometer durch die Stadt. Stellen Sie sich vor, Sie öffnen die Tür Ihres Autos, setzen sich auf den Fahrersitz, schließen die Tür hinter sich, und bleiben erstmal sitzen. Können Sie sich das vorstellen?"
Patient: "Ja."
Therapeut: "Erzählen Sie mir, wo Sie sind, wo Ihr Auto geparkt ist."
Patient: "Das Auto steht in der Isabellastraße. Es ist schräg geparkt, direkt vor dem Bäcker."
Therapeut: "Können Sie in den Laden hineinsehen?"
Patient: "Ja, ein bißchen."
Therapeut: "Was sehen Sie da?"
Patient: "Leute, die an einer Art Bar stehen und Kaffee trinken und so Gebäck oder Semmel essen. Andere Leute, die an der Theke anstehen und warten."
Therapeut: "Können Sie die Verkäuferinnen sehen?"
Patient: "Nein."
Therapeut: "Lehnen Sie sich in den Sitz zurück, der Kopf ist an der Kopfstütze, erfassen Sie das Lenkrad mit Ihren Händen, und jetzt stellen Sie sich vor, daß Sie vor dem Anlassen erst mal ein paar kleine Entspannungsübungen machen. Entspannen Sie das Gesicht, die Augen, die Zunge, die Lippen, lassen Sie die Schultern entspannt herabsinken, sagen Sie «ich atme tief und ruhig» ... Und jetzt fahren Sie los, fahren Sie aus der Parklücke heraus und dann in Richtung Adalbertstraße, in die Sie dann links einbiegen. Wenn Sie dort sind, sagen Sie mir Bescheid." ...
Patient: "Ich fahren jetzt die Adalbertstraße entlang, am Friedhof vorbei. Es ist sehr eng hier."
Therapeut: "Die Straße ist leer, hinter Ihnen kommt keiner. Halten Sie einen Moment an und schauen Sie sich um; erzählen Sie mir, was Sie sehen."

Patient: "Ich seh' die rote Backsteinmauer vom Friedhof und unheimlich viele grüne Bäume, über der Mauer und die Straße entlang. Aber da ist ein Auto hinter mir und hupt."

Therapeut: "Immer mit der Ruhe. Fahren Sie weiter bis zur Kreuzung Arcisstraße. Die Ampel dort ist rot. Sie müssen warten. Schauen Sie sich um. Was sehen Sie?"

Patient: "Abfalleimer auf dem Bürgersteig."

Therapeut: "Was noch?"

Patient: "Autos, die die Arcisstraße entlang fahren."

Therapeut: "Wenn grün ist, biegen Sie bitte nach rechts ab. Fahren Sie dann nach links in Richtung Prinzregentenstraße. Sie müssen vorher durch den Tunnel. Bleiben Sie ganz locker und entspannt und sagen Sie sich immer wieder «ich bin ganz ruhig und konzentriert». Ich überlasse Sie jetzt eine Weile sich selbst, Fahren Sie einfach weiter, und wenn Sie aus dem Tunnel raus und in der Prinzregentenstraße sind, dann sagen Sie mir Bescheid." ...

Patient: "Ich bin jetzt aus dem Tunnel raus und fahre in Richtung Friedensengel. Es ist ein furchtbarer Verkehr, dreispurig in jede Richtung, man kommt kaum vorwärts, und jetzt muß ich anhalten, es geht nicht mehr weiter."

Therapeut: "Wie fühlen Sie sich?"

Patient: "Ich habe Beklemmungen im Bauch, feuchte Hände, ich bin total nervös."

Therapeut: "Was denken Sie sich?"

Patient: "Hoffentlich fahr ich keinen an, hoffentlich komm ich hier durch."

Therapeut: "Der Stau steckt fest, nichts geht mehr vorwärts. Gelegenheit sich zu entspannen. Sie nehmen die Füße von den Pedalen und stellen sie auf den Boden des Wagens; Sie nehmen die Hände vom Lenkrad und lassen Sie entspannt auf den Oberschenkeln ausruhen; lassen Sie die Schultern herabsinken. Ballen Sie die Hände fest zu Fäusten zusammen, atmen Sie normal weiter, spüren Sie die Anspannung und den Druck in den Fäusten und den Armen, und jetzt lassen Sie die Hände wieder locker, lassen Sie sie so entspannt aufliegen wie vorher, und spüren Sie, wie der Druck und die Anspannung in den Händen und Armen langsam verschwinden, wie die Hände und Arme allmählich ganz locker werden, ganz schwer, ganz entspannt. Nun schauen Sie sich wieder einmal um. Schauen Sie nach links aus dem Fenster, was sehen Sie?"

Patient: "Ein Auto, ein rotes Auto, es steht auch im Stau."

Therapeut: "Können Sie den Fahrer erkennen?"

Patient: "Ja, eine Frau, eine sehr schöne Frau mit blonden Haaren. Sie ist ziemlich nervös, raucht eine Zigarette."

Therapeut: "Schaut sie zu Ihnen rüber?"

Patient: "Nein."

Therapeut: "Schauen Sie nach rechts, was sehen Sie da?"

Patient: "Noch ein Auto. Schwarz. Ein Mann mit Schnurrbart sitzt am Steuer. Er hat das Fenster runtergekurbelt und einen Arm aufgestützt. Er tappt mit den Fingern auf das Lenkrad, er ist sehr ungeduldig."

Therapeut: "Es geht wieder los, Sie können weiterfahren. Ich lasse Sie wieder ein Stück allein fahren. Fahren Sie über die Brücke, um den Friedensengel herum, und dann wieder die gleiche Strecke zurück. Sagen Sie sich dabei irgendetwas, was Ihnen gut tut, was Sie ermutigt, was beruhigt. Wenn Sie wieder im Tunnel sind, sagen Sie mir Bescheid." ...

Patient: "Ich fahre durch den Tunnel zurück. Es geht ziemlich flott."

Therapeut: "Wie geht es Ihnen?"

Patient: "Ganz gut. Die Beklemmungen haben nachgelassen. Ich freue mich, daß ich so weit gekommen bin. Bald bin ich wieder daheim."

Therapeut: "Was haben Sie sich gesagt während der Fahrt?"

Patient: "Fahr so gut du kannst, schau dich um. Es tut mir gut, mich umzusehen und nicht nur vor mich hin zu starren."

Therapeut: "Fahren Sie in aller Ruhe zurück, suchen Sie sich einen Parkplatz, und wenn Sie geparkt haben und das Auto steht, sagen Sie mir Bescheid." ...

Patient: "Ich stehe wieder mit dem Auto vor dem Bäcker. Der Motor ist aus."

Therapeut: "Bevor Sie aus dem Auto steigen, lehnen Sie sich noch einmal entspannt zurück, Hände und Arme locker, atmen sie zwei, dreimal tief ein und aus, schließen Sie die Augen, und sagen Sie sich «ich kann schon ganz gut fahren, ich kann schon ganz gut fahren» ... Und nun steigen Sie aus und strecken sich. Ich werde Sie jetzt aus dieser Übung herausholen, und dann sind Sie nach kurzer Zeit wieder ganz wach, ganz frisch, ganz ausgeruht. Eins, zwei, drei ... etc."

Der Patient berichtet, daß die Vorstellungen für ihn sehr klar waren. Er fühlt sich tief entspannt, etwas müde, und hat immer noch etwas Magendrücken. Er bekommt folgende Selbstinstruktion mit auf den Weg «ein bißchen Anspannung ist OK, damit kann ich leben».

14. Sitzung: Wiederholung der Übung der 13. Sitzung, mit etwas veränderter Fahrstrecke. Der Patient berichtet von nur vorübergehenden leichten Beklemmungen. Patient und Therapeut vereinbaren, am nächsten Termin gemeinsam eine Fahrt durch die Stadt zu machen, mit dem Patienten als Fahrer und dem Therapeuten auf dem Rücksitz.

15. Sitzung: Der Patient holt den Therapeuten mit dem Auto ab. Der Therapeut setzt sich auf den Rücksitz und der Patient fährt los, in die gleiche Richtung wie bei Übung 13. Er sagt, das Fahren macht ihm nichts aus, wenn der Therapeut bei ihm ist. Der Therapeut schlägt vor, zu einer berühmten Barockkirche am östlichen Stadtrand zu fahren und von dort aus Übungen im Alleinfahren zu unternehmen. Auf dem Weg dorthin (etwa 15 Min. Fahrt) gibt der Therapeut vom Rücksitz aus Entspannungsinstruktionen bei Ampelstops, schlägt Selbstinstruktionen vor («ich fahre ruhig und konzentriert»), und fordert den Patienten auf, sich umzuschauen, wenn die Verkehrslage es zuläßt.

An der Kirche angekommen (ziemlich abgelegen, mit einer großen Wiese davor), steigt der Therapeut aus und schlägt vor, daß der Patient erst einmal allein um ein paar Häuserblocks fährt und dann wieder zurückkommt. Der Patient kommt nach etwa fünf Min. wieder und berichtet, keine Probleme zu haben. Der Therapeut sagt, er schaue sich jetzt die Kirche an, der Patient könne in dieser Zeit allein in der Gegend herumfahren, müsse den Therapeuten aber spätestens in 20 Min. wieder abholen. Der Patient kommt etwas früher zurück und sagt, es sei beim Fahren alles OK gewesen. Zur Belohnung kriegt er vom Therapeuten eine 10 minütige Führung durch die Kirche verpaßt. Die Rückfahrt verläuft wie die Hinfahrt.

16. Sitzung: Gemeinsames Fahren wie bei der 15. Sitzung. Der Therapeut läßt sich jedoch bald zum Institut zurückbringen. Der Patient unternimmt von dort aus allein längere Fahrten im Stadtteil, kommt zum Therapeuten zurück und erzählt, daß er zwar leichte Beklemmungen gehabt habe, aber trotzdem gut fahren konnte.

17. Sitzung: Der Patient erzählt, daß er ohne Schwierigkeiten kürzere Fahrten mit dem Auto unternehme, aber sich an längere noch nicht so recht herantraue. Er glaubt aber, daß er selber daran arbeiten kann, und möchte gerne Übungen zum U-Bahn-Fahren machen, da es für ihn sehr praktisch sei, wenn er die U-Bahn wieder benutzen könne. Der Therapeut schlägt vor, gar nicht erst mit Vorstellungsübungen anzufangen, sondern beim nächsten Termin gleich in vivo Übungen durchzuführen. Es folgt eine längere Unterhaltung über die Zukunftspläne des Patienten, seinen Wunsch, mit einer Frau zusammenzuleben, viel zu erleben, die Welt anzuschauen.

18. Sitzung: Patient und Therapeut gehen zusammen zur U-Bahnstation. Sie gehen eine Weile nebeneinander auf und ab, während der Therapeut dem Patienten Entspannungsinstruktionen zuflüstert. Sie steigen zusammen ein, und der Therapeut gibt dem Patienten die Instruktion, sich hinzusetzen und unauffällig ein paar Übungen aus der PME zu machen. Nach ein paar Stops steigen sie aus, und der Patient erhält die Instruktion, allein eine Station weiter zu fahren und dann wieder zurück. Er solle daran denken, sich dabei positive Selbstinstruktionen zu geben. Der Patient tut das; es macht ihm anscheinend Spaß, denn er fährt dann drei Stationen weit und schließlich fünf, während der Therapeut geduldig wartet, bis er wieder zurückkommt. Der Patient ist sehr angetan von der Übung, und möchte sie beim nächsten Termin wiederholen.

19. Sitzung: Ähnlich wie 18. Sitzung. Wegen Ferien schließt sich an diese Sitzung eine Pause von etwa drei Wochen an.

20. Sitzung: Der Patient erzählt, daß er eine Menge Eigentherapie gemacht habe. Er läuft durch die Stadt, fährt mit der U-Bahn, fährt Auto. Heute sei er den ganzen Tag herumgefahren, um verschiedene Sachen zu erledigen. Er glaubt, jetzt gut allein zurechtzukommen, möchte mich aber noch ab und an sehen, um einen Rückhalt zu haben. Auf seinen Wunsch hin machen wir noch AT im Stehen und beim Gehen.

21. Sitzung: (ca. 1 Monat später) Der Patient hat während der ganzen Zeit keine stärkeren Beklemmungen verspürt. Er hat immer noch Hemmungen, weiter weg zu fahren. Er wünscht sich eine längere Entspannungssitzung.

22. Sitzung: (ca. 6 Wochen später) Der Patient kann sich in der Stadt frei bewegen, mag aber noch nicht lange Strecken (mehr als etwa 30 km) allein mit dem Auto fahren. Das sei aber kein Problem für ihn, damit könne er leben. Er schlägt vor, die Therapie zu beenden, mit der Option, bei Bedarf neue Termine mit dem Therapeuten auszumachen.

Ein halbes Jahr später trifft der Therapeut den Patienten zufällig auf der Straße. Der Patient sagt, daß bei ihm alles gut laufe. Auf die Frage, ob er eine "booster session" wolle, meint er, das sei wirklich nicht nötig.

4.2 Spritzenphobie

Detlef W. Timp

Die Patientin, eine Studentin der Rechtswissenschaft mit Nebentätigkeit als Sekretärin in der öffentlichen Verwaltung, war zum Zeitpunkt des Erstkontaktes (1986) 27 Jahre alt und gab als Grund ihres Hilfeersuchens eine ausgeprägte Angst vor Spritzen mit starken somatischen Begleiterscheinungen an. Als direktes Motiv, sich in psychotherapeutische Behandlung zu begeben, nannte sie zum einen die dringende Empfehlung ihres Hausarztes, zum anderen den starken Kinderwunsch ihres derzeitigen Partners, der eine eventuelle Rhesusfaktorunverträglichkeit fürchtete.

4.2.1 Verhaltensanalyse

Anamnestische Daten: Ab dem 8. Lebensjahr besuchte sie ein Internat bis zum Abitur, danach schloß sie eine Ausbildung als Industriekauffrau und Anwaltsgehilfin ab. Seit einem Semester studierte sie in Berlin. Die Patientin hatte bereits vor einem Jahr eine psychologische Behandlung bei einem Kollegen abgebrochen. Der Vater, ein Industriekaufmann, starb ein halbes Jahr vor Therapiebeginn nach langer, schwerer Krankheit (verbunden mit vielen Spritzen, auch zuhause) durch Suizid - nach Ansicht der Patientin, weil ihm die Ärzte nicht helfen konnten und weil der Vater glaubte, er zerstöre durch seine Krankheit die Familie. Er hatte diesen Schritt seit mehreren Jahren angedroht und war deswegen auch mehrfach in stationärer psychiatrischer Behandlung. Der Bruder des Vaters starb bereits 1963 durch Suizid. Das Verhältnis zur Mutter war anfangs sehr distanziert; die Patientin beschrieb ihre Mutter als "Luxusweibchen" und sagte, daß sie, die Patientin, im Jugendalter immer mit einer Scheidung gerechnet habe. Erst als sie ca. 20 Jahre alt war, entwickelte sich eine stabile Beziehung zur Mutter, die sich in den Augen der Patientin zur "ganz tollen Frau" wandelte. Die Patientin hatte noch 2 Brüder, die beide in Westdeutschland lebten; beide waren jünger als sie.

Problemanalyse: Nach Angaben der Patientin führe der Anblick von Spritzen oder auch nur der Gedanke daran zu Schwindel, Schweißausbrüchen und Schwächegefühl in den Beinen, einer reflexartigen Beugung der Arme verbunden mit der Unfähigkeit, sie wieder zu strecken. Sie habe sogar schon beim Arzt um sich geschlagen, als sie eine Spritze bekommen sollte. Außerdem würde ihr schlecht, wenn sie daran denke. In abgeschwächter Form würden sich die Probleme auch dann zeigen, wenn die Spritze nicht ihr gelte, sondern z.B. ihrer Katze oder einem Bekannten. Selbst der Anblick einer Einstichstelle z.B. bei einer Kollegin oder im Fernsehen führe zu Übelkeit und Schwächegefühl in den Beinen. Der Anblick von Blut hingegen mache ihr nichts aus. Sie fände ihr Verhalten auch deswegen äußerst unlogisch, da sie sich schon des öfteren beim Nähen gestochen und auch dabei geblutet habe, aber deswegen keine Angst vor dem Nähen hätte und weil sie auch wüßte, daß der eintretende Schmerz gering und erträglich sei. Trotzdem lehne sie auch Blutabnahmen aus der Fingerkuppe mit ähnlich starker Angst ab. Ihre Angst vor Spritzen ginge soweit, daß sie auch Behandlungen beim Zahnarzt ohne Spritzen ausführen lasse, obwohl diese bisweilen sehr schmerzhaft seien, aber "immer noch erträglicher als eine Spritze". In diesem Zusammenhang berichtete sie auch von einer Situation beim Zahnarzt, in der dieser einen Amalgam-Applikator benutzen wollte, welcher die Patientin sehr an eine Spritze erinnerte. Sie habe daraufhin zunächst den Mund nicht mehr öffnen können.

Problemgenese: Die Ursachen ihrer Angst lägen, so hatte sie bei einem Kollegen eruiert, in frühester Kindheit, als sie sich im Krankenhaus befand und dort Spritzen von einem Arzt bekam, der einen Bart hatte. Durch diesen Bart sei sie dann an den Nikolaus erinnert worden und an ihren Onkel Klaus. Vor beiden hätte sie als Kind immer Angst gehabt. Erinnern könne sie sich nicht an den Krankenhausaufenthalt, aber ihre Eltern hätten ihr auf Nachfragen hin erzählt, daß sie damals als Zweijährige ein Arzt mit Bart behandelt hätte. Trotzdem wäre ihr diese Erklärung ihrer Angst nicht nur nicht sehr einleuchtend erschienen, sie sei auch wenig hilfreich zur Überwindung der Angst, weil sie diese ja immer noch habe. Zu ihren Vermeidungsstrategien erzählte sie, daß sie, als sie mit Verdacht auf Meningitis im Krankenhaus lag, dort im Bett einen Kopfstand vollführt habe, nur um dem Arzt zu zeigen, daß es ihr gut gehe und sie keine Spritze brauche. Befragt zu frühen problemrelevanten Situationen, an die sie sich erinnern könne, beschrieb die Patientin, daß sie von der Hausärztin immer den ganzen Mund voll Gummibärchen gestopft bekam, wenn sie eine Spritze kriegen sollte; ihre Mutter und die Sprechstundenhilfe hätten sie festgehalten und dann hätte sie die Spritze bekommen. Auch im Internat sei sie bei den jährlichen Grippeschutzimpfungen immer von (bis zu acht Kloster-) Schwestern festgehalten worden, wenn sie eine Spritze bekam. Dabei wurde ihr einmal angedroht, sie würde noch eine zusätzliche Spritze bekommen, wenn sie nicht aufhöre zu brüllen und zu toben. Auch in ihrer Familie wurde sie häufig mit Spritzen konfrontiert. Ihr Bruder mußte aufgrund einer Erkrankung öfter mit Spritzen behandelt werden und brachte auch Spritzen mit nach Hause, mit denen er dann seine Schwester ärgerte. Später mußte sich die Mutter dann zeitweilig Spritzen geben und auch ihrem kranken Mann regelmäßig Injektionen verabreichen. Obwohl die Patientin zu ihrem Vater ein sehr inniges Verhältnis hatte, konnte sie sich ihm nicht nähern, wenn er eine angelegte Infusionsnadel in der Hand trug. Sie sagte dazu, daß sie bei ihrem Vater die Spritzen am liebsten verhindert hätte, weil ihr an ihrem Vater soviel lag. Sie hätte das Gefühl gehabt, daß die Ärzte ihren Vater nur quälten und zu Tode dokterten. Obwohl die Patientin im Alter von 12 bis 14 Jahren mehrfach im Krankenhaus war und dort auch mehrfach erfahren konnte, daß Spritzen "nicht so schlimm sind, wenn ich mich an der Schwester festklammern kann", vermied sie doch seit ihrer Volljährigkeit jede Injektion oder Blutabnahme.

Auf die kognitiven und assoziativen Verbindungen zu Spritzen hin befragt, sagte die Patientin: "Spritzen sind für mich der Inbegriff alles Bösen und Schlechten" und "Ich halte mich nicht für ängstlich im allgemeinen, aber ich habe vieles unterlassen aus Angst vor einem Unfall - und den damit verbundenen Spritzen". Sie verbindet ferner mit Spritzen Angst und Ohnmachtsgefühle, Hilflosigkeit und sie bräche auch immer in Tränen aus, wo doch Weinen gar nicht in die Öffentlichkeit gehöre, und das mache sie wütend auf sich und verlegen. In diesem Zusammenhang fiel auch der Satz von ihr: " Ich bilde mir ein, daß ich keine Kinder haben möchte, weil ich Angst vor den Spritzen dabei habe!" Es sei auch deshalb immer so schlimm, weil die Ärzte ihre Angst nicht ernst nehmen würden. Nachdem ich diese Informationen hatte, sprach ich mit einigen Kollegen und kam auf die Idee, daß vielleicht hinter diesen Ängsten das Erlebnis einer Vergewaltigung stehen könnte. Die Suche nach einer solchen führte im Gespräch aber nur zu Informationen über ein als befriedigend erlebtes Sexualleben, keinerlei Hinweise auf eine Vergewaltigung oder sexuellen Mißbrauch und als Effekt dieses Gespräches zu einem Traum: Ihr Freund habe sich einen Bart wachsen lassen und sie dann eines Nachts in ihrer Wohnung aufgesucht, um sie dort liebevoll zu vergewaltigen. Spritzen seien aber in diesem Traum nicht aufgetaucht.

4.2.2 Therapieplanung

Da der Patientin die medizinische Notwendigkeit von Impfungen, Injektionen und Blutentnahmen bewußt waren, wurde der Hauptakzent der Therapie auf die Einübung adäquaten Verhaltens in solchen Situationen gesetzt, verbunden mit kognitiven Umstrukturierungen der als aversiv erlebten Reize und der als erzwungen erlebten Situation. Im Verhaltenstraining sollte sie in Situationen mit steigender Realitätsanpassung alle notwendigen Schritte erleben und zum größten Teil selbst vollziehen (bis auf den Einstich). Parallel zu diesen Übungen sollte die Patientin ihre Angst verbalisieren, somit differenzieren und abbauen. Hausaufgaben wurden als festes Element der Therapie vereinbart; dazu gehörte die regelmäßige Anwendung des Autogenen Trainings, welches sie in der Volkshochschule bereits vor einiger Zeit erlernt hatte. Als Therapieziel wurde die Blutabnahme beim Hausarzt und deren bewußtes Erleben vereinbart. Danach sollte dann noch eine Nachbesprechung und eine Überprüfung der Notwendigkeit weiterer Schritte erfolgen.

4.2.3 Therapieverlauf

In die erste therapeutische Sitzung brachte ich eine Kollektion aller Spritzen in den verschiedensten Größen von 0.5 ml (Insulinspritze) bis 30 ml mit. Als ich die erste Spritze aus der Tasche zog, reagierte die Patientin auf den bloßen Anblick der noch verpackten Spritze mit deutlicher Blässe und einer reflexartigen, rigiden Armbeugung, die 2 bis 3 Minuten anhielt. Sie berichtete dazu, sie habe schweißnasse Hände bekommen und ganz weiche Knie. Nach einigen Minuten Entspannung gab ich der Patientin die Spritze mit der Bitte, sie auszupacken und sich näher mit ihr zu befassen. Sie nahm die Spritze nur zögernd, entfernte dann aber die Verpackung und spielte für den Rest der Sitzung die ganze Zeit damit, demontierte sie, zog sie auf und beschrieb ihre Gedanken; so hatte sie z.B. "ihre" Spritzen immer als viel größer in Erinnerung gehabt und vieles mehr. Als wir im Gespräch darauf kamen, daß man die Spritzen, die ich mitgebracht hatte, dann nicht mehr für Injektionen und Blutabnahmen verwenden könnte, wenn man sie aus der sterilen Verpackung entfernt und mit ihnen herumgespielt hatte, packte die Patientin mit Begeisterung alle Spritzen aus und machte sie so für sich ungefährlicher. Allerdings legte sie die größeren Spritzen, die ab 5 ml aufwärts, sofort danach wieder zur Seite und vermied es, sie wieder anzufassen.

Wir entwickelten dann in einem gemeinsamen brainstorming alternative Nutzungen und Zweckentfremdungen von Spritzen, um einen anderen funktionalen Rahmen für die angstbesetzten Spritzen zu finden. Hier wurden unter anderem genannt: Benutzung als Dart-Pfeile; um Kleister in Tapetenbeulen zu spritzen; um Tinte aus dem Faß in Patronen zu füllen; um endlich sauber Tipp-Ex-Verdünner zum Tipp-Ex geben zu können; als Shampoo-Applikator beim Frisör; mit Sahne füllen und Torten damit verzieren; Kanülen als Pinwand-Nadeln; Kanülen als Stecknadeln beim Nähen (die Patientin näht viel und gerne); Spritzen als Spielzeug in der Badewanne. Gerade die letztgenannte Variante ist sehr wichtig, weil die Badewanne, gefüllt mit heißem Wasser, als wichtigstes Entspannungsbild genutzt und von der Patientin als besonders angenehm geschildert wurde (positiver Verstärker).

Im Anschluß daran wurde die Situation der Blutabnahme und deren Rahmenbedingungen (Setting) thematisiert, also die dazugehörenden Utensilien wie Kanüle, Tupfer, Alkohol, Staubinde, ggf. Zentrifugierröhrchen, Pflaster, ferner für i.v.-Injektionen Ampullen und Ampullensägen. Weitere Themen waren die Nutzung einer Blutdruckmanschette als Staubinde und die Qualität von Venen. Nun wurde die Patientin zunächst (mit Hilfe der Fixationsmethode) in Hypnose versetzt und ihr dann suggeriert, sie solle sich vorstellen, wie sie sich langsam die Spritze, noch ohne Nadel, an die Ellenbeuge führt. Diese Vorstellung gelang allerdings nicht so gut, da die Patientin Schwierigkeiten mit dem Bild hatte und es ihr nur sehr kurz vor Augen war. Nach eigener Einschätzung sei sie allerdings viel weniger aufgeregt gewesen als sie erwartet hatte. Am Ende der Therapiesitzung wurden die Hausaufgaben besprochen. Die Patientin sollte zuhause, soweit möglich, die im brainstorming entwickelten Nutzungen von Spritzen umsetzen, zudem Spritzen und Kanülen zuhause in der Wohnung verteilen, damit sie sich an ihren Anblick gewöhne. Außerdem sollte sie sich noch weitere Nutzungen überlegen. Die gesamte Kollektion der Spritzen warf ich der Patientin dann in die Handtasche, auf deren Grund sich sowohl der Autoschlüssel als auch der Hausschlüssel befand. Nach einigem Zögern holte die Patientin zwischen dem üblichen Inhalt und den dazugekommenen Spritzen den Autoschlüssel hervor und sagte, daß es ihr sehr schwer gefallen sei, daß sie aber auch das Gefühl habe, einen Erfolg erzielt zu haben, als es ihr gelang, die Schlüssel zwischen den Spritzen hervorzuholen.

In der nächsten Sitzung berichtete die Patientin von ihren erfolgreichen Versuchen, mit Spritzen umzugehen und reagierte ganz gelassen, als ich ihr eine neue Kollektion vorlegte. Weniger gelassen reagierte sie, als ich eine Kollektion von Kanülen dazulegte. Auch hier hatte ich die verschiedenen Größen zusammengestellt und mit in die Sitzung gebracht. Es dauerte diesmal einige Zeit, bis die Patientin sich selbst als "erholt" definierte. Wir planten dann die nächsten Schritte in dieser Sitzung und sie ging den gesamten Ablauf (Auspacken der Kanüle, Spielen mit der Nadel, Aufsetzen der Kanüle auf eine Spritze, Anlegen der Spritze mit Nadel an die Ellenbeuge) dann in sensu durch, wobei sie ihre Angst im Vergleich zum jeweils vorherigen Schritt einschätzte. Als höchster angstauslösender Moment wurde das Aufsetzen der Kanüle und das Herauspressen der Luft erlebt.

Nun wurde in Hypnose zunächst eine Dissoziation suggeriert, nämlich zur Entspannung und "Belohnung" ein heißes Bad und gleichzeitig der Praxisraum eines Arztes. Dann wurde der gesamte Ablauf suggeriert und die kritischen Situationen besonders betont. Im Anschluß an eine Nachbesprechung wurden dann die einzelnen Schritte vor ihren Augen in vivo von mir und dann von der Patientin selbst durchgeführt. Sie konnte dabei das Ablauftempo bestimmen, reagierte mit deutlich reduzierter Angst und thematisierte in dieser Sitzung dann ihre Ängste vor den bei einer Schwangerschaft üblichen Untersuchungen. Dann ordnete sie in einer Übung die Kanülen nach "Sympathie-Werten". Erwartungsgemäß schnitt eine besonders kurze, dünne Nadel, die üblicherweise nur für subkutane Injektionen genutzt wird, am besten ab; den schlechtesten Rang bekam natürlich eine starke Hohlnadel, die zum Anlegen von Venenkathedern benutzt wird. Die Patientin bekam diesmal als Hausaufgabe, die Verwendung der Spritzen mit Nadeln zu praktizieren, z.B. Wasserfarben aufzuziehen und auf einen Malblock zu sprühen, mit einigen Kanülen ihren Rocksaum umzustecken und in dieser Woche alle Pinwandzettel nur mit Kanülen anzubringen.

Die nun folgende Sitzung begann wie üblich mit der Besprechung der Hausaufgaben; dann wurde ein Hypnoseblock eingebaut, in dem zunächst ein Urlaub in einem warmen Land mit viel Sonnenschein und vielen Insekten geschildert wurde, wobei immer wieder Moskitos auftauchten, die sich am Blut der Patientin labten. Besonderer Wert bei der Beschreibung der Moskitos wurde auf die unterschiedlichen Größen der Blutsauger und auf ihre glänzenden Stachel gelegt. Danach wurde die Situation langsam variiert, eine Modifikation der coverstory dahingehend suggeriert, daß die Patientin nun in einer Badewanne sitze; sie fühle sich wohl in der mit warmem Wasser gefüllten Wanne, entspanne sich mehr und mehr, sähe einen Schmetterling auf sich zufliegen und in der Luft herumtorkeln; sie entspanne sich weiter, strecke langsam die Arme aus und lege sie auf den Rand der Badewanne; drehe langsam, ja träge, die Arme nach außen, so daß sie auf der Armbeuge die warme Luft spüre und dann einen kühlen Hauch, der angenehm kühl über die Armbeuge streiche (Alkoholtupfer). Der Schmetterling setze in ihrer Armbeuge auf und klappe seine durchsichtigen grünen Flügel nach oben; sie betrachte seinen langen, glänzenden Rüssel und seinen fast durchsichtigen Schwanz und fühle dann kurz einen leichten Stich an der noch immer kühlen Armbeuge und sähe zu, ganz ruhig im warmen Wasser liegend, wie sich der Schwanz verdunkele. Wieder streiche ein kühler Luftzug über ihren Arm und vertriebe den Schmetterling, sie fühle einen leichten Druck auf dem Arm und winkele diesen etwas an. Sie verbliebe noch einige Minuten in dem warmen Wasser, um dann ganz entspannt und erholt an den weiteren Übungen teilzunehmen. Hiernach erfolgte die Rückführung aus der Trance.

Die oben sehr ausführlich geschilderte Instruktion wird vor dem Hintergrund folgender Informationen deutlicher: Ein Hauptmotiv der Patientin, sich in therapeutische Behandlung zu begeben, war der Kinderwunsch, den sie mit ihrem Partner teilte; bisher allerdings vermieden sie eine ernsthafte gedankliche Auseinandersetzung damit, denn zu Schwangerschaftsbegleituntersuchungen gehören nun mal Spritzen und Blutabnahmen. Im Zusammenhang mit der Geburtseinleitung wird häufig ein Wehentropf angelegt und zwar mit einer "Butterfly"-Kanüle, die in der gängigen Größe grüne "Flügel" hat. Im Anschluß wurde nur kurz über das Erleben der Trance gesprochen und sehr schnell mit den Übungen begonnen. In dieser Sitzung sollte besprochen werden, wann die Patientin bei welchem Arzt einen Termin zur Blutabnahme vereinbare und was sie alles bedenken wolle. Also z. B. kurzärmelige Bluse anziehen, damit die Staubinde angelegt werden kann, ob sie allein oder mit ihrem Freund zum Arzt fahre etc. Dann wurden alle notwendigen Utensilien, wie in der letzten Sitzung gemeinsam erarbeitet, ausgepackt und aufgebaut: Tupfer, Alkoholspender, Pflaster, sterile Kanüle, Spritze, Zentrifugenröhrchen. Der Patientin, die wieder mit Entspannungsübungen die Situation begleitete und auch wieder das Tempo bestimmen konnte, wurde so zunächst die Staubinde angelegt, dann die Kanüle aufgesteckt, aber die Schutzkappe noch darauf belassen, der Tupfer mit Alkohol getränkt, der Arm abgetupft, die Schutzkappe abgenommen, die Spritze angelegt. Es gab erwartungsgemäß mehrere kleine Pausen zwischen den einzelnen Abschnitten, aber die Patientin hielt die ganze Zeit den Arm ausgestreckt (die Staubinde wurde selbstverständlich immer wieder gelockert) und die Schritte wurden nach jeder Pause wieder von vorne wiederholt. Anschließend erfolgten die Übungen am anderen Arm, diesmal in einer Variante für i.v. Injektionen. Zu diesem Zweck wurden vor den Augen der Patientin einzelne Ampullen aufgesägt, die Spritze aufgezogen, etc. Diese Übungen nahmen den Raum von 2 Stunden ein. Danach fragte mich die Patientin, ob ich ihr nicht gleich Blut abnehmen könnte. Dies war natürlich nicht möglich, aber ein relativ gutes Zeichen für den Therapieeffekt. Die Hausaufgabe war diesmal, mit einem Arzt ihres Vertrauens innerhalb von einer Woche einen Termin zur Blutabnahme zu vereinbaren und einzuhalten. Bei der Terminabsprache sollte der Arzt gleich über die laufende Verhaltenstherapie informiert werden und ihr Zeit zur Vorbereitung durch Autogenes Training geben und sie das Tempo bestimmen lassen. Sollte ihr Arzt nicht bereit sein, diese Vereinbarung einzugehen, so sollte sie zur Blutabnahme in die Arztpraxis meines damaligen Arbeitgebers, der für die Therapie auch alles Material zur Verfügung gestellt hatte, kommen.

4.2.4 Katamnese

Eine Abschlußsitzung mit direktem, persönlichen Kontakt konnte nicht mehr stattfinden, da die Patientin wenige Tage nach der letzten Sitzung in Westdeutschland heiratete und mit ihrem Mann ins Ausland zog. Sie rief mich allerdings etwa 10 Tage nach der letzten Sitzung an und teilte mir mit, daß sie in ihrer Heimatstadt bei ihrem damals auch die Therapie empfehlenden Hausarzt zur Blutabnahme war und alles gut geklappt hätte. Später erreichte mich von ihr noch ein Brief, in dem sie mir mitteilte, daß sie sich einer Blutabnahme ohne Probleme unterzogen hätte, es sei zwar scheußlich gewesen, aber sie hätte nicht losgeheult - und ich möge sie auf meinem Erfolgskonto verbuchen.

4.3 Nägelbeißen und Depression

Toni Forster

Habit-Control kann mit Kontrolle von Gewohnheiten übersetzt werden und meint im allgemeinen das Verlernen lästiger, störender oder schädigender Verhaltensweisen, wie z.B. übertriebenes Essen oder exzessiver Alkoholkonsum, Rauchen, aber auch Reaktionen wie z.B. sich selbst Haare ausreißen, an der Haut kratzen oder Tics irgendwelcher Art. Meistens werden diese Verhaltensmuster als nicht der willentlichen Kontrolle unterliegend erlebt und können einen starken Leidensdruck bedingen, oder sie bewirken gesundheitliche oder ästhetische Schädigungen, verbunden mit Selbstabwertungen und/oder dem Gefühl der Hilflosigkeit.

In der psychologischen Therapiepraxis kommt es in etwa gleich häufig vor, daß Patienten ausschließlich wegen einer solchen als störend erlebten Gewohnheit Hilfe aufsuchen, oder daß im Rahmen eines komplexen Therapieplanes eine Komponente in der Beseitigung oder Verringerung der Auftretenswahrscheinlichkeit einer solchen Gewohnheit besteht. So kann ein Patient als Therapieziel angeben, er möchte lernen, seine von ihm nicht kontrollierbaren Freßattacken bewußt in den Griff zu bekommen, einfach weil er sich selbst als unattraktiv wegen seines Übergewichts erlebt; genauso ist es möglich, daß das Erlernen eines adäquaten Eßverhaltens im Rahmen einer bulimischen Erkrankung nur einen kleinen Baustein innerhalb einer therapeutischen Gesamtstrategie darstellt.

Sowohl unter verhaltenstheoretischen als auch unter hypnotherapeutischen Gesichtspunkten sind bei der Verringerung oder Beseitigung der unangenehmen Reaktion immer bestimmte Vorüberlegungen von Bedeutung, damit eine erfolgreiche Therapie durchgeführt werden kann. Diese müssen natürlich als zusätzliche oder als besonders betonte Aspekte zur ohnehin selbstverständlichen Verhaltens- und Bedingungsanalyse verstanden werden. Eine der grundlegenden therapeutischen Annahmen, sowohl der Verhaltenstherapie als auch der Hypnotherapie, ist das Prinzip, niemals einem Patienten etwas wegzunehmen, sondern ihm immer etwas zu geben, d.h. ihn mit neuen alternativen Reaktionen auszustatten. Die Erweiterung seines Verhaltensrepertoires bewirkt, daß er mehr Reaktionsalternativen auf denselben Stimulus zur Verfügung hat als vorher und damit das mechanische, als von selbst ablaufend erlebte Verhalten nicht mehr als unwillkürlich definieren kann. Entweder entscheidet er sich dafür, eine der neuen Alternativen anstelle der alten Gewohnheit zu praktizieren, oder er übernimmt bewußt Verantwortung dafür, die als lästig proklamierte Reaktion beizubehalten. Während die Verhaltenstherapie davon ausgeht, daß bestimmte problembewältigende Verhaltensmuster im Repertoire vollständig fehlen können, weil sie niemals erlernt wurden, nimmt das Konzept der Hypnotherapie an, daß bereits alle notwendigen Reaktionen im Erfahrungsbereich der betreffenden Person vorhanden sind, aber möglicherweise blockiert oder dem Bewußtsein nicht zugänglich sind.

Für das praktische therapeutische Vorgehen hat diese Unterschiedlichkeit in den theoretischen Positionen keine besondere Bedeutung: erstens beinhaltet das Verhaltenstherapie-Konzept durchaus auch die Möglichkeit der Annahme von gehemmten Reaktionen, zweitens kann die Metapher eines vorhandenen und vollständigen, aber nicht bewußten Erfahrungsschatzes bereits eine kognitive Umstrukturierung darstellen, die es jemandem erleichtern kann, sich selbst als veränderungsfähig zu definieren.

Einer der wichtigsten Aspekte der Hypnotherapie ist die Konzeption des Utilisationsprinzips: es besagt in Kurzform, den Patienten da abzuholen, wo er sich gerade befindet, und seine Fähigkeiten, Eigenschaften, Ressourcen, evt. auch Absonderlichkeiten für den Veränderungsprozeß nutzbar zu machen. Da dies in keiner Weise der verhaltenstheoretischen Position widerspricht, kann das

Utilisationsprinzip eine wertvolle Bereicherung in einer verhaltenstherapeutisch orientierten Intervention darstellen. Dabei darf Hypnotherapie natürlich nicht verkürzt mißverstanden werden als ausschließliche Induktion von offiziellen Trancezuständen und Darbietung von Suggestionen. Beiden Therapierichtungen ist ein entscheidender Faktor gemeinsam: die Betonung des Lernens und der Veränderung, der Entwicklung bzw. des persönlichen Wachstums. Nicht die Beschäftigung mit oder die Aufarbeitung irgendwelcher Konflikte stehen im Vordergrund, nicht die Annahme, daß Einsicht bereits Bewältigung bedeutet, sondern das aktive Erlernen neuer Wahlmöglichkeiten und das Übernehmen der Verantwortung für die bewußte Entscheidung bezüglich der Selektion einer dieser Verhaltensalternativen werden als übergeordnete Ziele intendiert.

Ich werde im Folgenden eine Verhaltenstherapie mit Verwendung von hypnotherapeutischen Elementen beschreiben. Ich wählte aus Gründen der klareren Beschreibungsmöglichkeit ein scheinbar einfaches Gewohnheitsverhalten aus, da es mir hauptsächlich darauf ankommt, ein Verständnis für die Struktur des Vorgehens zu vermitteln und aufzuzeigen, wie hypnotherapeutische Strategien sinnvoll innerhalb eines verhaltenstheoretisch fundierten Therapieplans zum Aufbau von Habit-Control appliziert werden können. Alle für die Darstellung irrelevanten Daten bezüglich der Person der Patientin wurden geändert; Informationen, die nicht zu therapeutischen Überlegungen oder Maßnahmen führten, wurden weggelassen.

4.3.1 Anamnese

Anlaß und Symptomatik: Die 23jährige Patientin begab sich auf Anraten eines in einer Klinik tätigen Facharztes für Psychiatrie zu mir in ambulante verhaltenstherapeutische Behandlung. Sie wirkt altersentsprechend, salopp und gepflegt gekleidet und kann nach anfänglichen Unsicherheiten schnell offen über ihre Probleme berichten. Seit Beginn ihrer Lehrzeit mit 16 Jahren würde sie einmal jährlich für ca. 1 Monat an Depressionen leiden. Sie könne dann nichts mehr machen, fühle sich zu allem unfähig, habe dabei auch Suizidgedanken, sei aber niemals von der Arbeit weggeblieben. In dieser Zeit beiße sie massiv ihre Fingernägel, fühle sich sehr unsicher und anderen Menschen unterlegen, sei dann sehr nervös und würde teilweise sogar hysterisch reagieren. Ihr Hausarzt habe ihr die Pille nicht verschrieben, weil ihre Regel so unregelmäßig eintreten würde, und habe sie an die Ambulanz einer psychiatrischen Klinik verwiesen. Nach einigen Gesprächen mit einem Psychiater, zu dem sie Vertrauen hatte, habe sie dessen Rat, psychologische Hilfe aufzusuchen, gerne angenommen. Als wichtigste Ziele für eine Therapie gibt die Patientin an, die jährlichen Depressionen loszuwerden und aufzuhören, ihre Fingernägel zu kauen.

Lebensgeschichtliche Entwicklung und Krankheitsanamnese: Die Patientin wurde als zweites von fünf Kindern geboren und ist als Tochter eines Landwirts auf dem elterlichen Hof in ländlicher Umgebung aufgewachsen. Der Vater sei verschlossen, könne seine Gefühle nie zeigen, sei manchmal jähzornig und würde zuviel Alkohol trinken, sei aber stolz auf sie und würde sie lieben. Die Mutter wird als hektisch und leicht reizbar geschildert, die früher aufgrund der Kinder und der Arbeit auf dem Bauernhof keinerlei Zeit für sich selbst hatte, sich aber in den letzten Jahren emanzipiert hätte, lustig sei und ein freundschaftliches Verhältnis zu ihr habe. Während des Heranwachsens hatte sie außer den üblichen Kinderkrankheiten keinerlei Auffälligkeiten und mit Ausnahme einer Blasenquetschung im Alter von 3 Jahren und eines Beinbruches mit 8 Jahren (ohne Folgen) keine Unfälle. Den Beginn des Fingernägelkauens datiert sie ins Kindesalter nach vorherigem Daumenlutschen, allerdings ohne exakte Erinnerung daran. Bei Schuleintritt mit 5 Jahren habe ihre Mutter die Fingernägel mit bitterem "Zeugs" eingeschmiert, was jedoch nichts geholfen habe. Bis zum 15. Lebensjahr sei sie immer eine gute und beliebte Schülerin gewesen, nach der mittleren Reife begann sie eine Lehre im Büro. Bis zu dieser Zeit scheiterten alle Selbstversuche in Bezug auf das Abgewöhnen des Nägelbeißens. Als mit 16 ihr Interesse für Jungs zunahm, entschloß sie sich, aus ästhetischen Gründen im Urlaub ihre Nägel wachsen zu lassen, was ihr erstmalig gelang. Nach 3 Monaten wurde sie jedoch von ihrem Chef aufgefordert, sich wegen Schreibmaschineschreibens die Nägel zu schneiden. Kurz danach hatte sie erstmalig eine depressive Phase und nahm das Nagelbeißen wieder auf. Nach erfolgreichem Abschluß der Lehre war sie als Sekretärin tätig, nebenbei besuchte sie die Fachoberschule, um danach eine Ausbildung zur Chemieassistentin zu machen, was immer ihr Wunsch gewesen ist.

Augenblicklich lebe sie alleine in einer Großstadt und mache im nächsten Jahr ihre Abschlußprüfung zur Chemielaborantin. Seit 2 Jahren habe sie einen festen Freund, der meistens bei ihr übernachte und mit dem sie sich sehr wohl fühle. Da sie die Pille nehmen wollte, ging sie zum Hausarzt und sprach mit ihm aber auch über die jährlichen Depressionen, über die sie sich große Sorgen machte, da eine entfernte Verwandte wegen Depressionen bereits zweimal in einer Landesnervenklinik war.

4.3.2 Psychischer Befund zum Zeitpunkt des Therapiebeginns

Beziehungsanalyse: Die Patientin wirkt von Anfang an offen, ehrlich und nach ersten Orientierungsreaktionen kooperativ; sie hat realistische Therapieerwartungen hinsichtlich Hilfe zur Selbständerung, reagiert bald selbstsicherer und teilweise humorvoll auf kleine Herausforderungen und verbalisiert aktive Mitarbeit an der Therapie. Sie verhält sich emotional adäquat und mittels hypnotherapeutischer Strategien (Pacing, Verbalisieren von Selbstbildhypothese, Verwendung der repräsentationsspezifischen Prädikate) läßt sich bereits in der ersten Sitzung ein guter Rapport herstellen.

Intellekuelle Leistungsfähigkeit: Die Patientin macht einen durchschnittlich bis eher überdurchschnittlich intelligenten Eindruck, ist schlagfertig, geistig flexibel und zeigt positive Lernbereitschaft. Sie erweist sich als aufgeschlossen neuen Ansichten und Einsichten gegenüber, ist neugierig, stellt Fragen, äußert eigene Meinungen, und vermittelt einen ziemlich ehrgeizigen Eindruck.

Psychopathologischer Befund: Keinerlei Bewußtseinsstörung und Beeinträchtigung der intellektuellen Funktionen; kein Hinweis auf Suizidalität, obwohl in den depressiven Phasen und einmal nach Verlassenwerden durch einen Freund Suizidgedanken aufkamen; wirkt beim Sprechen über ihre Depressionen und ihr Nägelkauen hilflos, verhält sich bei Themenwechsel jedoch sofort wieder der Situation entsprechend.

4.3.3 Verhaltensanalyse

Mikroebene: Das *"depressive Verhalten"* tritt seit ca. 7 Jahren 1 mal jährlich im Herbst für ca. 3 bis 4 Wochen auf; in dieser Zeit Isolierungstendenz, sozialer Rückzug, negative Selbstverbalisationen und Insuffizienzgefühle; nach außen jedoch kontrolliertes Verhalten, geht weiter der Arbeit nach, reißt sich zusammen, fühlt sich jedoch beobachtet und vermeidet soziale Interaktionen, um möglicher Kritik zu entgehen; sie ist ängstlich und unsicher, den Bezugspersonen (Freund) lästig zu werden, und befürchtet, von diesen abgelehnt zu werden. Das *Fingernägelbeißen* tritt nur auf, wenn sie alleine ist; besonders exzessiv bei geistiger Tätigkeit (Lernen auf Prüfung, Nachdenken über Probleme), aber auch bei entspannenden Tätigkeiten wie Fernsehen, Lesen eines Buchs o.ä. Als Konsequenzen treten Schamgefühle auf, da jeder ihre Hände sehen kann, weswegen sie auch soziale Kontakte vermeidet.

Makroebene: Unklare Genese des Fingernägelbeißens; evt. Gewöhnung des Daumenlutschens aufgrund langer Stillzeit (bis zum 11. Monat) und durch zufällige Kontingenzen (Triebreduktion: Hunger- und Spannungsabbau) konditioniert und zur Gewohnheit geworden. Durch Scheitern von einem Fremdkontroll- und mehreren Selbstkontrollversuchen Entstehung einer Mißerfolgshaltung und Fixierung des Habits. Erst mit 16 Jahren Erfolg aufgrund des Motivs der Eitelkeit; anschließend aversive Konsequenzen durch den Vorgesetzten, was die ursprüngliche Mißerfolgserwartung in Bezug auf eine Kontrolle der unerwünschten Reaktion verstärkt. Erstmaliges Erleben der Hilflosigkeit und Depression. Seither regelmäßiges Auftreten der depressiven Reaktion immer zur gleichen Jahreszeit wie beim ersten Vorkommen, dadurch Befürchtungen in Bezug auf eine möglicherweise schwere, unheilbare oder lebenslängliche Erkrankung. Eventueller Zusammenhang der konditionierten depressiven Reaktion auf jahreszeitliche Stimuli mit einer erhöhten Beißfrequenz. Konsequenzen sind soziale Vermeidungsstrategien, Selbstabwertungen und eine erhöhte sozialphobische Reaktionsbereitschaft im Hinblick auf beobachtet, negativ bewertet und kritisiert zu werden.

Funktionsanalyse: Das Beißverhalten bewirkt eine Reduktion von innerer Anspannung, wodurch es negativ verstärkt wird und sich seine Auftretenswahrscheinlichkeit erhöht. Möglicherweise sind auch operante Bedingungen in Form von positiver Verstärkung wirksam, da die engste Bezugsperson - der Freund - ausgesprochen hilfreich, tröstend und zuwendend ist. Auch die depressiven Reaktionen werden von Freund und Bekannten so beantwortet, daß diese Hilfe anbieten und eine beschützende Haltung zeigen.

Organismusvariable: Aufgrund der Information des überweisenden Psychiaters gibt es keinerlei Hinweise auf organische Grundlagen für die Problematik. Es gibt keinerlei diagnostische Hinweise für eine Annahme einer endogenen Depression oder einer anderen Depressionsform, bei der auch medikamentöse Behandlung neben der psychotherapeutischen Intervention sinnvoll wäre.

Diagnose: Depressive Reaktion (WHO: ICD Nr. 300.4), im wesentlichen charakterisiert durch negative Kognitionen und sozialphobische Reaktionen in Verbindung mit exzessivem Nägelkauen. Die depressive Verstimmung kann als sekundär betrachtet werden als konditionierte Reaktion auf aversive Konsequenzen eines für die Patientin wichtigen Erfolges.

4.3.4 Therapieziele

Als langfristige Therapieziele können die Beseitigung der depressiven Reaktionen und der Erwerb von mindestens einer Verhaltensalternative zum Nägelkauen definiert werden. Weiterhin schien es erforderlich, eine positive Selbstbewertung, und die Fähigkeit zum adäquaten Umgang mit Kritik anzustreben, sowie das Vermeidungsverhalten in Bezug auf soziale Situationen zu beseitigen. Kurzfristige Ziele sind die Vermittlung schnell einsetzender Erfolgserlebnisse bezüglich der Fähigkeit, das Kauverhalten selbst kontrollieren zu können, das Erlernen einer parasympathischen Reaktion zur Spannungsreduktion und eine kognitive Umstrukturierung durch Coaching in Bezug auf die falsche Bewertung ("lebenslängliche Krankheit") der depressiven Phasen. Prognostisch günstig für die Zielerreichung sind neben dem Leidensdruck der Patientin ihre ehrgeizige und lernbegierige Haltung, ihre stabile Partnerbeziehung, in der sie auch Unterstützung für Bewältigungsverhalten bekommt, und ihre kooperative Einstellung innerhalb der Patient-Therapeuten-Interaktion. Die Tatsache, daß sie bereits mit 16 Jahren von sich aus und ohne Fremdunterstützung erfolgreich war mit dem Aufhören des Fingernägelkauens, kann therapeutisch utilisiert werden. Die Annäherung an die bevorstehende Abschlußprüfung intensiviert zudem ihre Motivation zur Verhaltensänderung, da sie weiß, daß sie in solchen Zeiten besonders exzessiv kaut und damit auch zur Prüfungsvorbereitung wertvolle Zeit mit Selbstvorwürfen und Grübeln vergeudet.

4.3.5 Therapieplanung

Sowohl zur Verhaltensdiagnostik als auch zur Therapiekontrolle soll eine Baseline von der Patientin protokolliert werden, zu welchen Zeiten, in welchen Situationen und wie ausgiebig sie Fingernägel beißt. Es kann angenommen werden, daß Erfolge bei der Veränderung des störenden Verhaltens hohe Selbstverstärkungsqualität besitzen, die auch ihre generelle Selbsteinschätzung hinsichtlich ihrer Bewältigungsfähigkeit fördern. Da die erwartete depressive Reaktion nur einmal jährlich in der Vergangenheit auftrat und erst wieder in ca. 4 Monaten zu erwarten war, wurde beschlossen, dahingehend keine spezifische

Intervention zu planen, sondern die Hypothese zu vermitteln, daß ein erfolgreiches Übernehmen des Beißens in Selbstregie und ein Abbau des sozialen Vermeidungsverhaltens genügend Verstärkungsqualität besitzt, um die Wahrscheinlichkeit des Wiederauftretens depressiver Verhaltensweisen automatisch zu reduzieren. Da die Patientin durch ihre kooperative Haltung durchaus bereit war, Vorschläge anzunehmen, die in ihrer willentlichen Verantwortung lagen (Vermeidungsverhalten reduzieren, auch wenn es lästig ist; Frequenzerhöhung von sozialen Kontakten; Einüben positiver Selbstinstruktionen), soll das als unwillkürlich und außerhalb des eigenen Einflußbereiches definierte Nägelbeißen zunächst einmal als eine bewußte Entscheidung für das Kauen in einer bestimmten Situation wahrgenommen werden und schrittweise in einem Shaping-Prozeß alternatives Verhalten aufgebaut werden. Auf die systematische Darbietung äußerer positiver Verstärker wurde verzichtet, da der Ehrgeiz der Patientin gut für therapeutisch sinnvolle Herausforderungen nutzbar erschien, und weiterhin alle Teilerfolge intensiv als von selbst herbeigeführt erlebt werden können.

Die geplanten therapeutischen Maßnahmen beschränken sich damit auf das Ziel: "Lange Fingernägel haben und bewußt entscheiden können, ob gekaut wird oder nicht und für diese Entscheidung Verantwortung übernehmen." Abgeleitet von der Hypothesenbildung wird nämlich davon ausgegangen, daß damit automatisch eine positive Selbstwertschätzung aufgebaut wird, die ein zukünftiges Auftreten von Depressionen verhindert.

Für die Behandlung schien wegen der Verhaltensdisposition der Patientin in Verbindung mit der limitierten Indikationsstellung eine Kurzzeittherapie von 15 Sitzungen, die niederfrequent durchgeführt wurden, als ausreichend. Beim Auftreten von nicht erwarteten Schwierigkeiten, vorher unbekannten Informationen oder zusätzlichen neuen Problemen wäre eine Umwandlung in eine Langzeittherapie möglich gewesen.

4.3.6 Integration der Hypnose in das Behandlungskonzept

Die Grobstruktur dieses Behandlungsplanes kann als ausschließlich verhaltenstherapeutisch angesehen werden. Die folgenden Überlegungen führten dazu, auch hypnotherapeutische Elemente in die Intervention zu integrieren:

1. Die Patientin ist intelligent, lernfähig und aufgeschlossen. Damit kann davon ausgegangen werden, daß sie zunächst schnell lernen kann, einen therapeutisch verwendbaren Trancezustand herzustellen. Ihre positive Erwartungshaltung auf Hypnose hin kann utilisiert werden. Weiterhin hat sie einen realistischen Anspruch, erhofft sich keine Wunder und weiß, daß ihre eigene Arbeit den erwünschten Erfolg ermöglicht und nicht der irrationale Gedanke, sie könne durch Hypnose bequem und ohne Eigenleistung etwas erreichen.

2. Hypnose kann als Katalysator den therapeutischen Effekt und das Erreichen des intendierten Ziels beschleunigen. Grundsätzlich kann davon ausgegangen werden, daß bei angemessener psychologischer Therapieplanung und -

durchführung jede Effizienz auch ohne Hypnose erreichbar ist. Hypnose macht die Behandlung jedoch schneller und eleganter.

3. Hypnotherapeutisches Vorgehen macht dem Therapeuten einfach mehr Spaß, was letztendlich wiederum dem Patienten zugute kommt.

4. Die Verwendung hypnotherapeutischer Sprachkonstruktionen erlaubt es, indirekte Suggestionen in Bezug auf nicht unmittelbar intendierte Therapieziele (Überwindung der Voraussetzungen für das Auftreten von Depressionen) einzustreuen.

5. Die Patientin fordert keine Hypnose, sondern beschränkt sich auf die Inhalte dessen, was sie erreichen möchte. Versucht ein Patient, mir die Therapiemethode vorzuschreiben, habe ich zunächst die Tendenz, eine andere anzubieten.

Die hypnotherapeutischen Muster haben dabei im wesentlichen die Aufgabe der therapeutischen Feinarbeit im Rahmen der bedingungsanalytisch konzipierten Therapie.

4.3.7 Therapiedurchführung

Ich gehe im Folgenden davon aus, daß hypnotherapeutische Strategien bekannt sind und es nicht erforderlich ist, jedes einzelne Detail zu erklären oder zu begründen. Obwohl im kassenrechtlichen Sinne die ersten 3 bis 4 Sitzungen als sogenannte probatorische Sitzungen gelten, in denen Datengewinnung in Form von Anamnese, Verhaltensanalyse usw. durchgeführt wird, läßt sich eine klare Trennung von Diagnostik- und Therapiephase nur schwer beschreiben, da schon in den sogenannten diagnostischen Sitzungen bereits wesentliche therapierelevante Faktoren definiert werden. Die Differenzierung zwischen Therapievorbereitung und "eigentlicher" Therapie ist somit eine künstliche, die nur Beschreibungszwecken dient. Dabei werde ich in Klammern jeweils eine typische Formulierung oder ein typisches Muster darstellen, um die Struktur des strategischen Vorgehens transparent zu machen. Natürlich handelt es sich dabei nur um verdeutlichende Beispiele des Vorgehens, die in den therapeutischen Gesprächsablauf eingebettet sind.

4.3.7.1 Vorbereitungsphase

Nach Information über die Therapieplanung und Sicherstellung, daß die Patientin und ich dieselben Ziele anstreben, hatte die Patientin zunächst die Aufgabe, auf keinen Fall "jetzt schon aufzuhören" mit dem Nägelkauen, da sie zunächst mehr über ihr Symptom lernen müsse, um es später dann "auch vollständig loswerden" zu können. Deshalb sollte sie zunächst nur schriftliche Aufzeichnungen über die auslösenden Bedingungen des Symptomverhaltens machen. (Diese Baseline erbrachte keinen zusätzlichen Informationsgewinn, sondern bestätigte nur die oben unter Verhaltensanalyse beschriebenen Stimuli in täglich spezifizierter Weise.) Erwartungsgemäß berichtet die Patientin in der nächsten

Sitzung, daß sie zwar bemüht war, noch keine Änderung einzuleiten, aber dennoch weniger häufig als sonst gebissen habe, da es ihr jedesmal bewußt geworden sei, wenn sie damit begann - ganz im Gegensatz zu früher, wo sie sich immer dabei ertappt habe, wenn sie es bereits automatisch ausführte.

Als provokative Herausforderung konnte hier die Gelegenheit genutzt werden, ihre Kooperation anzuzweifeln:

Herausforderung: "Wenn Sie bereits jetzt eine so einfache Aufgabe nicht exakt ausführen, müssen Sie sich selbst die Frage stellen, ob Sie wirklich bereit sind, einige Anstrengungen auf sich zu nehmen, um lange und attraktive Fingernägel zu bekommen, oder ob dies bloß ein Wunsch ist."

Die Absicht hierbei war, ihre Motivation zu stärken und ihre Kooperation zu intensivieren; deshalb wurde dann auch in einer paradoxen Herausforderung die Rolle des Advocatus diaboli eingenommen.

Paradoxe Herausforderung: "Vielleicht wäre es für Sie wesentlich günstiger, lebenslänglich Nägel zu kauen, als an dieser zuverlässigen Gewohnheit etwas zu ändern. Ich weiß ja nicht, was Sie sich dann für skurrile Absonderlichkeiten zulegen: möglicherweise bohren Sie dann in der Öffentlichkeit in der Nase, zupfen sich ihre Haare aus oder verprügeln kleine Kinder. Es würde vielleicht doch besser sein, das Therapieziel dahingehend zu verändern, daß Sie weiterbeißen, aber daß es ihnen nicht mal mehr etwas ausmacht, wenn Ihre Fingernägel bis zum Ellbogen abgeknabbert sind."

Möglicherweise auftretender Widerstand wird dadurch von vornherein dahingehend kanalisiert, daß die Intention gefestigt wird, ihr eigentlich definiertes Ziel zu erreichen; außerdem wird der Therapeut davon entlastet, eventuell mehr zu wollen als der Patient, indem er signalisiert, daß eine Akzeptanz ihrer Person unabhängig von der Symptomatik ist.

Nachdem durch diese Strategien klargestellt war, daß sowohl eine gemeinsame Zieldefinition besteht als auch ein Arbeitsvertrag geschaffen war (nicht der Therapeut, sondern die Patientin hat die Arbeit zu leisten!), wurde durch Erzeugung von Neugierde und Spannung ein Reaktionspotential aufgebaut.

Metaphern erzählen als stellvertretendes Modell: "Ich kenne einige Personen, die es geschafft haben, aber ich weiß nicht, welcher von den verschiedenen Wegen für Sie der geeignetste ist usw." Hiermit können die Ressourcen der Patientin bereits aktiviert werden (Ehrgeiz, Lernbereitschaft, Leistungsorientierung) und für die nächsten Schritte utilisiert werden. Wichtig ist mir vor allem bei Habit-Kontrolle auch besonders der Hinweis auf einen möglichen Rückfall.

Rückfallprophylaxe: "Ich möchte Sie darauf hinweisen, daß Sie nach Ihren ersten Erfolgen, von denen ich nicht weiß, wie schnell Sie sie erreichen werden, irgendwann mal auch mit einem Rückfall rechnen müssen. Ich sage Ihnen das nur, damit Sie das nicht als einen totalen Mißerfolg interpretieren, sondern sich klar sind, daß so etwas üblich ist auf dem Weg zum Therapieziel."

Damit kann ein wahrscheinliches Wiederauftreten der abzugewöhnenden Reaktion entschärft werden, indem es nicht als Mißerfolg, sondern in einem umgedeuteten Sinne als natürlicher Aspekt im Therapieprozeß wahrgenommen wird; sowohl einem Therapieabbruch als auch dem Auftreten unerwünschter Unfähigkeitsgefühle wird dadurch vorgebeugt.

Während dieser Vorgehensweisen wurde natürlich auf Intensivierung des Rapports geachtet und ein linguistischer Bezugsrahmen geschaffen, indem der Begriff "Automatik" eingeführt wurde, der diese Reaktionen repräsentiert, für die die Patientin keine willentliche Verantwortung übernimmt, und welche sie die Gewohnheit ausführen läßt.

Wichtig ist nun, darauf hinzuweisen, daß es nicht darum geht, diese Fähigkeit "automatisch Fingernägel zu beißen" zu verlieren, sondern neue automatische Reaktionen im selben Stimuluskontext zu schaffen, mit denen sich die Patientin wohler fühlen kann. Hier wurde ihr als eine mögliche Alternative Entspannung angeboten und ihr vermittelt, daß sie lernen könne, mit Hilfe von Hypnose selbst einen entspannten Zustand herzustellen.

Tranceinduktion: Die Patientin lernte sehr schnell, in eine angenehme Trance zu gelangen. Als "unbewußte" Ja-Nein-Signale fungierten Armlevitationen. Während der Induktion und Vertiefungsphase wurden Prozeßinstruktionen im Hinblick auf "noch unbekannte Fähigkeiten, Entwicklung neuer Verhaltensweisen, persönliche Weiterentwicklung usw." erteilt. Die Patientin erlebte den Trancezustand als sehr wohltuend und berichtet eine optimistische Haltung in Bezug auf ihr gestelltes Ziel.

Nach dieser Sitzung erhält sie die Aufgabe, bis zur nächsten Woche an einem Finger, den sie selbst bestimmen soll, nicht zu kauen, während sie an den restlichen neun Fingern beliebig oft und intensiv "kauen dürfe, wenn sie wolle." Das geschieht mit der Begründung, daß ich wissen möchte, ob sie wirklich bereit ist, auf der bewußten, willentlichen Ebene ihren Beitrag zu leisten. Gleichzeitig wird von mir aber auch angezweifelt, ob sie das "jetzt schon schaffen" könne. Die Patientin reagiert fast empört über meine Zweifel und die Lächerlichkeit dieser Aufgabe und behauptet, daß sie sich auch bereits schwierigere Aufgaben zutrauen würde.

Bremsung auf ein Minimalziel: Durch das Bestehen auf einem Fingernagel wird der Ehrgeiz der Patientin utilisiert, während gleichzeitig die Wahrscheinlichkeit erhöht wird, daß dieses Mini-Ziel wirklich sicher erreicht wird. Auch wenn es sich nur um einen Nagel handelt ("Ich bin gespannt, für welchen Fingernagel Sie sich entscheiden, den Sie als erstes wachsen lassen werden."), übernimmt die Patientin bereits willentliche Verantwortung für die Kontrolle ihrer Gewohnheit, ohne daß dies explizit angesprochen werden muß. Als Überlegung diente dazu die Provokation einer therapeutisch sinnvollen Reaktion zur Einleitung eines progressiven Shaping-Prozesses.

In der nächsten Sitzung zeigt die Patientin stolz ihren eine Woche lang gewachsenen Fingernagel und meint, sie hätte Lust gehabt, mehr Nägel wachsen zu lassen. In der Trancephase wird die Patientin gebeten, Alternativen zum Kauen zu entwickeln. Sie berichtet anschließend, daß sie vorhabe, sich eine Nagelfeile zu kaufen, da sie noch nie eine hatte, sondern ihre Nägel immer gebissen oder mit einer Schere geschnitten habe. Über meinen Vorschlag, noch mehr Geld zu investieren und sich gleich zwei Stück zu kaufen, damit sie eine für zu Hause und eine für die Handtasche besitzen würde, ist sie sehr belustigt und stimmt zu. Ihre Aufgabe für die kommenden zwei Wochen besteht darin, täglich den bereits gewachsenen Nagel zu feilen und dafür "so viel, wie sie möchte, von den anderen Nägeln wachsen zu lassen." Außerdem solle sie bei "allen Nägeln, die sie wachsen lassen wird," so tun, als ob sie sie feilen würde, damit sie ein Gefühl für diese neue Tätigkeit entwickeln könne, ohne "sich jedoch dazu zu zwingen, alle Nägel wachsen zu lassen." ("Auf welche Weise genau werden Sie wohl die Entscheidung treffen, ab welchem Tag und welcher Stunde Sie alle Nägel nur noch feilen werden?!")

Zwei Wochen später hat die Patientin bereits 10 gewachsene und regelmäßig gefeilte Fingernägel. Mein Vorschlag, jetzt zumindest einen wieder abzukauen, damit sie sich nicht zu "schnell von der lästigen Gewohnheit trennen" müsse, wird teils empört und teils amüsiert abgelehnt. Ihr Freund wäre begeistert von ihrer "Ich-Stärke" und würde sie ihrer Meinung nach übertrieben loben, was mir Gelegenheit gibt ihr mitzuteilen, daß ich es wirklich für nichts Besonderes halte und keine großartige Leistung darin erkennen könne, etwas zu tun, was für die Mehrheit der Menschen etwas Selbstverständliches ist (Verstärkung der Zielreaktion durch Frustration).

4.3.7.2 Konsolidierungsphase

Die Patientin erreichte nach ca. 4 Therapiesitzungen (d.h. also nach den probatorischen Sitzungen) folgende Ziele: Sie kaute nicht mehr an ihren Nägeln, sie feilte ihre Nägel regelmäßig, konnte sich mittels Instruktion schnell und sicher in Trance begeben und stellte von sich aus häufiger soziale Kontakte her. Unter lerntheoretischen Erwägungen ist es höchst unwahrscheinlich, daß das von der Patientin bisher Erreichte stabil ist. Die Annäherung an ihre Prüfung wird eine erhöhte Bereitschaft zum Knabbern auslösen; sie hat noch nicht gelernt, Entspannungsreaktionen systematisch auf die Auslösersituationen zu übertragen. Obwohl der Anblick ihrer gewachsenen Nägel für die Patientin in sich stark belohnend ist, hat sie noch keine adäquate Kritikfähigkeit erlernt, um gewappnet zu sein, wenn sie in entsprechende Situationen kommt. Es kann angenommen werden, daß dieser Aspekt von Bedeutung ist, da ja das erstmalige Auftreten der Depressionen und die Wiederaufnahme des Beißens eine Folge des inadäquaten Umgangs mit den irrationalen Anordnungen ihres damaligen Chefs waren. Inwieweit die bei den Prozeßinstruktionen in Bezug auf die Depression eingestreuten indirekten Suggestionen effektiv waren, kann zu diesem Zeitpunkt nicht beurteilt werden. Es wird mit der Patientin vereinbart, die Abstände zwischen den Sitzungen zu vergrößern und nur einmal monatlich einen Termin zu vereinbaren. ("Wären Sie eigentlich sehr überrascht, wenn in diesem Jahr erstmals keine Depression zur üblichen Jahreszeit auftreten würde?!")

In den kommenden Sitzungen wurden folgende Maßnahmen durchgeführt: Mit Hilfe einer Metapher, die von einem Freund handelte, der sich das Nägelkauen abgewöhnte und nur deshalb nie wieder gebissen hat, weil er Klavierspielen lernte und dazu schöne Hände haben wollte, konnte die Patientin dazu motiviert werden, sich ein Hobby zu suchen, bei dessen Ausführung ihre Hände im Mittelpunkt stehen würden. Die Patientin entschied sich mit Hilfe eines Buches über Origami, einige Tiere aus Papier falten zu lernen. Sie hatte großen Spaß daran und vor allem machte es ihr auch Freude, ihre neue Fertigkeit im Freundeskreis zu demonstrieren. Mehrere Aspekte schienen mir dabei bedeutsam: Durch die Metapher wurde die Eitelkeit und der ästhetische Anspruch utilisiert, welche der Patientin schon einmal geholfen hatten mit dem Kauen aufzuhören; weiterhin schafft das Ausführen von befriedigenden Tätigkeiten neue Verstärkerquellen; und durch das Zeigen ihrer neuen Kunst setzt sich die Patientin öffentlicher Beobachtung aus, macht sich kritisierbar, und erhält soziale Verstärkung für das Ausführen dieser Handlung. Insofern findet eine Desensibilisierung in vivo statt, die zudem Verstärkungscharakter für interpersonelles sozial kompetentes Verhalten besitzt. Die Patientin steigerte damit die Frequenz von sozialen Kontakten und baute ihr Vermeidungsverhalten ab, ohne daß sie dazu von mir direkt aufgefordert werden mußte.

In den weiteren Trancesitzungen galt es, drei Ziele zu erreichen: Erstens sollte die Patientin lernen, sich selbst bewußt in einen entspannten Zustand versetzen zu können, wenn sie sich jener Stimulusbedingungen gewahr wurde, bei denen sie sonst in den Zustand geriet, der sie ihr Habit automatisch ausführen ließ; zweitens sollte sie lernen, diesen Zustand zu generalisieren, d.h. auf verschiedene Stimuli übertragen zu können; und drittens sollten die Empfindungen, die mit dem Beginn depressiven Verhaltens assoziiert waren, zu einem Signal umgedeutet werden, welches anzeigt, daß es erforderlich sei, vermehrt antidepressive Reaktionen zu zeigen, nämlich positive Selbstinstruktionen, aktives Interaktionsverhalten usw. Im einzelnen sah dies folgendermaßen aus:

1. Zunächst sollte die Patientin im Trancezustand den Kontext identifizieren, in dem das Nägelkauen auftrat; dies waren hauptsächlich das Alleinsein und der Gedanke: "Ich müßte eigentlich was Produktives leisten." Der nächste Schritt war die Identifikation dessen, was in ihr bei den entsprechenden Kontextbedingungen eigentlich vorging. Dabei sollte sie sich assoziierte Vorstellungen machen, d.h. sich im spezifischen Kontext befinden, also sich nicht von außen sehen. Als nächstes sollte sich die Patientin dissoziiert, d.h. von außen sehend, vorstellen, wie sie sich wahrnehmen würde, wenn sie die gewünschte Veränderung bereits erreicht hätte, nämlich entspannt, ruhig, gelassen, fröhlich, mit Bleistift spielend. Der letzte Schritt bestand darin, das assoziierte erste Bild zu einem dissoziierten werden zu lassen und dann das dissoziierte zweite Bild wieder in ein assoziiertes zu verwandeln. Dadurch veränderte die Patientin ihr Selbstbild und konnte sich so als eine Person erleben, die von sich aus fähig ist, erwünschte Veränderungen selbst herbeiführen zu können.

2. Zur Generalisierung wurde der Patientin aufgetragen, obiges Muster täglich unter verschiedenen Stimulusbedingungen zu üben, sowohl imaginativ als auch in vivo.

3. Zur Umdeutung (Reframing) wurden während der therapeutischen Kommunikation primär hypnotische Sprachmuster verwandt, ferner Geschichten von verschiedenen Patienten, die alle auf unterschiedliche Art und Weise gelernt hatten, dasselbe definierte Ziel zu erreichen. ("Und was wird wohl die für Ihre Person geeignetste Methode sein, um das für Sie Nützliche zu erkennen und zu tun?")

In der neunten Sitzung berichtet die Patientin einen Rückfall. Die Jahreszeit, in der seit 7 Jahren ihre Depressionen aufgetreten seien, war vorbei und sie war hochzufrieden, daß dieses Jahr keine Depression auftrat. Allerdings habe sie wieder vermehrt begonnen, Fingernägel zu kauen, was sie darauf zurückführe, daß sie jetzt großem Prüfungsstreß ausgesetzt sei. Es würde sie jedoch nicht mehr so stören und sie würde deshalb auch keine sozialen Situationen mehr vermeiden. Außerdem habe sie sich die noch nicht abgekauten Nägel mit auffälligem Nagellack bestrichen, weil sie bemerkte, daß sie dadurch die noch heilen Nägel nicht biß, und weil die Häßlichkeit der abgeknabberten Nägel sie stark motivieren würde, sie wieder wachsen zu lassen. Sie macht sich jedoch Vorwürfe; denn im Glauben, sie hätte ihr Problem jetzt im Griff, hatte sie aufgehört, täglich die Feile zu benutzen.

Durch die Rückfallprophylaxe am Anfang konnte darauf gut Bezug genommen werden, so daß die Patientin es auch nicht sonderlich tragisch nahm, wieder die alte Gewohnheit ausgeführt zu haben. Ich gratulierte ihr dazu, sich noch einmal vergewissert zu haben, daß sie immer, wenn nötig, die alte Reaktion ausführen könne, auch wenn sie sich entschließen sollte, "ab jetzt nicht mehr zu kauen." Die Patientin akzeptierte es und kam zur nächsten Sitzung mit langen und auffällig gestrichenen Fingernägeln.

Die Zeiten zwischen den Sitzungen wurden verlängert, so daß zuletzt nur eine Sitzung im Vierteljahr stattfand. Mit Annäherung an die Abschlußprüfung berichtete die Patientin eine zunehmende Angst, wieder mit dem Knabbern zu beginnen. Im hypnotischen Zustand wurden die bereits erlernten Muster nochmals intensiviert, und an unvermeidbare Handlungen assoziierte posthypnotische Instruktionen erteilt, im Hinblick auf Bewältigung in einer für sie akzeptablen Art. Gleichzeitig wurde ihr die Erlaubnis erteilt, daß es völlig legitim sei, in Ausnahmesituationen, wie es die aktuelle Prüfungssituation nun mal sei, "noch einmal" zu beißen, was die Patientin auch tat. Sofort nach bestandener Prüfung hörte sie endgültig damit auf.

4.3.8 Nachkontrolle

Es war mit der Patientin vereinbart, daß sie mich ca. ½ Jahr nach Beendigung der Behandlung, deren 15 Sitzungen über den Zeitraum von ca. 1½ Jahren verteilt waren, nochmals telefonisch kontaktieren sollte, um einen kurzen Zustandsbericht abzugeben. Die Patientin erzählte, daß keine depressiven Phasen mehr aufgetreten seien und daß sie nur noch extrem selten Fingernägel beissen würde. (Es war das zweite Jahr ohne Depression, so daß angenommen werden kann, daß die konditionierten Auslösereize neutralisiert werden konnten.) Wenn sie es dennoch tut, sei es ihr bewußt, und sie gönne es sich einfach manchmal, da sie sofort wieder damit aufhören kann und sehr zufrieden ist mit dem Anblick ihrer Hände. In ihrem neuen Beruf wurde sie sehr akzeptiert und war erfolgreich; die Partnerschaft war nach wie vor sehr befriedigend. Dies alles klang so, daß weitere therapeutische Maßnahmen von ihr wie auch von mir als unnötig erachtet wurden.

4.3.9 Abschließende Bemerkungen

Wegen der in Fallbeschreibungen immanenten Fehlerhaftigkeit der Verkürzung, falschen Gewichtung und falschen Interpretation möchte ich nochmals auf die wesentlichen Punkte hinweisen: Habit-Control wird häufig im Zusammenhang mit Hypnose vollkommen mißverstanden. Vor allem tragen reißerische Illustriertenberichte nicht gerade zur Aufklärung bei, so daß viele Menschen der Annahme verfallen, sie müßten nur zu einem Hypnotiseur gehen und, nachdem dieser einige geheimnisvolle Formeln bei düsteren Lichtbedingungen gemurmelt hat, wären sie alle ihre Laster los und würden nicht mal gemerkt haben, was mit ihnen geschehen ist. Diese Falldarstellung sollte zeigen, daß für die Behandlung von unerwünschten Gewohnheiten grundsätzlich ein psychologisch fundiertes Therapiekonzept erforderlich ist. Dazu gehören eine Analyse der Stimulusbedingungen, der Organismusvariablen, der Verstärkungsbedingungen (bzw. des sekundären Krankheitsgewinns in der Psychoanalyse bzw. des funktionellen Gewinns im NLP), ein Hypothesenmodell der Ätiologie und Aufrechterhaltung der Symptomatik, und ein davon abgeleitetes Therapiekonzept.

Durch die Einbindung der Hypnose in eine psychologisch fundierte Therapieplanung können die persönlichen Ressourcen des Patienten vorteilhaft genutzt werden; es können bewußt vom Therapeuten intendierte Flankierungsmaßnahmen zum Nutzen des Patienten indirekt angebracht werden und "Widerstand" - sollte so etwas überhaupt auftreten - kann sinnvoll in die Zielrichtung des Patienten kanalisiert werden.

Bei der Selektion von Verhaltensalternativen (hier: entspannen, feilen und mit Bleistift spielen) muß darauf geachtet werden, daß die Alternativen genauso unmittelbar, effektiv und realistisch verfügbar sind wie das, was die Person vorher tat. Durch den Einsatz von richtig angewandter Hypnose erhält der Patient mehr das Gefühl der Eigenleistung, der eigenen Kreativität und der Selbstbestimmung, während der Therapeut nur mehr als für die Rahmenbedingungen zuständig erscheint.

Das direkte Wegsuggerieren von Habits hat wenig Sinn; sowohl aus theoretischen Erwägungen als auch aus praktischen Erfahrungen beinhaltet es wenig Effizienz. Ausnahme sind vielleicht sehr autoritätsgläubige oder abergläubische Personen, bei denen der Erfolg jedoch auch nur von kurzer Dauer ist, wenn überhaupt eine positive Wirkung nachweisbar sein sollte, wie es sich bei den immer wieder auftretenden "Wunderheilern" zeigt.

Obige Falldarstellung ist nicht generalisierbar, so wie keine Therapie wiederholbar ist: Jede Behandlung muß individuell auf den jeweiligen Patienten maßgeschneidert werden. Die dargestellten Muster und Strukturen sind jedoch ebenso gut strategisch verwertbar bei anderen lästigen Habits und Abhängigkeiten und durchaus übertragbar, wenn sie in den entsprechenden psychologischen Kontext eingebettet sind, wenn sie auf den Patienten individualisiert sind, und natürlich, wenn der Patient eine ehrliche Therapiemotivation hat: nicht nur ein Präsentiersymptom anbietet und passiv konsumieren will, sondern wirklich die Absicht hat, an sich selbst zu arbeiten, um Veränderungen zum eigenen Nutzen zu erreichen. Dann hilft Hypnose.

4.4 Drehschwindel (Morbus Meniere)

Walter Bongartz

Der Patient ist ein 23jähriger Feinmechaniker, der aus einfachen Verhältnissen stammt. Seit 5 Jahren leidet er unter Anfällen von Drehschwindel, die gewöhnlich von starken Ohrengeräuschen und Sehstörungen begleitet sind. Ohrengeräusche und Sehstörungen können aber auch ohne Drehschwindel auftreten. Nachts wird er oft von Ohrengeräuschen wach. Die Anfälle treten in der Regel viermal am Tag auf mit einer durchschnittlichen Dauer von 30 Minuten. Während eines Drehschwindelanfalls ist der Patient nicht in der Lage, sich mit anderen Personen zu unterhalten; er muß sich festhalten, hat Orientierungsstörungen; oft befällt ihn ein Gefühl von Übelkeit. Seit dem Auftreten der Anfälle ist der Patient zunehmend sozial isoliert. Seine Freundin hat ihn ein halbes Jahr nach der Erkrankung verlassen und seine Freunde und Bekannten haben sich zunehmend von ihm zurückgezogen. Er geht kaum aus (in Diskotheken, Restaurants oder Jugendtreffs) und verbringt seine Freizeit vorwiegend auf dem Bauernhof, wo er wohnt, mit Fernsehen und seiner Kaninchenzucht. Kontakte zur Familie bestehen keine. Auf der Arbeitsstelle fühlt er sich recht wohl, weil ihm die Arbeit Spaß macht, sein Meister zu ihm hält und die Arbeitsunterbrechungen wegen der Drehschwindelanfälle toleriert. Von den Kollegen wird ihm allerdings ab und zu Simulation vorgeworfen. Simulationsvorwürfe machten ihm auch während seiner Militärzeit große Schwierigkeiten. Nachdem weder die Behandlung von Hausarzt und Internist noch der Aufenthalt in einer Universitätsklinik (mit computertomographischen Untersuchungen) zu einer Besserung führten, versucht er noch eine dreimonatige Akupunkturbehandlung, die aber ebenfalls erfolglos bleibt.

4.4.1 Behandlungsrahmen

Auch wenn der Patient zunächst das Auftreten der Anfälle als zufällig bezeichnet und keinen Zusammenhang mit äußeren Ereignissen sieht, wird schon im anderthalbstündigen Vorgespräch klar, daß Situationen, die er als belastend erlebt, das Auftreten der Anfälle wahrscheinlicher machen. In diesem Zusammenhang wird er gebeten, für jeden Tag die aufgetretenen Anfälle auf einer Zeitskala hinsichtlich Dauer und Intensität einzutragen (siehe Abbildungen) und zu vermerken, in welcher Situation er sich dabei befand. Er berichtet, daß sich immer kurze Zeit nach Betreten eines Lokals oder einer Diskothek ein Drehschwindelanfall einstellt, so daß er sich schon nicht mehr traue auszugehen. Wie den späteren Aufzeichnungen (Zeitskalen) des Patienten zu entnehmen ist, kann es auch während der Arbeit geschehen, daß das Erleben von "Ungerechtigkeiten" zu einem Drehschwindelanfall führt; dies ebenso beim Autofahren, wenn er sich von anderen Autofahrern beobachtet fühlt. Auch die gedankliche Beschäftigung mit seiner Situation, die er als "ausweglos" empfindet, kann Auslöser für einen Anfall werden.

Nach der ersten Hypnose, die nach dem Vorgespräch in der ersten Sitzung durchgeführt wurde, berichtet er, daß die Ohrengeräusche deutlich nachgelassen hätten, und er besser sehen könne. Auch seien seine Hände trockener und er schwitze weniger.

Mit Bezug auf diese Erfahrung und die sich im Vorgespräch andeutende Beziehung zwischen belastenden Situationen (Restaurant) und Drehschwindel akzeptiert der Patient folgendes "Krankheitsmodell": Die Drehschwindelanfälle treten nicht zufällig auf, sondern als Reaktionen auf Situationen, in denen er gefühlsmäßig stark reagiert (mit Unsicherheit, Wut oder Angst). Die gefühlsmäßigen Reaktionen äußern sich auch körperlich in Veränderungen des Blutdrucks, der sich auf Hör- und Gleichgewichtsorgan auswirkt. Wird der Blutdruck normalisiert - wie in der Hypnose geschehen - verschwinden die Symptome. Dazu ist es notwendig, die belastenden Situationen zu identifizieren und zu lernen, mit diesen Belastungen so umzugehen, daß keine starken Blutdruckveränderungen auftreten können und somit die Drehschwindelanfälle ausbleiben. Dieses Krankheitsmodell war möglicherweise physiologisch falsch (wenn auch die Menieresche Krankheit u.a. mit vasomotorischen Regulationsstörungen in Zusammenhang gebracht wird). Für den Patienten aber hatte es die wichtige Funktion, die Unsicherheiten und Ängste zu beseitigen, die mit der Unerklärlichkeit des Symptoms zu tun hatten: "Kein medizinischer Experte weiß, was ich eigentlich habe. Mein Symptom ist einzigartig. Vielleicht bin ich verrückt." Auch die Zufälligkeit des Auftretens der Anfälle ("Warum jetzt schon wieder?") wurde innerhalb dieses Rahmens für ihn einsichtig, wodurch eine optimistische Einstellung der Therapie gegenüber erzielt wurde. ("Meine Krankheit ist verstehbar, und damit auch heilbar.")

4.4.2 Therapeutische Teilziele und Behandlung

Die Behandlung erfolgte in Anlehnung an das *stress-inoculation-Programm* (Meichenbaum, 1976), das mit Hypnose kombiniert wurde (Bongartz & Bongartz, 1988). Zunächst wurden die körperlichen und subjektiven Reaktionen (Gefühle, Gedanken, Selbstbild) sowie das Verhalten in den belastenden Situationen erfaßt, in denen das Auftreten von Drehschwindel wahrscheinlich war.

Körperliche Ebene: Der Patient berichtete, daß ein Drehschwindel nicht plötzlich auftrete, sondern daß ihm muskuläre Verspannungen in der Nackengegend, Schweißausbruch und manchmal auch Herzklopfen vorausgingen. Er akzeptierte, daß es sich hierbei um körperliche Indikatoren für einen zunehmenden Erregungszustand handelt, der zu einem Drehschwindelanfall führen würde. Durch eine sofortige Gegenmaßnahme zur Dämpfung dieses Erregungszustandes könnte in dieser Phase der Drehschwindel vermieden werden. Diese Gegenmaßnahme bestünde in einer *plötzlichen Entspannungsreaktion*, die er erlernen müsse. Nun habe er zwar schon in Hypnose während der Behandlung einen tief entspannten Zustand erfahren können, aber dies helfe nicht viel in den Situationen außerhalb der Therapie, in denen die körperlichen Reaktionen auftreten, die dem Drehschwindel vorangehen.

Das Erlernen der plötzlichen Entspannungsreaktion (Schnellentspannung) erfolgte in drei Stufen: 1) Neben der Entspannungsreaktion in Hypnose lernte er, sich über eine vorausgehende muskuläre Anspannung (nach Jacobson) zu entspannen. 2) Im Sitzen erfährt er nach Anspannung des gesamten Körpers und der folgenden plötzlichen Lösung der Anspannung eine sofortige Entspannungsreaktion im ganzen Körper. 3) In der dritten Phase lernt er die durch Anspannung des gesamten Körpers vorbereitete Entspannung durchzuführen, ohne daß dies "von außen" bemerkt werden kann. Dazu setzt er sich mit übereinandergeschlagenen Beinen bequem hin, hält beim Einatmen kurz den Atem an (was der gesamten muskulären Anspannung des Körpers entsprechen soll), und auf diesen Auslöser hin erfährt er beim Ausatmen eine Entspannung im ganzen Körper. Da die zweite Phase schnell zu einem Schwindelgefühl führt, wird während der Übung folgender Zyklus eingeführt: Dreimal Phase 2 (Anspannung des gesamten Körpers mit Entspannung des ganzen Körpers) und siebenmal Phase 3 (Auslösen der Gesamtentspannung nach Anhalten des Atems bei der Ausatmung). Dieser Zyklus wird mehrmals wiederholt.

Verhaltensebene: Um einen Ausweg aus seiner Selbstisolation zu finden, muß das Auftreten von Drehschwindel in den kritischen Situationen unterbunden werden, so daß deren Vermeidung aufgegeben werden kann. Dazu werden für den Patienten Hierarchien von kritischen Situationen in zwei Bereichen erstellt (Restaurantbesuch, Umgang mit Kollegen) und ein *Desensibilisierungsverfahren* durchgeführt. Die kritischen Situationen werden während der Hypnose imaginiert. In einer solchen imaginierten Situation soll der Patient dann die Schnellentspannung durchführen. An der Durcharbeitung der "Restaurant-Hierarchie" nimmt der Therapeut aktiv teil: Nach der Vorbereitung in Hypnose geht der Therapeut mit dem Patienten in ein Studentenrestaurant, macht ihm das Verhalten vor (sich nach den Gästen umdrehen; mit lauter Stimme ein Bier bestellen; quer durch das Restaurant gehen, um sich eine Zeitung zu holen etc.). Beim ersten Mal ist der Therapeut die ganze Zeit mit dem Patienten im Restaurant. Beim zweiten Mal geht er früher; beim dritten Mal kommt er später und geht früher. Danach berichtet der Patient von einem spontanen Restaurantbesuch, bei dem seit langer Zeit kein Drehschwindelanfall aufgetreten ist.

Am Arbeitsplatz lernt er, die Mittagspause wieder gemeinsam mit den Arbeitskollegen zu verbringen, ihnen gegenüber Einwände und Bemerkungen sofort zu machen und ungerechtfertigte Vorwürfe nicht einfach "runterzuschlucken". Neben der Bewältigung der entsprechenden kritischen Situationen in der Hypnose wird dazu auch das Rollenspiel mit dem Therapeuten in den Therapiesitzungen eingesetzt.

In belastenden Situationen gelingt es ihm immer mehr, auf die ersten körperlichen Anzeichen eines möglichen Drehschwindelanfalls zu achten (in der Regel eine beginnende Verkrampfung der Muskulatur im Nackenbereich) und dann die Schnellentspannung einzusetzen. Führt, etwa am Arbeitsplatz, die Entspannung über die Atmung nicht zum Erfolg, ist es für ihn hilfreich, auf der Toilette oder hinter einer Maschine eine Entspannung über eine vorausgehende Anspannung des ganzen Körpers zu erreichen.

Subjektive Ebene: Bevor der Patient seine Ausbildung zum Feinmechaniker begann, war er längere Zeit Mitglied einer Gruppe von Punkern, der er sich nach der Grundschule anschloß. Die Drehschwindelanfälle traten zu einer Zeit auf, als er sich von der Punk-Gruppe löste und in der Ausbildung zum Feinmechaniker stand. Dieser neue Lebensabschnitt bedeutete auch einen Wechsel des sozialen Rahmens, in dem er sich nun bewegte. Seine ungelenke, knappe Sprechweise, sein betont lässiges und herausforderndes Auftreten sowie seine - wenn nun auch gemäßigte, so doch immer noch deutlich verschiedene - Kleidung lassen ihn in dieser neuen Gruppe als Fremdkörper erscheinen. Das Verhalten, das früher zur Bestätigung seiner führenden sozialen Rolle in der Punk-Gruppe führte, gilt in der neuen Peer-Gruppe als minderwertig und stempelt ihn zum Außenseiter. Wenn man sich verabredet, wird in seinem Beisein ein falscher Ort angegeben, um ihn nicht dabei haben zu müssen. Er fühlt sich abgeschoben und minderwertig. Dieses negative Selbstbild kennt er im übrigen aus seiner Kindheit. Nach dem Tode seines Vaters - der starb, als er sechs Jahre alt war - kümmerte sich seine Mutter, die immer wieder mit einem anderen Freund nach Hause kam, kaum um ihn. Er verbrachte die meiste Zeit auf der Straße und mogelt sich durch die Schule. In der Punk-Gruppe fühlt er sich zum ersten Mal aufgehoben ("Das war die schönste Zeit meines Lebens"). In der neuen Gruppe hingegen hat er das Gefühl, unerwünscht zu sein, was ihn im Laufe der Zeit ängstlich und unsicher machte.

Um das Gefühl von Minderwertigkeit, durch das alltägliche Situationen zur Belastung wurden, zu beseitigen, war es wichtig, sein negatives Selbstbild zu ändern. Dazu wurde sein positives Selbstwertgefühl aus der Zeit als Punker aktiviert: In *hypnotischer Altersregression* wurde er in die Situationen aus dieser Zeit zurückgeführt, in denen er sich damals stark, anerkannt und voll Lebensfreude erlebte (z.B. auf einem Rockkonzert). Die Gefühle von Stärke und Freude sowie das Selbstwertgefühl aus der damaligen Zeit konnte er in der Trance sehr lebendig wieder erleben. Mit diesem Selbstbild wurde er dann in Hypnose in die kritischen Situationen geschickt, die er mit diesem Selbstbild aus der Punkerzeit dann anders bewältigte als bisher: z.B. lässig in ein Lokal gehen und selbstbewußt die Anwesenden mustern - genauso wie er es früher getan hatte. Dabei sollte er sich seines "Anders-Seins als die anderen" deutlich bewußt sein und daraus die Stärke beziehen, die er als Punker daraus gewonnen hatte. Denn von der Punk-Gruppe, der er früher angehörte, wurde das "Anders-Sein als die anderen" kultiviert, da sie daraus ein Zusammengehörigkeitsgefühl und ein Gefühl von Überlegenheit und Stärke bezog. Dieser Teil der Behandlung, der auch durch entsprechende Gespräche ergänzt wurde, sprach ihn sehr an und nahm auch die meiste Zeit der Therapiesitzungen in Anspruch.

Neben der Behandlung während der Therapiesitzungen hatte der Patient mit dem Therapeuten abgesprochene und in der Therapie demonstrierte Hausaufgaben durchzuführen: Zum einen sollte er die Schnellentspannung zu Hause üben und dann in Selbsthypnose die imaginierten kritischen Situationen (etwa in einem Restaurant) mit jenem Gefühl von Stärke und Lässigkeit erleben, das er als

Mitglied der Punk-Gruppe hatte. Darüberhinaus sollte er üben, negative Gedankenroutinen ("Das wird immer so bleiben. Was hat das Leben für einen Sinn?") durch positive Gegenargumente zu ersetzen ("Aber ich kann es doch beeinflussen. Vor zwei Tagen gab es nur einen kurzen Anfall. Das zeigt doch, daß eine Besserung eingetreten ist.")

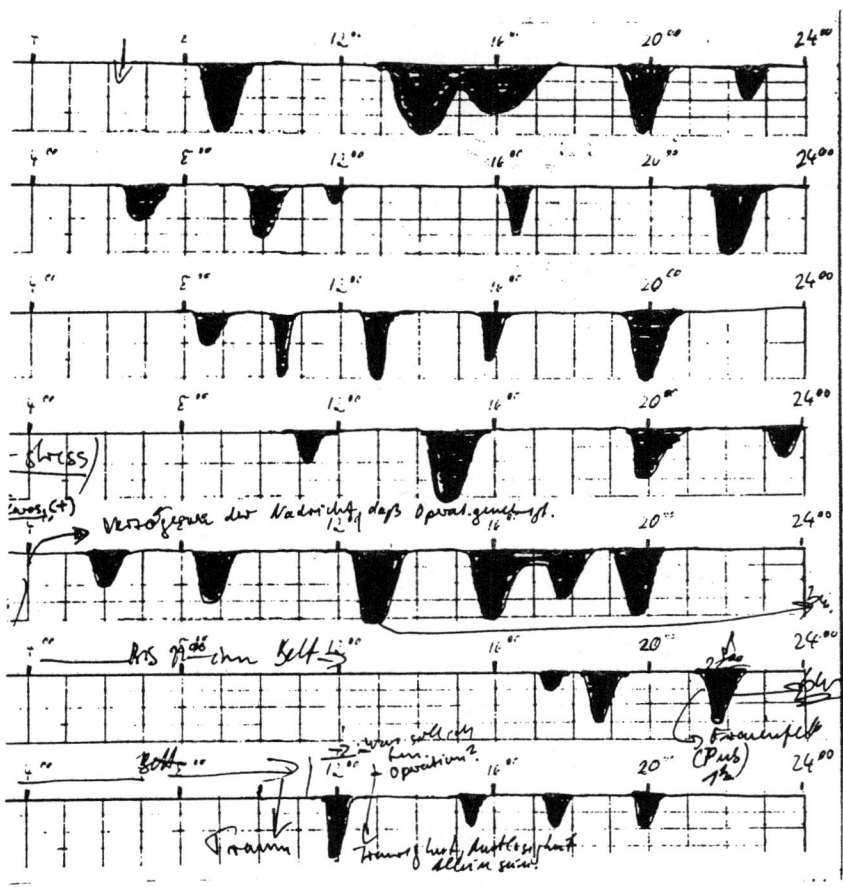

Abb. 4.4.1: Zahl der Drehschwindelanfälle in der zweiten Woche der Behandlung. Die Abbildung enthält sieben Blocks von jeweils fünf Linien. Ein Block repräsentiert einen Tag. Die Linien stellen Zeitskalen dar (ein Kästchen gleich einer Stunde). Die Anfälle sind als schwarze Flächen eingezeichnet, wobei sich die Dauer eines Anfalls in den Zeitskalen ablesen läßt. Die Intensität eines Anfalls ist über die "Tiefe" der schwarzen Fläche angegeben. Die obere Linie hat dabei einen Skalenwert von "1" (gleich "kein Drehschwindel"), die unterste Linie einen Skalenwert von "5" (gleich "maximaler Drehschwindel"). Die Eintragungen wurden vom Patienten selbst vorgenommen.

4.4.3 Verlauf der Behandlung

Die Behandlung umfaßte acht Sitzungen von durchschnittlich zwei Stunden
Dauer, die wöchentlich stattfanden. Der Behandlungsverlauf konnte anhand der
vom Patienten erstellten wöchentlichen Protokolle (siehe Abbildungen) verfolgt
werden. Im Verlauf der Behandlung nahmen die Drehschwindelanfälle kontinuierlich ab und verschwanden dann ganz, während die Ohrengeräusche sich
kaum veränderten und auch nach Abschluß der Behandlung auftraten. Die Ab-
nahme der Drehschwindelanfälle ging einher mit zunehmender sozialer Aktivität
(Lokalbesuche mit Kollegen, gemeinsame Mittagspausen, Treffen mit der ehe-
maligen Freundin). Auch zwei Monate nach Abschluß der Behandlung traten die
Drehschwindelanfälle nicht mehr auf.

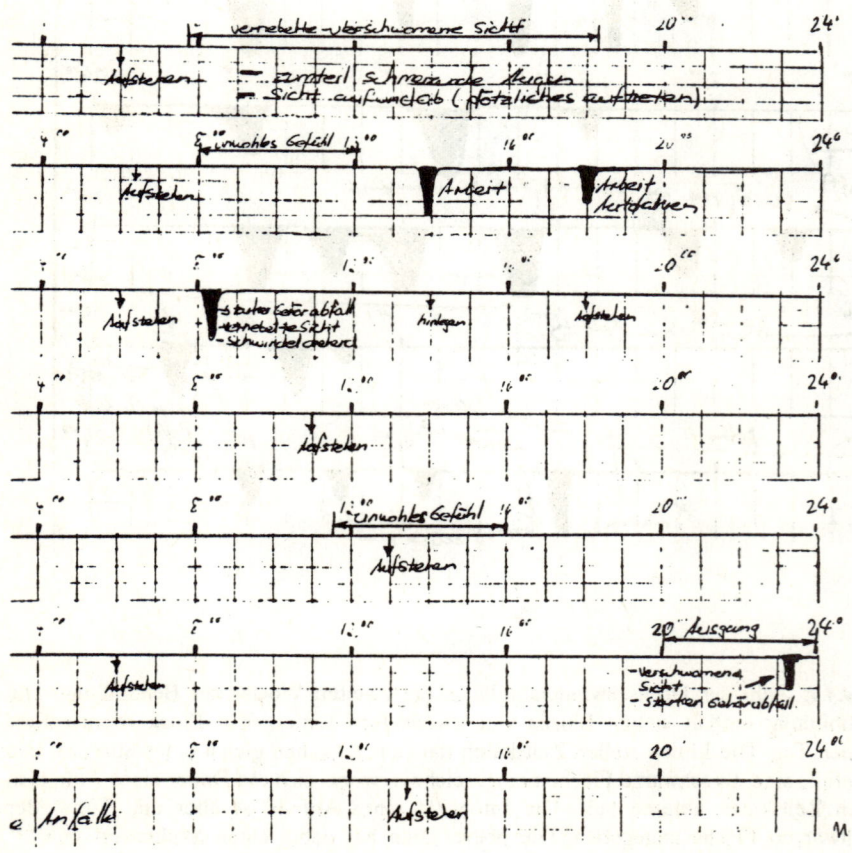

Abb. 4.4.2: Zahl der Drehschwindelanfälle in der dritten Woche vor Abschluß der Behandlung.

80

4.5 Brechdurchfälle, Depressionen und Examensprobleme

Hans-Christian Kossak

4.5.1 Verhaltensanalyse

Aus der Exploration mit der Patientin, einer 24jährigen Medizinstudentin, werden folgende Problembereiche extrahiert:

Studienprobleme: Nach einem Prüfungsversagen im Physikum hat die Studentin nun erhebliche Angst, bei der Wiederholungsprüfung nochmals zu versagen. Sobald sie an die Prüfung denkt, entstehen Angstgefühle, Unruhe und physiologische Reaktionen wie Magendrücken und feuchte Hände. Die Analyse des Lernverhaltens zeigt, daß sie sehr unsystematisch arbeitet, zwischen 12 bis 16 Stunden lernt und danach wenig behalten hat. Wenn sie dies feststellt, treten Versagensängste auf und sie lernt noch mehr. Beim Lernen werden keinerlei Arbeitstechniken oder Lernmethoden angewandt, die das Lernen und Behalten begünstigen könnten.

Durchfälle und Erbrechen: Wenn die Patientin morgens wach wird, bemerkt sie bereits schon Übelkeit. Sie hat dann heftige Brechdurchfälle, die mehrere Stunden oder auch Tage anhalten können. Sowohl für das Auftreten und Abklingen können keine Auslösefaktoren genannt werden. Die Häufigkeit der Symptomatik beträgt 1-2mal pro Woche.

Depressionen: Verbunden mit den Brechdurchfällen treten beim Aufwachen Gefühle der Niedergeschlagenheit, der Traurigkeit und des Verlassenseins auf. Sie muß dann "grundlos" weinen, fühlt sich der gesamten Situation sehr hilflos ausgeliefert. Auch hier kann sie keine Angaben über mögliche Auslöser machen. Von möglichen Träumen weiß sie nichts zu berichten.

Als bisherige *Maßnahmen zur Selbstkontrolle* versucht die Patientin, bei Versagen immer mehr zu lernen. Sie hat dann ein relativ gutes Gefühl, fleißig gewesen zu sein, und ihre Examensängste nehmen vorübergehend ab. Wenn sie dann ihr erworbenes Wissen überprüft, kann sie jedoch keine Leistungsverbesserung feststellen, bekommt Angst und lernt nun noch mehr. Bezüglich der Brechdurchfälle und der Depressionen versucht sie Ablenkung durch Hausarbeiten, Fernsehen, Telefonieren, kann dadurch jedoch keine Verbesserungen bewirken. Größere Aktivitäten sind ihr nicht möglich, da sie sich dann kaum aus dem Bett begeben kann. *Fremdkontrollen* versuchte die Patientin durch institutionelle Hilfen bei Ärzten und entsprechende medikamentöse Behandlungen, die jedoch keinerlei Besserung bewirkten.

Hinsichtlich *Genese und Organismusvariablen* können bei den Examensängsten direkte Ursache-Wirkungs-Verhältnisse zu der mißlungenen Prüfung hergestellt werden, da diese vorher nie auftraten. Bei der Genese der Depressionen und Brechdurchfälle kann die Patientin keinerlei auslösenden oder traumatisierenden Situationen (z.B. Trennung, Kindheit) als kausale Erklärungen geben. Seit Studienbeginn sei eine Verschlimmerung festzustellen. Laut fachärztlichen Untersuchungen sind Organismusvariablen als Ursachen auszuschließen.

Folgerungen zur Verhaltensdiagnose: Der Gedanke "ich kann durchfallen" löst Ängste (emotional, physiologisch) aus. Typisch für derartige Examensängste ist, daß dann die Lerndauer erhöht wird. Das führt einerseits zur Ermüdung und behindert das Behalten; andererseits ist das vermehrte Lernen ein Vermeidungsverhalten, denn dadurch werden vorübergehend die Angstgedanken reduziert; das Lernverhalten wird dadurch negativ verstärkt. Da eine Lernzielkontrolle jedoch negativ ausfällt, treten wieder Ängste auf. Dadurch entsteht ein sich aufrechterhaltender Kreislauf. Durch die fortschreitende Ermüdung kommt es zur Zunahme der Negativzustände. Für Depression und Brechdurchfälle können bislang keine Auslöser und aufrechterhaltenden Bedingungen genannt werden.

Bislang ist also anzunehmen, daß das Symptom "Examensangst" wahrscheinlich unabhängig von den anderen Symptomen besteht. Depressionen und Brechdurchfälle sind wohl als zusammengehörend zu betrachten, was jedoch noch weiter belegt werden soll.

4.5.2 Differentialdiagnostik und psychologische Erklärungsmodelle

Der Symptombereich der Examensängste und Studienprobleme ist eindeutig beschrieben und abgegrenzt, bedarf also keiner weiteren Differentialdiagnostik und Erklärungen.

Medizinische Ursachen des Erbrechens sind auszuschließen (siehe Genese). Die Angaben aus der Verhaltensanalyse schließen auch chronisches Erbrechen und Würgen aus. Es ist hier zyklisches Erbrechen anzunehmen, welches aufbauend auf klassische Konditionierungen an bestimmte internale oder externale Reize gekoppelt ist (Birbaumer, 1987). Als Verursachung können soziale Isolation und Verlusterlebnisse gefunden werden (z.B. Pazulinek & Sajwaj, 1983).

Die Explorationsdaten in Bezug auf die Durchfälle lassen ein Reizkolon (colon irritabile) ausschließen (Schuster, 1983; Latimer, 1983). Allgemein sind hier als Verursacher Streßkomponenten und Angstfaktoren anzunehmen.

Die jeweils kurzdauernden depressiven Gedanken lassen bei Erhalt der Affekte eine sog. endogene Depression ausschließen; da keine habituellen psychischen Fehlhaltungen vorliegen, ist auch eine depressive Neurose auszuklammern (Schulte & Tölle, 1975). Wahrscheinlich sind hier isolierte Trauerreaktionen und Negativgedanken anzunehmen, wie sie z.B. nach einschneidenden Erlebnissen (Verlust von Geborgenheit oder von Bezugspersonen) festzustellen sind.

Da durch die Explorationsdaten bislang noch keine Informationen zur Genese vorliegen, sollen im folgenden Erklärungs- und Suchmodelle entwickelt werden, die eine weitere Diagnostik und die Therapieplanungen ermöglichen:

Veränderte Wahrnehmungsverarbeitung: Unterschwellige Wahrnehmungsprozesse können von uns nicht eingeordnet werden und sind in der Lage, affektive Reaktionen zu blockieren und autonome nervöse Prozesse in Gang zu setzen, die dann als körperliche Krankheit beschrieben werden (Dixon, 1981a, 1981b). Diese subliminalen Reize können im Langzeitgedächtnis strukturelle oder semantische Vorgänge auslösen und führen zu subliminalen emotionalen und kognitiven Einschätzungsvorgängen (Birbaumer, 1987). Sie sind auch in der Lage, psychodynamische Konflikte zu aktivieren (Silverman, 1976). Emotional belastende Reize können durch Anheben der Wahrnehmungsschwelle einen Abwehrmechanismus bewirken (Henley, 1974). Die Wahrnehmungsverarbeitung wird durch frühere Erfahrungen gesteuert und kann autonome Erregungen aktivieren.

Erlernte Hilflosigkeit: Hat eine Person keine Möglichkeit, sich trotz Bemühungen aus einer unangenehmen Situation zu befreien, so reagiert sie darauf mit Passivität und Depressionen (Seligman, 1975, 1983); auch Bradykardie und vagale Überreizung sind als Folgen festzustellen (Miltner, 1987). Wird in der Therapie die subjektiv empfundene Hilflosigkeit verbessert, so kann selbst bei schweren Erkrankungen (z.B Verbrennungen, Krebs) eine höhere Heilungsrate erreicht werden (Achterberg-Lawlis & Kenner, 1982; Maier et al., 1982).

"Ort der Kontrolle": Erlebt sich eine Person nicht als im Besitz der Kontrolle ihres Verhaltens, so kann sie leicht Hilflosigkeit, Depressionen und psychosomatische Reaktionen entwickeln (Rotter, 1966; Lefcourt, 1973). Nimmt sie sich jedoch selbst als den "Ort der Kontrolle" wahr (internal locus of control), so kann sie aktiv Lösungen finden und schnell eine Verbesserung ihrer Situation herbeiführen, was in der kognitiven Behandlung von Depressionen oft deutlich wird (Beck, 1979a, 1979b).

Mangelnde Dezentrierung: Die kognitive Verarbeitungsweise der Dezentrierung ist auf Piaget (1926) zurückzuführen und beinhaltet, "alternative Perspektiven über einen Sachverhalt zu entwickeln" (Jaeggi, 1979, S.110). Dies bedeutet, "von der Sicht eines Anderen" seine Probleme zu beobachten, zu attribuieren und zu antizipieren (Feffer & Suchotliff, 1966; Jones & Nisbett, 1971). Haben Personen keine anderen Bewertungsperspektiven ihrer Situation, können sie kaum Lösungsperspektiven erarbeiten. Als Folge davon können z.B. Depressionen auftreten und sich selbst aufrechterhalten.

Folgerungen: Aus dem Suchmodell der veränderten Wahrnehmungsverarbeitung läßt sich für unseren Fall bislang folgern: Ein stark traumatisierendes Erlebnis kann die beschriebenen autonomen physiologischen Reaktionen (Erbrechen, Durchfälle) direkt oder indirekt bewirkt haben. Da die Symptomatik beim Erwachen auftritt, sind als mögliche Auslöser ängstigende Träume anzunehmen, die unterschwellig wirksam sind. Aus dem kognitions- und attributionstheoretischen Suchmodell ist ähnliches abzuleiten: Durch ein stark traumatisierendes Erlebnis entstand das Gefühl der Hilflosigkeit und des Ausgeliefertseins, das keine andere Bewertungsperspektive erlaubt. Anzunehmen ist auch hier, daß ggf. durch nächtliche Träume diese Hilflosigkeitssituationen reaktualisiert werden.

Wenn wir diesen Hypothesen weiter folgen, so wäre es denkbar, daß das angenommene traumatische Erlebnis in der frühen Kindheit zu suchen ist. Besonders jüngere Kinder schreiben Kausalitäten mehr den Dingen zu (Piaget, 1926), was dem externalen locus of control Rotters (1966) entspricht. Gleichzeitig ist ein jüngeres Kind nicht in der Lage, Dezentrierungen vorzunehmen und so Ver-

änderungen seiner Situation (äußerlich oder innerlich durch Bewertungsverände-
rung) zu bewirken. Auf solche Einengungen reagieren Kinder anfangs mit Auf-
lehnung, gefolgt von Trauerreaktionen, bis hin zur anaklitischen Depression bei
partiellem Entzug affektiver Zufuhr oder bei Hospitalisierungen (Spitz, 1967); all
diese Symptome ähneln denen der Patientin. Als Konsequenz daraus gilt es nun,
die Kausalfaktoren zu finden, da aufrechterhaltende Faktoren, die geändert werden könnten, nicht vorliegen.

4.5.3 Vorläufige Diagnostik und Therapieplanung

Die Examensproblematik bedarf keiner weiteren Abklärung, da ausreichende
Erklärungsmodelle belegt sind. Die zur weiteren Abklärung der Depressionen
und Brechdurchfälle erfolgten Explorationen erbringen keine Hinweise. Deshalb
wird nun eine Altersregression unter Hypnose geplant, die potentielle Kind-
heitstraumata aufdecken soll. Vortests zur Suggestibilität, geprüft nach Items des
SHSS (Weitzenhoffer & Hilgard, 1959; Gabelmann & Kossak, 1983) weisen auf
eine hohe Suggestibilität der Patientin hin. Nach erfolgter Induktion durch die
Fixation eines Punktes werden unterschiedliche direkte und indirekte Impulse
gegeben, die die Suchrichtung auf ein traumatisches Geschehen erleichtern können. Obwohl die Patientin in den unterschiedlichen Altersszenen gut reprodu-
ziert, können jedoch keine relevanten Informationen zur weiteren Diagnostik
eingeholt werden.
  Das Examen der Patientin ist in wenigen Monaten. Deshalb, und weil bislang
anzunehmen ist, daß die Examensproblematik in keinem funktionalen Zusammenhang mit den anderen Problemen steht (es lassen sich u.a. keine gemeinsamen Verursachungen oder Verstärker finden), kann deren Behandlung auch los-
gelöst von der anderen Symptomatik vorgenommen werden. Nach dem Examen
sollen dann die restlichen Störungen therapiert werden.

4.5.4 Behandlung der Examensprobleme

Die beschriebene Problematik ist typisch für unangemessenes Lernverhalten. Es
kann deshalb ein vom Autor seit langem erprobtes Standardprogramm benutzt
werden (Kossak, 1982, 1987). Es enthält vorwiegend lerntheoretische Elemente,
die mit Hypnose gekoppelt sind. Bei der hier gewählten Falldarstellung soll diese
Behandlungsform nur sehr komprimiert wiedergegeben werden, um für die
Schilderung der wesentlich problematischeren Therapie der Depressionen und
Brechdurchfälle mehr Raum zur Verfügung zu haben.[1]
  Aufbau internaler Kontrolle: Erstellen von Plänen zur inhaltlichen und zeitlichen Bearbeitung des Lernstoffes, sowohl langfristig als auch mittel- und kurzfristig. So wird z.B. durch Tagespläne ein optimales Lernpensum festgelegt, das
zahlreiche Pausen enthält und zu keiner Überforderung und Übermüdung führt.

---

1 Zur Vertiefung sei auf die umfassende Darstellung dieses Examensprogramms in Kossak, 1989, verwiesen.

Lernziele sind nun definiert, besser erreichbar und auch besser überprüfbar. Die Patientin fühlt sich nun wieder als Kontrollinstanz ihres eigenen Verhaltens und erfährt Erfolgserlebnisse.

Beachtung der Lerngesetze: Hierunter fällt die Vermittlung unterschiedlicher Arbeitstechniken wie z.B. Erstellen von Arbeitsmitteln und Lernkarteien, verteiltes Lernen, Setzen erreichbarer Ziele, Selbst- und Fremdverstärkung, Ähnlichkeitshemmung, Ausnutzung des serealen Positionseffektes etc.

Intervention unter Hypnose: Es ist zwar noch unklar, ob Hypnose überhaupt eine allgemeine Lernverbesserung bewirken kann (Russel, 1984), wie so viele Hersteller von Ton-Casseten behaupten. Unbestritten sind aber die Lernverbesserungen, wenn z.B. eine Angstreduktion erfolgt. Die Beseitigung dieser emotionalen Behinderung oder Blockierung ist durch Entspannung und besonders durch Hypnose sehr gut erreichbar.

- *Entspannung:* Die Patientin erlernt unter Anleitung Entspannung durch Hypnose, was sehr schnell zur Angstreduktion führt. Bereits nach 3-4 Sitzungen wird der Patientin eine Tonaufzeichnung von der Hypnosesitzung mitgegeben. In den Lernpausen kann sie diese zur weiteren Entspannung benutzen.

- *Lernvorbereitung und Motivation:* Nach ca. 2-3 Sitzungen mit positiven Entspannungserfahrungen werden nun Suggestionen gegeben, die die Patientin auf den Lernstoff einstimmen und eine positive Erwartungshaltung bewirken.

- *Verbesserung der Speicher- und Abrufprozesse:* Es werden posthypnotische Suggestionen der Art gegeben, daß die Patientin nach Erarbeitung eines kleinen Lerninhaltes eine Pause macht, sich den Kerninhalt aufruft und diesen dann auf eine imaginierte Karteikarte unter einem Stichwort notiert. Entsprechend werden vor dem Examen die Suggestionen gegeben, daß die Patientin nach jeder Frage eine kleine Pause einlegt, um Zeit für das Aufsuchen dieser Karteikarte zu haben.

- *Zeitverzerrung:* Für die Examenssituation wird die posthypnotische Suggestion der Zeitverzerrung gegeben: die Kandidatin wird stets subjektiv ausreichend Zeit zum Auffinden der Karteikarte haben und die Frage in Ruhe beantworten können.

- *Positive Selbstinstruktionen:* Ferner werden bereits in frühen Lernphasen Suggestionen gegeben, die eine positive Selbstwahrnehmung fördern und Selbstsicherheit und Zufriedenheit bezüglich des bewältigten Lernstoffes bewirken. Der Grundgedanke von Susskind (1976) wird hier modifiziert.

- *Selbsthypnose und Selbstkontrolle:* Wie bereits oben dargestellt, wird die Patientin bereits nach wenigen Sitzungen angeleitet, die individuell aufgezeichneten Casetteninstruktionen eigenverantwortlich einzusetzen, um sie dann immer weiter auszublenden, bis sie alle Instruktionen eigenständig und automatisch realisieren kann. Auch hier wird der "Ort der Kontrolle" zur Patientin hin verlagert. Sie fühlt sich nun als "Verursacherin" ihres positiven Leistungsverhaltens und übt dadurch Selbstbekräftigung aus.

Therapieverlauf bis zum Examen: Die Patientin durchläuft die o.g. Phasen in wenigen Sitzung und ist nach ca. 6 Sitzungen fast angstfrei, lernt angemessen, erlebt ihre kontrollierbaren Lernerfolge. Mit zunehmender Nähe zum Examen steigt ihre Zuversicht. In den insgesamt fünf Prüfungstagen fühlt sie sich stets ruhig und kann ihr Wissen entspannt abrufen. Sie berichtet, daß sie noch nie so ruhig und zuversichtlich in einer Prüfung war. Entsprechend sind ihre Examensnoten überdurchschnittlich gut.

Nach Examensabschluß können nun die anderen Problembereiche wieder herangezogen werden. Die komplikationsfreie Behandlung der Examensprobleme bestätigt die oben aufgestellte Annahme, daß es sich hier um ein von den anderen Symptomen lösgelsötes Problem handelt.

4.5.5 Erneute Diagnostik und weitere Therapieplanung

Da die bisherigen diagnostischen Bemühungen erfolglos waren, mußte nun eine Möglichkeit gefunden werden, die angenommene kindliche Traumasituation näher in Erfahrung bringen zu können. In zahlreichen Therapiesitzungen und Seminardemonstrationen konnte ich beobachten, wie durch einfache Gegenstände (z.B. Kinderspielzeug) sehr gezielt Altersregressionen vorbereitet oder sogar eingeleitet werden konnten. So wurde vereinbart, das Familienalbum der Patientin zu benutzen, um dadurch relevante biographische Impulse zu erhalten. Beim gemeinsamen Betrachten und Besprechen der Bilder gelangen wir kurz vor Ende des Albums zu Kinderbildern aus dem zweiten bis dritten Lebensjahr, zu denen die Patientin keine verbale Auskunft geben kann, jedoch mimisch mit Anzeichen der Anspannung und Unruhe reagiert. Sie erhält dann den Auftrag, diesen Altersbereich mit ihren Eltern durchzusprechen.

In der nächsten Sitzung kann sie von den Auskünften ihrer Mutter berichten: In dem relevanten Altersbereich hatte sie eine nicht exakt zu bestimmende eventuell ansteckende Krankheit und mußte auf der Isolierstation der Universitätsklinik behandelt werden. Sie sei nach diesem mehrwöchigen Aufenthalt sehr ruhig und depressiv gewesen und habe einige Entwicklungsdefizite aufgewiesen. Als sie dies berichtet, signalisieren mimische Verhaltensweisen Anspannung.

Auf dem Hintergrund dieses genauen Suchbildes wird nun eine Altersregression unter Hypnose vereinbart. Bereits nach wenigen Minuten erlebt sich die Patientin ganz allein in einem kahlen Krankenzimmer und blickt permanent zum Sichtfenster in der Tür. Sie berichtet in einfach-kindlicher Sprache, daß sie auf jemanden wartet und macht einen zunehmend stärker werdenden apathischen Eindruck. Nach wenigen Minuten in diesem Zimmer spürt sie einen unangenehmen Druck in der Bauchgegend und entwickelt Angst. Die Altersregression wird zur Beruhigung der Patientin unterbrochen. Sie berichtet, daß sie von ihrer Mutter nur selten besucht werden durfte. Diese durfte nur durch die Türscheibe schauen. Da das Pflegepersonal sehr selten erschien, fühlte sie anfangs Langeweile, dann aber schrie sie, hatte zunehmend mehr Angst, bis sie nach wenigen Tagen immer mehr in einen depressiv-apathischen Zustand fiel. Sie wartete stets, von ihrer Mutter abgeholt zu werden. In der darauffolgenden Sitzung erlebt sie in der Altersregression wieder das Bauchdrücken, krümmt sich nun krampfartig nach vorn und berichtet, daß ihr schlecht wird. Sie berichtet danach von starken Traurigkeits- und Verlassenheitsgefühlen und einem Magendruck wie kurz vor dem Erbrechen.

Durch die Informationen aus der Altersregression wurden die bisherigen Hypothesen zur Genese der gesamten Problematik bestätigt: Die einschneidende soziale Deprivation bewirkte wahrscheinlich die Hilflosigkeit und die damit verbundene Symptomatik. Auch die attributionstheoretische Erklärung des Verlustes internaler Kontrolle wird hier bestätigt. Nach dem Krankenhausaufenthalt sind diese emotionalen Engramme in Vergessenheit geraten (Wahrnehmungsabwehr). Beginnend mit dem Medizinstudium tritt die Problematik verstärkt auf: einerseits Trennung vom Elternhaus, andererseits Konfrontation mit Begriffen des Krankenwesens. Dies beinhaltet nach der oben dargestellten Annahme subliminaler Reize, daß die Patientin nun unterschwellig mit zahlreichen angstauslösenden Reizen ihres Kindheitstraumas konfrontiert wird (z.B. Erkrankung, Krankenbett, Isolierstation, weißer Kittel). Hier ist also die Annahme der Wahrnehmungsabwehr naheliegend. Die Häufigkeit und Intensität der Reize reichte jedoch nie aus, um einen direkten assoziativen Bezug herzustellen. Weiter kann vor diesem Erklärungshintergrund gefolgert werden, daß die Verarbeitung der (tagsüber) aufgenommenen Reize nicht bewußt erfolgen durfte, sondern nur im unkritischen Schlafzustand. So ist nun - zumindest als Rückschluß - erklärbar, daß die Symptomatik "grundlos" und bereits beim Aufwachen besteht.

Als Konsequenz aus der bisherigen Diagnostik ergeben sich folgende Therapieplanungen: Es muß eine Möglichkeit gefunden werden, daß die Patientin ihre Träume selbst kontrollieren kann. Hier bietet sich evtl. eine Methode der kognitiven Umstrukturierung unter Hypnose an, verbunden mit posthypnotischen Aufträgen (s. Kossak, 1987a). Dies beinhaltet, daß die Patientin in Hypnose eine Lösung ihres Problems findet und auch realisiert. Im Vordergrund steht also der Erwerb von Kompetenz, internalem "Ort der Kontrolle" und Abbau der Hilflosigkeit. Konkret beinhaltet diese Überlegung, daß die Patientin in der Altersregression als Kind im Klinikbett Hilfs- und Befreiungsmöglichkeiten angeboten bekommt - oder noch besser selbst findet und umsetzt.

4.5.6 Kognitive Umstrukturierung und Umattribuierung unter Hypnose

Nachfolgend soll eine wörtliche Wiedergabe der relevanten Therapiepassagen erfolgen, die jeweils von Kommentaren zur Methodik unterbrochen sind. Nachdem die Altersregression wie gewohnt eingeleitet ist:

Therapeut: Du bist nun in deinem Bettchen im Krankenhaus und schaust dich um. Was siehst du so?
Patientin: Da ist alles kahl. Weiße Wand.
Therapeut: Ja. Wo schaust du denn am meisten hin?
Patientin: Da, zur Türe. (Wendet das Gesicht starr in diese Richtung.)
Therapeut: Hm. Da ist die Türe, auf die du schaust. Und darin ist das Fenster. Du wartest also, daß da jemand reinschaut?
Patientin: (zögernd) Ja. Soll jemand kommen!
Therapeut: Du wartest schon ziemlich lange und schaust auf das Fenster in der Tür. Kommt denn da jemand?

Patientin: Nein. Nur ganz selten. (Traurige Mimik, wirkt verspannter.)
Therapeut: Und du bist traurig, weil du so viel allein bist und niemand kommt.
 Wie geht es dir denn dabei?
Patientin: Langweilig.
Therapeut: Sicher. Das ist langweilig, so allein zu sitzen und so einsam zu sein
 und niemand kommt. Und du wirst immer trauriger?

Durch diese Konfrontation bewirkt der Therapeut eine Steigerung der Erle-
bensintensität und will eine sehr enge Beziehung zur gegenwärtigen Symptomatik herstellen. Erstrebt wird, daß die beklagten Symptome auftreten, die dann
von ihr selbst reguliert werden sollen.

Patientin: Ja. Das ist schlimm.
Therapeut: Und wird das weiter schlimm, wenn du so allein da sitzt und keiner
 kommt?
Patientin: Au, mein Bauch. Der drückt so. (Beugt sich vorn über, ineinander-
 gekauert.) Mir ist schlecht.
Therapeut: Du bist allein und der Magen drückt. Ich lege jetzt meine Hand auf
 deinen Magen und du sagst mir, ob die Stelle stimmt. (Legt seine flache
 Hand auf den Magenbereich.)

Die Patientin zeigt deutlich die beklagte Symptomatik. Geplant ist nun, daß der
Druck der Hand immer dann gegeben wird, wenn sie von Magendrücken berichtet. Wenn sie jedoch von Verbesserungen berichtet, soll der Druck sofort reduziert werden. Hierdurch wird eine externale Stimulusveränderung geschaffen,
die eine Wahrnehmungsdifferenzierung der inneren Befindlichkeit unterstützen
soll.

Therapeut: Ja, du merkst deutlich den Magendruck. Der kann aber nicht nur
 stärker werden, sondern auch schwächer. Du wirst es nachher schon merken.
 Jetzt schauen wir aber mal, ob du was an deiner Situation ändern kannst. Was
 möchtest du denn jetzt gerne?
Patientin: Daß Mutti kommt.
Therapeut: Das glaube ich gerne ... Ach, da schau mal. Da schaut sie gerade
 durch die Scheibe rein! Da, siehst du sie?
Patientin: Ja, da ist sie. (Weiter apathisch, jedoch etwas erleichtert.)
Therapeut: Schau mal. Sie lächelt dich an und winkt dir zu.
Patientin: Ja.
Therapeut: Das ist schön, daß deine Mutti da ist ... Und was sagt dein Bauch
 dazu?
Patientin: Ist besser, drückt weniger.

Die Patientin soll nun Eigenaktivität erleben und ihre Tätigkeiten mit eigenen
Fähigkeiten attribuieren. Deshalb wird dies entsprechend sprachlich betont.

Therapeut: Das ist doch schön! (Reduziert den Druck der Hand.) Da ist nun deine Mutti. Was würdest *du* dir denn jetzt am liebsten wünschen? Möchtest *Du* denn mit deiner Mutti mitgehen? Daß du weg darfst?

Patientin: Ja. (ungläubig zögernd)

Therapeut: Du, das kannst *du*. Denn ... da schau mal! Deine Mutti kann die Tür aufmachen und *du* kannst zu ihr gehen!

Patientin: Ja, ich gehe zu ihr.

Therapeut: Siehst du, *du* kannst das. Und was macht ihr dann?

Patientin: Ich will auf den Arm.

Therapeut: Ja, sicher. *Du* streckst deine Ärmchen aus und deine Mutti nimmt dich auf den Arm.

Patientin: Ja, das ist schön!

Therapeut: Ja, ganz schön. So kuschelig, wieder die Wangen und die Haare der Mutti zu spüren.

Patientin: Ja.

Der Patientin werden nun Lösungs- und Hilfsmöglichkeiten vorgeschlagen. Sie selbst als kleines Kind kann in ihrer ausweglosen Situation keine Strategien entwickeln. Dabei wird darauf geachtet, daß sie möglichst viele aktive Lösungsanteile übernimmt. Parallel dazu wird der Handdruck auf den Bauch verringert.

Therapeut: So. Das ist so prima, so kuschelig, da du bestimmt bei deiner Mutti bleiben willst.

Patientin: Ja.

Therapeut: Gut. Dann sag ihr das doch ins Ohr.

Patientin: Ich will bei dir bleiben.

Therapeut: Gut! Damit das auch weiter geht, sagst du ihr am besten auch, daß sie dich auf dem Arm behält und dich gleich mit nach Hause nimmt.

Patientin: Ja ... Ich will nach Hause!

Therapeut: Siehst du! Die Mutti hat dich verstanden. Sie dreht sich um und geht mit dir raus aus dem Zimmer ... Ihr geht den Gang lang. Der ist vielleicht sehr lang ... Aber ihr kommt zu der großen Ausgangstür. Und ihr seid draussen ... Stimmt das?

Patientin: Ja, draußen. (erleichtert)

Therapeut: Klasse. Endlich draußen. Und du, spürst du deine Mutti. Du bist auf ihrem Arm und du hast ihr gesagt, daß du raus willst!

Patientin: Ja, ich bin draußen.

Therapeut: Und wie kommt ihr jetzt weiter?

Patientin: Da steht doch unser Auto.

Therapeut: Ach, ja, sicher! Und ihr steigt ein und fahrt weg!

Patientin: Ja.

Therapeut: Sehr schön. Siehst du, jetzt ist alles in Ordnung. Dein Magen ist ganz leicht und das Drücken ist weg.

Patientin: Ja, ganz prima!

Therapeut: Siehst du! Und das wird auch so bleiben, denn *du* hast einen Weg da rausgefunden. *Du* hast deiner Mutti gesagt, daß sie dich mitnehmen soll. Und sie hat es auch getan. Genau das wirst du dir merken: *du* hast eine Lösung gefunden und du kannst weiter diese Lösung beibehalten, denn sie hat ja gewirkt.

Der Erfolg der veränderten Attribuierung wurde nun durch eine posthypnotische Suggestion weiter unterstützt, die eine Generalisierung der Kognitionen bewirken soll. Nach der Hypnosesitzung berichtet die Patientin sehr befreit von dieser angenehmen Lösung. Bis zur nächsten Sitzung in acht Tagen sind keinerlei Störungen im Sinne der beklagten Symptomatik aufgetreten. Die Patientin bittet jedoch, diese Situation nochmals in Hypnose zu erleben: Sie möchte nun, daß sie das Krankenhaus ganz selbständig verlassen kann. Dies entspricht genau dem therapeutischen Gesamtkonzept, immer mehr an Eigenkontrolle zu erlangen. Nach gewohnter Einleitung der Altersregression:

Therapeut: Du schaust so oft auf die Türe. Hast du schon mal ausprobiert, ob die überhaupt abgeschlossen ist?
Patientin: Nein. (ungläubig, zögerlich)
Therapeut: Du bist doch schon so groß, daß du gerade an die Türklinke kommst. Dann kannst du doch ausprobieren, ob sie offen ist. Wahrscheinlich hat eine Schwester das Abschließen vergessen.
Patientin: Ja.

Durch diese Suggestionen engt der Therapeut andere Möglichkeiten (z.B. Tür versperrt) so ein, daß die von ihm vorgeschlagene Möglichkeit gewählt wird.

Therapeut: Siehst du. Du stehst einfach aus deinem Bettchen auf und gehst zur Tür. (Leichte Körper- und Beinbewegungen der Patientin.) Ja. Prima. Und nun hebst du einfach deine Hand hoch, reckst den Arm, bist du die Klinke fassen kannst. (Patientin hebt den Arm, faßt zu.) Klasse. Die Klinke kannst du runterdrücken! Das mekrst du ja ganz deutlich.
Patientin: (Nickt) Ja.
Therapeut: Na, dann kannst du auch die Tür aufmachen. Stimmts?
Patientin: Ja, geht auf.
Therapeut: Ja, ganz toll. Also kannst du die Türe auch weiter aufmachen und einfach rausgehen! Ja?
Patientin: Ja, ich kann rausgehen.
Therapeut: Siehst du, das kannst du alles ... und du kannst jetzt da weitergehen.
Patientin: Geht nicht.
Therapeut: Ach, bestimmt geht das ... Wo stehst du denn gerade?

Offen ist nun die Frage, ob eine kognitive Sperre, ein Widerstand besteht oder ob für das kleine Kind ein zu großes Hindernis im Krankenhaus gegeben ist.

Patientin: An der Treppe.
Therapeut: Ach so. Die ist so tief. Und du hast Angst, da runterzugehen?
Patientin: Ja. Kann ich nicht.

Therapeut: Weißt du was. Das ist doch so ein schön dickes Geländer. Das ist in der richtigen Höhe, damit du dich daran festhalten kannst. Heb mal die Hand hoch und halte dich daran fest.

Patientin: (Hebt Arm hoch.) Ja.

Therapeut: Siehst du. Jetzt fühlst du dich sicher.

Patientin: Ja. Ist gut.

Therapeut: Dann halte dich jetzt gut fest und gehe mal die ersten Stufen runter. Du wirst sehen, es wird klappen.

Patientin: Ja. Geht.

Die Patientin wird hier wie ein kleines Kind instruiert, um ihre Sicherheit zu behalten. So kann sie die Treppe hinuntergehen und weiter Kontrolle über sich behalten.

Therapeut: Gut hast du das gekonnt! Ganz toll. Bist ja auch bald am Ausgang. Du mußt nur noch ein Stück den Gang da langgehen und stehst dann vor der Ausgangstür.

Patientin: Ja. Die ist groß.

Therapeut: Ja. Das stimmt. Aber wenn du ganz stark drückst, dann kriegst du sie ganz bestimmt auf! Stemm dich mal dagegen!

Patientin: Ja. Stimmt.

Therapeut: Siehst du. Die geht auf und du kannst rausgehen ... Vor dem Krankenhaus stehst du jetzt.

Patientin: Ja. Schön.

Therapeut: Das hast du ganz allein gekonnt. Ganz allein. Und du merkst dabei das wunderschön leichte Gefühl, bist ganz entspannt, locker. Der Magen ist prima und deine Stimmung ist gut, bist richtig froh!

Patientin: Ja. Sehr schön. Ist alles prima.

Therapeut: Hm. Dein Magen ist vollkommen in Ordnung. Das merkst du ... Jetzt bist du vor dem Krankenhaus ... Wie kommst du denn jetzt heim? Kennst du dich denn da aus?

Patientin: Nein, ist eine andere Gegend.

Therapeut: Was meinst du, soll deine Mutti dich mit dem Auto dort abholen?

Patientin: Ja, das soll sie.

Therapeut: Ach, das ist ein schöner Zufall! Da kommt sie gerade angefahren, sie wollte wohl gerade zu dir. Siehst du, du kannst jetzt zu ihr rennen.

Patientin: Ja. (Freudig erleichtert.)

Therapeut: Schön. Dann feiert ihr so richtig Wiedersehen und fahrt dann glücklich nach Hause und du kannst auch glücklich bleiben.

Die Hypnose wird nun beendet. Die Patientin berichtet von einem befreienden Gefühl. In den darauffolgenden Sitzungen berichtet die Patientin ausschließlich von Wohlbefinden; nach dieser zweiten Hypnosesitzung sind keinerlei Beschwerden mehr zu beobachten. Die Patientin beendet nach wenigen weiteren Sitzungen, die mehr der Absicherung dienen, die kontinuierliche Behandlung.

4.5.7 Katamnese

Die Patientin ruft in halbjährigen Abständen an, um über ihre Befindlichkeit zu berichten; es liegen nun Informationen von über 6 Jahren nach Therapieabschluß vor:

Examensprobleme: Weitere Examina wurden ohne therapeutische Hilfen, jedoch unter Benutzung der damals eingeübten Techniken nahezu angstfrei und sehr erfolgreich absolviert. Sie hat inzwischen eine Anstellung als Ärztin.

Depressionen, Brechdurchfälle: Seit der letzten Therapiesitzung sind keinerlei Beschwerden mehr aufgetreten. Falls Traurigkeit auftritt, so nur aufgrund real zu benennender gegenwärtiger Ereignisse, die jedoch angemessen bewältigt werden können.

4.5.8 Schlußbetrachtungen

Abschließend sollen noch kurz einige methodische Aspekte der hier dargestellten Vorgehensweise in Diagnostik und Therapie diskutiert werden.

Im vorliegenden Fall wurde mit einer Altersregression gearbeitet. Die Theoriediskussionen zur Altersregression gehen von sehr kontroversen Annahmen aus. Sieht Hilgard (1977) die Altersregression als ein aktualisiertes Rollenspiel der rekonstruierten Vergangenheit an, so faßt es Kroger (1976) als eine Revivifikation, also als ein reales Wiedererleben früherer Situationen auf; andere nehmen sogar eine Simulation an (Rubenstein & Newman, 1954).

In unserem Fall ist es ebenfalls sehr schwer zu entscheiden, ob es sich um eine "tatsächliche" oder eine kognitiv konstruierte Altersregression handelte - oder ob es evtl. nur ein Rollenspiel im Sinne der Therapie ist. Fest steht jedoch, daß die Patientin für ihre subjektive Realität eine gültige Lösung gefunden hat.

Dies zeigt deutlich, daß die in der experimentellen (Hypnose-) Forschung gefundenen Ergebnisse und Theorien nur bedingt in den klinischen Bereich übertragbar sind (Bongartz, 1989). Die Falldarstellung zeigt weiterhin, daß unter Hypnose keine allgemeine Verhaltens- und Wahrnehmungseinengung eintreten muß. Die Patientin kann in der Therapie von ihrem ehemals eingeengten Erleben und Verhalten nun Abstand erleben (Dezentrierung) und bislang unbekannte Veränderungen vornehmen.

Die hier gegebenen Suggestionen sind als Aufforderungscharakter konzipiert. Sie "bieten Lösungen an und verlangen explizit oder implizit, diesen zu folgen. Sie sind schließlich dann als wirkungsvoll zu betrachten, wenn sie, durch welche Mechanismen auch immer, konkurrierende Lösungen ("Gegen-Suggestionen") ausklammern" (Gheorghiu, 1987, S. 11). Für diese vorsichtige Umgehensweise im Angebot mit Lösungsmöglichkeiten muß ein Therapeut/Therapeutin seine bzw. ihre Patienten sehr gut kennen.

Daraus ist zu folgern, daß Hypnose keineswegs ein einseitiger Prozeß ist, der mit Therapeutenmacht verbunden ist. Sie ist ein Kommunikationsaspekt, in dem Therapeut bzw. Therapeutin ein integriertes Element darstellen. Letztlich wurde deutlich, daß Hypnose an sich keine eigenständige Therapieform ist, sondern

stets in Kombination mit bekannten Therapiemethoden angewandt werden
sollte. Auf diese Weise kann der Vorwurf der Manipulation und bloßen Sym-
ptomveränderung nicht aufrecht erhalten werden. An Stelle dessen steht verant-
wortungsvolle und fachkompetente Psychodiagnostik und Psychotherapie unter
Hypnose.

4.6 Prüfungsversagen

Burkhard Peter

Der 33jährige Patient war zum zweiten Mal durch das juristische Staatsexamen
gefallen und hatte eine der raren Möglichkeiten für einen dritten und letzten
Versuch an einer anderen Universität gefunden. Hierbei sollte ich ihm behilflich
sein. Für seine beiden vorhergehenden erfolglosen Versuche, das Examen zu
bestehen, war er bei einem Kollegen schon in hypnotherapeutischer Behandlung
gewesen. Die Therapie bei mir dauerte insgesamt 8 Doppelstunden und bestand
inhaltlich wie zeitlich aus zwei Teilen: Vorbereitung auf die schriftliche Prüfung
und Vorbereitung auf die mündlichen Prüfungen.

4.6.1 Erster Behandlungsteil: Vorbereitung auf die schriftliche Prüfung

Da sich der Patient relativ kurz vor der Prüfung anmeldete und bei mir Termin-
schwierigkeiten bestanden, hatten wir nur noch insgesamt 3 Doppelstunden an
zwei aufeinanderfolgenden Tagen zur Verfügung. Sein Bruder war wegen anderer Probleme bei mir in Behandlung und so hatte ich schon Einblick in einige
biographische Daten. Die knappe noch zur Verfügung stehende Zeit und die
Tatsache, daß dies der endgültig letzte Versuch sein würde, verbaten aber jegliche ausführliche individuelle und familiengeschichtliche Exploration - so naheliegend und verlockend dies auch gewesen wäre - und zwangen zur Konzentration auf zwei Fragen: Warum hatte die vorausgegangene hypnotherapeutische Behandlung zweimal keinen Erfolg und/oder was am Prüfungsverhalten des
Patienten selbst führte zum Mißerfolg?
  Diese beiden Fragen drängten sich schon nach einer Stunde Exploration auf
und zwar aus folgenden Gründen:
  Der Patient gab an, daß er während des Studiums in den Prüfungen,
Hausaufgaben und v.a. während der Tutoria normale Leistungen gezeigt habe;
nur ein paar Mal sei ihm auch hier das gleiche passiert: er habe die Fragen gele-

sen, habe gedacht, er verstehe sie und könne sie ausführlich und richtig beantworten, habe dann angefangen zu schreiben und die Prüfungsbögen mit gutem Gefühl abgegeben, um später dann mit Entsetzen festzustellen, daß er die Aufgaben ungenügend, fehlerhaft oder gar völlig am Thema vorbei gelöst habe. Dies könne er sich überhaupt nicht erklären. Es läge sicher nicht daran, daß er inhaltlich nicht genügend vorbereitet gewesen sei, sondern daß während der Prüfung irgend etwas ihm Verborgenes geschehe, mit dem Effekt des völligen Versagens außerhalb seiner bewußten Wahrnehmung und Kontrollmöglichkeit.

Vor den Prüfungen sei er immer furchtbar aufgeregt (wobei sich diese Aufregung eher vagotonisch zeige). Er habe dann immer versucht, sich zu beruhigen, indem er Autogenes Training gelernt und angewandt habe und letztlich auch, indem er in die besagte Hypnosebehandlung ging. Über diese Therapie könne er jedoch kaum etwas mitteilen, außer daß er immer in Trance gegangen war, während der Therapeut die ganze Stunde geredet habe. Dies habe ihm schon sehr gut getan, ihm Selbstvertrauen gegeben und ihn v.a. sehr beruhigt - was er ja auch wollte; er habe dann seine Panik vor den beiden Examina so gut in den Griff bekommen, daß er ganz ruhig in die Prüfung gegangen sei. Was der Kollege ihm inhaltlich erzählt habe oder worüber sie sonst gesprochen hätten, das alles wisse er nicht mehr, er sei ja meistens in Trance gewesen und könne sich an nichts wesentliches erinnern.

An seinem nonverbalen Verhalten war auffallend, daß er gleich zu Beginn der Stunde eine entspannte Haltung auf dem Stuhl einnahm und alle äußeren Zeichen bei ihm auf ein reduziertes Arousal hindeuteten: sein Atem ging ruhig, er sprach eher verzögert mit sehr langen Pausen, so als hätte er Mühe, sich auf die Beantwortung meiner Fragen zu konzentrieren, sein Lidschlag schien reduziert, seine Mimik war eher unbewegt und seine Gestik sehr spärlich, mit verringertem Tonus. Es hatte den Anschein, als sei der Therapiestuhl bzw. die gesamte Therapiesituation (und evt. sogar das Thema an sich) ein einziger generalisierter Stimulus zur Aufmerksamkeits- und Aktivitätsreduktion. Diese Informationen führten mich zu meinen Arbeitshypothesen:

1. Unter hypnotischer Trance verstand er offensichtlich einen inneren Zustand des Dösens, bestenfalls der Entspannung. In der Hypnosebehandlung bei dem Kollegen hatte er gelernt, in diese Form der "Trance" zu gehen und bei reduziertem Realitätsbezug und verringerter bewußt-kontrollierter Aktivität, sowie unter nachfolgender retrograder (bzw. spontaner posthypnotischer) Amnesie seinen Assoziationen freien Lauf zu lassen - ein für therapeutische Situationen durchaus sinnvolles, für Prüfungssituationen jedoch tödliches Vorgehen.

2. Da er auch allgemein eher ruhig, langsam und in seinem Grundtonus niedrig war, erlebte er vermutlich jede Erregung, die über ein bestimmtes Maß hinausging, als so unlustvoll, daß er sie entweder zu vermeiden oder zu reduzieren trachtete. (Aus seiner Biographie ist diese Haltung einsichtig, doch davon siehe unten.) Er schätzte daher, vermutlich im Sinne einer "Rationalisierung", seine Erregung vor und während der Prüfungen als unangemessen hoch ein und suchte nach Möglichkeiten der Erregungsreduktion (AT, Hypnose). Mit Hilfe dieser gelernten Techniken reduzierte er sein Arousal während der Prüfun-

gen jedoch auf ein so niedriges Niveau, daß eine adäquate Leistung (nach dem Yerkes-Dodsonschen Gesetz) nicht mehr möglich war.

3. Aufgrund meiner Informationen über seinen familiengeschichtlichen Hintergrund konnte ich spekulieren, daß er auch einige "unbewußte" Gründe hatte, in den Prüfungen nicht erfolgreich zu sein. Diese Thematik näher zu explorieren oder gar aufzuarbeiten schien mir in der kurzen Zeit jedoch nicht möglich, sie nur anzureißen eher gefährlich. So nahm ich mir vor, hierauf erst später - wenn es dazu käme - genauer einzugehen.

Alternativhypothesen, wie z.B., daß er tatsächlich ungenügend vorbereitet gewesen war oder daß sein Arousal tatsächlich in den Prüfungen zu hoch gewesen sei, verwarf ich, nachdem ich dafür keine Bestätigung gefunden hatte, und nahm mir vor, in den verbleibenden Stunden die obigen Hypothesen auch praktisch zu testen und dann entsprechend zu intervenieren. Das Ziel dieser Interventionen sollte sein, seine Vorstellungen über und sein Verhalten sowohl in Trance wie auch in der Prüfungssituation situations- und aufgabenbezogen zu korrigieren. Auf den Begriff und das Konzept der hypnotischen Trance ganz zu verzichten, hielt ich für unzweckmäßig, weil es zum einen für den Patienten wahrscheinlich eine zu große Umorientierung in zu kurzer Zeit bedeutet hätte; zum anderen halte ich dieses Konzept, richtig verstanden und angewandt, auch persönlich für sehr hilfreich.

Für diesen Tag entließ ich ihn, nachdem er mir versprochen hatte, keinerlei Autogenes Training, Selbsthypnose oder irgendetwas derartiges zu praktizieren.

In der nächsten Stunde, am folgenden Tag, fragte ich ihn als erstes, welche Vorstellungen er von Hypnose und Trance habe, und bat ihn, während er mir dies erzähle, doch gleich in Trance zu gehen und mir zu demonstrieren, wie er es gelernt habe. Hierdurch wollte ich sowohl weitere unmittelbare Informationen gewinnen als auch die therapeutische Situation assoziativ mit der einer Prüfungssituation verbinden. Der Patient setzte sich nun sehr bequem in den Stuhl, legte die Arme auf die Lehne, lehnte Kopf und Schultern an, schloß die Augen, reduzierte seinen Gesamttonus und meinte: Hypnose und Trance bedeuteten für ihn tief entspannen, abschalten und an nichts mehr denken. Ich ließ ihn nun eine Weile gewähren und fragte dann: "Und was nun?!" Er schien die leichte Provokation in meinem Tonfall gar nicht zu hören und sagte unbeeindruckt ruhig, sein ehemaliger Therapeut habe nun angefangen, irgendetwas zu erzählen - so als erwarte er, daß ich etwas ähnliches tue. Stattdessen fragte ich weiter: "Aber wenn Sie so ruhig und entspannt waren, müßten Sie sich doch wenigstens an irgendetwas, an eine kleine Kleinigkeit erinnern können, was der Therapeut Ihnen sagte." Auch diese Herausforderung schien ihn wenig oder gar nicht zu beeindrucken, zumindest ließ sich keine Änderung in seinem Atem, in seiner Mimik oder in seiner Stimme erkennen, und er antwortete sehr langsam und leise: "Doch, er hat davon gesprochen, daß ich mich entspannen und an nichts mehr denken soll, aber sonst weiß ich nichts." Nun gut, meinte ich, dann solle er doch bitte in die tiefste ihm mögliche Trance gehen, so entspannt und still wie nur möglich, nichts mehr denken, nichts mehr fühlen und nichts mehr tun. Und wenn er dann diese tiefste Trance erreicht habe, solle er ganz genau untersuchen, was während der Prüfungen schief gelaufen sei, und mir dies danach ganz präzise erzählen. Ich wartete wieder eine Weile und erwartungsgemäß geschah nichts, außer daß sich sein Tonus und sein Arousal offensichtlich noch mehr senkten; ich bemerkte keinerlei Aktivität mehr und schloß von den äußeren beobachtbaren Zeichen, daß er weder dachte noch imaginierte oder erinnerte; es schien einfach Funkstille zu herrschen. Ob er mir sagen könne, was gerade geschehe, fragte ich nach einer Weile. Nichts, meinte er mit kaum noch wahrnehmbarer Stimme. Aber ich hätte ihm doch die Aufgabe gegeben, in Trance zu untersuchen, was während der Prüfungen passieren würde. Ja, das habe er ja versucht, aber es käme halt nichts. Dann müsse er es nochmals versuchen. Vielleicht sei er ja in die falsche Trance geraten oder habe in der richtigen Trance etwas falsches getan oder er sei gar nicht in Trance gewesen und habe deshalb nichts tun können, oder er sei doch in Trance gewesen und habe bloß nichts getan, sondern einfach nur so vor sich hingedöst. Also, auf jeden Fall solle er es nochmals versuchen: In die richtige Trance gehen, d.h. in exakt den richtigen geistig-seelischen Zustand, der es ihm ermöglicht, die von mir gestellte Aufgabe zu lösen und meine Frage zu beantworten. Er begann also von neuem, "in Trance zu gehen" und diesmal schien sich nach einer Weile etwas zu tun, zumindest soweit es an seinen Augen, an seiner Mimik und an seinem Atemmuster sichtbar wurde. Als ich dann fragte, was nun geschehen sei, erzählte er mir tatsächlich einige Bilder, Erinnerungen und Gedanken, die aber leider zu der von mir gestellten Aufgabe in keinerlei Beziehung standen. Ich sagte ihm, er solle seine Augen öffnen und sich bewegen - was er unmittelbar und ohne Schwierigkeiten tat (wäre er wirklich in hypnotischer Trance gewesen, hätte dieses Zurückkommen anders ausgesehen) - und mir sorgfältig zuhören. Nun begann ich, anhand von umfangreichen psychologischen und physiologischen Erklärungen und mit Hilfe von Fallbeispielen ihm den Unterschied zwischen Dösen und hypnotischer Trance darzustellen. Insbesondere hob ich darauf ab, daß man Trance immer nur situations- und aufgabenspezifisch verstehen könne, daß es also verschiedene Arten von Trance gäbe und es schon nötig sei, jeweils die richtige auszuwählen und zu nutzen. Für die bevorstehende Prüfung brauche er natürlich die richtige "Prüfungstrance" und die schaue gewiß ganz anders aus als z.B. eine Entspannungs-, Fernseh- oder Zuhörtrance. Und anhand von Beispielen illustrierte ich ihm, daß die Prüfungstrance z.B. auch einen bestimmten Spannungs- und Konzentrationszustand bedingen würde mit einigen unter Umständen auch als unlustvoll erlebten Zuständen zu Beginn der Prüfung. Ja, es könne sogar sein, daß er vor der Prüfung den Eindruck habe, nun habe er alles vergessen und wisse überhaupt nichts mehr und könne deshalb wieder nach Hause gehen - aber es sei doch besser, vor der Prüfung nichts oder das falsche zu wissen und in der Prüfung das richtige und alles als umgekehrt. Dies zu erreichen, könne er lernen und dazu wolle ich ihm gerne helfen.

Ohne es direkt auszusprechen, wollte ich ihm damit auch mitteilen, daß er bislang nicht in der "richtigen Trance" gewesen war und damit seine Fähigkeiten, sein Wissen und Können auch noch nicht entsprechend eingesetzt habe; dies sollte zusätzlich noch die "Suggestion" beinhalten, daß er dies in der bevorstehenden Prüfung endlich tun müsse, und daß ich ihm dazu erfolgreich helfen werde.

Was ich meinte, wolle ich nun gleich anhand eines praktischen Beispieles verdeutlichen: Er solle nochmals in Trance gehen, so wie er dies bislang gelernt und verstanden habe. Er tat dies und war nach kurzer Zeit wieder in dem völlig schlaff-entspannten Zustand. Ich lenkte seine Aufmerksamkeit auf seine Hände: diese waren ganz entspannt, völlig ohne Tonus und fühlten sich für ihn träge, warm und bleischwer an. Mit solchen Händen könne er offenkundig nicht viel anfangen, meinte ich; sie zu irgendeiner Aktivität zu gebrauchen, würde wohl kaum noch möglich sein. Dies bestätigte er mir. Dieser Zustand seiner Hände könne sich aber nun ändern in ein Gefühl freier Leichtigkeit, prickelnder Gespanntheit und ein Gefühl angenehmen Schwebens. Er müsse nur sehr sorgfältig und konzentriert aufpassen, wie dies geschehe und welche Hand sich als erste beginne zu heben, ganz wie von selbst, und wie lange die andere Hand brauche, bis sie dieser einen folge und ebenfalls wie von selbst nach oben gehe. Nach kurzer Zeit entwickelte sich zunächst in der rechten und dann in der linken Hand eine Levitation. Ich begleitete diese mit zustimmenden Bemerkungen und Hinweisen, wie gut sich dieser Zustand der gespannten Leichtigkeit anfühlen könne, und daß man selbst eine solche leichte Gespanntheit mit Interesse verfolgen und gutheißen könne. Nachdem beide Hände ca. 20 cm über den Armlehnen waren, sagte ich, daß sie nun anhalten mögen, da ich seinem "Unbewußten" ein paar Fragen stellen wolle, deren Beantwortung nur über die Hände erfolgen könne[2].

Meine erste Frage, ob es einen ernstzunehmenden Grund gab, daß er die Examina nicht bestanden habe, wurde durch Heben der linken Hand mit Ja beantwortet. Daraufhin fragte ich, ob sein "Unbewußtes" bereit sei, ihm anhand einiger Bilder diesen Grund zu zeigen; bei Ja würde sich die rechte Hand heben und er werde deutlich das eine oder andere Bild sehen, müsse aber nicht gleich verstehen, was dies bedeute; bei Nein werden sich hingegen die rechte Hand deutlich senken. Die rechte Hand hob sich nun tatsächlich deutlich sichtbar, seine Augen zeigten hinter den geschlossenen Lidern deutliche "REM"-Bewegungen, und sein Atemmuster veränderte sich derart, daß auf eine emotionale Erregung geschlossen werden konnte. Ich stoppte dieses Erleben, indem ich seinem "Unbewußten" für dessen Mitarbeit dankte und ihm, dem Patienten, anbot, dies alles gleich wieder zu vergessen, da er sich nun darauf konzentrieren müsse, für die bevorstehende Prüfung den richtigen Zustand an emotionaler Konzentration und geistiger Gespanntheit zu erlernen; diese Bilder würden sicher der Vergangenheit angehören und könnten deshalb auch die ganze Zeit bis nach der Prüfung in der Vergangenheit ruhen, während sich all seine Gedanken, all seine Gefühle und all seine Wahrnehmung mit der Gegenwart und dem, was die Gegenwart fordert, beschäftigen werden. Wenn sein "Unbewußtes" der gleichen Meinung sei, dem zustimme und bereit sei, die Vergangenheit sorgfältig und vollständig von der Gegenwart zu trennen und für die Gegenwart der Prüfung alle Ressourcen zur Prüfung zur Verfügung zu stellen, möge es dies deutlich machen, indem sich für Ja nun die Linke und bei Nein die Rechte heben werde. Als Antwort hob sich tatsächlich die Linke und danach redete ich noch ein Weile

---

2   ideomotorisches Signalisieren durch Heben/Senken der rechten/linken Hand

allgemein darüber, wie Menschen ihr gegenwärtiges Erleben und Handeln von einigen Erfahrungen der Vergangenheit beeinflussen lassen, und sich dazu in einen entsprechenden emotionalen und geistigen Zustand versetzen, den man zwar als Trance bezeichnen könne, der bei genauem Hinsehen aber nichts weiter als eine Totstellreaktion, ein Abschalten aller geistigen und gefühlsmäßigen Regungen sei; und man müsse ernsthaft prüfen und sich sorgfältig fragen, ob dies in der gegenwärtigen Situation angemessen und sinnvoll sei. Auch hierfür erbat ich die Meinung seines "Unbewußten" und erhielt eine zustimmende Antwort. Man müsse sich weiterhin fragen, fuhr ich fort, ob man nicht einfach bloß zu träge, zu faul oder zu dumm war, emotional hinzuzulernen, um die Vergangeheit aufzuarbeiten und sie dann guten Gewissens ruhen zu lassen, und alle Kraft und Konzentration der Gegenwart zu widmen und mit Spannung zu erproben, was wirklich in einem steckt, um die Zukunft aktiv in die Hand zu nehmen.

Kurz vor Ende dieser zweiten Stunde dankte ich wieder seinem "Unbewußten" für die aktive, konzentrierte und präzise Mitarbeit und bat ihn zurückzukommen. Diesmal kam er so zurück, wie ich es normalerweise kenne von jemandem, der in hypnotischer Trance war. Ich erinnerte nochmals ernsthaft an sein Versprechen, jegliche Entspannungs- oder Trancetechniken wie der Teufel das Weihwasser zu meiden, ja sogar Spannung zu üben, wann immer es ihm möglich sei. Falls ihm für diese Spannungsübungen nichts besseres einfalle, dann solle er einfach bloß daran denken, daß er die kommende letzte Prüfungsmöglichkeit auch verpatze und, wie er dann dastehe und welche Gedanken und Vorwürfe er sich mache, etc. Ich hätte aber überhaupt nichts dagegen, wenn er sich angenehmere Möglichkeiten der Spannung aussuche, fürchte aber, daß er dafür noch viel zu fantasielos sei und sich noch gar nicht vorstellen könne, welche vielfältigen Möglichkeiten prickelnder Spannung und reizvoller Aufregung es gebe.

Am selben Tag, ein paar Stunden später zu unserer letzten Sitzung vor der schriftlichen Prüfung, fragte ich ihn zunächst, was er in der Zwischenzeit gemacht habe. Er sei die ganze Zeit spazieren gegangen und habe irgendwie nachgedacht über alles mögliche. Dabei seien ihm immer wieder jene Prüfungssituationen durch den Kopf gegangen und er glaube nun, daß ich wahrscheinlich recht habe. Er könne es zwar noch nicht mit Sicherheit sagen, und v.a. könne er es sich nicht so recht erklären, aber wahrscheinlich sei er doch in eine "ungute Trance" verfallen. Er habe einfach geschrieben und geschrieben "wie in Trance" und habe überhaupt nicht mehr nachgedacht, und so könne es schon sein, daß er zwar alles mögliche, aber nicht oder nicht ausreichend das zu Papier gebracht habe, was gefordert war. Nichtsdestotrotz habe er eine Heidenangst, ja eine richtige Panik, wenn er an die bevorstehende schriftliche Prüfung denke, denn wenn er wieder versage ...; ob ich nicht doch etwas gegen diese Angst tun könne? Freundlich aber bestimmt antwortete ich, daß ich den Teufel tun und irgendetwas an seiner Angst ändern werde; sie sei ja schließlich, soweit ich sehen könne, mit das Lebendigste und Aufregendste an ihm und ich fände es eine Sünde, jemandem etwas zu nehmen, was er ohnehin schon zu wenig hat. Zum Leben gehörten nun mal auch starke Gefühle. Daß er ausgerechnet mit Angst anfange, starke Gefühle zu lernen, täte mir sehr leid, aber irgendwie müsse man ja einmal damit anfangen - es sei denn, er würde mir nun den Beweis erbringen, daß er auch zu anderen starken Gefühlen fähig sei. Hier schaute er mich etwas ratlos an, und kommentarlos bat ich ihn, in der linken Hand eine Handlevitation zu erzeugen und dabei nicht in Trance zu gehen, sondern hellwach und voll bewußt zu verfolgen, wie und an welcher Stelle seine linke Hand oder sein linker Arm sich vom übrigen Körper löse und völlig selbständig in die Höhe gehe. Während sich die Linke nun hob, wies ich ihn darauf hin, wie angenehm es sei, hellwach zu sein und sorgfältig zu beobachten und zu prüfen, daß alles seine Richtigkeit habe, daß sich der Arm also wirklich vom übrigen Körper löse und selbständig hebe und er dennoch voll bewußt, in keinerlei Trance oder vielleicht doch in Trance, zumindest aber nicht in jener Trance sei, in der er immer bloß geschlafen oder bestenfalls so vor sich hingedöst habe. Wenn er also nun tatsächlich auch andere starke Gefühle kenne, dann werde folgendes geschehen: sein rechter Arm werde sich auch heben und bei offenen Augen werde er Bilder sehen, die zu diesen starken Gefühlen gehörten; aber gerade weil sein rechter Arm sich hebt, werde er diese Gefühle nicht wirklich stark spüren, sondern nur wissen, daß er sie besitzt und statt dessen deutlich und plastisch einige Bilder bei offenen Augen sehen, die zu diesen starken Gefühlen gehören. Nach kurzer Zeit hob sich tatsächlich auch seine Rechte, seine Pupillen wurden weiter und er zeigte leichte Augenbewegungen. Auf mein Fragen antwortete er, daß er eine starke Brandung an einer Steilküste sehe; er selber sei in einem Haus an dieser Küste und dieses Haus gehöre ihm; im Haus sei auch eine Frau, die seine Frau sei, und er sitze da und sehe diese großen Wellen, die sich an den Felsen brechen würden.

Ich wußte nun nicht, ob ich diese Bilder nur symbolisch deuten oder ganz konkret verstehen sollte, deshalb fragte ich, ob er mir etwas genaueres dazu sagen könne. Nachdem er verneinte, bat ich ihn zurückzukommen, und dann fragte ich ihn, ob er dieses Haus und diese Küste und diese Frau kenne; er schien selbst etwas verwirrt, errötete aber gleichzeitig und antwortete, das Haus und die Küste kenne er nicht, vermutlich sei das irgendwo in Südamerika, aber die Frau kenne er, sie sei eine Kommilitonin von einer Universität eines anderen europäischen Landes und er habe sie auf einem bestimmten Studienausflug kennengelernt, sie seither aber nie wieder gesehen. Es wäre nun wiederum sehr reizvoll gewesen, hierauf näher einzugehen, aber die Zeit stand einfach nicht mehr zur Verfügung. So kommentierte ich diese Episode damit, daß ich ein paar Bemerkungen darüber machte, wie Menschen oft mehr wissen, als sie glauben zu wissen, und daß es durchaus sinnvoll sein kann, bewußt nicht immer alles zu wissen, was man tatsächlich weiß, sondern dieses Wissen in handlichen Portionen immer dann zur Verfügung zu haben, wenn und wie es gerade gebraucht wird. Im Moment sei es ja wichtig, daß er nur jenes Wissen parat halte, das zur bevorstehenden Prüfung gebraucht werde. Und damit er dieses "Prüfungswissen" auch richtig zu Papier bringen könne, wolle ich in der noch zur Verfügung stehenden Stunde einige Aufgaben mit ihm durchführen. Diese Aufgaben waren positive visuelle Halluzinationen (er sollte bestimmte Manuskript- oder Buchseiten vor sich sehen und mir deren Inhalt berichten) und negative visuelle Halluzinationen nur so weit, daß sie zu einem sog. röhrenförmigen Blickfeld führten, mit der Intention, ihn zu lehren, irrelevante Stimuli auszublenden und sich auf relevante Informationen zu konzentrieren. Bei all diesen Aufgaben hob ich immer wieder hervor, wie wach er dabei sei, wie konzentriert und gespannt, und wie angenehm es doch sein könne, in einer solchen gespannten Wachheit zu erfahren und zu zeigen, was man kann.

Damit war die letzte Stunde zu Ende und ich entließ ihn relativ übergangslos mit dem eher nebenhin gesprochenen Kommentar, er solle sich bitte vor den mündlichen Prüfungen in einem halben Jahr doch rechtzeitig melden, damit wir nicht mehr so unter Zeitdruck kämen. (Diese mündlichen Prüfungen würde er natürlich nur dann machen können, wenn er die schriftlichen bestanden hätte.)

4.6.2 Zweiter Behandlungsteil: Vorbereitung auf die mündlichen Prüfungen

Fünf Monate später und 2 Monate vor Beginn der mündlichen Prüfungen meldete er sich wieder. Er habe erfahren, daß er die schriftliche Prüfung bestanden habe und wolle für die mündlichen Prüfungen noch ein paar Stunden bei mir. Insgesamt fanden nun noch 5 Doppelstunden in unregelmäßigen Abständen und unterbrochen durch die Weihnachtsferien statt.

Aufgrund der mir über seinen Bruder bekannten familiengeschichtlichen Fakten hielt ich es für durchaus möglich, daß er nun durch ein völliges Versagen in den mündlichen Prüfungen das Examen als Ganzes nicht bestehen könnte. Ich beschloß deshalb, in den kommenden Stunden auf diesen Aspekt näher einzugehen. Die zur Verfügung stehenden zwei Monate schienen mir aufgrund der außerordentlich hohen Motivation des Patienten hierfür ausreichend.

Bekannt war mir, daß die Ehe seiner Eltern sehr schlecht gewesen war. Den Schilderungen seines Bruders zufolge war der Vater als extremer Psychopath anzusehen, der die Familie mit völlig unberechenbaren tätlichen Aggressionen tyrannisiert hatte. Der Patient war ca. 10 Jahre alt, als seine Mutter an Krebs gestorben war. Sein 6 Jahre älterer Bruder hatte deren langsamen und qualvollen Tod im Kontext der gestörten Elternbeziehung noch nicht verwunden und war u.a. auch deshalb bei mir in Behandlung. Nach dem Tode der Mutter waren die beiden Brüder der Tyrannei des Vaters umso mehr ausgeliefert, bis es ihnen Jahre später in einem gemeinsamen Kraftakt gelungen war, ihn aus dem Haus zu werfen. Seitdem lebten sie allein, phasenweise in einem sehr verwahrlosten Zustand. Der ältere Bruder hatte mehrere Studien begonnen und wieder abgebrochen. Der Patient selbst hatte für sein Jurastudium auch sehr lange gebraucht. Bis zum Tag dieser Behandlung hatten beide Brüder noch keinerlei engeren Kontakt zu Mädchen oder Frauen gehabt und auch ihre sonstigen sozialen Beziehungen waren extrem verarmt. Nachdem sie den Vater vertrieben hatten, lebten sie in einer festungsähnlichen, fast inzestuösen Beziehung miteinander und waren auch aufgrund der erworbenen sozialen Defizite sehr aufeinander angewiesen.

Meine Befürchtung (bzw. 3. Arbeitshypnothese; siehe oben) ging nun dahin, daß der Patient es vor sich selbst, vor seinem Bruder und v.a. vor seiner verstorbenen Mutter nicht "verantworten" konnte, seinen älteren Bruder zu überflügeln, sich damit aus der langjährigen und existentiell bedeutsamen

Solidarität zu lösen und seine eigenen Wege zu gehen. Aus mir nicht bekannten Gründen war er als der Jüngere der wesentlich stabilere und auch realitätserprobtere, der beispielsweise alle praktischen Dinge des Haushalts und der Lebensführung erledigt hatte. Seinem älteren Bruder war dieses Dilemma offensichtlich bewußt, da er einmal erwähnt hatte, er befürchte, sein Bruder nehme Rücksicht auf ihn und werde sein Studium nicht eher beenden, als bis er selbst ein Studium abgeschlossen habe; dies sei aber illusorisch, da er sich nicht vorstellen könne, jemals wieder ein Studium zu beginnen, geschweige denn zu beenden. Er wünsche aber nichts sehnlicher, als daß der Jüngere endlich mit seinem Examen fertig werde, damit er selbst kein schlechtes Gewissen mehr haben müsse.

Ich begann die erste Stunde damit, daß ich ihn gleich nach ein paar belanglosen Sätzen über die schriftliche Prüfung fragte, wie er es denn nun anstellen wolle, mit Hilfe der mündlichen Prüfungen das Examen nun doch noch zu verhauen. Er schaute mich ziemlich entgeistert an und meinte sehr ernsthaft, daß er überhaupt nicht vorhabe zu versagen, im Gegenteil ... Da ich schon Pferde habe kotzen sehen, halte ich nichts für unmöglich, erwiderte ich, und da er es nun geschafft habe, die schriftliche Prüfung zu bestehen, zweifle ich nicht an seiner Intelligenz, die mündlichen Prüfungen mit Glanz und Gloria nun doch noch zu verhauen, denn dann hätte er ja erreicht, was er wolle. Ohne auf seinen nach wie vor betroffenen Gesichtsausdruck einzugehen oder ihm auch nur eine Gelegenheit zur Antwort zu geben, sagte ich übergangslos, aber mit veränderter Stimme, wie er es denn dann seiner auf den Tod krebskranken Mutter erklären wolle, daß nun er und nicht sein Bruder mit dem Studium fertig sei, und er deshalb seinen Bruder verlassen und sich nicht mehr wie bisher um ihn kümmern wolle; dabei deutete ich mit der Hand in eine entfernte Ecke des Zimmers, so als befände sich tatsächlich dort seine Mutter. Er folgte meinem Handzeichen langsam und schaute in diese Richtung. Dabei veränderte sich sein Gesichtsausdruck, sein Lidschlag verschwand und die Pupillen weiteten sich. "Nun, so ist es gut", sagte ich, "schauen Sie ihre Mutter ganz klar und deutlich an, sie liegt im Sterben, und was immer sie jetzt zu Ihnen sagt, ist die Wahrheit, es kommt von ihrem Herzen, achten Sie sehr sorgfältig darauf", und nach einer Weile, nachdem er weiterhin unbewegt in diese Richtung geschaut hatte: "Sag mir nun, was meint Deine Mutter, darfst Du Deinen Bruder verlassen, darfst Du aufhören, Dich um ihn zu kümmern und zu sorgen? Bekommst Du die Erlaubnis von ihr?" Seine Augen wurden feucht, aber sein Atem blieb gleichmäßig ruhig, und nach einer Weile sagte er leise "Ja, ich darf." "Sie erlaubt es Dir wirklich, nicht wahr, und sie weiß auch, was es bedeutet, daß Du Deinen Bruder verläßt und Deine eigenen Wege gehst und er seine eigenen Wege geht, so wie es richtig ist im Leben, und jeder sein eigenes Leben beginnt und lebt, so gut er kann. Das weiß sie auch, nicht?" Er nickte stumm und schaute weiter unverwandt in jene Ecke, in der er, wie ich vermutete, seine Mutter halluzinierte. Dann möge er doch die Gelegenheit nutzen und noch ein paar andere wichtige Dinge seines Lebens mit seiner Mutter besprechen, damit sie dann ruhig sterben könne. Da dies ganz persönliche und intime Dinge seien, die nur ihn und seine Mutter etwas angingen, würde ich nun aus dem Zimmer gehen und erst nach einer Weile wieder zurückkommen. Als ich dann nach ca 15 Minuten wieder ins Zimmer kam, saß er noch genauso da, wie ich ihn verlassen hatte, und schaute nach wie vor mit weit geöffneten Pupillen in jene Ecke. Ich bat ihn, für heute von seiner Mutter Abschied zu nehmen und langsam wieder zurückzukommen. Es dauerte lange, bis er sich reorientiert hatte, und dann meinte er nachdenklich, es sei tatsächlich so gewesen, daß es während seiner gesamten Kindheit immer geheißen habe, daß sein älterer Bruder der intellektuelle sei und deshalb studieren sollte, während er, der praktisch begabte, einen Beruf habe erlernen sollen. Nun sei es halt anders gekommen und daran könne man auch nichts mehr ändern. Dem pflichtete ich bei, indem ich eine Geschichte ähnlichen Inhalts erzählte, wie ein anderer Patient es nach mühsamem Ringen geschafft hatte, entgegen einem klar formulierten elterlichen Auftrag seinen eigenen Weg zu finden und mit Erfolg zu gehen.

Die beiden nächsten Doppelstunden fanden wieder an einem Tag, zwei Tage vor dem Heiligen Abend, statt. Ich begann am Morgen damit, daß ich feststellte, dies sei ja nun wahrscheinlich das letzte Weihnachten, daß er gemeinsam mit seinem Bruder verbringen werde, und er pflichtete mir bei. Wir verbrachten dann den Rest der Vormittagsstunde damit, zu überlegen, ob und wie sein Bruder alleine zurechtkommen werde, welche alltäglichen Aufgaben er nun übernehmen müsse, wie schwer oder wie leicht ihm dies fallen werde, und welche Möglichkeiten bestünden, das gemeinsame Haus zu behalten, zu vermieten, zu verkaufen, etc. Das Ergebnis dieser Stunde war, daß es für ihn und seinen Bruder zwar nicht einfach sein werde, all diese Probleme zu lösen, daß es aber letztlich doch zu schaffen sei.

Bis zur Stunde am Nachmittag war er wieder spazierengegangen. Hierbei seien ihm wieder viele Gedanken durch den Kopf gegangen: Er glaube zwar schon, daß es sein Bruder auch alleine schaffen werde, aber mulmig sei es ihm bei diesem Gedanken schon, denn ich wisse ja, daß sein Bruder einmal sehr selbstmordgefährdet gewesen sei; wenn nun ... Nun gut, meinte ich und deutete mit der Hand in eine andere Ecke des Zimmers, dann solle er sich seinen Bruder doch mal genau anschauen. Ähnlich wie am Vormittag sah er nun wieder in diese Richtung und nach kurzer Zeit hatten sich die gleichen von außen sichtbaren Veränderungen in seiner Haltung, seiner Atmung und in seinem Blick eingestellt. Nachdem das Bild seines Bruders etabliert schien, meinte ich, nun müsse er mit äußerster Sorgfalt vorgehen, und deshalb solle er sich so viel Zeit wie nötig nehmen, denn - und nun deutete ich in die Ecke, in welcher er in der vorigen Stunde seine Mutter halluziniert hatte - seine Mutter werde wachsam verfolgen, was zwischen ihnen beiden geschehe. Also solle er sorgsam beginnen, sich mit seinem Bruder auseinanderzusetzen, und weil dies wieder ihre ganz private Angelegenheit sei, werde ich ihn wieder für eine Weile alleine lassen. Als ich wieder zurückkam, saß er diesmal völlig normal in seinem Stuhl und schien schon auf mich gewartet zu haben. Was denn passiert sei, fragte ich, und erhielt zur Antwort, es sei schon sehr traurig und schwer und er sei sich nicht sicher, ob es richtig von ihm sei, seinen Bruder allein zu lassen. Eben, meinte ich, das sei es ja, was mich auch beunruhige, und ich sei deshalb durchaus nicht sicher, ob er nicht all seine Fähigkeiten einsetzen werde, um mit Bravour doch noch durchs

Examen zu fallen. Deshalb solle er gerade die Weihnachtstage benutzen, um sehr ernsthaft mit seinem Bruder zu reden, jetzt brauche er sich darüber keine Gedanken mehr zu machen, denn ich hätte gerne, daß er nochmals in Trance gehe, seine Augen aber offen lasse und so lange warte, bis sie von alleine zufallen würden. Da ich mit dem letzten Drittel des Lidschlusses nicht zufrieden war, forderte ich ihn auf, sie wieder zu öffnen und wirklich so lange zu warten, bis sie völlig von selbst nach unten gingen und so schwer seien, daß er sie willentlich nicht mehr öffnen könne. Erst beim dritten Versuch war dann eine völlige Augenkatalepsie hergestellt und ich dankte ihm für seine Sorgfalt, mit der er auch scheinbare Nebensächlichkeiten erledigte. Mit der gleichen Sorgfalt und Geduld solle er nun warten, bis sein "Unbewußtes" eine Antwort gebe; mehr noch, er solle auch die Geduld aufbringen, erst irgendwann später zu erfahren, welche Antwort dies sei, denn nun würden seine beiden Arme völlig taub und empfindungslos werden, so daß er nicht fühlen könne, welcher Arm sich hebe auf meine Frage, ob sein "Unbewußtes" die Zeit für gekommen halte, den Schritt der Trennung von seinem Bruder zu wagen; bei Ja würde sich die Linke, bei Nein die Rechte heben, er werde aber weder sehen noch spüren können, welche Hand sich nun tatsächlich hebe. Eine Zeit lang war ich mir nicht sicher, welche Hand levitieren würde, denn der Impuls war in beiden Händen fast gleich stark ausgeprägt und es schien teilweise sogar so, als ob beide Hände miteinander konkurrieren würden, bis sich dann doch sehr eindeutig und entschieden die Linke hob, während die Rechte sich entspannte. Ob er fühlen könne, welche Hand erhoben sei, fragte ich ihn und er verneinte. Das ist gut, meinte ich, denn es gäbe viele Gelegenheiten im Leben, wo man weiß, daß man etwas fühlt, denkt oder tut, und dann soll man dies auch klar fühlen, denken oder tun. Manchmal aber ist es besser zu handeln und dabei nicht auf kleinmütige Gefühle oder Gedanken zu achten. Sondern einfach tun, was zu tun ist. Es gibt wichtige Gefühle und wichtige Gedanken, die muß man ernst nehmen und beachten. Aber es gibt auch falsche Gefühle und falsche Gedanken, und deshalb muß man aufpassen und unterscheiden lernen, was wirklich wichtig ist. Ebenso gibt es richtigen und falschen Egoismus, richtigen und falschen Altruismus, und dabei muß man noch mehr aufpassen und unterscheiden lernen, sich um den anderen sorgen, sich um sich selbst sorgen. Die Sorge um seinen Bruder könne er nun mir und seinem Bruder überlassen. Er wisse genau, was dieser bislang alles hinzugelernt habe und er könne stolz sein auf seinen Bruder. Dieser brauche nun die Chance, ganz alleine zu gehen, und er könne darauf vertrauen, daß sein Bruder dann endlich auch die letzten Schritte lernen werde, um seinen eigenen Weg sicher zu gehen. So solle er ruhig zurückkommen und auf einen Zettel seine Vermutung niederschreiben, welche Hand wohl erhoben war, diesen Zettel dann zusammenfalten, in viele kleine Stücke zerreißen und nicht vergessen, diese draußen in irgendeinen Papierkorb zu werfen. Er tat dies und damit wünschte ich ihm frohe Weihnachtstage und ein wirklich gutes und neues Jahr.

Drei Wochen später kam er wieder und den ersten Teil der Sitzung verbrachten wir damit, seine Ängste vor den mündlichen Prüfungen zu explorieren. Diese besagten im wesentlichen, daß er vor lauter Aufregung entweder nicht würde sprechen oder, im schlimmsten Fall, nicht einmal würde denken können. Dies habe er zwar noch nicht während des Studiums - hier hatte er solche Auftritte erfolgreich vermieden -, wohl aber während seiner Schulzeit häufiger erlebt. Wenn er aufgerufen worden war oder einen Vortrag halten sollte, habe er zu stottern angefangen und ein paar Mal sei ihm auch die Stimme weggeblieben. Er befürchte, daß ihm dies wieder passiere und daß er dann von den Prüfern verspottet und von seinen Kommilitonen mitleidig angeschaut werden würde. Hierauf bat ich ihn, sich diese Situation sorgsam anzuschauen und genau nachzuforschen, ob die einzelnen Prüfer und die jeweils anwesenden Kommilitonen tatsächlich dieses Verhalten zeigen würden. Nach einer Weile meinte er, er könne sich ein spöttisches Verhalten nur bei einem Prüfer vorstellen. Was er denn von diesem Prüfer halte, fragte ich, und er schien zunächst nicht zu verstehen. Was er denn ganz allgemein von einem Menschen halte, der die Schwächen anderer zur eigenen Belustigung benutze. Diesmal schien er verstanden zu haben, denn er schaute lange Zeit unverwandt geradeaus und meinte dann langsam und mit etwas Trauer in der Stimme, mit solchen Menschen könne man nur Mitleid haben. Eher streng antwortete ich: "Jetzt ist Prüfungszeit und keine Zeit für Mitleid." Solche Gefühle solle er in passenderen Situationen zeigen. Jetzt solle er klar und deutlich den Prüfer ansehen und lernen, durch ihn hindurchzuschauen, seine Gedanken zu ordnen und klare Gedanken ruhig auszusprechen. Ein gewisses Maß an Aufregung sei hierzu nötig. Er blieb eine Weile konzentriert, unbeweglich und mit weit offenen Pupillen so sitzen, und dann fragte ich ihn, ob er wirklich meine, daß er seinen anwesenden Kommilitonen gegenüber unangenehme Gefühle haben müsse, oder ob diese gar ihn selbst bemitleiden würden. Er reagierte so, als würde ihn meine Frage sehr überraschen und irritieren, und dann antwortete er ruhig und klar mit Nein.

Den Rest der Stunde verbrachten wir dann mit Übungen zu positivem und negativem Halluzinieren. Während dieser Übungen, die er offensichtlich sorgsam durchführte, stellte ich ihm ständig Fragen, die anfangs noch engen Bezug zu der jetzigen Situation und zu seinem aktuellen Erleben hatten, sich davon aber mehr und mehr lösten und schließlich juristische Themen zum Inhalt hatten. Und es gelang ihm auch zunehmend besser, z.B. das Fensterkreuz auszublenden und gleichzeitig meine Fragen langsam, aber korrekt zu beantworten. Am Schluß der Stunde konnte er sogar mich mit weit geöffneten Pupillen ruhig anschauen und mir gleichzeitig ein juristisches Problem konzentriert darlegen.

Vierzehn Tage später hatten wir die letzte Sitzung. Ich fragte ihn, ob es die Frau in jenem Haus am Meer (siehe oben die letzte Stunde vor der schriftlichen Prüfung) in Wirklichkeit gebe. Er errötete leicht und sagte, ja, jene Frau habe so ausgesehen wie eine Kommilitonin, die er auf einer Tagung über europäisches Recht kennengelernt habe. Sie hätten sich beide sehr gut verstanden; er müsse sehr häufig an sie denken, habe mittlerweile aber nicht wieder Kontakt zu ihr aufgenommen. Wenn er das Examen bestehe, wolle er gerne in jene europäische Stadt ziehen, in der sie wohne, um dort seinen Doktor zu machen und sich in einem speziellen Rechtsgebiet weiter fortzubilden. Aber die Ehe seiner Eltern sei doch so schlecht gewesen, gab ich zu bedenken, ob er denn keine Angst habe. Hierauf wußte er offensichtlich nichts zu antworten, denn er sah nur stumm und etwas verzweifelt vor sich hin. Ich fragte weiter, ob er sich denn vorstellen könne, daß seine Mutter eine Chance gehabt hätte, ob sie effektiv etwas hätte tun können. Er schaute eine Weile still in jene Ecke, in der er schon einmal seine Mutter halluziniert hatte, und meinte dann: "Ja, sie hätte gehen können, einfach weggehen." "Sie hat es nicht getan, sie ist nicht weggegangen," sagte ich, "und welchen Auftrag gibt sie Dir? Sollst Du auch bleiben, oder sollst Du gehen, einfach weggehen?" Er hatte nun wieder jene Haltung, jene Mimik und jene weit geöffneten Pupillen, woraus ich schloß, daß er wieder halluzinierte, und nach einer Weile antwortete er: "Sie sagt, ich soll gehen." "Gut", meinte ich," dann laß Deine Mutter zuschauen, wie Du gehst und zeige ihr, wohin Du gehst und wie es Dir dabei ergeht."

In den restlichen ca. 60 Minuten saß er weiterhin ohne jegliche Bewegung, aber mit weit geöffneten Pupillen und deutlichen "REM"-Bewegungen der offenen Augen da und "berichtete" seine nahe Zukunft, indem er meine Fragen ("Und was geschieht dann") beantwortete: Wie er nach dem Examen in jene europäische Stadt übersiedelt, dort sein Doktorats- und Spezialstudium abschließt, heiratet und eine Familie gründet und sich dann in einem außereuropäischen Land niederläßt.

Am Ende der Stunde verabschiedete ich ihn mit seinem Vesprechen, daß er mir eine Postkarte schreiben werde.

4.6.3 Katamnese

Diese Postkarte kam drei Monate später aus jener europäischen Stadt, in die er mittlerweile gezogen war. Er schrieb, daß die Aufnahme an der Universität sehr herzlich gewesen sei und daß er schon viele Freunde gefunden habe. Die Kommilitonin erwähnte er auf dieser Karte nicht.

Bis heute sind nach Abschluß dieser Behandlung zur Prüfungsvorbereitung zwei Jahre vergangen, in denen er sich in mehreren juristischen Spezialgebieten weitergebildet hatte, u.a. auch in Amerika mit dem Erfolg, daß er mittlerweile auch verlockende Angebote aus der Wirtschaft in der Tasche hat. In den verschiedenen Empfehlungsschreiben, die er erhalten hat, steht u.a. auch der Satz: "Without question, Mr. X was one of my top students. This was exhibited throughout the course by his frequent and knowledgeable classroom comments. It was confirmed by his exam answers, which was first rate, one of the two best in the class and compared favorably with what I would expect from my best law students ..."

Seine persönliche Entwicklung in diesen zwei Jahren verlief langsam und zögerlich aber sehr hoffnungsvoll. In Abständen von ca. einem halben Jahr kam er immer wieder für ein paar Stunden, mit dem Ziel, seine allgemeinen sozialen Fähigkeiten und speziell die gegenüber Frauen zu bearbeiten; dieser Teil der Behandlung ist noch nicht abgeschlossen.

4.7 Chronische Schmerzen

Frank Hoppe

Bei dem Patienten handelte es sich um einen 54jährigen Mann, der 1986 aus einer Schwerpunktpraxis für chronische Schmerzzustände wegen chronischer, therapieresistenter Rückenschmerzen an mich verwiesen wurde.

Die erste Sitzung verwandte ich darauf, die Krankengeschichte zu erheben und an der Schmerzaufrechterhaltung eventuell beteiligte psychische Faktoren zu eruieren. Dies erwies sich zunächst als recht schwierig, da der Patient wenig umgänglich und in seinen Äußerungen wortkarg und lapidar war. Die knappen Äußerungen, die er machte, brachte er in einem herausfordernden oder lauten und ärgerlich schimpfenden Tonfall vor. Es zeigte sich jedoch bald, daß gerade dieser Aspekt seines Verhaltens wichtige diagnostische Information lieferte. Im Laufe einer guten Stunde konnten hinsichtlich der Symptomatik folgende Informationen gesichert werden: Der Patient stammte aus Berlin, war vor 12 Jahren mit seiner Frau nach Hamburg gekommen und arbeitete hier in seinem Beruf als Polsterer. Er litt bereits seit 8 Jahren an Ischiasschmerzen in den Beinen und war 1980 an einem Bandscheibenvorfall operiert worden. Nach einer kurzen Periode der Schmerzfreiheit sei er 1981 während einer Kurbehandlung von "so einem Ochsen von Chefarzt" überdehnt worden, worauf seine jetzigen Schmerzen im linken Oberschenkel zurückzuführen seien. Im Krankenhaus selbst sei er "wie das letzte Arschloch" behandelt worden und von der "Müllographie" (Myelographie) hätten "die Idioten dort" keine Ahnung gehabt. Schon vor der Operation habe ihm sein Orthopäde, "dieser Eierkopp", geraten, sich sämtliche Zähne ziehen zu lassen, was er auch getan habe - allerdings ohne Erfolg. Seit 1982 könne er wegen der Schmerzen im Bein nicht mehr richtig einschlafen und er fände erst morgens zwischen 3 und 4 Uhr ein wenig Schlaf. Er habe sich deswegen bereits 1982 von "so einem verfluchten Neurologen" Schlafmittel verschreiben lassen. Als er acht Tage darauf aber morgens mit seinem nagelneuen Auto gegen einen Pfeiler gefahren sei, habe er die Schlaftabletten wieder weggeworfen. Andere Einschlafmittel, wie z.B. Schlaftees und Baldrian, hätten keine Wirkung. Zuletzt habe der Psychologe in der Praxis des jetzt behandelnden Arztes mit ihm Gespräche geführt und durch Verschreibung von "Einschlafritualen" versucht, seine Schlaflosigkeit zu beheben, jedoch ebenfalls ohne Erfolg. Die wegen der Schmerzen versuchten Vorbehandlungen hätten, mit wenigen Ausnahmen, keinerlei Erfolg gezeitigt; auch nicht Akupunktur und Autogenes Training, das er wieder aufgegeben habe, weil er sich nicht konzentrieren könne. 1982 habe er Nervenblockaden bekommen, die ihm zunächst für ein ganzes Jahr Schmerzlinderung verschafft, danach aber immer weniger gewirkt hätten. Er benutzte weiterhin ein Nervenstimulationsgerät (TENS), das ihm kurzfristig

Linderung brachte. Weiterhin nahm er regelmäßig Amuno ret., ferner Kalma gegen seine abendlichen Kopfschmerzen. Diese Kopfschmerzen beschrieb er als "Kopfschuß", den er allabendlich gegen 19 Uhr, wenn er von der Arbeit nach Hause kam, erhielt. Sie bestanden bereits seit einem Autounfall im Jahr 1972, bei dem er sich ein Schädelhirntrauma zugezogen habe.

Nach weiteren Beschwerden befragt, klagte er ferner über einen seit 1983 bestehenden chronischen Schnupfen und über einen wiederkehrenden Angsttraum, in dem er wieder anfange zu trinken. In diesem Zusammenhang berichtete er, er sei früher Alkoholiker gewesen, aber schon seit über 20 Jahren abstinent. Diesen Angsttraum habe er in den ersten Jahren gehabt, nachdem er zu trinken aufgehört hatte, und jetzt wieder seit ca. 3 Jahren.

In seinem Verhalten fiel eine deutliche Schonhaltung auf, besonders beim Aufstehen und Hinsetzen, aber auch im Sitzen, wobei er das linke Bein weit abspreizte. Die medizinischen Diagnosen lauteten auf chronische Lumbago-Ischialgie bei Zustand nach Bandscheibenoperation und chronisch rezidivierendes HWS-Schulter-Arm-Hand-Syndrom beidseitig. Die Vertrauensärztin, bei der der Patient gewesen war, um sich die Kostenerstattung der Hypnosebehandlung durch die Krankenkasse befürworten zu lassen, hatte außerdem in ihrem Gutachten vermerkt: "Erheblich demonstratives Verhalten. Ausgesprochen süffisante Gesprächsführung. Insgesamt abweisende Grundhaltung. Erhebliche Neurotisierung." Eine Nachfrage ergab, daß der Patient sich geweigert hatte, die für die Begutachtung erforderlichen Untersuchungen über sich ergehen zu lassen, da sie seiner Meinung nach für die Befürwortung der Hypnosebehandlung nicht notwendig waren.

Aufgrund der obigen Informationen und der Art und Weise, wie sie vermittelt wurden, hatte ich mir einen ersten diagnostischen Eindruck gebildet. Ich vermutete, daß die Schmerzen durch "iatrogene" Anteile verstärkt wurden. Die zahlreichen Mißerfolge medizinischer Behandlungsmaßnahmen wurden - ob zu Recht oder Unrecht sei dahingestellt - den Ärzten angelastet und hatten zu einem kaum noch beherrschbaren Zorn auf "alles, was einen weißen Kittel trägt" geführt. Ich erwog die Möglichkeit, daß "blockierte" negative Affekte und damit zusammenhängende emotional nicht verarbeitete Erlebnisse zu einer Verstärkung der - wie der behandelnde Arzt meinte - auch organisch begründeten Schmerzen beitrugen. In diesem Zusammenhang dachte ich besonders an die "Überdehnung" durch den Chefarzt, die der Patient kausal für die Schmerzverschlimmerung seit 1981 im linken Oberschenkel verantwortlich machte, und nahm mir vor, dieses Thema später hypnotisch zu explorieren. Auf eine zunehmende psychische Belastung bzw. mangelhafte Bewältigung der Ereignisse schienen auch der in letzter Zeit auftretende Angsttraum, er könne wieder anfangen zu trinken, und - da Schmerzpatienten häufig trotz Schmerzen gut schlafen - seine Einschlafstörungen hinzudeuten.

Um weiteren Aufschluß über lebensgeschichtliche Daten zu bekommen, die für die Schmerzgenese relevant sein konnten, fragte ich nach Ereignissen, die in den Zeitraum der Schmerzentstehung und Schmerzverschlimmerung fielen. Der Patient nannte als erstes den Tod der Mutter, die er 1979 zu einer nicht ungefährlichen Operation überredet hatte. Sie war dann an den Folgen dieser Operation gestorben, und er hatte sich die Schuld daran gegeben. Er war in diesem Moment sichtlich bewegt; sein Gesicht zeigte erstmalig in dieser Sitzung einen traurigen Ausdruck, seine Augen schimmerten feucht und seine Stimme klang belegt. Ich erfuhr weiter, daß seine Schwester 1980 angefangen hatte zu trinken, daß er erfolglos versucht hatte, sie davon abzubringen, und daß sie sich seitdem voneinander entfernten. Da er offenbar nicht gewillt war, auf diesen Punkt weiter einzugehen, ließ ich es dabei bewenden. Schließlich war in diesem Zusammenhang auch sein Wohnortwechsel von Berlin nach Hamburg zu notieren. Die beiden letzteren Ereignisse berührten ihn jedoch - seinem nonverbalen Ausdruck nach zu urteilen - gegenwärtig weniger als der Tod seiner Mutter. Im zeitlichen Längsschnitt ergaben sich damit mindestens drei weitere kritische Lebensereignisse, die relevant sein mochten. Obwohl ein direkter Zusammenhang zwischen diesen Ereignissen und der Schmerzentstehung bzw. -verschlimmerung nicht belegt werden konnte, schien es möglich, daß auch hier mangelhaft verarbeitete Emotionen zur Verstärkung des Schmerzerlebens beitrugen. Ich beschloß daher, auch diese Ereignisse später hypnotisch zu explorieren. Als einzigen schmerzlindernden Faktor nannte der Patient den (von ihm selber bezahlten) Kuraufenthalt in einem italienischen Kurort, den er zusammen mit seiner Frau gelegentlich aufsuchte. Die Behandlung dort sei "menschenwürdig", und er habe bisher jedesmal eine langanhaltende Linderung erfahren.

Um den bisherigen diagnostischen Eindruck zu komplettieren und abzusichern, wurde im Ansatz eine *Verhaltensanalyse* des Schmerzes durchgeführt, in der dem Auftreten bzw. der Verschlimmerung der Schmerzen vorausgehende Auslöser und nachfolgende verstärkende Konsequenzen eruiert wurden. Hinsichtlich der Schmerzauslöser ergab sich ein einfaches Muster: Die Rücken- bzw. Beinschmerzen wurden als Dauerschmerzen beschrieben, die ihn besonders abends beeinträchtigten, wenn er nach Hause und "zur Ruhe" kam und durch seine berufliche Arbeit nicht mehr abgelenkt wurde. Tagsüber konnte er die Schmerzen dagegen zeitweise vergessen. Das gleiche galt für seine Kopfschmerzen, die wohl auch tagsüber auftraten, jedoch ihn fühlbar erst abends als "Kopfschuß" ereilten. Operante Faktoren (in Form von schmerzkontingenten Verstärkern) schienen - sieht man einmal von seiner Schonhaltung ab, die offenbar auf Schmerzvermeidung abzielte - nicht wesentlich an der Aufrechterhaltung des Schmerzverhaltens beteiligt zu sein. Er hatte durch seine Krankheit zwar eine Menge Arbeitsausfall gehabt, doch gab es keinen Hinweis, daß hierin eine negative Verstärkung lag, da er offenbar gern zur Arbeit ging. Desgleichen ließ sich auch im privaten Bereich keine systematische schmerzbedingte Vermeidung unangenehmer Aktivitäten eruieren, im Gegenteil: der Patient war möglichst aktiv, da Ablenkung für ihn den einzigen schmerzlindernden Faktor darstellte. Ein kurzes Gespräch mit seiner Frau, die zum Erstgespräch mitgekommen war, ergab zwar, daß sie ihn aufgrund seiner Beschwerden mehr als sonst umsorgte, doch ließen sich keine Hinweise finden, daß durch die vermehrte Zuwendung ein vorheriges Defizit in der Partnerschaft ausgeglichen wurde. Insgesamt ergab die zeitliche Querschnittanalyse damit zwar Hinweise auf Aufmerksamkeit als schmerzsteuernden Faktor, aber keine Hinweise auf zentrale operante Faktoren.

Die *Behandlungsplanung* sah nach diesem Erstgespräch wie folgt aus: In der nächsten Sitzung wollte ich ein hypnotisches Training durchführen, um mir einen klinischen Eindruck von der Hypnotisierbarkeit des Patienten zu verschaffen. Es sollte festgestellt werden, inwieweit spontan und auf entsprechende Suggestionen hin Veränderungen in den Bereichen Motorik, Wahrnehmung, Gedächtnis und Stimmung auftraten. Zum anderen sollten in diesem Training das vorhandene Reaktionspotential ausgebaut und verschiedene hypnotische Reaktionen induziert werden, die im späteren Behandlungsverlauf nützlich sein konnten; dazu gehörten etwa verschiedene Dissoziationen, wie z.B. das Augenöffnen und Sprechen in Hypnose, ohne "aufzuwachen". In den anschließenden therapeutischen Sitzungen beabsichtigte ich einerseits, in einem problemzentrierten Vorgehen die Problemthemen hypnotisch zu explorieren und zu bearbeiten, die sich aus dem Erstinterview ergeben hatten und die möglicherweise an der Aufrechterhaltung der Schmerzen beteiligt waren. Zum anderen wollte ich versuchen, in einem symptomzentrierten Vorgehen durch schmerzbezogene Suggestionen direkt die Schmerz- und Einschlafsymptomatik zu verändern. Ein ausschließlich symptomzentriertes Vorgehen erschien mir in diesem Fall nicht indiziert, da Hinweise auf die Beteiligung emotionaler Probleme vorlagen.

Zu Beginn der folgenden Sitzung fragte ich den Patienten, was er sich von der Hypnose erwarte. "Entdecken, warum ich nicht einschlafen kann", antwortete er. Diese Antwort erschien mir insofern aufschlußreich, als sie seiner früheren Erklärung widerspach, die Einschlafstörungen seien auf die Schmerzen zurückzuführen, und vielmehr das Vorhandensein anderer Gründe zu implizieren schien. Da der Patient hinsichtlich der nun folgenden Behandlung keine weiteren Fragen stellte, sondern mich nur erwartungsvoll anschaute, begann ich unmittelbar mit der Hypnoseinduktion, indem ich ihn bat, irgendeinen Punkt zu fixieren und zuzuhören, was ich zu sagen hätte. Er wählte meine Augen als Fixationspunkt, und ich begann, systematisch ein Müderwerden der Augen und eine Verlangsamung des Lidschlags zu suggerieren. Als er nach wenigen Minuten nicht nur völlige Immobilität des Körpers, sondern auch einen totalen Verlust des Lidschlags zeigte und mir nur noch regungslos in die Augen starrte, änderte ich meine ursprüngliche Absicht, Lidschluß zu suggerieren, und gab Suggestionen für Augenkatalepsie, indem ich darüber sprach, daß man gelegentlich wie gebannt auf etwas schaut, ohne recht zu wissen warum, und daß es einem dann schwerfällt, den Blick abzuwenden, weil irgend etwas den Blick festhält. Nach einigen weiteren Ausführungen in dieser Richtung bat ich den Patienten herauszufinden, was für ein Gefühl es sei zu versuchen, die Augen zu schließen. Die Bewegungen seiner Augenbrauen und seiner Augenlider zeigten an, daß er bemüht war, die Augen zu schließen, allerdings ohne Erfolg. Als ich ihn fragte, was geschehen sei, antwortete er: "Es geht nicht." An seiner Antwort war weiterhin psychomotorische Verlangsamung im Sinne einer erhöhten Latenzzeit zwischen Frage und Antwort und einer verlangsamten Sprache zu erkennen. Ferner fehlte jegliche Spontanmotorik, die üblicherweise das Reden begleitet, wie z.B. Kopf- und Blickbewegungen oder redebegleitende Handbewegungen. Ich induzierte daraufhin eine Armkatalepsie, indem ich erst seinen rechten, dann seinen linken Arm leicht am Handgelenk faßte und in verschiedene Stellungen brachte, in denen sie verharrten. Anschließend gab ich Suggestionen für Armlevitation im rechten Arm, die allerdings nur geringfügige Bewegungen auslösten. Auf Befragung berichtete er immerhin, der rechte Arm fühle sich leichter an, als wolle er steigen; die Suggestionen wurden damit zwar nicht motorisch, aber empfindungsmäßig realisiert. Schließlich fragte ich ihn, ob er schon einmal so gesessen habe, wie jetzt, mit weit geöffneten Augen, so wie jetzt, ohne zu wissen, wie jetzt, daß er nicht mehr aufstehen könne, so wie jetzt. Er antwortete, er könne sich nicht erinnern, aber seine Beine seien wie abgestorben; auch in diesem Fall wurde die suggerierte Reaktion also zumindest empfindungsmäßig realisiert. Ich begann nun, Lidschluß zu suggerieren, allerdings ohne Erfolg; die Augen blieben weiterhin starr aufgerissen. Erst als ich zunehmende Schwere und ein langsames Sinken der noch immer kataleptisch schwebenden Arme suggerierte und an ein gleichzeitiges Schwererwerden und Sinken der Augenlider koppelte, begannen diese sich zu schließen.

Nachdem ich bisher überwiegend motorische Suggestionen gegeben hatte, die darauf abzielten, unwillkürliche Bewegungen zu induzieren bzw. Bewegungen zu blockieren, ging ich nun dazu über, die Wirkung kognitiver Suggestionen zu überprüfen, die Erinnerungen, Imaginationen und begleitende Emotionen auszulösen versuchen. Ich tat dies, indem ich eines der im Erstgespräch eruierten Problemthemen explorierte: den Tod seiner Mutter. Ich führte dazu aus, daß manche Personen für das eigene Leben eine ganz besondere, fast unersetzbare Bedeutung haben, daß einige solcher Beziehungen schon seit früher Kindheit bestehen, sich zwar im Laufe des Lebens verändern, aber doch ein schmerzhaftes Gefühl hinterlassen, wenn es zu einem plötzlichen Abbruch oder Verlust kommt. Diese Ausführungen waren insofern unspezifisch und offen, als sie auch auf andere Beziehungen, insbesondere die zu seiner Schwester, bezogen werden konnten. Während ich diese problemaktivierenden Suggestionen gab, beobachtete ich sorgfältig den Patienten, bis ich schließlich eine Reaktion in Form einer zunehmenden Traurigkeit seines Gesichtsausdrucks feststellte. Ich suggerierte daraufhin indirekt Erwachen, indem ich beschrieb, wie man manchmal mitten im tiefsten Schlaf beginnt, wacher und wacher zu werden und die Augen sich öffnen wollen, ohne daß man weiß warum, vielleicht, weil es ein unvermutetes Geräusch gab. Der Patient begann, langsam die Augen zu öffnen, wußte jedoch auf meine Frage, warum er aufgewacht sei, nicht zu sagen warum. Seine Augen waren feucht und auf Befragen erzählte er, er habe Bilder von seiner Mutter gesehen und leicht weinen müssen. Er fühlte sich bedrückt und spürte einen Kloß im Hals, den er allerdings auf "Angst, ich weiß nicht wovor" zurückführte.

In der folgenden dritten Sitzung wurde - wie vorher - Hypnose durch Augenfixation eingeleitet, Armkatalepsie links und rechts induziert und dann ein Schwererwerden und Sinken der Arme und - daran gekoppelt - der Augenlider suggeriert. Nach erfolgtem Lidschluß wurde dem Patienten eröffnet, ich würde mich jetzt mit seinen Schlafstörungen befassen. Damit wurde ihm ein thematischer Rahmen gegeben, in den er die folgenden Ausführungen einzuordnen hatte. Ich fragte ihn, ob er gern baden ginge und ob er auch gern ins tiefe Wasser ginge. Beides bejahte er. Daraufhin begann ich, sehr ausführlich über verschiedene Arten zu reden, ins Wasser zu gehen. So konnte man an einem flachen

Strand zentimeterweise tiefer ins Wasser gehen und zuschauen, wie das Wasser an den Beinen allmählich höher stieg. Man konnte von einem Steilufer ins Wasser springen und überrascht feststellen, daß man sich schon schultertief im Wasser befand. Man konnte über steile und flache Treppen ins Wasser gehen usw. Manche Leute würden gern langsam tiefer gehen, manche stürzten sich lieber kopfüber hinein und sicherlich habe auch er seine Vorlieben. An dieser Stelle warf ich die Frage auf, wann man das Gefühl habe, wirklich im Wasser zu sein. Eine ängstliche Natur könne schon das Gefühl haben, im Wasser zu sein, wenn es lediglich die Knöchel umspüle; bei anderen müsse es tief genug sein, daß sie keinen Grund mehr spürten. Ich fragte ihn, wie tief *er* drin sein müsse. Seine Antwort lautete "schultertief". Ich zog seine Antwort etwas in Zweifel, und fragte ihn, ob er sicher sei, daß das für ihn tief genug wäre. Er war sich jedoch sicher. Daraufhin akzeptierte ich seine Entscheidung und bestärkte ihn darin, daß er keinen Zentimeter weiter gehen müsse, um "tief drin" zu sein. Nach diesen symptombezogenen Suggestionen, die u.a. darauf abzielten, das Einschlafen mit dem von ihm positiv bewerteten Badengehen zu assoziieren, seinen Bezugspunkt für "tief" zu relativieren und ihn auf der metaphorischen Ebene einen speziellen Bezugspunkt finden zu lassen, weckte ich ihn auf und beendete die Sitzung.

Beim nächsten Treffen berichtete der Patient, er habe seit der letzten Sitzung gut einschlafen können, und zwar immer so gegen 10 Uhr abends. Wenn jetzt auch noch der Schmerz gebessert werden könne, wäre er zufrieden. Ich fragte nach, um wieviel der Schmerz gelindert werden müsse, damit er zufrieden sei. "Um die Hälfte", war seine Antwort. Nachdem ich auf ähnliche Art wie in den vorigen Sitzungen Hypnose induziert hatte, begann ich, auf direkte Weise Analgesie im linken Bein zu suggerieren. Ich führte dazu aus, auf ähnliche Weise, wie sein Körper gelernt hätte einzuschlafen, so daß er nichts mehr spürte und wahrnahm als seine Träume, könne auch sein Bein beginnen einzuschlafen, so daß er nichts mehr wahrnehme als ein Gefühl der Taubheit. Nach einigen Minuten beschrieb er ein leichtes Gefühl der Taubheit im linken Oberschenkel. Ich sagte ihm, ich sei neugierig, wohin und wie rasch es sich ausbreiten würde, und wir warteten beide gespannt, bis er schließlich meldete, es sei jetzt im ganzen Oberschenkel zu spüren und der Schmerz sei jetzt nicht fühlbar. Ich gab weitere Suggestionen für eine Ausbreitung und Vertiefung der Taubheit, doch berichtete er nach einigen Minuten, es sei jetzt wieder ein leichter Schmerz zu spüren. Da die Analgesie-Suggestionen nur teilweise erfolgreich zu sein schienen, versuchte ich nun, den (restlichen) Schmerz auf eine andere Körperstelle zu verschieben. Dies geschah in Form einer intrahypnotischen "Verhandlung" mit zunehmend spezifischen Fragen. Ich fragte zunächst, welches Gefühl er im rechten Bein habe. Er antwortete, es fühle sich normal an. Ich fragte weiter, was er davon hielte, die Hälfte des Schmerzes im linken Bein auf das rechte zu verlagern, den Schmerz also zu halbieren. Er war einverstanden. Ich bat ihn, es sich noch einmal in allen Konsequenzen zu überlegen, da er einen Teil dieses schrecklichen, quälenden Schmerzes dann auch rechts fühlen werde. Er stimmte trotzdem zu. Ich fragte nun, ob er einverstanden wäre, wenn es in der nächsten Zeit geschehe, was er ebenfalls bejahte. Schließlich fragte ich ihn, ob er einverstanden sei, wenn es ein wenig eher geschehe, als er erwartet habe, nämlich jetzt. Er schwieg einige Zeit und antwortete auf meine Frage hin, er sei überrascht, weil sein rechter Oberschenkel heftig schmerze, und auf der linken Seite sei es dafür weniger. Ich ging nun daran, diese Verschiebung zu bestätigen, indem ich "an sein Unbewußtsein" die Frage richtete, ob es mit dieser Schmerzverteilung einverstanden sei. Die Antwort sollte durch Armlevitation erfolgen, wobei sich der rechte Arm für Ja, der linke für Nein automatisch zu heben hatte. Es hob sich daraufhin der linke Arm, zuerst langsam, dann rascher, wobei er die für eine Levitation typische "Zahnradbewegung" zeigte. Ich äußerte, daß offenbar der Wunsch vorläge, das schmerzfreie Bein weiterhin schmerzfrei zu halten und daß wir diesen Wunsch respektieren müßten. Eine Nachfrage ergab, daß dennoch der vorher großflächige Schmerz im linken Bein inzwischen auf eine Fläche von ca. 1 cm geschrumpft und nicht mehr ziehend, sondern nur noch dumpf spürbar war. Ich weckte ihn jetzt auf und entließ ihn.

In der folgenden Sitzung berichtete der Patient, die Schmerzen seien am Wochenende wieder stärker geworden, auch habe er eine Nacht schlecht geschlafen. In diesem Zusammenhang äußerte er die Besorgnis, die Hypnose habe vielleicht nur bis zum letzten Sonntag gewirkt. Ich griff seine Besorgnis auf, indem ich in der Hypnose verschiedene Lernprozesse, z.B. das Trockenwerden eines Kleinkindes beschrieb und darauf einging, daß diese Lernprozesse in der Regel nicht glatt und geradlinig verlaufen und der Erfolg sich nicht schlagartig einstellt, sondern vielmehr immer mal wieder Rückfälle zu erwarten sind. Nach diesem Versuch, Rückfälle als normalen Bestandteil einer Veränderung umzudeuten, gab ich ferner - ähnlich wie in der vorigen Sitzung - Suggestionen für Analgesie im linken Bein und entließ den Patienten dann.

Da ich den Eindruck hatte, daß ein symptombezogenes Vorgehen weitgehend "ausgereizt" war, wurden in den folgenden vier Sitzungen keine symptombezogenen Suggestionen mehr gegeben, sondern es wurde - hierin an die diagnostischen Befunde des Erstinterviews anknüpfend - versucht, mögliche Problem- oder Konfliktbereiche hypnotisch zu explorieren, die an der Aufrechterhaltung der Schmerzen beteiligt waren. Die dazu gegebenen problemaktivierenden Suggestionen waren zunächst völlig unspezifisch: Ich führte aus, daß man im Laufe seines Lebens mit vielen unerfreulichen oder schmerzlichen Ereignissen konfrontiert wird, daß man versucht ist, diese zu vergessen und vor dem eigenen Bewußtsein geheimzuhalten, daß solche Inhalte aber bei verschiedenen Gelegenheiten, z.B. nachts, wenn man träumt, einen Weg zurück ins Bewußtsein finden und in Form von Vorstellungsbildern und alptraumhaften Gefühlen in Erscheinung treten können. Diese Äußerungen zielten darauf ab, eine Suche nach negativem, konflikthaftem Material einzuleiten und dieses in Form von Vorstellungsbildern und Emotionen zu aktivieren. In den ersten Sitzungen, in denen dieses Vorgehen angewandt wurde, konnte zwar eine Vielzahl von Bildern aktiviert werden, doch waren diese meist fragmentarisch oder thematisch schwer bestimmbar. Außerdem wurden, abgesehen von einem gelegentlichen Gefühl der Bedrücktheit, keine begleitenden Emotionen aktiviert. So sah der Patient z.B. verschiedene Stoffmuster, etwa Blumenmotive, die wahrscheinlich mit seiner beruflichen Arbeit (er war ja Polsterer) zusammenhingen, vielfach auch Tiere, z.B.

Pfauen und Fledermäuse, die möglicherweise mit seiner Berliner Zeit, wo er in der Nähe des Zoos gewohnt hatte, verknüpft waren.

Gelegentlich gab es auch Andeutungen eines Problems, so etwa in einem Bild, wo er in einer nicht genau zu erkennenden Stadt - wahrscheinlich aber Innsbruck, wo er mit den anonymen Alkoholikern zusammentraf - Flammen aus einem Haus hervorbrechen sah, oder in einer Imagination, wo er seine Frau im Wohnzimmer auf einem Stuhl ohne Lehne sitzen sah. Die produzierten Vorstellungsbilder waren plastisch, detailliert, stabil und besaßen eine Qualität, die man als Eigendynamik bezeichnen kann: sie entstanden und entwickelten sich anscheinend ohne bewußte Anstrengung und neigten dazu, sich eigengesetzlich und häufig in für den Betrachter überraschender Weise zu verändern. Sie hatten jedoch keinen halluzinatorischen Charakter, da der Patient sich des realen (therapeutischen) Kontextes bewußt blieb und seinen Imaginationen gegenüber kritische Distanz bewahrte. Er redete mit mir gleichsam wie über einen Film, der vor ihm ablief, von dem er aber wußte, daß es nur ein Film und keine Realität war. In diesen Sitzungen berichtete er mehrfach, nachts schlecht geträumt zu haben und schweißnaß aufgewacht zu sein. Auch habe er nachts des öfteren Muskelkrämpfe in den Beinen.

In der zehnten Sitzung befragte ich den Patienten eingehend nach seinem bisherigen Befinden. Er meinte, die Schmerzen wären auszuhalten, könnten aber besser sein, der Schlaf sei gut, der "Kopfschuß" setze jedoch nach wie vor regelmäßig jeden Abend zwischen 7 und 8 Uhr ein. Ich fragte ihn, ob er in letzter Zeit einen "Fehlschuß" gehabt habe. Er konnte sich jedoch nicht erinnern. Ich machte ihn darauf aufmerksam, daß auch ein guter Schütze mal danebenschösse und ob er einen Fehlschuß wohl verkraften könne. Er versicherte, damit keine Probleme zu haben. Ich fragte ihn weiter, ob ihm dies in der Woche oder am Wochenende angenehmer sei, und er entschied sich für das Wochenende. Allerdings, so schränkte ich ein, wäre das Wochenende sehr lang und ich könne unmöglich an beiden Tagen Fehlschüsse garantieren. Das sah auch er ein. Um herauszufinden, an welchem Tag der Fehlschuß losgehe, müsse er aber an beiden Tagen auf sein Kopfschmerzmedikament verzichten. Er willigte ein und äußerte, lieber hätte er am Samstag Kopfschmerzen und Sonntag dafür keine, da er am Sonntag etwas Bestimmtes vorhabe. Ich stimmte ihm bei und fügte an, es sei ein wenig schade, wenn es nun gerade umgekehrt käme. Diese "Verhandlung" wurde ohne vorherige Hypnoseinduktion geführt und war symptomzentriert, da sie auf eine direkte Veränderung des zeitlichen Auftretens der Kopfschmerzen abzielte.

In der folgenden Sitzung berichtete er, daß er nicht erst am Wochenende, sondern schon am Freitag die Tabletten weggelassen und seitdem keine Kopfschmerzen bekommen habe. Ich nahm nun das problemzentrierte Vorgehen wieder auf, wobei ich diesmal jedoch nicht unspezifisch, sondern spezifisch explorierte, indem ich den Patienten hypnotisch direkt auf die "Überdehnung" (den Beginn seiner jetzigen Beinschmerzen) im Frühjahr 1981 reorientierte. Ich führte dazu aus, daß man im Traum manchmal eine frühere Situation noch einmal durchlebe, die einem viel Schmerzen bereitet habe, daß dies eine Situation im Jahre 1986 gewesen sein könne, oder 1985, vielleicht sogar im Frühjahr 1985, oder war es Frühjahr 1984? Auf diese Weise führte ich den Patienten zeitlich langsam zurück, bis das Zieldatum erreicht war. Ich beschrieb dann vage die Situation, indem ich Andeutungen auf weiße Kittel, Schmerzen und evtl. ausgelöste Wut machte. Auf meine Frage, was er sehe, erwiderte er, da wäre nichts, er fühle sich aber innerlich erregt und habe Kopfschmerzen. Aufgefordert, genauer hinzuschauen, visualisierte er ein Bett in einer Klinik. Bei genauerer Betrachtung erkannte er sich selber als die Person, die im Bett lag und aussah, als hätte sie Schmerzen im Bein (anscheinend visualisierte er hier einen Zeitpunkt kurz nach der Überdehnung). Auf meine Frage, wie er sich fühle, erwiderte er, er sei zornig auf den Chefarzt, der da gerade "dusselige Reden" hielte. An dieser Stelle erfolgte eine ungewöhnlich heftige emotionale Reaktion; sein Körper begann stark zu zittern, sein Gesicht war wie in Wut verzerrt, die Atmung ging stoßweise und er machte den Eindruck eines Menschen, der sich mühsam beherrschen muß, um nicht auf jemanden loszugehen. Ich fragte ihn, was er da jetzt täte. Er erwiderte "nichts", er sei wie gelähmt und zu feige, etwas zu dem Arzt zu sagen. Das Zittern dauerte noch geraume Zeit an und hörte erst auf, als ich ihn aus der Hypnose aufwachen ließ. Er war sehr erschöpft, doch erfuhr ich noch, daß er immer Angst vor seinem eigenen Jähzorn gehabt habe und früher wegen seiner Aggressivität oft in Prügeleien verwickelt gewesen war.

Beim nächsten Treffen berichtete er, er fühle sich seit der letzten Sitzung aggressiv, habe nachts oft Muskelkrämpfe, und auch seine Frau habe bemerkt, daß er unruhig schlafe und viel im Bett strampele. Die Schmerzen im Bein seien jedoch nur halb bis viertel so stark wie vorher. Ich reorientierte ihn in Hypnose noch einmal auf die Begegnung mit dem Chefarzt. Er visualisierte eine Begegnung auf dem Krankenhauskorridor, sah sich jedoch wiederum stumm an dem Arzt vorbeigehen. An dieser Stelle traten mit gleicher Heftigkeit die emotionalen Reaktionen der vorigen Sitzung auf. Als ich ihn fragte, was er gern tun würde, war seine Antwort "ihm den Stuhl um die Ohren schlagen". Ich ermutigte ihn nicht dazu, forderte ihn jedoch auf, sich Zeit zu nehmen für das, was er jetzt tun würde. Er zögerte eine Weile, sah sich dann aber zum Angriff übergehen und den Arzt daraufhin blutend auf den Knien liegen. In diesem Moment bedauerte er aber auch schon seine Handlung, sah sich dem Arzt aufhelfen und Anstrengungen unternehmen, ihm die Gründe seines Tuns auseinanderzusetzen. Als nächstes orientierte ich ihn auf den Zeitpunkt der Überdehnung. Anders als in der Realität (er war von dem Chefarzt anscheinend aufgefordert worden, im Stehen eine vollständige Rumpfbeuge zu machen und hatte dies zwar widerwillig, aber protestlos getan) sah er sich die Rumpfbeuge nur im Ansatz ausführen, so daß sie ihm nicht schaden konnte. Während ihm dieses Bild vor Augen kam, blieb er innerlich wie auch äußerlich ruhig und gelassen. Ich nahm dies, zusammen mit der vorherigen Episode, als Hinweis, daß dieses traumatische Ereignis sowohl auf der imaginativen wie auch auf der emotionalen Ebene bewältigt war und beendete die Sitzung.

Der Eindruck der Bewältigung bestätigte sich in den beiden folgenden (und letzten) Sitzungen. Ich reorientierte den Patienten wiederholt auf die Ereignisse in der Kurklinik im Jahr 1981, löste aber zunehmend positive und emotionslose Bilder aus. So sah er sich z.B. leise vor sich hinschimpfend im Kurpark spazierengehen, oder er visualisierte sich schwimmend im Badehaus, wo er - nicht ohne

Schadenfreude - die Ärztin, bei der er gerade einen Untersuchungstermin hatte, warten ließ. Ich reorientierte ihn ferner auf den Tod seiner Mutter, doch konnte ich auch hier nur noch eher gedanklich-blasse und emotionslose Erinnerungen auslösen.

Nach insgesamt 15 Sitzungen wurde die Therapie beendet. Eine Nachbefragung mehr als 1 Jahr später ergab, daß die Einschlafstörungen behoben (er schläft nach eigenen Angaben jetzt innerhalb von 10 Minuten ein) und die Kopfschmerzen so gut wie vollständig beseitigt sind. Ein gelegentliches Auftreten lindert er mit "Tigerbalsam". Seine ins Bein ausstrahlenden Rückenschmerzen sind noch vorhanden, doch tagsüber kaum und abends nur wenig stärker zu spüren. Die Schonhaltung ist wesentlich reduziert, insbesondere wird das linke Bein im Sitzen nicht mehr abgespreizt. Kommt das Gespräch auf die vergangenen medizinischen Behandlungen, so verfällt er allerdings nach wie vor in einen ärgerlich schimpfenden Tonfall.

4.8 Morbus Crohn

Siegfried Mrochen

4.8.1 Symptomatik

Markus ist zum Zeitpunkt des Beginns der Therapie 15 Jahre alt und besucht die 9. Klasse einer freien Waldorfschule. Er ist ein bedächtiger, höflicher und freundlicher Junge, der in Schule, Familie und Freundeskreis durch Fleiß, Beständigkeit, Vernunft und Hilfsbereitschaft gekennzeichnet ist. Eine langjährige Neigung zu Durchfällen hat sich 1987 - nach einer mehrmonatigen Belastung durch Proben und Aufführung eines Klassenspiels - in eine manifeste Darmsymptomatik gewandelt, die als Morbus Crohn diagnostiziert wurde.

Morbus Crohn Patienten gelten als angepaßt und beschwichtigend (bei oft hochambivalenter Mutterbeziehung). Es sind Kinder, die auf den Stationen den Schwestern zur Hand gehen, die stets freundlich sind, bereit, andere zu trösten oder sich sonstwie nützlich zu machen. Aggressive und destruktive Empfindungen werden nicht erlebt, allenfalls ein gewisser Unwille und leichter Ärger. Sie sind gute Gesprächspartner und höfliche Zuhörer, frei von kindischen und kindlichen Regungen.

Diese Züge sind zumindest teilweise auch bei Markus zu finden. An Lehrern und Mitschülern gab es lange Zeit nur wenig zu kritisieren; für die unfairsten und absonderlichsten Verhaltensweisen entwickelt er noch mildes Verständnis.

Ungerechtigkeiten bei anderen verletzen ihn und mobilisieren Kräfte zur Verteidigung Schwächerer und Benachteiligter. Ungerechtigkeiten an sich selbst erträgt er geduldig. Mit seiner Körpergröße und Körperkraft liegt Markus deutlich unter dem Durchschnitt der Klasse. Die anderen raufen, Markus schlichtet.

Die Familie: Der Vater ist Philologe und hat seine Frau, eine Spanierin, während eines mehrjährigen Aufenthaltes im Ausland kennengelernt, geheiratet und nach B. gebracht. Markus hat einen anderthalb Jahre älteren Bruder und eine anderthalb Jahre jüngere Schwester. Auch die Geschwister von Markus besuchen die Waldorfschule, und insgesamt hat sich die Familie in ihrem Lebens- und Erziehungsverhalten an die entsprechenden Vorgaben dieser Einrichtung orientiert. Der Umgang und Kommunikationsstil ist kultiviert, freundlich und frei von Aggressionen. Musikunterricht und Hausmusik bestimmen einen großen Teil der Freizeitgestaltung der Kinder und der gesamten Familie.

Die Bindung der Familie an das Menschenbild und die Erziehungspraktiken der Anthroposophen ist sicherlich mitbedingt durch die Akzeptanz, die die Mutter der Kinder als Ausländerin in diesen Kreisen erfuhr und die sich von anderen Erfahrungen deutlich unterschied. Die Kontakte in der Familie sind (oder waren) formalisiert bzw. maskiert. Eine Gefühlskommunikation fand nur in den positiven, "wertvollen" und harmonischen Bereichen statt. Das Gute und Schöne wurde gepflegt, Disharmonisches und Häßliches verbannt.[3] Die verbannten Destruktionen und Aggressionen manifestieren sich bei äußerlicher Sanftmut im Darmtrakt.

4.8.2 Behandlungsgeschichte

Die Darmstörungen wurden lange im Sinne anthroposophischer Lebensführung mit immer konsequenteren Umstellungen auf biologisch-dynamische Ernährung behandelt. Auch in der akuteren Phase nach der Aufführung des Klassenspiels, die durch Fieber und Blutungen begleitet war, ließ die Mutter das Kind durch eine Heilpraktikerin behandeln. Als der Zustand des Jungen sich verschlechterte, suchten die Eltern eine anthroposophische Klinik in W. auf. Nachdem die Ärzte den Eltern gesagt hatten, daß in diesem Stadium auch in ihrer Klinik mit Cortison behandelt werden müßte, fuhren die Eltern wieder nach B. und gaben den Jungen in die Obhut eines schulmedizinisch anerkannten Experten. Nach mehrwöchigen Krankenhausaufenthalten und andauernder Abwesenheit von der Schule stabilisierte sich der Zustand des Jungen, wobei sein Äußeres bereits deutliche Züge der Cortisonbehandlung aufweist (Mondgesicht). Phasen der Besserung wechseln mit Phasen der Verschlechterung, die immer mit einer Steigerung der Cortisongaben verbunden sind.

Im November 1987 beginnt in Absprache mit den behandelnden Ärzten eine psychotherapeutische Begleitbehandlung des Jungen, einschließlich familientherapeutischer Sitzungen für die ganze Familie. Insgesamt haben zwölf Thera-

---

3 Unter familientherapeutischen Gesichtspunkten hat Markus so etwas wie eine Parzival-Delegation vom Vater, und für die Mutter verkörpert er die gelungene Anpassung an eine harmonische Inselwelt in einer sonst feindlichen und vorurteilsbereiten Welt.

piekontakte stattgefunden, sieben Einzelsitzungen mit dem Jungendlichen und fünf Sitzungen mit der Familie. Ungeplant, aber wichtig in ihren Auswirkungen waren vier eher zufällige Begegnungen und informelle Gespräche sowohl mit dem Vater als auch mit der Mutter an unterschiedlichen Orten.

Nach Abwägung individueller Eindrücke von Markus, von Aspekten des Familiensystems und Erfahrungen mit der speziellen Psychodynamik des Krankheitsbildes, wurde die Richtung der Arbeit mit Markus festgelegt: Über eine Steigerung seiner Entspannungs- und Imaginationsfähigkeit sollte er zu einer größeren Toleranz regressiver Erlebens- und Verhaltenstendenzen gebracht werden. Als zentraler Punkt wurde das Erleben, Erkennen und Akzeptieren negativer, destruktiver und aggressiver Regungen sowie deren Integration angesehen. Die Korrektur und Ergänzung der Selbstwahrnehmung sowie der Aufbau angemessener Bewertungssysteme für soziale Situationen sollte die Zielorientierung abschließen. Im folgenden werden einige Ausschnitte aus der psychotherapeutischen Behandlung dargestellt:

1. Einzelsitzung: Der erste Kontakt mit Markus dauert ca. zwei Stunden und beginnt mit einem Gespräch über seine Interessen, seine Familie und seine Freunde. Deutliche Betroffenheit zeigt Markus, als er Befürchtungen äußert, von seinen Mitschülern "verkannt" zu werden, als unkameradschaftlich zu gelten und nicht gemocht zu werden. Irritiert ist er über den Umstand bzw. die Erfahrung, daß es Mitschüler und Lehrer gibt, die er nicht mag.

Ich beginne, mit ihm zu atmen, und fordere ihn während des Atempacings auf, sich bequem hinzusetzen und seine Möglichkeiten der Entspannung zu nutzen. Ich erzähle ihm die Geschichte vom chinesischen Prinzen, der niemanden an sich heranläßt, dem es körperlich schlecht geht, ohne daß er Schmerzen hat, und dem weder Astrologen, noch Ärzte, noch Psychologen richtig helfen können; den schließlich ein kleiner sprechender Vogel darauf hinweist, daß er Kontakt mit dem "Lächeln in seinem Bauch" aufnehmen muß, um seinen Zustand zu verbessern. Markus hört sich die Geschichte still und in sich gekehrt an. Wir trennen uns, ohne weiter über diese Geschichte oder ihre Wirkung zu sprechen.

1. Familiensitzung: Diese findet im Hause der Klientenfamilie statt. Ich nehme Kontakt mit den beiden Geschwistern auf und berichte über meine eigenen Lebensumstände. Ich möchte mir einen Überblick über die Beziehungen verschaffen und bitte jedes Familienmitglied, sein Erleben der Familie in einer *Skulptur* darzustellen. Die Auswertung dieser Skulpturarbeit ergibt folgende Informationen: Alle Kinder sehen im Vater den "Lehrer", die Mutter unterstützt den Zusammenhalt zwischen Kindern und Vater, sieht sich selbst deutlich distanzierter. Aus Vater und Kindern formiert sie eine eng zusammenstehende Gruppe, steht aber selbst mit einer segnenden Geste in 1½ Meter Entfernung. Markus und seine jüngere Schwester geben jeweils durch ihre Skulpturen zu verstehen, daß sie die Familie irgendwie zusammenhalten wollen.

In der nächsten Phase dieser dreistündigen Sitzung wird darüber gesprochen, daß die Mutter Spanierin ist und daß dies in der Familie weder durch Zweisprachigkeit noch durch die Atmosphäre in der Wohnung irgendwie deutlich wird. Der Ehemann stimmt mir zu. Wenn er oder Nachbarn, die der Sprache seiner Frau mächtig sind, sie in spanisch ansprechen, antwortet sie deutsch, das sie flüssig mit einem ganz leichten Akzent spricht.

Ich bitte Markus' Mutter, in einer leichten Trance zurückzugehen in ihre Kindheit, um Gefühle und Eindrücke in ihrer Muttersprache zu äußern. Diese Phase dauert etwa sieben Minuten; Frau B. atmet schwer, kämpft offensichtlich mit Tränen und redet stoßweise mit leiser Stimme ein paar spanische Wörter und Sätze. Danach berichtet sie, daß sie sich nicht gerne an diese Zeit erinnert, und es wird deutlich, daß sie ihre Muttersprache als die Sprache ihrer Kindheit mit einer äußerst unangenehmen Familiengeschichte in Verbindung bringt. Ich ermutige die Frau, diesen Teil ihrer Identität wieder zuzulassen und die bikulturelle Situation der Familie als etwas Interessantes und Wertvolles zu akzeptieren.

3. *Einzelsitzung:* In der ersten Hälfte der etwa neunzigminütigen Sitzung bitte ich Markus im ersten Durchgang, aus einem Berg von Puppen und Stofftieren seine Familie auszusuchen. Zur Darstellung der Vaterfigur nimmt er einen "lieb" dreinschauenden Löwen, bei der Mutter weiß er zunächst nicht, ob er Kuh oder Fuchs nehmen soll, entscheidet sich dann für die Kuh; seine Schwester wird von einem Waschbären und sein älterer Bruder von einem Hai dargestellt. Für sich selbst nimmt er die Figur eines etwas abgewetzten Hundes mit einem abgeknickten Ohr. Ich interviewe die einzelnen Puppen und frage nach ihren Vorlieben und Abneigungen, und versuche noch einmal, die Beziehungen untereinander deutlich werden zu lassen: Löwe und Kuh streiten nie vor den Kindern. Markus wirkt, trotz dieser Auskünfte, reserviert und kontrolliert.

In einem zweiten Druchgang bitte ich ihn, einige Kinder und ein oder zwei Lehrer aus seiner Klasse unter den Puppen auszuwählen. Nach der Aufforderung, während des Puppenspiels seinen Klassenkameraden die Meinung zu sagen, bleibt Markus mit seiner Stimme und seiner Mimik sehr verhalten bis gehemmt. Während der Arbeit mit den Puppen wird deutlich, daß es Markus schwer fällt, negative Dinge über die erwählten Puppen und die dahinter stehenden Personen zu sagen. Er ist ständig um eine "ausgewogene" Beurteilung bemüht. Die letzte Intervention in dieser Stunde besteht darin, daß ich ihn auffordere, ein Stofftier oder eine Puppe auszusuchen, welche seine Krankheit bzw. deren Symptome am besten darstellt. Er wählt eine Figur, eine Großmutter, die er jedoch als Hexe bezeichnet; ich versuche, ein Gespräch zwischen diesem Teil und der Puppe zu initiieren, die ihn selbst darstellt, überfordere ihn jedoch wahrscheinlich damit, denn es fiel ihm dazu nichts ein.

Im letzten Abschnitt dieser Sitzung erzählt mir Markus einen Traum: Von einem Schienenstrang, der in die Wüste führt; auf einem Streckenabschnitt, der nicht einsehbar ist, entgleisen die Züge und verschwinden spurlos. Ich versetze Markus in eine Trance und bitte ihn, nacheinander in die unterschiedlichen Elemente seines Traumes hineinzugehen, ihnen seine Stimme und seine Gedanken zu geben, um so den Traum für sich selbst zu entschlüsseln. Als "Schienen" spricht er davon, daß sie nicht mehr sicher sind, daß sie ihre Entfernung zueinander, ihre Distanz verändern, daß sie weich werden, daß sie die Güter und Menschen nicht mehr dort hinbringen, wo sie hin wollen. Gebeten, dem Sand in der Wüste seine Stimme zu geben, antwortet er, daß durch ihn alles hindurchsickert; Regen laufe sofort hindurch und der Rest der Feuchtigkeit wird durch die Sonne ausgetrocknet.

Zum Abschluß dieser Sequenz äußert sich Markus spontan, daß ihm diese Traumarbeit am besten gefallen habe.

5. Einzelsitzung: Zu Beginn der Stunde fordere ich Markus zu einer kritischen und ehrlichen Stellungnahme zu den bisherigen Stunden auf: Die Puppenarbeit sei ihm "schon manchmal etwas komisch", Atem- und Entspannungsübungen kenne er von seiner Klavierlehrerin und seine Mutter habe das auch schon mit ihm gemacht. Seine Stimme ist freundlich, sein Tonfall höflich.

Ich fordere ihn auf, sich auf den Teppichboden zu legen, erst schwach, dann normal und dann stark zu atmen. Während dieser Atemarbeit animiere ich ihn, sein Unterbewußtsein zu bitten, ihn zurückzuführen in die Jahre seiner Kindheit. Während seiner Atemarbeit und meiner Regressions-Induktion liegt meine linke Hand ruhig auf seinem Bauch. Ein anfänglich noch leichtes Glucksen und Schütteln in seinem Brustkorb und Bauchraum steigert sich zu einem etwa zehnminütigen dramatischen Weinkrampf. Der Junge wird von Schütteln und Schluchzen hin und her geworfen und ist auch nach dem Abebben der Tränen für mehrere Minuten nicht ansprechbar.

Nachdem Markus sich beruhigt hat, berichtet er von aufgeschnappten Gesprächsfetzen aus unterdrückt geführtem Streit der Eltern; Worte vom "Zurückfahren" und "Weggehen" lösen Phantasien darüber aus, daß seine Mutter auf und davon geht - zurück in ihre Heimat. Markus glaubt sich - unter anderem durch seine Erkrankung - verantwortlich für diese Entwicklung, und seine Verantwortung für Harmonie und Zusammenhalt der Familie drückt ihn schwer. Es wird in diesem Gespräch deutlich, daß er seine Eltern schon lange aus dem Blickwinkel seiner diffusen Trennungs- und Auflösungsängste beobachtet. Die Sitzung hat etwa zwei Stunden gedauert.

Zwischen diesem und dem nächsten Einzeltreffen findet ein Telefongespräch mit der Mutter statt, aus dem hervorgeht, daß das ständige Fieber bzw. die Temperatur bei Markus deutlich nach unten gegangen ist.

6. Einzelsitzung: Im Vordergrund dieser etwa einstündigen Sitzung steht das Gespräch über das Verhalten von Lehrern und Mitschülern. Ungerechtigkeit und ironische Verhaltensweisen von Lehrern sind ihm ein Greuel, verursachen ihm körperliche Pein. Er beklagt sich vehement und eindeutig über Schulkameraden, die sich dauernd streiten und - sich schon für Mädchen interessieren.

In diesem Gespräch äußert sich Markus das erste Mal eindeutig negativ über bestimmte Personen aus seinem Lebenszusammenhang, ohne ausgleichende positive Ergänzungen vorzunehmen. Dennoch verläuft die Unterhaltung in meiner Wahrnehmung etwas schleppend. In den letzten zehn Minuten dieser Stunde mache ich mit ihm eine Entspannungsreise durch seinen Körper und webe fraktionierte Elemente darüber ein, wie interessant in der Musik Disharmonien sein können.

4. Familiensitzung: Das zweistündige Treffen findet in meinen Praxisräumen statt. Der Familie wird "Arbeit mit Ton" angekündigt; es kommt zu scherzhaften Mißverständnissen. Alle fünf Familienmitglieder bekommen eine Portion Ton und werden aufgefordert, ein Wesen von einem anderen Stern, aus einer fernen Galaxis zu formen; diese Wesen werden dann nacheinander von mir interviewt. Die Familienmitglieder beteiligen sich während dieser Interviews an den Fragen. Die Atmosphäre ist solange entspannt und fröhlich, bis ich das "Wesen" von Markus' älterem Bruder frage, ob auf seinem Stern Jungen und Mädchen auch miteinander flirten. Während dieser noch grinsend und verlegen nach einer Antwort sucht, geht Markus vehement dazwischen und sagt, das ist alles doof und überflüssig. Das Produkt von Markus selbst hat, schon bevor wir darauf zu sprechen kommen, in der Familie eine gewisse Irritation ausgelöst; die Eltern schauen abwechselnd die Figur und dann sich an. Markus hat ein Geschöpf angefertigt, das wie ein stabiler Baumstamm ausschaut, dem im unteren Drittel ein - wie er sagt - kräftiger "Arm" entspringt. Dieser Arm hat zweifellos bis in Details eine große Ähnlichkeit mit einem erigierten Penis. Die Familie reagiert durchaus unterschiedlich. Vater und Mutter schauen abwechselnd sich an und dann dieses Ding, der ältere Bruder scheint zwischen Verlegenheit und Amüsiertheit hin und her zu pendeln, und die jüngere Schwester fingert an ihrem Tonstück herum. Während insbesondere die Mutter offensichtlich irritiert und konfus ist, beantwortet Markus ganz ruhig und sachlich die Fragen, die ich an sein Phantasiewesen aus Ton stelle. Ja, auf seinem Stern brauche man einen solchen starken Arm, um sich zu schützen und um Kontakt mit anderen aufzunehmen, um sich fortzubewegen usw.

Während dieser Episode mache ich mir noch einmal klar, daß Markus fünfzehn Jahre alt ist. Bei der Verabschiedung sagt mir der Vater, daß wir "hierüber" noch einmal reden müßten, wenn sich die Gelegenheit dazu ergibt; ich habe nicht nachgefragt worüber, und es ist darüber auch nicht mehr mit den Eltern gesprochen worden.

7. Einzelsitzung: Zu Beginn der sechzigminütigen Sitzung greife ich noch einmal das Thema "Jungen und Mädchen" in seiner Klasse auf. Der Versuch, direkt über die sexuellen Empfindungen von Markus zu sprechen, gestaltet sich schwierig. Verkrampft und gereizt kommen seine abweisenden Antworten. Meinem Eindruck zufolge ist sein sexuelles Erleben ein Bereich, mit dem sich der Junge offenbar sehr schwer tut, der für ihn außerordentlich stark tabuisiert ist, aber möglicherweise doch eine zur Zeit bedrängende Bedeutung für ihn hat. Aus seinem Elternhaus wird ihm - zumindest zu diesem Zeitpunkt - auch keine Unterstützung oder Entlastung zuteil. Nach etwa dreißig Minuten sagt Markus das erste Mal deutlich, daß er nun noch über etwas anderes mit mir sprechen möchte; damit ist der Themenwechsel eingeleitet. Er schildert eine typische Situation aus der Schule. Zwei Mitschüler geraten über kleine Sticheleien in einen heftigen Streit, Markus leidet darunter und (wörtlich) "hat Schmerzen". Ich sage ihm, daß ich ihm eine Geschichte erzählen möchte; Markus fragt höflich, ob er "in Trance" gehen soll. Er schließt die Augen, atmet einige Male tief ein und aus - und befindet sich in dem anderen Zustand.

Ich erzähle ihm mehrere kleine Episoden, in denen sich Menschen streiten, ärgern, beleidigen, auseinandersetzen usw.; verschiedene "Beobachter" mit unterschiedlicher innerer Beteiligung und unterschiedlichen körperlichen und emotionalen Reaktionen erleben diese Episoden. Der Jugendliche reagiert erregt und produktiv auf diese Intervention. Er schildert nacheinander mehrere Begebenheiten aus der Schule, seiner Familie, einer Orchestergruppe u.a. und bittet mich jedesmal, alternative Erlebnisse und Reaktionsmöglichkeiten zu benennen. Markus prüft sie, verwirft oder akzeptiert sie.

Mit dieser Themenstellung und Gesprächsdynamik haben Markus und ich für die verbleibenden Stunden den Weg gefunden, der ihn am meisten zu fesseln vermag: Die Aufarbeitung wichtiger Ereignisse aus Markus' Leben durch die Entwicklung von Alternativen im Denken, im Erleben und im Handeln.

4.8.3 Zur Einschätzung des Erfolges der Therapie

Die objektivierbare Entwicklung spricht für einen guten Einfluß der begleitenden psychotherapeutischen Maßnahmen. Der Gesundheitszustand des Jungen hat sich deutlich verbessert. Bereits vier Wochen nach dem Beginn der psychotherapeutischen Behandlung hat Markus wieder mit zunächst reduzierter Stundenzahl am Schulunterricht teilgenommen. Mit dem Jahresbeginn 1988 ging er wieder voll zur Schule. Die Cortison-Behandlung wurde, mit Ausnahme eines kurzen Rückfalls, im Behandlungszeitraum ständig reduziert und drei Monate nach Beginn der Psychotherapie erst probeweise und schließlich ganz abgesetzt. Die Entzündung im Darmbereich und das damit verbundene Fieber sind verschwunden. Die kosmetischen Veränderungen (Aufschwemmung) im Gesicht sind nach einem Jahr deutlich sichtbar zurückgegangen.[4]

Unabhängig voneinander berichten verschiedene Personen, daß Markus auch im schulischen Kontext sein Verhalten deutlich geändert hat. Er tritt härter, aggressiver und (noch) engagierter auf; und das inzwischen nicht mehr nur für andere. Es findet - um zu einem anfangs verwandten Bild zurückzukommen - eine Wandlung vom Parzival zu Robin Hood statt. Glaubt man dem Augenschein, dann geht es auch in der Familie auf die erwünschte Weise etwas "spanischer" zu; Sprache und Kultur der Mutter finden in kleinen Ansätzen größere Beachtung.

Die Trancearbeit hatte bei Markus vermutlich für die Wirkung eines verbesserten Zugangs zu sich selbst gesorgt. Widerstände auf der Ebene kognitiver Einsicht gab es bei Markus nicht.[5] Markus hat mit dem Kopf verstanden, daß seine Darmerkrankung etwas mit seinem Denken, Fühlen und Erleben zu tun

---

4 Als eine die medizinische Behandlung unterstützende Maßnahme ist die psychotherapeutische Behandlung sicherlich erfolgreich gewesen. Dieses entspricht sowohl dem Verständnis des behandelnden Arztes als auch dem der Eltern.

5 Höflich, kooperativ und neugierig hatte sich Markus auf die meisten Interventionen eingelassen. Die Haltung der Eltern - "Wir machen alles, was unserem Sohn hilft, seine Krankheit zu überwinden" - machte das Vorgehen nur auf den ersten Blick leichter. Mehr Egoismus, mehr Aggression, mehr Destruktivität von dieser Familie zu fordern, hätte bedeutet, alle ihre Überlebensmuster und Ideale auf den Kopf zu stellen.

hat; und daß die Frage, ob er irgendwann einmal einen künstlichen Darmausgang brauchen wird, möglicherweise auch davon abhängt, ob es ihm gelingt, weniger edel, d.h. mit einem guten Gewissen etwas "fieser" zu sein.

Nach dem Abschluß der Therapie sind inzwischen mehr als zwei Jahre vergangen; medizinisch ist der Erfolg stabil. Höchstwahrscheinlich haben die psychologischen und sozialen Veränderungen bei Markus und seiner Familie mit den psychotherapeutischen Interventionen zu tun. Wie oberflächlich oder tiefenwirksam diese Veränderung auch somatisch ist, wird allerdings bei diesem Krankheitsbild erst in einigen Jahren zu beantworten sein.

4.9 Herzphobie

Dirk Revenstorf

Verhaltenstherapie und Hypnose scheinen in ihrer Vorgehensweise entgegengesetzt zu sein: erstere transparent und bewußt planerisch, auf eine direkte Änderung des sichtbaren Verhaltens aus, letztere häufig wenig transparent und die bewußte Analyse umgehend, und nur indirekt auf eine Veränderung des Verhaltens ausgerichtet. Es gibt keine Theorie der hypnotischen Wirkmechanismen, über die Einigkeit bestünde (Suggestion, Simulation, Imagination u.ä.); dagegen gibt es zunehmend mehr Lernmechanismen, über die Einigkeit besteht, daß sie der Verhaltenstherapie zugerechnet werden (respondentes und operantes Lernen, Modell-Lernen, kognitive Konditionierung usw.). Es ist denkbar, daß die Hypnose irgendwann einmal unter eine dieser Mechanismen subsummiert wird. Aber es wird wahrscheinlich ein unbestimmbarer Rest bleiben, der nicht nur die Attraktivität, sondern auch einen Teil der Wirksamkeit der Hypnose ausmacht.

So könnte man etwa sagen, Hypnose sei eine Art von kognitiver Therapie, die mit Bildern arbeitet. Auf der anderen Seite zielt Hypnose auch direkt auf körperliche Prozesse ab. Dies hat sich Wolpe zunutze gemacht, indem er die systematische Desensibilisierung zunächst als Hypnose betrieb. Hypnotherapie ist andererseits, wie man an der Heterogenität der Vorgehensweisen allein im Bereich des Schmerzes sehen kann, vielleicht überhaupt keine einheitliche Vorgehensweise. Sie enthält vielmehr unterschiedliche Komponenten. Eine wesentliche Komponente ist die der Umdeutung, wie immer wieder betont worden ist. Aus eben dieser Umdeutung haben sich strategische Ansätze entwickelt, die in Symptomverschreibungen oder paradoxen Interventionen resultieren - gänzlich unabhängig von einer hypnotischen Induktion. Umdeutungen ermöglichen es, der symptomatischen Entwicklung eines Patienten einen Sinn zu geben. Es war

Frankl, der betont hat, daß die Sinngebung ein wesentlicher Bestandteil der Psychotherapie sei - die Verhaltenstherapie hat in dieser Hinsicht keine expliziten Ansätze gemacht. Hypnose stellt daher in zweierlei Hinsicht ein Komplement zur Verhaltenstherapie dar: einerseits, indem sie die psychosomatische Ansprechbarkeit des Organismus im Auge behält, und zum anderen, indem sie Möglichkeiten bietet, das Erleben des Klienten sinnhaft einzuordnen.

4.9.1 Anamnese

Zum Erstgespräch erscheint Herr B. mit seiner Frau und berichtet, daß er seit vier Jahren unter Ängsten in engen Räumen leide, die sich besonders stark beim Autofahren bemerkbar machen. Als Schlüsselereignis gibt er einen Schwächeanfall beim Autofahren an, bald nachdem er begonnen hatte, Betablocker einzunehmen, die ihm aufgrund einer fehldiagnostizierten Hypertonie verordnet worden waren. Bei diesem Schwächeanfall verspürte er Todesängste und ist seither unfähig, sein Auto zu lenken. Zuhause fühlt er sich sicher und hat keine Attacken; nur nachts wache er hin und wieder mit einem Gefühl der Unruhe auf. Mehrfach erfolgte medizinische Untersuchungen erbrachten keinerlei organischen Befund. Jeden Morgen mißt Herr B. seinen Blutdruck, und zwar nachdem er die Zeitung geholt hat und dabei einige Treppen hat steigen müssen. Die Werte sind nicht erhöht (80/120), so daß eine Hypertonie ausgeschlossen werden kann (internistisches Gutachten liegt vor). Er berichtet, daß ihm jeden Tag schlecht sei, daß er Herzschmerzen und Angstgefühle habe und häufig von dem Empfinden, gleich umzufallen, geplagt sei. Als maximale Angstsituation gibt er an, allein im Auto fahren zu müssen. Als Beifahrer erleide er diese Angstzustände nicht, hingegen träten Angstgefühle in öffentlichen Verkehrsmitteln, beispielsweise im Bus, ebenfalls auf. Er verspüre diese Ängste vor allem immer dann, wenn er allein etwas tun müsse. In Gaststätten trinkt er häufig schnell drei bis vier Bier, was dazu führt, daß die Ängste abgebaut werden.

Herr B. ist etwa 1,65 m groß, rundlich und quicklebendig. Er ist ein mittelständischer Geschäftsmann im Alter von 50 Jahren, der seinen technischen Betrieb selbst aufgebaut hat. Sein Beruf macht es häufig erforderlich, mit dem PKW weite Inspektionsreisen zu unternehmen. Bis vor fünf Jahren hat Herr B. all seine Energie in den Aufbau dieses Geschäfts investiert und kommt nun in eine Ruhephase. Der Betrieb läuft, so daß er zum Beispiel vor einem Jahr zum erstenmal seit längerer Zeit mit seiner Frau einen gemeinsamen Urlaub gemacht hat. An einem normalen Tag hat er zwei Erholungszeiten: die erste ist morgens, da er früh aufsteht, um in Ruhe die Zeitung lesen zu können; die zweite ist eine 90minütige Mittagspause. Das Geschäft von Herrn B. (eine Werkstatt) ist unter seiner Wohnung gelegen. Nicht selten geschieht es, daß er am Samstagnachmittag oder am Sonntag, wenn er nichts Besseres zu tun hat, noch Aufräumarbeiten oder sonstige Kleinigkeiten in seiner Werkstatt erledigt. Seine Frau macht die Buchhaltung, und beide sind mit ihrem Arbeitsleben und ihrer Beziehung zufrieden.

Bei der Einleitung zu einer Entspannungsübung stellt Herr B. die Hypothese auf, daß die Gesellschaft einen krank mache, da man Leistung erbringen müsse, um nicht "durchzufallen". Es leuchtet ihm nicht ein, daß körperliche Beschwerden psychisch bedingt sein können. Er glaubt vielmehr, er müsse jetzt die Rechnung dafür bezahlen, daß er auf seinen Körper keine Rücksicht genommen habe. Als besonders angenehme Vorstellung schildert Herr B. die Bewegung im Wasser (Hineinspringen und Schwimmen). Ausgehend von dieser Situation wird er gebeten, sich an einige Stationen aus seiner Kindheit zurückzuerinnern. Er erzählt von einem Ereignis, wo er als Kind mit einem Stein die Scheibe eines vorbeifahrenden Autos eingeworfen und der Fahrer Splitter in die Augen bekommen habe. Sein Vater bestrafte ihn daraufhin hart (er hatte blaue Flecken auf dem Rücken) und setzte ihn vier Wochen lang auf Wasser und Brot. Außerdem habe der Vater eine Woche lang kein Wort mit ihm gesprochen, was noch viel schlimmer gewesen sei. Doch sei dies eine einmalige Episode geblieben; er sei nie mehr mißhandelt worden. Er denke gern an seinen Vater zurück und glaube, daß er die Gewissenhaftigkeit von ihm gelernt habe. Der Vater starb an Alkoholismus, was für Herrn B. ein erschreckendes Beispiel ist und ihn davon abhält, selbst zuviel Alkohol zu trinken.

4.9.2 Vorbereitung auf eine Umstellung

In der zweiten Stunde erfolgt eine Anleitung zur aktiven Entspannung der Hände und Arme im Sinne der progressiven Relaxation nach Jacobson, des weiteren eine Anleitung zur Bauchatmung, die sich der Klient dadurch erleichtern soll, daß er die Hand auf die Magengegend legt und beim Ausatmen nachhilft, während er beim Einatmen das Sich-Heben der Bauchdecke verspüren kann. Dabei wird suggeriert, daß beim Ausatmen Spannung entweicht und daß beim Einatmen Kraft geschöpft werden kann. Eine Vertiefung der Entspannung wird unter Zuhilfenahme des Bildes, eine Treppe hinunterzusteigen, bewirkt. Der Klient fühlt sich angenehm warm und "faul" und ihm wird als Hausaufgabe mitgegeben, diese Übung täglich durchzuführen und sich mithilfe der Vorstellung zu schwimmen zu entspannen und dabei insbesondere auf die Veränderung der Atmung zu achten. Zudem soll er Aufzeichnungen über Unruhe, Angst und Herzschmerzen auf Analogskalen von 0 bis 100 machen (siehe Abbildung).

Auch in der dritten Stunde werden Möglichkeiten für den Klienten exploriert, sein Typ-A-Verhalten zu kompensieren. Er berichtet, keinen Sport zu betreiben, höchstens zu schwimmen, was ihm aber viel zu umständlich sei. Ein wichtiger Aspekt der Entspannung sei für ihn die Anwesenheit seiner Frau. Herr B. kommt noch einmal auf seinen beruflichen Weg zurück und berichtet, daß er vor zwei Jahren ein richtiges "Tal" durchlaufen habe, wo ihn nichts mehr gefreut hätte, wo er depressive Beschwerden hatte und auch das geschäftliche Engagement nachließ. Sein Körper, den er für ein Werkzeug hielt, auf das er sich verlassen konnte, habe ihn damals im Stich gelassen. Im Ganzen gesehen sei er jedoch mit seinem Tun und Handeln und seinem Leben zufrieden. Auf die Provokation "In den nächsten Jahren können Sie ja noch einmal tüchtig zulegen" meint er, daß er nur darauf warte, wieder voll zulangen zu können - obwohl er jetzt ein wenig langsamer treten wolle. Die Sache mit dem Auto sei für ihn das Schlimmste, was ihm hätte passieren können; er habe sich dadurch geschäftlich umstellen und Mitarbeiter seine vielfachen Inspektionsreisen durchführen lassen müssen. Wie schon mehrfach zuvor beteuert Herr B., "immer ehrlich und redlich" gelebt zu haben. Eine innere Stimme, die er nicht weiter beschreiben könne, sage ihm jedoch, daß er im Moment nicht Auto fahren solle. Er sei kein religiöser Mensch, glaube aber an ein höheres Wesen, vor dem er bestehen wolle. Er ist davon übereugt, daß dieses Wesen ihn nach seinem Leben richte und ihn jetzt dafür bestrafe, daß er seinen Körper überstrapaziert habe.

Hier bietet sich eine Umdeutung seines Leidens an: Es sei eine Gunst dieser höheren Macht, ihm nicht gleich einen Herzinfarkt zu schicken, wie es anderen Kollegen in seinem Alter und seinem Beruf und seiner Tüchtigkeit ginge. Vielmehr habe "ER" diesen redlichen Mann nur auf etwas aufmerksam machen wollen, indem er ihm eine Beschwerde verpaßt habe, die zwar ähnliche Symptome aufweise, letztlich aber harmlos sei - ohne ihn gleich umzubringen. Diese Sichtweise löst Verwunderung aus und die Beteuerung, daß er das noch nie so betrachtet hätte.

Zu den Hausaufgaben bemerkt Herr B., daß die Atemübung ihm gut getan habe. Ihm wird erklärt, daß die Atmung eine wichtige Funktion für die Steuerung der Gefühle darstelle und daß man mit verschiedenen Atemrhythmen bestimmte Stimmungen erzeugen könne. Das versetzt den Klienten in Erstaunen. Als Beispiel wird angegeben, daß schnelle Atmung Panik erzeugen kann, langsame Atmung Ruhe usw. Für die nächste Hausaufgabe wird Herr B. angehalten, beim Ausatmen bis 4 zu zählen und beim Einatmen bis 3 und darauf zu achten, ob ihm diese Atmung gut tut. Dabei wird wieder das Treppenbild zuhilfe genommen, indem er beim Einatmen drei Stufen herauf- und beim Ausatmen vier heruntersteigen soll. Auf diese Weise könne er es steuern, in immer tiefere Entspannungszustände zu gelangen. Außerdem soll Herr B. neben den Entspannungs und Atemübungen weiterhin die Tagebuchaufzeichnungen bezüglich seiner Beschwerden fortsetzen.

In der vierten Sitzung berichtet der Klient von einigen streßreichen Situationen - unter anderem von geschäftlichen Gesprächen, wo man ihn warten ließ und er sich mit unfreundlichen Vorzimmerpersonen auseinandersetzen mußte. Für derartige Situationen wird eine Gegenkonditionierung im Sinne des Ankerns eingeübt (Bandler & Grinder, 1975), indem er die Ruhehaltung während eines Urlaubserlebnisses an die Problemsituation zu koppeln versucht. Zum Abschluß der Sitzung wird ihm deutlich gemacht, daß er sich darauf einstellen müsse, in kleinen Schritten zu lernen und daß er seine Hausaufgaben in bezug auf Entspannung und Streßbewältigung fortsetzen solle.

4.9.3 Lebensgeschichtliche Einordnung

In der fünften Sitzung gibt der Klient noch einmal einen breiteren Rückblick auf seine Lerngeschichte. Er macht deutlich, daß Gewissenhaftigkeit für ihn oberstes

Prinzip sei und daß er alle Dinge immer 110%ig mache (er ist regelmäßig 15 Minuten vor Beginn der Sitzung in der Ambulanz). Auch sei es ein Zug von ihm, daß er sich oftmals für Fehler verantwortlich fühle, für die er eigentlich gar nicht zuständig sei. Den Grund für diese Gewissenhaftigkeit sieht er in seiner Erziehung: sein Vater war Hausmeister in einer größeren Realschule, und der Klient hatte schon früh Verantwortungen übernehmen müssen. So habe er beispielsweise immer um Mitternacht nachgesehen, ob die Fenster in der Schule gut verschlossen, die Lichter gelöscht, und ob die Türen (zweimal) verriegelt worden waren. Die Sentenz "Ich will mein Leben ordentlich und gewissenhaft zu Ende bringen" empfindet er als passend. Er fühle sich für alles verantwortlich. Im Zusammenhang hiermit äußert er den Verdacht, daß er sich möglicherweise erst richtig frei fühlen könnte, wenn er "alles hinschmisse". Er ist sich aber nicht sicher, ob ihn so etwas befriedigen würde.

Es ärgere ihn, daß er für seine Mitarbeiter ständig mitdenken müsse. Die anderen seien nach wie vor Schlamper. Er dagegen orientiere sich immer an Menschen, die noch fleißiger und gewissenhafter seien als er. Auf den provokativen Einwand, er sei ja eigentlich gar nicht so perfekt, da es Leute gäbe, die es besser machten als er, entgegnet er: Fehler gestehe er sich schon zu, bloß dürften die sich nicht wiederholen. In diesem Punkt unterscheide er sich von den Mitarbeitern.

Es wird deutlich, daß Herr B. ein Mensch ist, der sich durch Fleiß und Tüchtigkeit hochgearbeitet hat, der dabei viele Widerstände überwinden mußte und der Menschen gegenüber, vor allem wenn sie es leichter hatten als er (durch ein Studium beispielsweise), ein gewisses Ressentiment verspürt - vor allem, wenn sie dann schlampiger arbeiten als er. Seiner Aufmerksamkeit entgeht wenig. Er hat für alles Einwände und eigene Beobachtungen anzumelden. Insgesamt ist er ein sehr aktiver Mensch, der die Dinge nicht durch andere für sich erledigen läßt. Es sieht so aus, als habe er immer noch die Maximen seines Vaters vor Augen und lebe nach ihnen - nach Regeln, die er schon als kleiner Junge beherzigt hat. Er sagt, Aktivität sei sein Lebensprinzip, Entspannung fiele ihm schwer, Einatmen sei angenehmer als Ausatmen.

An dieser Stelle erzählt der Therapeut ihm eine Anekdote: Sein Nachbar, ein Bauer, sei nach dreißig Jahren zum erstenmal in den Urlaub gefahren, in ein kleines Dorf in Südtirol. Dort sei er am ersten Morgen wie üblich um fünf Uhr augewacht und konnte nicht weiterschlafen. Er sei dann unruhig in der Gegend des Hotels hin- und hergewandert und habe plötzlich von weitem eine Melkmaschine gehört. Er sei dem Geräusch nachgegangen und schließlich an einem Bauernhof angekommen. Dort hätte er seine innere Ruhe wiedergefunden und zugeschaut, wie der Bauer seinen Hof versehen habe. Der Therapeut fügt die Metapher von den "Reis-Affen" an (Bassman & Wester, 1980), in der es im wesentlichen darum geht, daß die Affen dem Reis nachjagen, der in Kokosnüssen versteckt ist. Dadurch, daß ihre Hand, mit dem Reis gefüllt, nicht mehr aus der Öffnung in der Kokosnuß herauskann, sind sie gefangen - weil sie nicht loslassen wollen.

Der Klient sagt, daß es ihm gut täte, zuzuhören, und daß er etwas über Entspannung gelernt habe. Auch könne er inzwischen Streßsituationen besser bewältigen, indem er sich einfach in die Urlaubssituation - wie eingeübt - versetze. Er bemühe sich auch in letzter Zeit, etwas freundlicher gegenüber seinen Mitmenschen zu sein. Zum Schluß möchte er noch einmal wissen, ob er nun psychisch krank sei oder nicht. Seine ganze Hoffnung liegt in dieser Therapie (er hatte zuvor Jahre in medizinische und psychotherapeutische Behandlungen investiert und etwa zehntausend Mark Unkosten dadurch gehabt). Er halte dies hier für die letzte Möglichkeit. Als Antwort erhält er: Er sei nicht psychisch krank, sondern sein Organismus habe gelernt, in bestimmter Weise sensibel zu reagieren. Ob das nachteilig sei, könne man noch nicht sagen. Er wird gebeten, für das nächste Mal wieder seine Frau mitzubringen. Im übrigen solle er die Hausaufgaben - Entspannung, Streßbewältigung und das Tagebuch - fortsetzen.

4.9.4 Umdeutung und Verschreibung

Die sechste Sitzung wird dazu benutzt, dem Klienten ein längeres "Kommuniqué" vorzulesen. Dies ist in Form einer Expertise gestaltet, die dem eigenen Denken des Klienten nahekommt (er beschäftigt sich mit Instandsetzungen und Schäden an komplizierten Apparaturen). Diese Darstellung soll den sinnhaften Hintergrund dafür abgeben, daß der Klient in der nächsten Stunde in einer Reizkonfrontation mit dem Autofahren wieder vertraut gemacht werden soll. Damit soll einerseits dem Wunsch des Klienten entsprochen werden, das Autofahren wieder zu beherrschen, zum anderen soll dem eine andere Bedeutung gegeben werden. Die Expertise war schriftlich ausgearbeitet, und die Verlesung dauerte etwa 20 Minuten. Während dieser Zeit saßen Herr und Frau B. völlig ruhig mit geöffneten, defokussierten Augen da und hörten zu. Einwendungen oder Kommentare danach gab es nicht. Der Text lautet wie folgt:

"Lieber Herr B., ich habe Ihnen versprochen, daß die Behandung nicht lange dauert und habe mir in den letzten Tagen überlegt, wie ich Sie darauf vorbereiten kann, wie die Behandlung abgeschlossen sein wird. Ich habe mir gedacht, wenn etwas reparaturbedürftig ist, so würden Sie einen Experten holen - wobei Sie natürlich nie ganz sicher sind, ob er wirklich Ihren Ansprüchen genügt. Dieser Experte wird den Schaden in Augenschein nehmen, sich darüber Gedanken machen, und schließlich wird er Ihnen darüber einen Bericht geben. Eine Art "Kommuniqué". Das machen die Techniker und Wissenschaftler, das machen andere, die eine Expertise herstellen sollen - warum nicht auch die Psychologen. Deswegen möchte ich Ihnen in geraffter Form ein paar Punkte wiedergeben, die Sie sicher nicht überraschen werden. Ich habe nur eine Bitte: daß Sie Ihre Kommentare bis zum Schluß aufbewahren und nicht vergessen.
Ich nenne Sie im folgenden Herr B.
Herr B. gehorcht immer noch den Anweisungen seines Vaters, alles hundertprozentig zu machen. Der Vater ist tot. Er ist auf elende Weise zugrunde gegangen. Ein Teil von Ihnen haßt diesen Vater für seine Strenge und wird ihm nie vergessen, wie er ihn behandelt hat: Vier Wochen bei Wasser und Brot.

Immer wachsam und auf der Lauer, daß ihm nichts entgeht, auch von dem nicht, was andere machen. Das ist seine Überlebensstrategie.

Sein Vater ist nicht mehr da, aber Herr B. kann sich das Ausmaß seiner Pflichterfüllung dadurch bestätigen, daß er ungnädig anderen Fehler nachweist, die er selbst nicht machen würde. Es wird nicht lange dauern, da wird er auch am Ende noch dem Therapeuten beweisen, daß er etwas übersehen hat. Damit dies zu Buche schlägt, darf er nicht sofort ganz gesund werden.

Manche Menschen führen einen Kampf gegen die Zeit und gegen den Vergleich mit allen Konkurrenten. Das läßt sie nicht ruhen. Nicht abends. Nicht einmal am Samstag und manchmal auch nicht am Sonntag.

Aber glücklicherweise hat Herr B. nicht nur diesen bissigen Teil, sondern darüberhinaus einen, der ihn mag. Kann sein, daß dieser Teil von seiner Mutter stammt, aber vielleicht auch von jemand anderem. Diesen gütigen Teil will er nicht zu deutlich werden lassen. Wo bliebe denn die Konsequenz, die all seine Tüchtigkeit ausmacht. Vielleicht hat er diesen gütigen Teil an seine Frau delegiert.

Aber Herr B. ist nicht das Muster an Tüchtigkeit, der er wie verrückt nachläuft. Er ist einfach ein unleidlicher Zeitgenosse. Unleidlich nicht nur durch seine Bissigkeit, sondern auch dadurch, daß er anderen ständig zeigt, was sie nicht können.

Sein Unbewußtes hat völlig unbeirrt einen Weg gefunden, ihm zu zeigen, wie er enden würde, wenn er tatsächlich nur nach seinen eisernen Regeln lebte. Er würde wie sein Vater zugrunde gehen nach dem Motto "Arbeite, bis Du tot umfällst" und auf seinem Grabstein würde stehen "Er war immer ordentlich und fleißig".

Während der Körper einem manchmal in Träumen die andere Seite zeigt, die aufwiegt, was man im Leben übersehen, übergangen, vergessen zu beachten oder absichtlich vergessen hat, zeigt Ihnen, Herr B., dies Ihr Körper direkt. Da Sie das, was man Schutzträume nennt, nicht haben, oder weil Ihr Verstand zu gradlinig ist und alles derartige wegdiskutieren würde, zeigt der Körper Ihnen direkt die Schmerzen und Ängste, die Sie daran erinnern können, was Ihnen bevorsteht, wenn Sie nur die eine Seite an sich beachten. Und im übrigen aber, was sind Träume, die wirklich erscheinen, wo doch die Wirklichkeit manchmal wie ein Traum erscheinen kann.

Da fällt mir eine Schmerzpatientin ein, der war durch eine falsche Behandlung der Zähne Schaden zugefügt worden. Sie hatte nicht nur Beschwerden, sondern verständlicherweise auch eine Wut auf die Ärzte, die so schlampig gehandelt hatten. Sie hatte alles unternommen, um den Schaden wieder gut zu machen. Und sie hatte auch nicht zurückgestanden, den Ärzten die Meinung zu sagen, die sie jedoch nicht ernst nahmen.

Aber die Schmerzen blieben, und so blieb auch die Wut. Und es war unklar, ob die Wut die Schmerzen verstärkte oder die Schmerzen die Wut.

Bei zwei Gefühlen, die nahe beieinanderliegen - ich meine zeitlich und in der Qualität -, ist es manchmal schwer zu sagen, ob der Ärger ein Anteil vom Schmerz ist oder umgekehrt. Jedenfalls war es schwer auseinanderzuhalten, und mir fiel die Geschichte von den Reis-Affen ein, die ich Ihnen beim letztenmal erzählt habe." (Es folgt hier eine kurze Wiederholung des Inhalts dieser Geschichte).

"Die Patientin hatte die ganze Zeit ruhig zugehört und war mit ihrem Blick scheinbar in der Ferne - vielleicht an einem anderen Ort oder in einer Zeit, wo es ihr gut ging. Dann sagte sie plötzlich, sie hätte alles verstanden und mittlerweile wäre sie schlauer als die Ärzte. Denn sie hatte einen großen Teil der Fachliteratur gelesen, die mit ihrem Problem zu tun hatte. Interessanterweise hatte das ihre Situation nicht verbessert. Sie war schlauer als die Ärzte, die ihr aber nicht zuhörten und verärgert waren, und es wurde ein verbissener Kampf.

Es fällt mir schwer, Ihnen zu raten, etwas zu lassen, solange Sie nicht etwas Besseres an dessen Stelle setzen. Ein Mensch kann eben nur auf zwei Beinen stehen oder auf einem Bein und einer Krücke. So wie er nicht einatmen kann, ohne vorher auszuatmen und hinterher wieder auszuatmen. Und es ist unklar, ob das Ausatmen vor dem Einatmen kommt, oder das Einatmen vor dem Ausatmen, oder wenn man das eine vernachlässigt, dann leidet das andere. Und was fehlt, muß man nachholen. Ich bin mir nicht sicher, ob Sie ohne fremde Hilfe etwas nachholen können, um etwas zu lernen. Aber ein Marathonläufer ist nicht unbedingt ein guter Angler. Und ein Spaziergänger ist nicht unbedingt ein guter Dauerläufer.

Neulich habe ich einen interessanten Bericht von einer Kollegin gelesen. Eine alte Frau kam wegen chronischer Schmerzen am Fuß zu ihr. Sie war 55 Jahre mit ihrem Mann verheiratet. Aber seit drei Jahren hinderte sie der Fuß daran, mit ihm im Sommer, wie seit zwanzig Jahren, mit dem Boot zum Fischen zu gehn. Vor drei Jahren war ihr Mann an Knochenkrebs erkrankt, und sie hatte Angst, er würde vor ihr sterben. Die Kollegin fand einen Punkt heraus, der die beiden nachdenklich machte. Sie sagte, so ein Fisch an der Angel müsse sterben. Der Sport jedoch bestehe darin, mit ihm bis zum Tode zu kämpfen, und die Kollegin sagte, es sei ungerecht, dem einen Teil - wie einem kranken Fuß - die ganze Aufmerksamkeit zu geben. Darauf hat der Mann den Auftrag bekommen, den gesunden Fuß der Frau jeden Abend zu massieren.

Ich denke, Sie können zwei Dinge tun, um Ihrem Herzen gerecht zu werden. Sie können sich entweder mit einem behutsamen Fitnessprogramm soviel Kondition zulegen, daß Sie etwas robuster werden. Oder Sie können lernen, Ruhe zu genießen, so daß Ihr Herz keine Ängste ausstehen muß. Was immer Sie machen, Sie brauchen jedenfalls eine Aufsichtsperson, die überprüft, ob Sie die Dinge auch wirklich konsequent durchführen. Und falls Ihre Frau nichts dagegen hat und ihr die Zeit dafür nicht zu schade ist, würde ich sie gerne zu dieser Aufsichtsperson machen. Sie soll Ihnen einen Plan machen, für das eine oder andere, und Sie sollen jeden Abend mit ihr besprechen, wie weit Sie sich an diesen Plan gehalten haben und was dabei für Sie herausgesprungen ist."

Nach dieser Sitzung haben beide Eheleute keine Fragen, und es wird Herrn B. angekündigt, daß er beim nächstenmal Auto fahren wird. Herr B. ist sichtlich verunsichert, daß dies nun doch so schnell schon eintreten soll. Er wird aufgefordert, darüber nicht den ganzen Tag nachzugrübeln, sondern sich jeden Morgen fünf Minuten Zeit zu nehmen, um sich zu überlegen, ob er jetzt schon wieder Auto fahren möchte.

4.9.5 Reizüberflutung

Eine Woche später kommt Herr B. mit seinem Mitarbeiter mit dem Auto. Es wird ihm kurz die Funktion eines Biofeedbackgerätes für die Herzrate erklärt, und er lernt noch im Behandlungszimmer durch Aus- und Einatmen die Herzrate zu senken oder zu steigern. Während der folgenden dreistündigen Autofahrt, wo Herr B. am Steuer sitzt, der Therapeut daneben und der Kollege auf der Hinterbank, unterhält sich Herr B. angeregt, und es macht den Eindruck, als hätte er nie Schwierigkeiten gehabt, Auto zu fahren. Gelegentlich korrigiert er seine Atmung anhand der Rückmeldung. Auch lernt er, durch bestimmte Gedanken die Herzrate zu verändern: bei Gedanken an die Arbeit erhöht sie sich, bei Gedanken an seine Frau erniedrigt sie sich. Herr B. überprüft während der Fahrt alle für ihn kritischen Situationen (Tunnel, verkehrsreiche Straßen, Ampeln, Autobahn u.ä.). Danach bringt Herr B. seinen Kollegen nach Hause. Später berichtet er, daß die Zeit wie im Fluge vergangen sei, daß er keinerlei Beschwerden hatte und daß es ihm ein Rätsel sei, wieso er in den letzten vier Jahren nicht Auto fahren konnte.

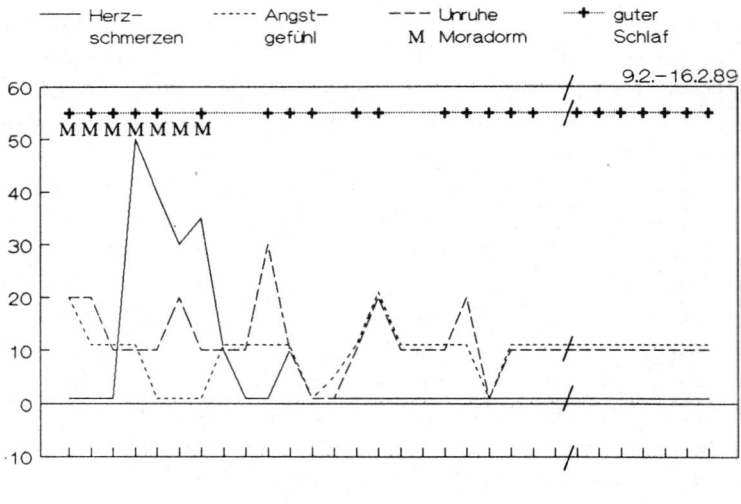

Abb. 4.9.1: Subjektive Einschätzung von Herzschmerzen, Angstgefühlen, Unruhe und gutem bzw. schlechtem Schlaf über der Verlauf der Therapie hinweg (M = Einnahme von Moradorm)

4.9.6 Katamnese

Nach vier Wochen erscheint Herr B. wieder. Er berichtet, daß es noch einige Schwierigkeiten gäbe, besonders wenn er allein fahren müsse. Mit einem Beifahrer (seiner Frau oder seinem Kollegen) könne er beliebige Strecken ohne weiteres fahren. Allerdings stellt sich heraus, daß zwischen den einzelnen Fahrten, die er gemacht hat, größere Abstände lagen und daß einmal, nach einer sehr langen und anstrengenden Fahrt, Angstzustände aufgetreten sind.

Herr B. wird gebeten, von jetzt an täglich eine kleine Runde zu fahren, und sei es nur einen Kilometer, um in Übung zu bleiben. Er solle zunächst diese Strecke allein fahren, und dann auch bei längeren Strecken zunehmend auf einen Begleiter verzichten. In dieser Stunde, wie auch schon in der vorangehenden vor der Autofahrt, äußert Herr B. erste Gedanken darüber, daß er sein Geschäft umstrukturieren möchte. Er wolle langsamer treten. Da die Herstellerfirme, die er vertritt, eine größere Rationalisierungsmaßnahme plant, überlegt er sogar, ob er nicht vorzeitig in den Ruhestand geht. Für die nächsten Wochen plant Herr B. einen dreiwöchigen Urlaub mit seiner Frau, auf den er sich schon sehr freut.

4.9.7 Abschließende Bemerkung

Herr B. wies eine phobische Störung mit klarer Genese auf. Da organische Ursachen ausgeräumt werden konnten, erschien eine Reizüberflutung angezeigt. Gleichzeitig kann man sich dem Gedanken nicht ganz verschließen, daß das Symptom zur rechten Zeit kam, um Schlimmeres zu verhüten. Der Klient hatte in vier Jahren Therapie erfolglos zwanzig Medikamente und eine Psychoanalyse über sich ergehen lassen, um das Symptom zu kurieren. Er fragte auch immer wieder nach dem Sinn dessen, daß ihm sein Körper den Dienst versage. Am Ende konnte die Übereinkunft erzielt werden, daß der Körper aus jeder Situation lernt - auch aus irregeleiteten Situationen, so wie im vorliegenden Fall. Auf diese Weise habe Herr B. einen Wächter installiert, der sensibler als bei anderen Menschen darauf reagiert, wenn er sich beruflich überfordert. Diese Deutung kann Herr B. akzeptieren.

Es mag die Frage auftauchen, inwieweit bei einem solchen Vorgehen die Hypnose eine Rolle gespielt hat. Formal wurde niemals eine Hypnose induziert. In den Entspannungsübungen wurde der Klient angeleitet, sich eine Ruhigstellung zu ermöglichen. Das war eine neue Erfahrung für ihn. Die einzige Zeit, die der beredte Klient ohne Unterbrechung (20 Minuten lang) ruhig und ohne Kommentar, ohne Einwendung oder Argument auf seinem Stuhl verbrachte, war die während der Verlesung der "Expertise". Sicher ist, daß zu diesem Zeitpunkt eine Verarbeitung auf der rationalen Ebene, wie sie üblicherweise im Gespräch vielfach zuvor stattfand, nicht sichtbar wurde. Obwohl er aufgefordert worden war, alle Einwendungen zu behalten und zum Schluß vorzubringen, ging er wortlos und berichtete dann in der nächsten Sitzung über Pläne, sein Arbeitspensum zu reduzieren. Möglicherweise war diese Art des Zuhörens, ohne argumentativ Stellung zu nehmen, eine Art von Trance, indem der Klient eine für ihn ungewöhnliche Art der Erfahrung machte. Sie stellte daher einen hinreichenden Kontrast zu seiner normalen Informationsverarbeitung dar - eine qualitativ andere Erfahrung.

4.10 "Endogene Depression"

Wilhelm Gerl

> *Es gibt nichts Gutes,*
> *außer man tut es.*
> *(Erich Kästner)*

Eine effektive Therapie, insbesondere bei Menschen, die schwer depressiv sind, hat meiner Ansicht nach zweierlei zu berücksichtigen: Erstens sollte die (manchmal minimal erscheinende) Bereitschaft der Person, "etwas zu tun", wirklich ernstgenommen und für konkretes Handeln genutzt werden. Hierbei ist natürlich darauf zu achten, daß mittels einer therapeutischen Doppelbindung die im interpersonalen Widerstand liegende Kraft für therapeutische Zwecke verfügbar wird. Und zweitens sollte das therapeutische Handeln möglichst ökologisch oder elegant sein (mit dem geringsten Aufwand eine optimale Wirkung erreichen) und die wirklich erforderlichen und hinreichenden Schritte herausfinden und realisieren helfen - in einer für die Person stimmigen Abfolge. Denn "Wer das erste Knopfloch verfehlt, kommt mit dem Zuknöpfen nie zurecht" (Goethe).

Hier ist das Protokoll eines solchen interaktiven Lernprozesses, mit einigen methodischen Anmerkungen und Überlegungen aus der Sicht des Therapeuten. Sowohl Verhaltens- wie auch Hypnotherapeuten werden in der Lage sein, die von ihnen bevorzugte Art der Beschreibung überall dort einzusetzen, wo ich in der jeweils anderen Terminologie formuliere. Generell habe ich mich aber darum bemüht, meine Lust an theoretischen Interpretationen und Schlußfolgerungen zu bezähmen, um beim Leser die Freude am Selber-Entdecken nicht zu schmälern. Ich denke, diese Geschichte einer Therapie, die erklärtermaßen keine Therapie war, spricht am besten für sich selbst.

Donnerstag, 11. Dez. 1986: Meine therapeutische Praxis liegt in einer Großstadt. In meinem Wohnort, 80 km von der Stadt entfernt, spricht mich eine Bäuerin an: "Es ist wegen meinem Schwager in N. (ein Dorf 20 km entfernt); der kommt schon seit Monaten nicht mehr hoch. Jetzt ist es immer schlimmer geworden - er liegt nur noch daheim herum, hat Angstzustände, Schwindel, ein Klingeln in den Ohren und Herzbeschwerden. Wenn das so weitergeht ... Könnten Sie für ihn nicht was tun? Er ist jetzt zwar schon seit einem Jahr in Behandlung beim Nervenarzt; da kriegt er Medikamente; die helfen aber nicht. Jetzt hat er zusätzlich noch Angst davor, daß er von den Tabletten süchtig wird."

Ob er zu mir in die Praxis kommen könne, frage ich sie. "Nein, das ist bei dem Zustand ganz unmöglich!" (Außerdem erscheint der hiesigen Landbevölkerung die Fahrt und vor allem die Orientierung in der Großstadt eine schwierige Aufgabe, die gescheut wird.)

Ich schlage dann vor, sie möge dem Bauern mitteilen, daß er mich noch am selben Tag um 18 Uhr anrufen könne. Sie meint darauf, sechs Uhr sei schlecht, weil er da noch beim Viehversorgen im Stall sei. (Da kann es einem noch so schlecht gehen - das Vieh geht vor!) Dann solle er mich um 19 Uhr anrufen.

Der Anruf erfolgt um 19.10 Uhr. Ich entscheide mich, für die Anrede den Vornamen meines Gesprächspartners und das Du zu wählen; er behält das Sie und "Herr Gerl" bei. Mit dem umgangssprachlichen Dialekt der Gegend vertraut, rede ich zunächst wie ein "Bauerndoktor" mit ihm. (In den folgenden Zitaten benutze ich für den Leser eine allgemein verständliche Sprache. Den Klienten werde ich dabei "Anton" nennen.)

Anton beginnt in depressiv-klagender Weise eine Schilderung seiner bereits erwähnten Symptome. Ich bestätige ihm, daß er sich in einer wirklich ungewöhnlich schwierigen Lage befinde, weshalb auch ungewöhnliche Schritte erforderlich seien, um eine wirkliche Änderung zu erreichen. Gerade weil sich die Geschichte schon so lange hinziehe, sei es an der Zeit, daß jetzt etwas geschehe. Eine wirkliche Lösung sei aber nur dann möglich, wenn er selber tatsächlich bereit sei, die dafür notwendigen Schritte zu tun.

Sofort, wie kaum anders zu erwarten, bekomme ich die pauschale und damit unverbindliche Bereitschaftserklärung: "Ich tu' ja alles, wenn's nur hilft." Ich darauf: "In Ordnung! Ich nehm Dich da beim Wort. Nur, das erlebe ich anfangs in den meisten Fällen: Wenn einer etwas erreichen möchte, verspricht er zuerst, alles zu tun. Sobald aber deutlich wird, was konkret zu machen ist, heißt es: 'Aber gerade das kann ich doch nicht.' Also, das können wir uns schenken! Ich denk, Du hast lange genug gelitten und auch meine Zeit ist begrenzt. Damit es wirklich Sinn hat, daß wir zusammen etwas unternehmen, muß von vornherein klar sein, daß Du bereit bist, echt was zu tun. Damit es wirklich stimmt, brauche ich von Dir einen Beweis."

Was ich damit meine, will Anton wissen. Mir ist in den Sinn gekommen, daß er sicherlich als Kind eines jener Märchen erzählt bekommen hat, in denen der Held der Geschichte eine Anzahl von Prüfungen zu bestehen hat, bevor die Erlösung vom Bann oder die Transformation, die Wiedergewinnung seiner eigentlichen Gestalt, geschehen konnte. Die Zahl "drei" erscheint mir in diesem Sinne besonders angemessen. Und so sage ich zu Anton, daß es notwendig sei, daß er vorweg drei Aufgaben erledige, damit entschieden werden könne, ob eine Zusammenarbeit überhaupt sinnvoll sei. "Ja, ... was sind das für Aufgaben? Kann ich die überhaupt erfüllen?" fragt er zweifelnd abwehrend. Ich darauf: "Du kannst sicher sein, daß ich nur solche Dinge von Dir verlangen werde, die Du tun kannst. Und noch eines: Jede Aufgabe besteht aus jeweils drei Schritten - und Du wirst von mir immer nur den Schritt erfahren, der gerade ansteht. So brauchst Du Dich nur auf das zu konzentrieren, was im Moment wichtig ist. Und sobald Du das erledigt hast, erfährst Du den nächsten Teil der Aufgabe ... und so geht das weiter, Schritt für Schritt. Überleg Dir das jetzt gut. Und wenn Du wirklich bereit bist, dann können wir zusammenkommen."

Anton will keine Bedenkzeit; er ist neugierig geworden, die erste Aufgabe zu erfahren. "Die sag' ich Dir erst und nur dann, wenn Du mir garantierst, daß Du sie ausführen wirst. Das muß ich von Dir hören." Er darauf: "Ja, ich mach's."

Erste Aufgabe, erster Schritt: "Wenn Du morgen früh aus dem Stall kommst, duscht Du Dich. Dann frühstückst Du und ziehst Dich so an, daß Du mit mir nach München fahren kannst. Um 9.30 Uhr bin ich bei Dir und hole Dich ab."

Zuerst verblüfftes Schweigen; dann meint Anton: "Ja, aber ich weiß nicht, ob ich das kann?" Ich: "Du kannst das!" Er: "Aber, wie komm' ich aus München wieder heim; fahren Sie wieder zurück?" Ich: "Nein. Aber, bist Du nach München gekommen, wirst' auch wieder heimkommen. Du wirst sicher einen Weg finden." Er: "Und was ist dann in München?" Ich: "Wie ich Dir schon versprochen hab', erfährst Du den zweiten Teil der Aufgabe dann, sobald wir in München angekommen sind. Dann hast Du den ersten Teil schon erledigt." Anton willigt schließlich in diesen Pakt ein.

Freitag, 12. Dez. 1986: Mit zehn Minuten Verspätung (entsprechend der Zeit, die Anton mich tags zuvor warten ließ) komme ich auf seinem Anwesen an. Anton und seine Frau sind reisefertig. Ich begrüße die Bereitschaft der Ehefrau mitzukommen. Auf der einstündigen Fahrt in meinem Auto werden beiläufig Fragen zur Lebensgeschichte, zur Genese der Störung und zum bisherigen Verlauf der Behandlung gestellt und von den Eheleuten, einander ergänzend, beantwortet. Ich wähle aus meinem beruflichen und privaten Erfahrungsschatz einige geeignet erscheinende Geschichten aus, mit denen ich den beiden mein Verständnis der jeweiligen Inhalte vermitteln und etwas mehr Orientierung über mich als Person und meine Erwartungen an sie und an die gemeinsame Arbeit geben kann. In München angekommen, mache ich Anton mit dem nächsten Schritt vertraut.

Erste Aufgabe, zweiter Schritt: "Wir fahren jetzt mit der U-Bahn ins Zentrum und konsultieren einen Facharzt für Neurologie und Psychiatrie, den ich als einen ausgezeichneten (Differential-)Diagnostiker schätzen gelernt habe. Von diesem will ich einen unabhängigen und aktuellen Befund." Die U-Bahnfahrt stellt sich, wie schon zu erwarten war, als eine gute Gelegenheit heraus, um Antons coping-Repertoire für problematische Situationen zu erweitern. Und mit der Ehefrau wird ein Treffen mehrere Stunden später vereinbart. Sie kann sich einmal in Ruhe in den Kaufhäusern umschauen, dann hat sie persönlich auch noch etwas gehabt.

Die Wartezeit beim Arzt wird zu weiterer Exploration genutzt und zur Vertiefung des Rapports. Im Gespräch, wie zwischen zwei Bekannten, lasse ich mir Details und Zusammenhänge berichten und stelle dazu gezielte Fragen, mit denen ich, in Kombination mit eingestreuten Kommentaren und indirekten Suggestionen, weiter am Netz therapeutischer Wahrnehmungs- und Handlungsorientierung webe. Dabei fokussiere ich die Aufmerksamkeit von Anton so auf dessen persönliches Erleben (und auf mich als Gesprächspartner), daß er die Anwesenheit der anderen Personen im Wartezimmer mehr und mehr auszublenden vermag. In diesem veränderten Bewußtseinszustand hört er von mir wieder einige anschauliche Schilderungen von leibseelischen Vorgängen oder von Krisen und therapeutischen Entwicklungen in sozialen Beziehungen, in denen er sich wiederfinden kann. Auf der Basis meines inzwischen erworbenen Verständnisses biete ich ihm somit erste konkrete Alternativen an, über die er dann, gerade auch unbewußt, frei verfügen kann.[6] Die indirekte Kommunikation dieser Ideen sowie ihre Plazierung in einem hypnotischen Kontext verbessern die Möglichkeit, daß der Klient therapeutische Reaktionen entwickelt im Sinne "posthypnotischer" Reaktionen auf indirekte bzw. verdeckte Suggestionen.

Der ärztliche Kollege führt dann eine eingehende neurologische Untersuchung und die psychiatrische Befragung durch. Er bittet daraufhin den Patienten, draußen zu warten, um sich mit mir besprechen zu können und sagt dann in etwa folgendes: "Sie werden da vielleicht etwas anders darüber denken, aber ich glaube, daß es die 'endogene Depression' gibt. Und deshalb würde ich Herrn N. weiterhin medikamentös behandeln." Ich versichere ihm, daß es mir nicht darum ginge, und er könne Anton ruhig entsprechend beraten. Das Ergebnis dieser Konsultation ist die erneute, auch schriftlich bestätigte Diagnose "endogene Depression" mit vorhandener Suizidalität; ferner die Ermunterung des Patienten, diese schwere Zeit, die einmal zu Ende gehen wird, durchzustehen und der Hinweis, Alkohol in Verbindung mit Medikamenten zu meiden. Falls sich nach drei Wochen nichts gebessert haben sollte, möge er wieder den Facharzt aufsuchen. Gespräche mit mir könnten helfen, daß nach erfolgter Besserung ein Rückfall vermieden wird. Im schriftlichen Befund heißt es dann: Tranxilium weiterhin wenigstens 10 mg/Tag, höchstens 20. Die antidepressive Therapie mit Tolvin muß ebenfalls fortgesetzt werden. Zusätzliche psychotherapeutische Führung, vor allem zur Rezidivprophylaxe, bei Herrn Dipl.-Psych. Gerl.

Ich gratuliere Anton "Jetzt hast Du das auch schon hinter Dir!" und nenne ihm den letzten Teil der heutigen Aufgabe.

Erste Aufgabe, dritter Schritt: "Du gehst jetzt mit mir in das ONRS-Institut. Dort kannst Du Dich testen lassen. Und zwar werden wir überprüfen, ob Du schon immer Rechtshänder warst oder ursprünglich linkshändig gewesen bist." Im ONRS-Institut nutze ich wieder die Wartezeit, um Anton über die mögliche Relevanz einer frühkindlichen Umschulung von links auf rechts zu informieren. Auch hier benutze ich in erster Linie Beispiele aus meiner therapeutischen Praxis, bei denen wir durch die Aufklärung dieses Sachverhaltes neue Möglichkeiten der Therapie von tiefgreifenden Selbstzweifeln und depressiven Verstimmungen finden konnten. Die Befragung und die computerunterstützte Überprüfung der ursprünglich dominanten Händigkeit ergeben Hinweise darauf, daß auch Anton einmal "beigebracht" worden ist, was recht(s) und in Ordnung ist. Die vollständige Auswertung der Computeranalyse, die mir später zugeschickt wird, bestätigt eine ursprüngliche Linkshändigkeit. Wir treffen dann wie vereinbart Antons Frau und informieren sie bei einem Imbiß über die Stationen dieses Tages. Jetzt ist es an der Zeit, die nächste Aufgabe zu benennen.

---

6 Diese Nutzung gleichnishafter Geschichten für implizites Lernen am Modell hat sich bereits bei meiner ersten weitergehenden Verhaltenstherapie mit einer langjährig hospitalisierten Schizophrenie-Patientin bewährt; siehe Gerl, Diplomarbeit, Univ. München, 1972.

Zweite Aufgabe, erster Schritt: "Morgen kommst Du wieder nach München, und zwar in meine Praxis. Das ist der erste Schritt. Ich erwarte Dich da um viertel vor zwölf. Und sobald Du da bist, sage ich Dir wieder den zweiten." Natürlich will Anton wissen, was ich da mit ihm machen werde. Ich stelle klar, daß wir "nicht Therapie machen", sondern daß er mir durch sein Kommen beweisen wird, daß er bereit ist, etwas dafür zu tun, daß die Therapie laufen kann. Anton und seine Frau fahren dann mit dem Zug heim und haben offensichtlich jemanden gefunden, der sie vom Bahnhof zu ihrem Anwesen bringt.

Samstag, 13. Dez. 1986: An diesem Wochenende gebe ich in unseren Praxisräumen ein Weiterbildungsseminar für Diplom-Psychologen und Ärzte zum Thema "Therapeutische Metaphern". Ich will mit Anton vor den Teilnehmern ein weiteres Gespräch führen. (Wie schon meine Aktivitäten vom Vortag stellt auch diese Stunde für mich keinen besonderen Aufwand im Sinne von Therapiezeit dar. Gestern habe ich sowieso nach München fahren müssen. Der Termin beim Psychiater war wegen eines anderen Klienten bereits verabredet gewesen. Und ins ONRS-Institut hatte ich bereits eine weitere Person zum Test bestellt. So ist es mir möglich, zusätzlich mit Anton zu arbeiten und dennoch meine Balance zu erhalten.) Die Ausbildungsgruppe nimmt das Angebot einer live-Therapiedemonstration gerne an.

Zum vereinbarten Zeitpunkt treffen Anton und seine Frau ein; sie haben sich von Verwandten herfahren lassen. "Das war gar net einfach, bis wir hergefunden haben", meint Anton. "Ja, das ist nicht einfach - aber Du hast es geschafft." So beginnt unser Kontakt. Wir machen gerade Kaffeepause; Antons Frau nimmt einen Kaffee. Er selbst meint, daß er für Kaffee zu nervös sei; ich möge ihm halt ein Glas Wasser geben. "Um diese (Frühschoppen-)Zeit wär eine Halbe Bier das Richtige..," bringe ich ihm in Erinnerung.

Das Aufleuchten in seinen Augen wird gleich wieder vom Argument zugedeckt, Alkohol dürfe er, solange er krank sei, nicht trinken, insbesondere wegen der Tabletten nicht. Da fällt ihm ein, daß er seit gestern kein Medikament mehr habe nehmen können. Die Packung sei ihm auf der Fahrt nach München wohl aus der Hosentasche gerutscht und müsse sich noch immer in meinem Auto befinden. "Na also!" meine ich, "und darum kannst Du jetzt ein gutes Weißbier trinken. Ich hab' hier eines, das nur den halben Alkoholgehalt hat." Mit sichtlichem Genuß und fast so etwas wie Stolz im Blick trinkt Anton seine Halbe. Dies definiere ich später als den *zweiten Teil der zweiten Aufgabe*, einen weiteren Beweis dafür, daß Anton bereit ist, für eine Therapie auch Dinge zu tun, gegen die andere etwas einwenden könnten.

Seine Frau will mir etwas mitteilen; im kurzen vertraulichen Gespräch erfahre ich, daß Anton heute morgen in die Kirche gegangen sei - wo er doch gestern noch soviel Angst davor geäußert hatte, bei der Messe umzukippen - vor all den Leuten. Ich danke ihr und verabschiede sie zu ihren Verwandten, mit denen sie sich gleich treffen will.

In dieser kurzen Zeit habe ich unter anderem gelernt: Antons Frau hat verstanden, um was es geht und wie sie am besten kooperieren kann. Sie ist eine Frau, die für sich selbst sorgt und Anton nicht krank braucht. Weiter habe ich eine der kognitiven Fallen erkannt, durch die Anton immer wieder als krank definiert wird. Wenn er äußert: "Solange ich krank bin, darf ich keinen Alkohol trinken," dann bedeutet das umgekehrt auch "Solange ich keinen Alkohol trinken darf, bin ich krank." Nun, jetzt durfte er Alkohol trinken.

Im Seminarraum stelle ich Anton die Teilnehmer der Reihe nach vor mit Erwähnung ihrer akademischen Grade, ihrer Arbeitsbereiche und der Orte, aus denen sie angereist sind. Bei einem der Teilnehmer vergesse ich nicht zu betonen, daß er in einer Fachklinik für Suchtpatienten tätig ist. Das alles flößt Anton erst einmal noch zusätzlichen Respekt ein; gleichzeitig aber erlebt er auch, welch ein persönlich herzliches Verhältnis wir miteinander haben. In dieser gelockerten Atmosphäre freundet er sich schließlich mit dem Gedanken an, daß er jetzt für eine ganze Stunde lang im Mittelpunkt der Aufmerksamkeit dieser von weit her gereisten "Gstudierten" sein wird. Denn dies ist nun der *dritte Teil der zweiten Aufgabe.*

Zuerst weiß er nicht so recht, was er hier denn tun könne. Ich sage ihm "Du kannst hier eigentlich gar nichts tun. Du wirst nicht umhin kommen, Dir einfach ein paar Geschichten mitanzuhören; und es ist in Ordnung, es genügt, daß Du da bist; kannst darauf achten, wie Du bequem sitzt, hier, wie es für Dich stimmt, jetzt ..." Beiläufig erwähne ich noch eine Situation vom gestrigen Tag und betone dabei "... und Du hast nur zugehört, was ich sagte - und hast alles andere vergessen ..." Zuerst frage ich nach, was er denn heute schon alles gemacht habe. Er läßt in seiner Aufzählung den Kirchbesuch aus, auch als ich nachfrage, ob er nichts vergessen habe. Bei der Schilderung seines heutigen Befindens ist "der Schwindel" im Vordergrund; er versucht diesen dann als zum Teil durch das Bier bewirkt zu erklären. Ich lasse das erstmal so stehen.

Von dieser Arbeit vor der Gruppe ist ein Ton-Mitschnitt vorhanden, dessen Transkript an anderer Stelle veröffentlicht werden soll. Allgemein kann gesagt werden, daß ich bei Anton die Entwicklung eines alternativen Bewußtseinszustandes förderte, in dem er sich relativ frei von seinen üblichen kognitiven Schemata bezüglich seiner Person und seiner Umwelt orientieren konnte - in einer erweiternden Weise, bei der kreative Neuverknüpfungen und Umgestaltungen möglich sind. Im Kontakt mit Anton erweist sich eine fraktionierte Induktion dieses Zustandes als angemessen. Dabei sorge ich dafür, daß immer rechtzeitig - bevor Anton seine Tranceentwicklung selbst unterbrechen könnte - sein Intellekt angesprochen und auf ein neues Thema gerichtet wird, das dann wiederum einen Kontext für neue Suggestionen und weitere Trancevertiefung abgibt. Durch den häufigen Kontextwechsel werden relativ viele Erlebnisinhalte amnestisch, zum Beispiel auch jene Suggestionen, die sich auf posthypnotisches Verhalten beziehen. Sie verbleiben damit "im Schutz des Unbewußten".

Entsprechend dem Seminarthema benutze ich eine Reihe von Metaphern zur Vertiefung des Rapports, zur Erkundung von Ressourcen, zur Erweiterung von Bezugsrahmen für kritisches Erleben, zur gezielten Darbietung therapeutischer Ideen in zwangloser Weise und zur Transformation problematischer Verhaltenssequenzen und kritischer Beziehungsgefüge (z.B. Antons Beziehungen zu seinen verstorbenen Eltern). Mittels dieser Geschichten kann er eine Vielzahl von Möglichkeiten erinnern und neu assoziieren, die ihm dann scheinbar spontan zur

Verfügung stehen werden. Schon bald nach dem Beginn unseres Gespräches habe ich noch einmal Antons Erfolgserwartung verstärkt, indem ich ihn bat, sich einfach vorzustellen, was er tun wird, wenn ich ihn in absehbarer Zeit, "wenn es ihm wieder gut geht," besuchen komme. Er meint, er würde mir von seinem Obstler einschenken, den er selbst gebrannt hat. (Auf diesen Schnaps, auf den er offensichtlich stolz ist, werde ich später noch einmal zurückkommen.)

Als zum Ende der Stunde Anton aus seiner therapeutischen Trance zurückkehrt, meldet sich erst wieder sein Alltagsbewußtsein mit dem Zweifel, ob die Anwesenden denn mit dem, was er hier gemacht habe, zufrieden seien. Einige der Teilnehmer bestätigen ihm ausdrücklich, daß es für sie sehr hilfreich war und alle danken ihm. Seine Verwunderung darüber nutze ich gleich noch für weitere Suggestionen: "Du kannst es kaum glauben - aber es genügt wirklich, daß Du da bist; so ist es in Ordnung - und jeder hat, was er braucht ..."

Nach der Verabschiedung von der Gruppe will Anton wissen: "Machen Sie morgen wieder was mit mir?" Ich entsinne mich des Bibelwortes "Am siebten Tage sollst Du von der Arbeit ruh'n" und zitiere es. "Aber dann am Montag erwarte ich Dich um neun Uhr beim N.", der Kfz.-Werkstätte in Antons Nachbarort, zu der ich wegen meines Wagens muß, "und schau, daß Du Geld dabei hast. Hundert Mark reichen." Dies ist der *erste Teil der dritten Aufgabe*.

Ich gehe davon aus, daß Anton alleine dorthin kommen wird und, da er selbst noch nicht wieder Auto fährt, die Strecke (3 km) zu Fuß geht. Das hätte er vor zwei Tagen noch für unmöglich gehalten, bzw. das wäre mit seinem Beschwerdebild und seiner davon bestimmten Selbstdefinition nicht zu vereinbaren gewesen. Sollte er aber wider Erwarten doch schon selbst angefahren kommen, dann würde ich das als Beweis für die Wirksamkeit unserer Zusammenarbeit zu würdigen wissen. Ich denke, daß wir an diesem Tag noch einige wesentliche Dinge zu tun haben werden: Ein Reframing bestimmter Kognitionen, die für die Beziehung Antons zu seiner Mutter wesentlich sind (jene ist vor einem Jahr an Krebs gestorbenen); eine Depotenzierung von konkreten und von imaginierten Auslösereizen für bildhafte Vorstellungen, problematische Selbstverbalisierungen und psychosomatische Reaktionen in der Kirche, speziell im Hinblick auf den bevorstehenden Gottesdienst zum Todestag seiner Mutter (Desensibilisierung, Mastering-Technik); und schließlich die einprägsame Neudefinition seiner selbst als gesunder Mann und Partner einer Frau, die nicht seine Mutter ist, sondern die Mutter seiner bereits erwachsenen Kinder. Daß in Bezug auf Antons Mutter noch etwas zu bearbeiten ist, hat sich in unseren bisherigen Gesprächen immer wieder angedeutet. So kreisen einige seiner massivsten Ängste um die Vorstellung, daß er am kommenden Samstag, bei der Gedenkmesse zum "Jahrtag" seiner Mutter als ältester Sohn die exponierteste Stelle einzunehmen hat, denn der Vater lebt ja nicht mehr. Beim sogenannten Opfergang hat er dann als erster aus dem Gestühl herauszutreten und allen voran zur Kommunionbank zu gehen, um dort in fünf Körbchen jeweils einen Geldbetrag zu legen. Er befürchtet, daß ihm dabei Kreislauf, Beine und Sinne versagen; und dann die Blamage, vor allen Leuten, seiner Frau, seinen Kindern ... Letzteren Gedanken hat Anton nicht deutlich ausformuliert, eher angedeutet und bei dem sofort einsetzenden rapiden Erregungsanstieg gleich wieder unterbrochen. Eine weitergehende Konfrontation mit diesen Angstauslösern und eine Habituierung/Gegenkonditionierung im Gespräch konnte noch nicht erfolgen.

Montag, 15. Dez. 1986: Als ich pünktlich beim vereinbarten Treffpunkt ankomme, ist Anton schon da. Der halbstündige Marsch hat ihm gut getan. Auf dem Weg sei ihm ein Bekannter begegnet, der sich darüber wunderte, ihn hier zu Fuß anzutreffen. "Aber ich hab' mich net weiter aufhalten lassen."

Der *zweite Teil der dritten Aufgabe:* "Wir fahren jetzt in die Kirche. Du zeigst mir da alles, damit ich mir vorstellen kann, wie es dort beim Jahrtag zugehen wird." Wir fahren dann denselben Weg, den Anton am Samstag nehmen wird. Er erzählt, daß er gestern ohne Gewehr bei einer "Druckjagd" (Treibjagd) mitgegangen ist. Dabei trat anscheinend einmal ein Orientierungsverlust bezüglich des Ortes auf. Als wir am Gotteshaus ankommen, ist es abgeschlossen, aber anbei ist gleich der Friedhof, wo wir am Grabe der Mutter verweilen. Wir vollziehen das Ritual mit Weihwasser und Gebet und sprechen dann über die Mutter. Dabei erläutere ich kurz anhand meiner eigenen Geschichte, wie man gerade auch von der Krankheit und vom Tod einer Mutter oder des Vaters fürs eigene Leben lernen kann - und dies auch tun sollte, wenn man seinen Eltern wirklich gerecht werden will. Und ich lasse Anton sich hineinversetzen in seine Mutter, die jetzt vom Jenseits aus zuschauen muß, wie ihr Sohn sich noch immer mit einengenden Gedanken und angstmachenden Ideen rumschlägt, die man ihm als Kind beibrachte, häufig weil man es selbst nicht besser gewußt hat und auch gar nicht hat wissen können, was dieser Sohn 50 Jahre später als erwachsener Mann einmal tatsächlich braucht. Wie wäre es da wohl für diese Mutter, wenn sie es jetzt miterleben könnte, wie ihr Sohn Herz und Verstand zusammennimmt und sich getraut, eigenständig die Erfahrungen zu machen, die heute für ihn notwendig sind. Und wenn er so dazu beiträgt, daß alte Mißverständnisse und Fehler endlich korrigiert werden - die gute Mutter auf ihrer Wolke würde solchermaßen erleichtert gleich noch ein Stückchen höherschweben können ...

Anton macht mich beim Weggehen darauf aufmerksam, daß es in der nahegelegenen Kreisstadt eine Kirche gäbe, die dieser hier sehr ähnlich sei. Dort holen wir dann auch nach, was wir hier nicht praktizieren konnten; und ich streue mehrere Suggestionen ein, zum Teil wieder in Metaphern, mit deren Hilfe er seine Zeitwahrnehmung ändern und den Aufenthalt in der Kirche als kürzer erleben kann. Anschließend lädt Anton mich zum Frühschoppen ein. In einem gemütlichen Wirtshaus reden wir bei Weißwürsten und Apfelschorle über alles Mögliche, wie sich das für zwei Männer beim Frühschoppen so gehört.

Dann geht es in den Ort zurück, von dem wir heute gestartet sind, um dort den letzten Teil unserer gemeinsamen Arbeit anzugehen. "Aller guten Dinge sind drei!" meine ich - und Anton nickt zustimmend. Und weil es mir gerade so in den Sinn kommt, hänge ich noch die Zeilen aus dem Kinderlied dran: "Drei mal drei ist neune, und eins dazu ist zehn - Zipfelmütz bleib stehn! ... kennst Du das?" Natürlich kennt Anton das. Auf der Fahrt frage ich ihn, wie lange es denn her sei, daß er mit seiner Frau zum Essen ging. Sein "Au, mei - dös ist schon lang her. D'Frau meint halt, wenn sie sowieso für die Kinder kocht, dann braucht's dös net" wird von mir gekontert mit: "Meinst' net, daß es dann vielleicht an Dir liegt, sie daran zu erinnern, daß Eure Kinder jetzt erwachsen geworden sind, mit Eurer Hilfe. Und da habt Ihr's wirklich verdient, daß Ihr was für Euch tut!" Das leuchtet ein und bereitet den Boden für weitere Schritte.

Wir gehen also zu einer Floristin, von deren Blumensträußen die Frauen in unserer Gegend entzückt sind, sofern sie einen bekommen. Anton hat jetzt die Blumen und die Zutaten für einen Strauß zu bestimmen, den er seiner Frau mitbringen wird. Die Floristin fragt immer wieder "Sagen's mir halt, wieviel es kosten darf", wahrscheinlich, um Unmutsäußerungen über einen Preis vorzubeugen, den die hiesigen Bauern nicht gewöhnt sind. Anton und ich meinen aber "Dös is net so wichtig - schön muß er werden", denn Anton hat ja auch genügend Geld eingesteckt. Während der Strauß arrangiert wird, erzähle ich Anton noch, wie ich mithilfe eines wunderschönen Geburtstagsstraußes in einer verfahrenen Situation mit meiner jüngeren Schwester die Dinge wieder zurechtrücken konnte, besser als tausend Worte dies vermocht hätten. Und es ist ein wirklich ausnehmend schöner Strauß geworden, den Anton dann nicht in Papier sondern in Cellophan mit Schleifchen einhüllen läßt, wie das jetzt bei den Frauen hier so beliebt ist.

Der *dritte Teil der dritten Aufgabe:* "Jetzt", sage ich zu Anton, "jetzt kommt die vielleicht schwierigste aller Aufgaben, die ich Dir hab' stellen müssen. Und denk' daran, nur Du allein kannst entscheiden, ob Du sie ausführen willst, denn Du hast auch die Folgen zu tragen." "Ja, kann ich's?" fragt Anton. "Können wirst Du's sicher; jeder hat's schon 'mal gemacht. Aber es ist etwas, wo Du gewissensmäßig etwas dagegen haben könntest, nämlich: Ich verlange jetzt von Dir, daß Du schwindelst. Ich weiß nicht, ob Du dazu bereit bist. Wenn Du jetzt dann nach Hause kommst, mit diesem Blumenstrauß, und Deine Frau fragt Dich vielleicht verduzt: Was ist denn jetzt los?! dann möchte ich nicht, daß Du sagst: 'Der gspinnerte Gerl hat mich da in ein Blumengeschäft geschleppt und mir aufgetragen, Blumen für Dich auszusuchen und mitzubringen', wie das ja wohl so gewesen ist, sondern Du mußt Dir da irgendetwas anderes einfallen lassen. Du mußt schwindeln und ihr vielleicht sagen: 'Die sind für Dich, weil ich mag Dich!' oder 'Dank Dir schön für alles - es ist auch für Dich net einfach g'wesen' oder halt etwas anderes, das Du sonst nicht gesagt hättest. Wie schmeckt Dir das, Anton? Bist Du dazu bereit?" Ein verständiges, verschmitztes Lächeln huscht über sein Gesicht und er nickt.

Auf der Fahrt bis zu der Stelle, von welcher der Weg zu seinem Hof abzweigt, mache ich mit Anton noch aus, daß ich am kommenden Samstag entweder in die Kirche komme (er würde mich aber nicht sehen, weil ich hinterm Gitter bleibe) oder daß wir uns später im Laufe des Tages anrufen. Mein letztes Bild ist, wie ein kerniges Mannsbild im Isartaler Trachtengewand mit einem prächtigen Blumenstrauß in der Hand den Weg zu seinem auf einer Anhöhe gelegenen Anwesen hochmarschiert.

Samstag, 20. Dez. 86: Ich erreiche Anton erst am Abend telefonisch und erfahre, daß er nach der Gedenkmesse nicht gleich nach Hause, sondern mit seinen Verwandten erst noch ins Gasthaus zum Frühschoppen ging. Für den kommenden

Sonntag hat er einen Besuch bei seiner Schwägerin, der eingangs erwähnten Bäuerin, vereinbart - da könne er auch bei mir vorbeischauen.

Sonntag, 21. Dez. 86: Am Nachmittag erscheint Anton, gemeinsam mit seiner Frau - und mit einem Mitbringsel, einer Flasche mit selbstgebranntem Obstschnaps. (Den Obstler haben wir im Seminar vereinbart als Zeichen dafür, daß es ihm wieder gut geht. Acht Tage ist das jetzt her.) Wir haben eine angeregte Unterhaltung, an der zeitweilig auch meine Frau teilnimmt. Beiläufig gebe ich Anton und seiner Frau Hinweise für die kommende Zeit, mal direkt, mal mit eingestreuten Suggestionen und Metaphern. Anton "gesteht" mir dann noch, daß er mich damals im Seminar angeschwindelt habe, als ich ihn fragte, was er an jenem Tag schon alles gemacht hätte. Er sei nämlich in der Frühe schon in der Kirche gewesen, wollte aber nicht, daß ich davon weiß, damit ich ... - "... damit ich nicht meine, ich könnte mir jede weitere Bemühung um Dich sparen", ergänze ich, was den Nagel auf den Kopf trifft. Ich bestätige Anton, daß das clever von ihm gewesen sei: "An Deiner Stelle hätte ich damals diese Karte auch noch nicht ausgespielt."

Jetzt weiß er nicht, ob ich noch was mit ihm vorhätte; ihn selber störe halt sein Ohrensausen. Ich verspreche einen Besuch im neuen Jahr.

Januar 1987: Bei diesem Treffen in seiner guten Stube, wo die Jagdtrophäen an der Wand hängen, beweise ich Anton, daß er in der Lage ist, unbewußt Geräusche auszublenden: Das Ticken der Wanduhr hat er die ganze Zeit vergessen können; und nur weil ich ihn im Moment daran erinnere, hört er es. Aber sobald er seine Aufmerksamkeit und seine Sinne wieder auf etwas Anderes lenkt, geht es wieder weg.

Dann will Anton wissen, was er mir schuldet. Ich weiß, wie gerne Bauern ihr Geld behalten und lieber mit Naturalien kompensieren. So schlage ich etwas vor, das auch mir sympathisch ist und unsere gemeinsame Arbeit nochmals in der schon bewährten Weise definiert: "Weißt Du, eigentlich war es keine Therapie in dem Sinne. Was wir tatsächlich getan haben war, daß wir ein paarmal richtig miteinander geredet haben, uns ein paar Sachen genauer angeschaut haben, und dabei Schritt für Schritt herausgefunden haben, was für Dich gut ist, daß Du tust. Zu was sollst Du da noch zu Sitzungen nach München fahren, wo Du eh' schon alles hast, was Du brauchst!?"

Gut, er will sich erkenntlich zeigen, darum: "Wenn ich jetzt 'mal die paar Stunden zusammenzähle, die ich mir extra nur für Dich genommen habe, dann würde ich dafür üblicherweise 300 Mark berechnen. Die kannst Du aber behalten und mir stattdessen Holz für den Winter geben, zirka drei Ster, möglichst Buche, in Scheiten." "Da hab' ich genug davon; wann soll ich's Dir denn bringen?" Das ist eines der ersten Male, wo auch Anton mich duzt. Wir vereinbaren einen Liefertermin im Herbst.

Zur Katamnese: In der Zwischenzeit rufe ich einmal bei Anton an. Er hat einen Spezl zu mir geschickt, "dem es so geht wie mir damals". Ich brauche von Anton dessen Telefonnummer. Bei dieser Gelegenheit kann ich aufgrund seiner spontanen Äußerungen und seiner Reaktion auf die Frage "Wie gehts?" zunächst schließen, daß Anton sich weiter stabilisiert hat. Ein anderesmal erscheine ich unangemeldet auf seinem Hof, "weil ich grad' vorbeikomme". Auch hier bestätigt der Augenschein, daß Anton wieder voll im Leben steht. Auch die Äußerungen seiner Ehefrau und der Schwägerin bestätigen diesen Eindruck.

Im September 1987 ruft mich Anton schon etwas ungeduldig an, wann er mir jetzt das Holz bringen könne. Am 9. November, nachdem er das Fuder Holz gebracht hat, "ratschen" wir noch eine Weile. "Es geht mir gut. Bloß manchmal muß ich aufpassen, daß ich mich net hängen laß'", lautet Antons Kommentar zu seinem Befinden. Wir vereinbaren, daß wir uns im kommenden Jahr (1988) wieder 'mal sehen. Am 27. Juni 1988 besuche ich Anton unangemeldet. Vor dem Haus treffe ich seine Frau, die spontan äußert: "Am Mo geht's guat." Ich finde ihn in der guten Stube, wo er sich gerade eine kleine Pause gönnt. Wir reden über die Heuernte und Anton zeigt mir ein paar von den Jagdtrophäen, die hinzugekommen sind.

Einige Anmerkungen: Unter dem Aspekt der Therapie-Strategie betrachtet, fällt vielleicht auf, daß ich die Themen "Krankheit" und "Therapie", worunter ein Patient "Behandlung" versteht, suspendiert habe. Ich definierte unsere tatsächliche Arbeit statt als Therapie bzw. Behandlung als ein "Abklären, ob es Sinn hat, daß wir zusammenkommen" und "den Beweis dafür liefern durch das Lösen der drei Aufgaben". Indem ich nur jeweils einen, den nächsten Schritt vorgab, konnte ich adaptiv jede neue Entwicklung utilisieren. So wäre es möglich gewesen, wirklich jedes Verhalten Antons als seinen spezifischen Beitrag zum Therapieprozeß zu definieren.

Unter dem Aspekt der Aktivierung des Klienten betrachtet, fällt auf, daß ich mich mit Anton zwischen zwei Polen bewegt habe: In die Richtung des einen Extrems (Passivierung) gehen psychiatrische Suggestionen wie die vom 12. Dezember 86. Diese werden von der Person so verstanden, daß sie möglichst geduldig abwarten solle, bis die Medikamente die therapeutische Arbeit für sie getan hätten. Das andere Extrem wäre ein Antreiben der Person mittels direkter Verschreibung von Aktivitäten, was zwangsläufig Widerstand erzeugt.Wir kennen die Versuchung, den Klienten dann zu seinem Glück zu zwingen - und schließlich chemische Mittel einzusetzen.

Für ein lebendiges interaktives System, in dem jeder Teil für den andern stimulierend und im Ganzen modulierend wirkt, sind die gerade eben erwähnten Interventionstaktiken jedoch unangemessen. Ich erlebe den Prozeß intensivierten Lernens, den eine Therapie für mich darstellt, eher wie einen Tanz: Zwar verlangt die Konvention, daß einer die Rolle des offiziell Führenden einnimmt. Die Gestaltung des ganzen Geschehens und die einzelnen Figuren sind aber tatsächlich das Ergebnis eines sensiblen und möglichst gut aufeinander abgestimmten Miteinanders.

Und schließlich gehört noch eines dazu: Das Offensein für die "Zufälle", so wie sie kommen. Friedrich Dürrenmatt hat hoffentlich keine Psychotherapeuten vor Augen gehabt, als er einmal formulierte: "Je planmäßiger die Menschen vorgehen, desto wirksamer trifft sie der Zufall."

5. Hypnose und Verhaltenstherapie

Was Hypnotherapeuten von der Verhaltenstherapie lernen können

Burkhard Peter

5.1 Vorbemerkungen

Die in Kapitel 3 kurz skizzierten früheren Versuche, Hypnose und Verhaltenstherapie miteinander zu kombinieren bzw. zu integrieren, haben bei Verhaltenstherapeuten und bei Hypnotherapeuten leider keinen nachhaltigen Einfluß ausgeübt. Die Gründe dafür sind wohl vielfältiger Natur und sollen hier auch nicht weiter diskutiert werden. Was die Hypnose betrifft, ist dies jedoch bedauerlich, weil viele "Hypnotherapeuten" sich der verhaltenstherapeutischen Prinzipien, die sie in ihrer Arbeit implizit verwenden, gar nicht bewußt sind. Das mag vielleicht auch damit zusammenhängen, daß das wiedergekehrte Interesse an Hypnose vor allem auf die Arbeit von Milton H. Erickson zurückgeht, welche Ende der 70er Jahren sowohl in Amerika wie auch bei uns vor allem durch den Nicht-Psychologen Jay Haley bekannt gemacht worden ist. In seinem spannenden Buch *Die Psychotherapie Milton H. Ericksons* (1978) beispielsweise stellt er Ericksons Arbeit als so singulär und ohne jeglichen Bezug zu allgemeinpsychologischen und insbesondere verhaltenstherapeutischen Prinzipien dar, daß Ericksons implizite und explizite Bezugnahme auf diese Prinzipien auch dem Experten ob des sonstigen hypnotischen und vor allem strategischen Blendwerks nicht unmittelbar deutlich wird. So konnte es zu solchen extremen und skurrilen Annahmen kommen, Ericksonsche Hypnose und Psychotherapie bestehe wesentlich in der Anrufung eines allwissenden und omnipotenten Unbewußten und des Hypnotherapeuten Aufgabe sei nurmehr, mit Hilfe von trancefördernden Prozeduren diesem ominösen Unbewußten zum segensreichen Durchbruch zu verhelfen. Völlig übersehen wird dabei Ericksons detaillierte Therapieplanung und -durchführung, die oft eindeutigen Bezug nimmt auf allgemeinpsychologische und lerntheoretische Konzepte. Diese wurden zum Teil parallel und zum Teil erst nach Ericksons entsprechenden Falldarstellungen auch in der verhaltenstherapeutischen Gemeinschaft populär. In einigen dieser Falldarstellungen bediente sich Erickson durchaus auch einer expliziten verhaltenstherapeutischen Terminologie (vgl. Peter, 1989).

Auch die weiteren Veröffentlichungen über Ericksons therapeutische Arbeit (s. z.B. Erickson & Rossi, 1981) sind eher psychodynamisch denn allgemeinpsychologisch orientiert und fanden daher in der akademischen Psychologie kaum Interesse, obwohl sich gerade hier bei genauerem Hinsehen auch viele kognitions-, attributions- und sozialpsychologische Prinzipien unschwer erkennen lassen. Leider sind bis heute Versuche einer entsprechenden Explikation vor allem in der "Erickson-Literatur" noch relativ rar (s. z.B. Feldman, 1988a, b; Riebensahm, 1985; Peter, 1989; Sherman, 1988; von Bremen & Revenstorf, 1989).

Die vorangegangenen Falldarstellungen in diesem Band haben sicher einen ersten Eindruck vermitteln können, wie gut Hypnose und Verhaltenstherapie zusammengehen können. Im folgenden sollen im ersten Teil zunächst einige verhaltenstherapeutische Grundannahmen dargestellt und anschließend, im zweiten Teil, einige "klassische" verhaltenstherapeutische Interventionsprinzipien deutlicher herausgearbeitet werden, vor allem dort, wo sie dem lerntheoretisch weniger bewanderten "hypnotherapeutischen" Leser in den dargestellten Fällen nicht so klar erscheinen mögen. Zur weiteren Verdeutlichung und insbesondere auch, um dem oben angesprochenen Übel im Hinblick auf die sog. Ericksonsche Therapie abzuhelfen, habe ich im zweiten Teil dieser Darstellung auch einige Fallgeschichten von Erickson mit aufgenommen, in welchen die angesprochenen verhaltenstherapeutischen Interventionsprinzipien und ihre explizite Anwendung durch Erickson sehr klar zutage treten. Daß damit eine Entmystifizierung Ericksons einhergehen mag, wird billigend in Kauf genommen. Die Verhaltenstherapeuten unter den Lesern werden mir nachsehen, daß beileibe nicht alle wichtigen lerntheoretischen Prinzipien Erwähnung finden, daß die theoretischen Darstellungen sich eher verhaltenstherapeutischen Basiswissens bedienen und weniger eingehen auf eine ausführlichere Darstellung u.a. der kontroversen Diskussionen dieser Prinzipien.

5.2 Einige verhaltenstherapeutische Grundannahmen

Menschliche Reaktionen im Verhalten, im Gefühl und im Denken können gelernt, d.h. erworben, verstärkt, abgeschwächt, gelöscht oder modifiziert werden; die Prozesse der Generalisierung und Differenzierung spielen hierbei eine wesentliche Rolle. Als die drei klassischen Lernparadigmata werden das klassische Konditionieren, das operante Konditionieren und das Modellernen angesehen. Daneben wurden schon sehr früh in der Verhaltenstherapie auch kognitive Modelle entwickelt und sozialpsychologische Faktoren in die Betrachtungsweise mit einbezogen.[1]

Im *klassischen Konditionieren* (vgl. Pawlow, 1923) bekommt ein vormals neutraler Stimulus externer oder interner Natur die "Funktion", eine Reaktion auslösen zu können, die bisher nur von einem unbedingten Reiz (UCS) ausgelöst wurde, wenn eine kontingente, d.h. unmittelbare zeitliche Darbietung dieser Reize häufig und/oder intensiv genug erfolgt ist. Es findet also eine Art Stimulussubstitution statt: Die vormals unbedingte Reaktion (UCR) auf den UCS hin wird nun auch ohne Vorhandensein des UCS durch den vormals neutralen, jetzt aber bedingten Reiz (CS) ausgelöst und in diesem Fall als bedingte Reaktion (CR) bezeichnet. Diese Form der Definition ist zwar häufig anzutreffen, aber lei-

---

1   für einen Überblick vgl. Reinecker, 1986; 1987; Sorgatz, 1986

der auch irreführend: in Wirklichkeit wird natürlich am Stimulus selbst nichts geändert; was modifiziert wird ist die Disposition des Organismus, auf einen Stimulus anders reagieren zu können.

Beispiel: Der Agoraphobiker in Kraikers Fallbeispiel erleidet auf bestimmte (unbekannte, vermutlich interne) Stimuli (UCS) hin eine massive Kreislaufschwäche (UCR) in der U-Bahn, einer vormals neutralen Stimulusbedingung. Die Intensität der UCR und einige weitere nicht näher aufgeführte vermittelnde Faktoren bzw. sogenannte Organismusvariablen stellen eine bedingte Verbindung zu dieser Stimuluskonstellation "U-Bahn" her und machen diese zu einem CS, welcher in der Folge die gleiche oder eine ähnliche bedingte Reaktion (CR) auszulösen vermag. Zudem findet eine Generalisierung auf ähnliche Stimulusbedingungen (Autofahren, außer Haus gehen etc.) statt; d.h. die Klasse der konditionalen Stimuli hat sich im Laufe der Jahre enorm vergrößert.

Im *operanten Konditionieren* (Skinner, 1938; 1953; 1969) spielen die einer Reaktion vorausgehenden Bedingungen keine wesentliche Rolle, wohl aber die nachfolgenden: Auf eine Reaktion kann ein verstärkender oder ein bestrafender Reiz folgen; ferner kann sowohl ein verstärkender als auch ein bestrafender Reiz ausbleiben und damit die Auftretenswahrscheinlichkeit der vorausgegangenen Reaktion modulieren. Im einzelnen spricht man dann von positiver Verstärkung oder direkter Bestrafung bzw. von indirekter Bestrafung und negativer Verstärkung. Nun spielt hier aber auch der Kontext, d.h. die anwesenden diskriminativen Stimuli, eine wichtige Rolle: die gleiche Reaktion kann in unterschiedlichen Situationen von verschiedenen Konsequenzen gefolgt werden; man spricht dann von *Diskriminationslernen.*

Beispiel für positive Verstärkung: In Kossaks Fallbeispiel erlebt die Patientin, daß sie mit kleineren Lerneinheiten und dem unmittelbaren Rehearsal des Gelernten den Stoff besser behält. Dieses Erfolgserlebnis hat verstärkende Qualität und erhöht damit die Wahrscheinlichkeit, daß sich die Patientin in dieser vernünftigen und kontrollierten Art auf die Prüfungen vorbereitet.

Beispiel für direkte Bestrafung: In Bongartz' Fallbeispiel treten die Drehschwindelanfälle kurz nach dem Aufsuchen sozialer Kontakte auf (z.B. in Lokalen und Diskotheken) und haben damit bestrafende Qualität für eben dieses soziale Verhalten, welches in der Folge mehr und mehr abnimmt und den Patienten, wiederum auch aufgrund von Generalisierungsprozessen, zum Einzelgänger macht.

Beispiel für indirekte Bestrafung: In meinem eigenen Fallbeispiel des Prüfungsversagens war davon auszugehen, daß der Patient von meinem Vorgänger für sein spezifisches "Tranceverhalten" (tief entspannen und dösen) systematisch verstärkt worden war, denn in Erwartung einer weiteren "Hypnosebehandlung" zeigte er dies spontan gleich am Anfang. Da ich diese Form der Trance in seinem Fall als kontraproduktiv ansah, enthielt ich mich jeglicher zustimmender, d.h. belohnender Bemerkungen und unterbrach damit die Verstärkungssequenz. (Zusätzlich konnte er aus meinem eher provokativen Verhalten auch ersehen, daß ich eine solche Art der Trance mißbilligte.)

Beispiel für negative Verstärkung: Im Fallbeispiel von Bongartz macht der Patient die Erfahrung, daß er seine Drehschwindelanfälle durch Hypnose bzw. Schnellentspannung kontrollieren kann. Die hierdurch erzielte Reduktion bzw. das Ausbleiben des Symptoms, verstanden als unangenehmer (Straf-)Reiz, erhöht die Auftretenswahrscheinlichkeit der vorher gezeigten Entspannungsreaktion.

Beispiel für Diskriminationslernen: In Mrochens Fallbeispiel zeigt Markus das Schlichtungsverhalten nur in seiner Peergruppe, nicht jedoch bei seinen Eltern zu Hause, denn nur in der sozialen Situation bzw. unter den diskriminativen Stimuli der Peergruppe wird dieses Verhalten verstärkt.

Im *Modellernen* (Bandura, 1969; 1976) wird der Tatsache Rechnung getragen, daß viele Verhaltensweisen einfach imitiert und auf diese Weise nachahmend erworben werden. Auf dem Weg des Beobachtungslernens geschieht aber nicht nur der Erwerb neuen Verhaltens, sondern es werden gewissermaßen stellvertretend auch alle anderen klassischen und operanten Lerngesetze wirksam. Ferner kann ein Modell auch nur den Auslöser bzw. diskriminativen Hinweisreiz (S^D) dafür liefern, daß eine bereits gelernte und damit im Repertoire vorhandene Reaktion gezeigt wird bzw. deren Auftreten erleichtert wird.

Beispiel: Schon allein die Tatsache, daß sowohl im Fallbeispiel von Kraiker wie auch in dem von Revenstorf die Therapeuten sich mit den Patienten ins Auto gesetzt und alle Zeichen von Ruhe und Wohlbehagen (statt Angst) gezeigt haben, wirkt bereits als Modell, was nicht unterschätzt werden darf. Eine ähnliche Funktion erfüllen sicher auch die Modellgeschichten, die die verschiedenen Autoren ihren Patienten erzählt haben, damit diese eigenes Verhalten neu erlernen bzw. schon vorhandenes Verhalten situationsgerecht einschätzen und ausführen können.

Gerade Modellgeschichten sind in Therapien immer dann von großem Nutzen, wenn die Therapiesituation es nicht gestattet, komplexe, insbesondere soziale Verhaltenssequenzen unmittelbar detailliert einzuüben, zu belohnen und zu bestrafen, zu differenzieren und zu generalisieren.

Die beiden Prozesse der *Generalisierung* und *Diskrimination* beziehen sich auf die vorausgehenden und nachfolgenden Reize sowie auf die dazwischenliegende Reaktion selbst; man spricht dann von Stimulusgeneralisierung/-diskrimination, von Reaktionsgeneralisierung/-diskrimination sowie von differenzieller Verstärkung oder Bestrafung. Bei der Generalisierung wird die Klasse der möglichen Stimuli, die konditionale Qualitäten erwerben, vergrößert, ebenso die Klasse der konditionierten oder operanten Reaktionen. Im umgekehrten Fall der Diskrimination wird die Klasse der Stimuli bzw. Reaktionen verkleinert oder "ausdifferenziert", im operanten Fall durch sogenannte differenzielle bzw. selektive Verstärkung.[2]

Beispiel: Der jugendliche Morbus Crohn Patient in Mrochens Fallbeispiel lernt über mehrere Prozesse, daß aggressives Verhalten zu unterdrücken ist. An seinen anthroposophischen Eltern hat er zunächst Modelle, welche keine offenen Agressionen zeigen, die Aggressionen anderer vielmehr tolerieren. Vermutlich durch Liebensentzug wurden seine eigenen aggressiven Äußerungen indirekt bestraft und durch Belobigung tolerantes Verhalten gefördert. Problematisch wurde die Situation für den Patienten, als er seine Eltern bei einem sehr verhalten geführten Streitgespräch belauschte, was zunächst wieder als Modell dafür diente, daß Aggressionen nicht offen zu zeigen seien. Da in diesem belauschten Gespräch jedoch auch die Rede von Trennung der Eltern war, mußte sich Markus als Kind existentiell bedroht fühlen und reagierte darauf mit Angst (UCR). Diese Angst kann als weiterer Strafreiz angesehen werden, den Markus in Zusammenhang mit dem mitgehörten aggressiven Verhalten seiner Eltern brachte. Via Generalisierung bekommt aggressives Verhalten ganz allgemein die Qualität eines konditionalen Stimulus, der in ähnlicher Weise die konditionierte Angstreaktion provoziert. Auch diese Angst bzw. die empfundene Drohung durfte nicht öffentlich gemacht werden, weil damit auch der aggressive Anteil des elterlichen Streitgespräches aufgedeckt worden wäre. Markus mußte

---

2 Unkontingente bzw. zufällige Verstärkung/Bestrafung kann "abergläubisches", dissoziales bzw. asoziales oder psychotisches Verhalten zur Folge haben, da hier keine hinreichend klare Reakion-Konsequenz-Relation mehr hergestellt werden kann, ein Verhalten in seinen Konsequenzen also auch nicht mehr "vorausberechnet" und deshalb mehr oder weniger beliebig ausgeführt werden kann (oder auch nicht).

also auch seine Angst "hinunterschlucken" und ohne offenen Ausdruck für sich allein "verdauen".

Nun haben Kinder aber in der Regel eine hohe Motivation, bei Streitgesprächen ihrer Eltern - vor allem dann, wenn darin die Rede von Trennung ist - schlichtend einzugreifen und durch aktives Tun die Bedrohung zu verringern; dieses schlichtende Verhalten wird also negativ verstärkt. Der Weg, unmittelbar und aktiv bei seinen Eltern zu schlichten, war Markus jedoch versperrt, da hiermit wieder hätte aufgedeckt werden müssen, daß es in der Familie doch Aggressionen gibt. Ihm blieb also nur der Weg, die Bedrohung und die Angst sowie das vorausgehende aggressive Verhalten still zu dulden. Es ist auch anzunehmen, daß durch die massive UCS der existentiellen Bedrohung die konditionierte Angstreaktion (CR) auf annähernd alle aggressiven Verhaltensweisen anderer Menschen generalisierte. Hier gab es für Markus aber den Weg, wenigstens in seiner Peergruppe stellvertretend zu schlichten und hierbei die negative Verstärkung zu erhalten, die ihm bei seinen Eltern verwehrt war. Es ist also davon auszugehen, daß bei Markus eine starke Stimulusgeneralisierung in Bezug auf die Angstreaktion und eine Reaktionsdiskriminierung in Bezug auf die Bewältigungsreaktion (schlichten nur bei Gleichaltrigen) stattgefunden hat. Ferner ist davon auszugehen, daß jener nächtens belauschte elterliche Streit nicht nur einmal vorgekommen war und daß Unstimmigkeiten zwischen den Eltern verdeckt auch tagsüber wahrnehmbar waren - bei andauernder Leugnung derselben. Diese Konstellation hielt sowohl die konditionierte und generalisierte Angstreaktion aufrecht und förderte zudem das stellvertretend auf seine Peergruppe verschobene Schlichtungsverhalten des Jungen, welches wiederum inkompatibel war mit möglichen eigenen Aggressionen: Je mehr Markus schlichtete und dafür verstärkt wurde, umso geringer war seine Chance, eigenes aggressives Verhalten zu zeigen und damit auch, allerdings auf eine adaptivere Art, seine Angst zu reduzieren.

Das therapeutische Vorgehen zielte nun darauf ab, dem Jungen die Normalität zwischenmenschlicher Unstimmigkeiten und Aggressionen nahezubringen und ihn dann zu einer differenzierteren Wahrnehmung und zu entsprechend differenzierteren Reaktionsmöglichkeiten zu führen. Da aggressives Verhalten in Markus' Familie zwar existierte aber offen geleugnet wurde, beginnt Mrochen zunächst auf dem Weg vielfältiger verdeckter und symbolischer Verfahrensweisen, Markus langsam an diese Tatsache heranzuführen. Dann läßt er Markus mit zunächst ebenfalls verdeckten Verfahren wie z.B. dem Erzählen verschiedener Modellgeschichten in der Fantasie andere als die bisherigen duldenden und schlichtenden Reaktionsmöglichkeiten entwickeln und kritisch erproben, bis dem Jungen einige davon akzeptierbar erscheinen.

Kognitive Modelle des Lernens sind so alt wie die sogenannten Konditionierungstheorien. Schon Tolman (1932; s.a. Hilgard & Bower, 1970/71) nahm an, daß nicht bloße S-R- bzw. R-C-Verbindungen gelernt werden, sondern daß ein Organismus auch Erwartungen hinsichtlich bestimmter Zusammenhänge zwischen den eigenen Reaktionen und denen der Umwelt bildet. Damit sind alle kognitiven Prozesse der Wahrnehmung, des Gedächtnisses, der Informationsverarbeitung und der Erfahrung in den Vordergrund des Lernens gerückt. Insbesondere Bandura (1977) hat in seiner Theorie der *Kompetenzerwartung* ("self-efficacy") das Konzept der Erwartungen weiter differenziert. Individuen haben zunächst bestimmte Erwartungen darüber, ob und inwieweit sie überhaupt in einer bestimmten Situation agieren und reagieren können (Erwartung bezüglich der eigenen Kompetenz) und weiter bestimmte Erwartungen hinsichtlich der Effekte dieses Verhaltens (Ergebnis-Erwartung). Es leuchtet ein, daß solche Erwartungen eine überaus starke positive oder negative *motivierende Funktion* in Bezug auf das Verhalten haben.

Weitere Theorien, wie z.B. die *Handlungstheorie* (s. z.B. Miller, Galanter & Pribram, 1960; Kraiker, 1980) wären ohne die Annahme der Zielgerichtetheit und Selbstbewertung menschlichen Verhaltens gar nicht denkbar. Alle Selbstkontroll- und Selbstregulationsprozesse (z.B. Kanfer, 1977) gründen explizit auf der Tatsache, daß Individuen ihr Verhalten selbst beobachten und bewerten und sich für ein bestimmtes Verhalten auch selbst belohnen oder bestrafen können. Cautelas (1976) sogenannte verdeckte Verfahren stützen sich ebenfalls auf kognitive Prozesse. Auch die auf Lewin (1935) zurückgehende *Konflikttheorie* setzt die kognitiven Konstrukte der Erwarung und Zielgerichtetheit menschlichen Verhaltens ein. Hierbei wird der banalen Alltagserfahrung Rechnung getragen, daß sich ein Individuum in einem ständigen Spannungsfeld unterschiedlichster internaler und externaler Strebungen bzw. "Kräfte" befindet und einen Weg finden muß, damit auf irgendeine Art stimmig im Sinne einer Dissonanz- bzw. Streßreduktion umzugehen (vgl. auch Dollard & Miller, 1950). Hieraus ergeben sich zwangsläufig die unterschiedlichsten *Antriebe bzw. Motive* (vgl. Heckhausen, 1980) für ein bestimmtes Verhalten, welches in manchen Fällen selbst dann als adaptiv anzusehen ist, wenn es als neurotisch bezeichnet wird. Viele Fallgeschichten und Interventionsformen von Erickson gewinnen unmittelbare psychologische Plausibilität, wenn sie auf dem Hintergrund dieser kognitiven Theorien gesehen werden; so lassen sich beispielsweise die meisten der in Erickson & Rossi (1981) dargestellten Formen indirekter Suggestionen konflikttheoretisch recht gut verstehen; verständlicher wird auch die Tatsache, daß viele Patienten von Erickson schwierige und z.T. skurile Hausaufgaben durchführten, wenn man sein sehr elaboriertes Spiel mit scheinbaren oder realen Konflikten und hieraus aufgebauten Motivationen bedenkt.

Zum Abschluß dieser kurzen Übersicht sollen noch die *sozialpsychologischen Theorien* erwähnt werden, die vor allem im Rahmen der kognitiven Therapie Bedeutung gewonnen haben. Unter diesen sind wiederum die Dissonanz-, die Attributions- und die Reaktanztheorie (Brehm, 1980) von besonderer Bedeutung (vgl. die weiter unten folgenden Fallbeispiele von Milton H. Erickson).

Eine *kognitive Dissonanz*, erlebt als aversiver motivationaler Zustand bzw. im Extremfall als Angst, entsteht nach Festinger (1957) dann, wenn Kognitionen, d.h. Vorstellungen und Erwartungen bezüglich der eigenen Kompetenz und der Umwelt vorliegen, die einander widersprechen bzw. unvereinbar sind. Die Dissonanz motiviert dazu, Konsonanz, d.h. einen wieder als konsistent erlebten Zustand herzustellen. Deshalb werden alle möglichen dissonanzreduzierenden internen oder externen Aktionen unternommen, die im wesentlichen danach zu unterscheiden sind, ob sie sich auf eine Veränderung des eigenen Verhaltens, der Umwelt oder der eigenen Kognitionen beziehen. Nach Festinger sind Manöver, die auf kognitivem Wege Konsonanz erzeugen, wesentlich häufiger und wichtiger als die, welche sich auf das Verhalten und/oder die Umwelt beziehen, weil sie wesentlich einfacher und ökonomischer auszuführen sind. Es ist einfach leichter, bestimmte störende Aspekte der Realität zu leugnen oder zu verzerren - und solche Aktionen werden noch dazu unmittelbar negativ verstärkt - als eventuell das eigene Verhalten zu verändern, was zunächst unlustbetont und damit in der unmittelbaren Konsequenz aversiv ist. Durch kognitive Operationen ist zudem auch

die Valenz der nachfolgenden Konsequenzen änderbar, so daß Verstärkungs-
oder Bestrafungsbedingungen einen nurmehr relativen Wert besitzen.

Beispiel: Eine starke kognitive Dissonanz kann beispielsweise wiederum bei Markus
angenommen werden. Den Konflikt, daß es Aggressionen in der Familie offiziell nicht
gibt und nicht geben darf, daß er diese aber doch wahrgenommen hat, löste Markus dadurch, daß er sich der Verleugnungsstrategie seiner Eltern anschloß (eine andere Chance
hatte er in seiner kindlich schwachen Position wohl kaum), eigene aggressive Impulse
gleich im Ansatz unterdrückte und, im Kontext mit Angst, intestinal ausdrückte, noch bevor er ihrer gewahr wurde. Er setzte diese Sequenz fort, indem er überall dort aktiv
schlichtend eingriff, wo es zu Auseinandersetzungen kam, falls er nicht (im Sinne einer
Konsonanz erzeugenden kognitiven Operation) milde duldend darüber hinwegsehen
konnte. Den Konflikt zwischen seinen Eltern, den es offiziell ebenfalls gar nicht gab, versuchte er zusätzlich noch dadurch zu schlichten, daß er krank wurde. Hiermit brachte er
seine Eltern dazu, daß sie sich gemeinsam um ihn kümmerten und schließlich gemeinsam
den Therapeuten aufsuchten. Unter diesem Aspekt gesehen war zunächst jeder potentielle Erfolg der vorausgehenden medizinischen Behandlungen und natürlich auch der dieser Behandlung in Frage gestellt, da er die angenommene "Intention" der Erkrankung ge-
fährdet hätte.

Die *Attributionstheorie* geht davon aus, daß Menschen motiviert sind, nach
Erklärungen zu suchen, sich indessen nicht immer klar sind, daß sie Erklärungen, Gründe und Ursachen einem bestimmten Ereignis nur zuschreiben
(attribuieren), aus diesen a priori willkürlichen Zuschreibungen jedoch wesentliche Konsequenzen für ihr eigenes Verhalten ableiten. Dieses Grundbedürfnis
nach Kausalattributionen wird ergänzt durch sogenannte Kontrollattributionen,
womit all jene Annahmen darüber gemeint sind, ob ein bestimmtes Ereignis als
kontrollierbar bzw. veränderbar angesehen wird oder nicht, ob die Kontrolle
selbst ausgeübt werden kann (internale Attribution) oder ob die Ursachen externaler Art, d.h. der eigenen Kontrolle weitgehend entzogen erlebt werden
(externale Attribution). Es waren insbesondere Jones & Nisbett (1971), welche
die alten attributionstheoretischen Ansätze von Heider (1958) weiterentwickelt
und für die Verhaltenstherapie elaboriert haben.

Im Zusammenhang mit der Attribution ist auch das sogenannte
Krankheitsmodell ("Health-Believe-Model") des Patienten von Bedeutung. Je
mehr ein Patient die Ursache seiner Symptome in einem medizinischen Modell
sucht, d.h. einer organischen Störung zuschreibt, umso geringer wird er seine
diesbezügliche subjektive Kompetenz einschätzen und umso größere Reaktanz
wird er gegen "psychologische" Interventionsversuche entwickeln und vice versa.

Beispiel: Als Beispiele für Fehlattributionen können weitere Fallgeschichten
herangezogen werden. In Hoppes Fall führte der Patient seine Schmerzen auf die
"Überdehnung" durch den Chefarzt zurück, was zwar richtig, aber eben nur zur Hälfte
richtig war. Vergessen (bzw. "verdrängt" und erst in der Altersreggression wieder erinnert) hat er seine Wut gegen "den Ochsen von Chefarzt" und sein zurückgenommenes,
aggressionsgehemmtes Verhalten aus Angst, im Jähzorn etwas Unüberlegtes tun zu können. Es war für ihn aus mehreren Gründen unmöglich, seine nun chronischen Schmerzen
voll bewußt dieser Reaktionsverhinderung zuzuschreiben: Zum einen war er sicher stolz
darauf, seinen Jähzorn in den Griff bekommen zu haben, und zum anderen hatte er vermutlich durch eben diese Reaktionsverhinderung befürchtete aversive Konsequenzen für
seinen weiteren Krankenhausaufenthalt vermieden. (Ganz abgesehen davon, daß er vermutlich auch a priori eine "Beißhemmung" wegen des bestehenden Statusgefälles zwischen ihm und dem Chefarzt hatte.) Über seine Schmerzen hatte er aber nun die Mög-

lichkeit, seine Wut auf den Chefarzt über Jahre aufrechtzuerhalten bzw. zu konservieren; und schließlich hätte es zu einer sicherlich für ihn unerträglich kognitiven Dissonanz geführt, wenn er "eingesehen" hätte, daß er durch diese aufgezeigten Prozesse die ganze Zeit sich seine Schmerzen selbst "gemacht" hatte. Logischerweise reduzierte er die Ursachenzuschreibung für seine Schmerzen auf nur einen Aspekt des Vorgefallenen und leugnete über Jahre hinweg alle anderen.

Eine zweifache Fehlattribuierung nimmt auch der herzphobische Patient von Revenstorf vor, indem er davon ausgeht, daß seine Störung organischer Natur sei (er folgt hier also einem medizinischen Krankheitsmodell), und daß der gesellschaftliche Konkurrenzkampf daran schuld sei, daß er organisch krank geworden ist (was ja aufgrund der besonderen Umstände seiner beruflichen Situation durchaus nicht unplausibel klingt). Mit dieser Attribuierung hat er jedoch auch alle Verantwortung und alle Kontrollmöglichkeit über seine Beschwerden externalisiert, d.h. in die Hände von Spezialisten gelegt. Revenstorf nimmt diese ihm übertragene Rolle des Spezialisten an, um den Patienten zunächst Kontrollmöglichkeiten an die Hand zu geben, welche noch innerhalb seines Krankheitsmodells akzeptiert werden können (Entspannungs- und Atemübungen). Ganz in der Rolle des Spezialisten verliest er dann auch seine Expertise, welche jedoch zum Ziel hat, den Patienten zu einer eher internen Attribution, verbunden mit allen dazugehörigen kognitiven Umstrukturierungen zu veranlassen. Selbst bei der anschließenden Autofahrt wird dieser organischen Attribuierung über das quasi-medizinische Biofeedbackgerät noch Rechnung getragen, allerdings mit einer parallel dazu verdeckt verlaufenden "Umattribuierung": Das Biofeedback dient ja dazu, die eigenen Möglichkeiten des Patienten, sich zu entspannen und ruhig Auto zu fahren, aufzuzeigen und zu unterstützen.

Eine organischer Attribuierung hatten auch die Eltern von Markus, was aufgrund des tatsächlich vorliegenden Darmleidens ihres Sohn auch nicht weiter verwunderlich ist; entsprechend diesem Krankheitsmodell suchten sie zunächst medizinische Hilfe. Im Fallbeispiel von Gerl verhält es sich ähnlich; hier kommt sogar noch die offiziöse Diagnose durch einen Neurologen hinzu.

Unter *Reaktanz* (vgl. Brehm, 1966) versteht man das Widerstreben bzw. die Gegenwehr eines Individuums gegen den Verlust persönlicher Entscheidungs- und Handlungsfreiheit, welche ja bei jeder therapeutischen Intervention - so paradox das klingen mag - mehr oder weniger Gefahr laufen, angegriffen zu werden. Traditionellerweise würde man diesem Umstand durch intensive Überzeugungsarbeit begegnen, daß die geplante Intervention ja nur zum Besten des Patienten sei und dieser deshalb trotz eventueller Unlustgefühle und anderer Widerstände kooperieren möge. In der Praxis ist die hierfür notwendige Einsicht jedoch nicht immer anzutreffen bzw. nur im Laufe der Zeit zu erreichen und wird in der Regel durch "ungeschicktes", weil eben Reaktanz auslösendes Therapeutenverhalten oft noch geschwächt. Die beiden klassischen Verfahren zur Reaktanzverhinderung sind die sukzessive Approximation (Wolpe, 1958) und die sogenannte paradoxe Intention (Frankl, 1969). Ein Höchstmaß an Reaktanz müßten auch viele von Ericksons Hausaufgaben ausgelöst haben und deshalb lassen sich gerade bei ihm die vielfältigen reaktanzreduzierenden Kommunikationsmuster gut studieren (Erickson & Rossi, 1981; Riebensahm, 1985).

Zum *Verhältnis zwischen Theorie und Praxis in der Verhaltenstherapie* möchte ich zum Schluß noch folgendes anmerken: Es wird oft der Eindruck vermittelt, verhaltenstherapeutische Methoden seien direkt aus der Lerntheorie abgeleitet. Diesem Mythos hängen heute bloß noch wenige Gläubige an; tatsächlich ist schon früh eine Orientierung der Verhaltenstherapie an den Lerntheorien in Frage gestellt worden (s. Kraiker, 1974; Westmeyer & Hoffmann, 1977). Faszinierend ist es aber dennoch, die Auseinandersetzungen um stimmige Erklärungsmodelle für die unterschiedlichsten verhaltenstherapeutischen Methoden zu verfolgen, und vor allem auch die Bereitschaft zu sehen, mit der die jeweiligen Thesen und Hypothesen einer empirischen Überprüfung unterworfen werden, was bei keinem anderen therapeutischen Verfahren in solchem Ausmaß der Fall ist. Dies alles hat der Verhaltenstherapie den Ruf der Wissenschaftlichkeit eingetragen, so daß heute auch der Eindruck besteht, verhaltenstherapeutische Methoden seien wissenschaftlich begründet oder zumindest begründbar. Allerdings geriet auch dieser Mythos schon früh ins Wanken (vgl. London, 1972). Was bleibt dann übrig? Eine mehr oder weniger gut beschriebene Kollektion unterschiedlicher Interventionsformen, die in anderen psychotherapeutischen Verfahren im Prinzip ebenfalls Anwendung finden; aber auch das Bemühen, diese Methoden nicht bloß eklektisch bzw. "privattheoretisch" sondern auf der Grundlage von Prinzipien aus der Lerntheorie und Allgemeinen Psychologie im weitesten Sinne zu verstehen und zu testen. "Der Standpunkt, den wir hier vertreten, ist der, daß sich die Verhaltenstherapie nicht nur die Entdeckungen auf dem Gebiet des Lernens und Konditionierens, sondern alle Erkenntnisse der experimentellen Psychologie zunutze machen solle" (Kanfer & Phillips, 1975, S. 33).

Verhaltenstherapeuten haben sich noch nie gescheut, in anderer Leute Gärten zu ernten und Methoden zu übernehmen, um ihnen - wenn überhaupt - erst nachträglich den Mantel theoretischer Rechtfertigung überzuziehen. Es sei kurz erinnert an die Tatsache, daß der Psychoanalytiker Wolberg (1948) 10 Jahre vor Wolpe (1958) die von letzterem so genannte systematische Desensibilisierung nicht nur schon in ihrer exakten Anwendung (allerdings unter Hypnose) sondern auch in der Sprache der Lerntheorie beschrieben hat (vgl. hierzu auch Kraiker, 1987); erinnert sei auch an Lazarus' *Multimodale Verhaltenstherapie* (1971; 1978), welche - zumindest zur damaligen Zeit - die Grenzen herkömmlicher lerntheoretisch begründbarer Verhaltenstherapie bei weitem überschritten und problemlos beispielsweise auch Hypnose mit einbezogen hat. Die sogenannte *kognitive* und seit kurzem auch die *motivationale Wende* trugen das ihre dazu bei, die Verhaltenstherapie aus ihren viel geschmähten reduktionistischen behavioristischen Fesseln zu lösen und sowohl prozeß- wie auch erlebnisorientierte Aspekte integrierbar zu machen.

Gerade weil nun die Verhaltenstherapie eine ganze Reihe unterschiedlichster Prinzipien und damit mehr oder weniger in Zusammenhang stehender Methoden entwickelt hat, hat die konkrete Planung der Behandlung bei jedem einzelnen Patienten große Bedeutung. "Maßgeschneiderte" Behandlungen sind also durchaus kein Vorzug allein von Hypnotherapien; auch "die Verhaltenstherapie [geht] davon aus, daß für jeden Einzelfall eine spezifische Therapie zu planen ist. Denn jede Therapie sollte möglichst an den 'Ursachen' ansetzen und nicht an den 'Symptomen' oder Beschwerden" (Schulte 1986, S. 19). Damit gewinnt die sogenannte *diagnostische Analyse*, d.h. die Exploration und Analyse des Problems hinsichtlich Genese und aufrechterhaltender Bedingungen sowie die hierauf abgestimmte Therapieplanung an Bedeutung. Die von Kanfer & Saslow

(1974) vorgeschlagene einfache Verhaltensgleichung S-O-R-C-K[3] ist mittlerweile erheblich modifiziert und differenziert worden (s. Schulte, 1974; 1986) bzw. auch durch andere Modelle ersetzt worden. Von Lazarus (1973) stammt beispielsweise das BASIC-ID; danach soll eine (Verhaltens-)Therapie auf unterschiedlichen Modalitätsebenen ansetzen und deshalb in Exploration und Intervention auch die verschiedensten Ebenen berücksichtigen: *b*ehavior (Verhalten), *a*ffect (Affekt), *s*ensation (Empfindung), *i*magery (Vorstellungen), *c*ognition (Kognition), *i*nterpersonal (soziale Beziehungen) und *d*rugs (Medikamente). In diesen und ähnlichen Modellen kann man beim besten Willen nicht mehr bloße reduktionistische Konditionierungsprozeduren Pawlowscher oder Skinnerscher Prägung erkennen, welche der Verhaltenstherapie auch heute noch bisweilen zum Vorwurf gemacht werden. Vielmehr wäre es für manchen klassisch oder ericksonianisch arbeitenden Hypnotherapeuten ein Gewinn, sich um eine elaboriertere Exploration zu bemühen und dabei durchaus auch die in der Verhaltenstherapie hierfür sehr ausgearbeiteten Modelle als Leitlinie heranzuziehen, denn Vergleichbares hat die Hypnose bis heute (noch) nicht zu bieten. Die diesbezüglich vorgelegten Versuche sind bislang über den Charakter anekdotischen Materials nicht hinausgekommen (vgl. z.B. Beiträge in Zeig & Lankton, 1988).

In einigen Falldarstellungen dieses Buches wie z.B. bei Kossak und Forster ist diese verhaltenstherapeutische Exploration und Diagnostik sehr elaboriert und differenziert dargestellt. Auch die im folgenden angeführten Fälle von Erickson enthalten im Original in der Regel eine sehr ausführliche Darstellung der jeweiligen Problemsituation; aus Platzgründen ist meine Darstellung indessen auf die angewandten Interventionen konzentriert. Es ist sicher überflüssig, darauf hinzuweisen, daß die folgenden Fallbeispiele von Erickson ganz unterschiedlich interpretiert werden können und daß selbst in der von mir vorgenommenen verhaltenstherapeutischen Interpretation die Akzente auch ganz anders gesetzt werden könnten.

5.3 Einige verhaltenstherapeutische Interventionsprinzipien

Im Folgenden will ich auf einige Interventionsprinzipien der Verhaltenstherapie näher eingehen, und zwar auf

- Aufbau inkompatibler Reaktionen und Gegenkonditionierung,
- Konfrontation mit dem Symptom,
- Reaktionsverhinderung und
- Erwerb von Kompetenz in der Imagination.

Ich beginne jeweils mit entsprechenden Fallbeispielen von Milton H. Erickson, bringe dann einige theoretische Bemerkungen und weise auf die Verwendung dieser Prinzipien in den Fallbeispielen dieses Buches hin.

---

3 Ein Individuum mit definierten "organismischen" Bedingungen (O) reagiert (R) auf einen Stimulus (S); diese Reaktion hat bestimmte Konsequenzen (C), welche mit einer bestimmten Kontingenz (K) auf das gezeigte Verhalten folgen.

5.3.1 Aufbau inkompatibler Reaktionen und Gegenkonditionierung

5.3.1.1 Fallbeispiele von Milton H. Erickson

Erickson (1955/1980) beschreibt zwei Kurztherapien junger Frauen, die eine Reihe sozialphobischer Symptome und schwere Störungen in ihrer Selbstwahrnehmung (bis hin zu Suizidgedanken) an sichtbaren Defekten ihrer Schneidezähne festgemacht hatten, ohne diese zahnärztlich korrigieren lassen zu wollen. Die Vermutung lag nahe, daß dieses kosmetische Problem, wenn überhaupt, nur eine geringe Rolle bei der Entstehung und Aufrechterhaltung der jeweiligen Symptomatik gespielt hat. Dennoch konzentrierte Erickson rein äußerlich die Behandlung genau auf dieses Problem.

Eine der beiden Patientinnen, eine High-School-Schülerin, hatte nur einen, allerdings übergroßen oberen Schneidezahn; sie vermied es deshalb zu lachen, in der Cafeteria ihrer Schule essen zu gehen, hatte ein Einzelgängerdasein und massive Schulprobleme entwickelt. Aufgrund der willentlich hervorgerufenen Unbeweglichkeit ihrer Oberlippe war ihre Aussprache sehr schlecht. Schon während des Erstinterviews fiel Erickson ihre Fähigkeit auf, verschiedene Dialekte nachahmen zu können, und so ermutigte er sie hierzu; ferner beherrschte sie zahlreiche Comics, Volkslieder und -geschichten. In der folgenden Stunde diskutierte er mit ihr des langen und breiten die Wortmalereien in der Umgangssprache, in Witzen und Songs, und führte sie dabei unmerklich aber sehr gezielt zu Redewendungen, in welchen das Wort Zahn in irgendeiner Weise vorkam. Für die nächste Stunde erhielt sie den Auftrag, weitere solche Ausdrücke und idiomatische Wendungen zusammenzutragen und sie dann in der Stunde herzusagen. Das tat sie so lange, bis ihr schließlich der Stoff ausging. Hierauf meinte Erickson: "Wenn you put the bite on a job, you really sink your fang into it, but then, you've got the really hep accessory for that. Use your choppers now to chop off a bit more the British and your fang to bite off a bit more Scotch" (S. 501). Die Patientin hielt inne und wurde offensichtlich des persönlichen Bezugs dieses Gespräches sowie der Tatsache gewahr, daß Zähne auch ein interessantes und amüsantes Thema sein können. Ohne hierauf einzugehen, trug Erickson ihr nun auf, nach Hause zu gehen, in den Spiegel zu schauen, breit zu grinsen und dann zu sagen: "Dies ist mein Mundwerk." Zum nächsten Termin kam sie glucksend und lachend, grinste Erickson an und sagte "Jawohl, mein Herr, dies ist mein Mundwerk". Gefragt, was denn seit der letzten Stunde geschehen sei, antwortete sie, sie habe die Zeit damit zugebracht, ihre Lehrer und Klassenkameradinnen damit zu verblüffen und zu unterhalten, daß sie mit wechselndem Akzent gesprochen habe. Rückmeldungen ihrer Lehrer ergaben ebenfalls, daß die Patientin sich scheinbar übergangslos von einem zum anderen Tag verwandelt hatte: Aus einem scheuen, zurückgezogenen Mädchen mit schlechter Aussprache und eher mäßigen Leistungen war eine aufgeweckte, gesellige und gute Schülerin geworden.

Die zweite Patientin war eine 21jährige Sekretärin, welche noch nie einen Freund gehabt hatte und auch sonst sozial völlig isoliert lebte. Ihre Kleidung, ihre Haare und ihre allgemeine Erscheinung machten einen eher ungepflegten und vernachlässigten Eindruck. Die Liste all dessen, was sie an sich auszusetzen hatte, war lang und gipfelte darin, daß sie ein unerwünschtes Kind war, dies immer noch sei und immer sein werde; am schlimmsten aber sei der breite Spalt zwischen ihren beiden oberen Schneidezähnen. Bevor sie Selbstmord begehe, wolle sie aber noch therapeutische Hilfe in Anspruch nehmen, und zwar für drei Monate zwei Stunden pro Wochen, welche sie im voraus auch bezahlte. In den ersten vier Stunden zeigte sie sich sehr unkooperativ und überließ Erickson die Gestaltung der Sitzungen. Dieser konnte aber immerhin die Information erhalten, daß sie seit zwei Monaten an einem Arbeitskollegen Interesse gefunden hatte, welcher sich wie sie des öfteren an dem Trinkwasserspender im Flur aufhielt. Aufgrund ihrer Insuffizienzgefühle hätte sie es aber niemals gewagt, ihm irgendein Zeichen zu geben. Die folgenden 4 Stunden benutzte Erickson dazu, ihr die Idee zu vermitteln, daß sie sich neue Kleider kaufen und zu einem bestimmten Tag ihr Haar, welches sie bisher selbst geschnitten hatte, in einem Schönheitssalon herrichten lassen solle. An diesem, von Erickson zu bestimmenden Tag, solle sie dann so zur Arbeit gehen. Als plausible Begründung hierfür konnte sie akzeptieren, daß sie im Hinblick auf ihren bevorstehenden Selbstmord noch ein letztes Mal auf den Putz hauen könne. In weiteren zwei Sitzungen akzeptierte sie den Vorschlag, daß sie durch den Spalt ihrer Schneidezähne einen Mund voll Wasser gezielt verspritzen könne. Da es nun wirklich nichts mehr ausmachte, was sie vor ihrem Selbstmord tat, übte sie fleißig auch dieses absurde und verrückte Verhalten. Die nächsten 2 Sitzungen brauchte Erickson, um ihr zu vermitteln, daß sie diese neu erworbene Fähigkeit an dem jungen Mann ausprobieren solle. Zunächst wies sie dieses Ansinnen strikt zurück, akzeptierte es schließlich aber als Möglichkeit, damit völlig "unten durch" zu sein. Ericksons endgültiger Plan bestand nun darin, daß sie sich an einem Samstag in dem Schönheitssalon herrichten lassen solle, um am folgenden Montag dann in ihren neuen Kleidern auf den jungen Mann zu warten, ihren Mund voll Wasser zu nehmen, diesen dann anzuspritzen, zu kichern, kurz auf ihn zu- und dann wie der Teufel weg-, den Gang hinunterzulaufen. Wider Erwarten führte sie diese Anweisung perfekt aus. Der junge Mann war natürlich zunächst perplex, explodierte mit einem "Du verdammtes kleines Biest", fing sie am Ende des Ganges ein und küßte sie spontan. Als sie am nächsten Tag wieder an der gleichen Stelle erschien, wurde sie von ihm mit einer Wasserpistole beschossen, und das gleiche Spiel wiederholte sich. Hierauf folgten dann Einladungen zum Essen und ins Theater, Monate später die Verlobung und dann die Heirat.

In beiden Fällen ermutigte Erickson die Patientinnen, Verhaltensweisen auszubauen bzw. neu einzuüben, welche nicht nur inkompatibel zu dem vorherigen depressiven bzw. sozial-passiven Verhalten standen, sondern in ihrem Effekt auch langfristig ein sozial-aktives Verhalten mit den dazugehörigen emotionalen und kognitiven Veränderungen im Selbstbild evozieren mußten.

Formal ließe sich dies unter dem Begriff des Gegenkonditionierens subsumieren. Beide Patientinnen hatten an ihre Zahndefekte (eine sog. Organismusvariable) ein ganzes Knäuel von negativen Emotionen und Kognitionen (im Sinne einer komplexen CR bzw. Fehlattribuierung) geknüpft. Anstatt diese Verbindung direkt zu löschen bzw. die Patientinnen von der Irrationalität einer solchen Verbindung direkt zu überzeugen, förderte Erickson Verhaltensweisen, welche "automatisch" eine neue positive emotionale und kognitive Reaktion (eine neue CR) zur Folge hatten, die darüberhinaus sozial enorm verstärkt wurde.

Im ersten Fall gelang dies über das assoziative Bindeglied "Mundwerk": Um ihr Mundwerk, d.h. ihre verbalen Fähigkeiten erfolgreich zu nutzen, mußte diese Patientin ihr Mundwerk, d.h. ihren Mund mit dem häßlich alleinstehenden Schneidezahn, aufmachen und zu anderem "Verhalten" als dem bisherigen, des sich schämen und des sich abwerten, benutzen. Die soziale Anerkennung und das Interesse, das diese bisher unbekannten Fähigkeiten bei den Lehrern und Mitschülern hervorrief, erbrachte nicht nur die nötige direkte operante Verstärkung für dieses neue Verhalten, sondern trug automatisch auch zu einer "Hemmung" der bisherigen CR bei.

Im zweiten Fall erfolgt der Aufbau und die Verstärkung sozialer Verhaltensweisen zunächst über direkte Instruktionen zur Vorbereitung, vor allem aber, wie die Patientin sich nach dem ersten Wasserspritzen verhalten solle, und dann automatisch als Folge dieser unüblichen Kontaktaufnahme. Eine neue emotionale und kognitive Wertung ihrer Person und insbesondere ihrer deformierten

Schneidezähne waren ebenfalls die automatische Konsequenz dieses gezeigten Verhaltens.

Beide Fälle könnte man als Beispiele für One-Trial-Lernen ansehen; man muß allerdings die sorgfältige vorbereitende und auf die Person bezogene Vorarbeit bedenken, um dieses One-Trial-Lernen nicht als bloßes Zufallsprodukt anzusehen. Auffallend ist hierbei zunächst, daß Erickson gerade das von den Patientinnen hervorgehobene organismische Defizit benützte, um alternatives Verhalten aufzubauen. In der Ericksonschen Literatur wird ein solches Vorgehen üblicherweise mit dem sogenannten Utilisationsprinzip "erklärt"; man nehme genau das, was der Patient anbietet, und suche entweder nach einer neuen Bewertung - deute es also um - und/oder entwickle hieraus eine konstruktive Fertigkeit. Mir scheint hier aber auch ein uraltes therapeutisches Prinzip lebendig, nämlich das "den Teufel mit dem Beelzebub austreiben", um es volkstümlich auszudrücken; sowohl im Flooding als auch in der Implosionstherapie findet dieses Prinzip Anwendung und beide Techniken lassen sich auch in den vorliegenden Fällen wiederfinden. Bei beiden erfolgt keine langsame graduierte Annäherung, sondern das Top-Item (die am meisten gefürchtete Vorstellung, Situation oder Reaktion) wird ohne langsame Gewöhnung präsentiert. Aber auch hierfür ist entsprechende Vorarbeit nötig, die Erickson einfallsreich und gleichzeitig einfühlsam erbrachte:

Im ersten Fall baute Erickson sorgsam und zunächst eher verdeckt ein assoziatives Netzwerk positiver Konnotationen zu dem ursprünglich negativ "besetzten" CS bzw. S^D (Zahn) auf, um dann erst im Moment des Bewußtwerdens der möglichen positiven, kuriosen und konstruktiven Bedeutungen von "Zahn" das Top-Item zu präsentieren: "Gehen Sie nach Hause, schauen Sie in den Spiegel, setzen Sie ihr breitestes Grinsen auf und sagen Sie dann: Das ist mein Mundwerk." Dieser Reizüberflutung ging also vermutlich durchaus eine, wenn auch verdeckt durchgeführte, graduierte Annäherung bzw. eine verdeckte Habituation voraus, die das "Flooding" annehmbar machte, und zwar um so mehr, als die verdeckte Annäherung auf der Grundlage vorhandener Ressourcen der Patientin erfolgte.

Auch im zweiten Fall erfolgte die Exposition bzw. die Einführung des Top-Items - soziale Kontaktaufnahme durch "Anspucken" - nicht unvorbereitet. Durchaus in der Art einer Implosionstherapie wurden alle auszuführenden Verhaltensweisen und -sequenzen vorher in sorgfältiger Annäherung verbal eingeführt und ausführlich besprochen; die Patientin hatte also genügend Möglichkeiten und Zeit, sowohl in der Imagination probezuhandeln als auch bestimmtes Verhalten direkt zu üben. Es kann also angenommen werden, daß ein intensives kognitives Rehearsal und damit ein langsames imaginatives Vertrautwerden mit der vorher gefürchteten und vermiedenen sozialen Situation stattfand, ebenso ein erstes Vertrautwerden mit den für ein Gelingen notwendigen Veränderungen im Outfit der Patientin. Die Motivation hierfür holte sich Erickson aus mehreren Quellen: Zunächst einmal mit dem unmittelbar einleuchtenden Argument, wenn sie ja ohnehin vorhabe sich umzubringen, so könne sie vorher getrost noch einmal "auf den Putz hauen"; dies impliziert aber auch ein effektives Testen ihrer bisherigen voreingenommenen Meinung über sich und die anderen. Zum anderen zeigte ihre bisherige äußere Erscheinung ein so geringes Maß an Selbstachtung bzw. gegen sich selbst gerichtete Aggressionen, daß auch jeder andere Therapeut daran gearbeitet hätte, diese nach außen zu richten. Das war wohl auch Eriksons Anliegen. Allerdings verfuhr er nicht in der Manier von üblichen Selbstsicherheitstrainings, sondern wiederum in verdeckter Form, welche zudem eine andere als die erwartete soziale Reaktion wahrscheinlich machte: Der "aggressive" Akt, das Anspucken des jungen Mannes, wurde von ihr offensichtlich zwar auch als letzte verrückte Tat vor dem endgültigen Abgang angesehen, brachte indessen zusammen mit den sorgfältig vorgegebenen sonstigen Verhaltensanweisungen "überraschenderweise" den gegenteiligen Effekt.

In beiden Fällen ist natürlich auch das Verhaltenstherapeuten weniger bekannte Prinzip des *Priming* oder *Seeding*[4] verwirklicht, welches besagt, daß bestimmte Ideen oder Aufgaben, bevor sie explizit präsentiert werden, längere Zeit auf eine verdeckte Art vorbereitet werden dergestalt, daß ein für diese Aufgaben spezifisches assoziatives bzw. semantisches Netzwerk angelegt wird, durch welches der Patient mit den wesentlichen Elementen dieser Aufgabe - allerdings auf einer subliminalen Ebene - vertraut gemacht wird.

5.3.1.2 Theoretischer Exkurs zur Gegenkonditionierung

Unter Gegenkonditionierung versteht man die Eliminierung einer S-R-Verbindung dadurch, daß an den ursprünglichen Stimulus eine neue alternative Reaktion (CR^{neu}) gekoppelt wird, welche in ihrer Stärke größer als die alte Reaktion (CR^{alt}) sein muß.

Damit wird auf Hulls (1943, S. 344) Postulat 16 der *Unvereinbarkeit von Reaktionen* (leider nur selten) Bezug genommen, welches besagt: "Wenn im Organismus zu gleicher Zeit Reaktionspotentiale auftreten, die zu zwei oder mehreren miteinander unvereinbaren Reaktionen gehören, dann kommt es nur zu derjenigen Reaktion, deren jeweils effektives Reaktionspotential am höchsten ist"(vgl. Hilgard & Bower, 1970/71, S. 171 ff). Die Höhe des jeweiligen Reaktionspotentials wird bei Hull u.a. auch von der Motivation bzw. *Antriebsstärke* mitbestimmt, und genau diese scheint Erickson in den vorliegenden Fällen sehr geschickt moduliert zu haben: Im ersten Fall motivierte er die Patientin, ihre vorhandenen "mundwerklichen" Fertigkeiten zu nützen, und im zweiten Fall war das Interesse der Patientin an jenem jungen Mann schon vorhanden und mußte nur noch zum Ausdruck gebracht werden.

Schon vor Hull, Milton H. Eriksons verhaltenstherapeutischem Lehrmeister,[5] hatte Guthrie (1935) in einer Art Indifferenztheorie behauptet, daß Extinktion (Löschung) immer nur durch das Lernen einer unvereinbaren Reaktion zustande käme, also durch *assoziative Hemmung* und nicht durch ausbleibende Verstärkung der Reaktion. Wohl könnte eine Reaktion geschwächt werden, indem der vorausgehende Stimulus mit so geringer Intensität dargeboten wird, daß er die Reaktion nicht mehr auszulösen vermag; oder man wiederholt den Stimu-

---

4 Vorprägen oder Einsähen (vgl. z.B. Sherman, 1988, bzw. das nachfolgende Kap. 7 von Revenstorf)
5 Es sei daran erinnert, daß Erickson unter C.L. Hull studiert hat.

lus solange, bis die Reaktion quasi durch Ermüdung nachläßt; und letztlich kann man den Reiz immer dann bieten, wenn die Reaktion durch andere situative Umstände gehemmt wird. Alle drei Möglichkeiten zur Schwächung einer Reaktion sind in der systematischen Desensibilisierung gegeben. Dennoch bezieht sich Wolpe (1958) explizit auf Hull und versteht den Wirkungsmechanismus seiner systematischen Desensibilisierung im Modell der Gegenkonditionierung als eine Form *reziproker Hemmung*: Eine (Angst-)Reaktion wird dann gehemmt, wenn gleichzeitig mit ihr eine antagonistische Reaktion (bei der systematischen Desensibilierung ist dies Entspannung) hervorgerufen werden kann; zusätzlich zog er noch Hulls Postulat 9 der *konditionierten Hemmung* heran: "Reize, die in Verbindung mit dem Nachlassen einer Reaktion auftreten, werden zu konditionierten Inhibitoren" (Hull, 1943, S. 300), d.h. daß die ursprünglich Angst auslösenden konditionalen Stimuli im Verlauf der Desensibilisierung eine neue Qualität erhalten.

Wie dargestellt, ging der letztendlichen Exposition in vivo auch bei Ericksons Fällen eine intensive und systematische kognitive bzw. imaginative Beschäftigung mit der gefürchteten Situation voraus, in welcher unter reduziertem Angstniveau alternative Verhaltensweisen schon imaginativ eingeübt worden waren.

Wolpes Theorie der reziproken Hemmung wurde jedoch bald in ihrer grundsätzlichen Bedeutung in Frage gestellt und durch mehrere alternative Erklärungen ergänzt bzw. ersetzt. Das *Habituationsmodell* von Lader & Mathews (1968) geht beispielsweise davon aus, daß in der systematischen Desensibilisierung einfach nur optimale Bedingungen für eine Habituation gegeben sind. Birbaumer (1973) bezieht in seinem *kognitiv-physiologischen Modell* auch die Tatsache mit ein, daß Patienten irgendwann einfach einsehen müssen, daß die befürchteten Katastrophen ausbleiben. Für die beiden Fälle von Erickson ist insbesondere aber das Modell von Wilson & Davison (1971) von Interesse, weil diese Autoren die *Verhinderung der Vermeidungsreaktion* in den Vordergrund stellen: Bei der systematischen Desensibilisierung werden jeweils so kleine Anteile des CS geboten, daß sie kein übliches Vermeidungsverhalten mehr auslösen können, womit auch alle damit verbundenen emotionalen und kognitiven Komponenten gelöscht würden. Hierarchisierung der Items und Entspannung als notwendige Faktoren fallen damit weg und es eröffnet sich somit der Weg zur Erklärung der anderen Verfahren zur Angstbewältigung, wie z.B. Flooding und Exposition bzw. Reaktionsverhinderung (vgl. Butollo, 1979; siehe unten).

Aber genau dies, die Verhinderung der über Jahre eingeübten Vermeidungsreaktionen bei der in vivo-Exposition, wird wohl letztlich ein Geheimnis der Geschicklichkeit des Therapeuten bleiben und mit allen sonstigen vorbereitenden und erleichternden Techniken nur schwer befriedigend zu erklären sein. In den beiden angeprochenen Fällen von Erickson war dieser bei der Exposition ja nicht anwesend, um das Vermeidungsverhalten aktiv verhindern zu können. Man muß daher auch der unspezifischen *Therapeutenvariable* einen nicht zu unterschätzenden Einfluß zubilligen.[6] Hier aber, in Bezug auf diese Therapeutenvariable, ist das Verhältnis zwischen Verhaltenstherapie und Hypnose genau um-

---

6 vgl. Frank, 1985; in Bezug auf Erickson siehe Diamond, 1989, und Kirmayer, 1988

gekehrt: In der Hypnose, und speziell wieder im Ericksonschen Ansatz, sind Kommunikations- und Interaktionsmöglichkeiten des Therapeuten zur Herstellung und Aufrechterhaltung des therapeutischen Rapports ganz elaboriert ausgearbeitet (vgl. Erickson & Rossi, 1981, bzw. Kap. 7); Vergleichbares hat nun wiederum die Verhaltenstherapie nicht zu bieten.

5.3.1.3 Inkompatible Reaktionen und Gegenkonditionierung in den Fällen dieses Buches

Bemerkenswert an den Falldarstellungen dieses Buches ist die Tatsache, daß das ehemalige Paradepferd der Verhaltenstherapie, die systematische Desensibilisierung, in purer Form nirgendwo mehr vorkommt; selbst dort, wo sie auf den ersten Blick eine zentrale Rolle zu spielen scheint, im Beispiel von Kraiker, ist sie überlagert, wenn nicht sogar bestimmt durch kognitive Umstrukturierungsprozesse. Es ist schwer zu bestimmen, ob die die Angst desensibilisierenden Maßnahmen die wesentliche Rolle spielten oder ob diese bloß dazu dienten, eine Veränderung des inneren Selbstgespräches und wirkungsvolle Imaginationen zu ermöglichen. Diese korrigierenden positiven Selbstinstruktionen sowie entsprechende Vorstellungen können durchaus auch im Sinne inkompatibler Reaktionen verstanden werden: Negative Angst- und Insuffizienzvorstellungen sollen durch positive Kompetenzvorstellungen und -gedanken ersetzt werden, zunächst in der Form eines imaginativen Probehandelns und jeweils anschließend in vivo, wobei der Therapeut anfangs noch anwesend ist in der doppelten Funktion des angstfreien Modells und als derjenige, der gerade auch in der Realsituation den Patienten zu angstinkompatiblen Kognitionen aktiv anleitet, um sich dann mehr und mehr zurückzuziehen. Das Prinzip der graduellen Annäherung wird verwirklicht, ebenso das Prinzip des reduzierten Arousals (durch Autogenes Training); beide scheinen im vorliegenden Fall durchaus indiziert zu sein, da davon ausgegangen werden kann, daß die physiologische (Angst-)Aktivierung inzwischen einen hohen Grad an Selbständigkeit bzw. Automatismus erreicht hat und Veränderungen allein auf der kognitiven Ebene vermutlich wirkungslos verpufft wären (siehe Birbaumer, 1973).

Auch Timp provoziert eine Reihe inkompatibler Reaktionen: Er läßt die Patientin mit den Spritzen hantieren und gibt ihr als Hausaufgabe, die zuvor in einem Brainstorming entwickelten Möglichkeiten, Spritzen zu anderen als den üblichen Zwecken zu verwenden, aktiv durchzuführen. Man könnte dieses Vorgehen auch den Konfrontations- bzw. Expositionsverfahren zurechnen, wobei es der Patientin überlassen bleibt, in zunächst eher spielerischem Umgang mit den Spritzen den Grad der Annäherung hinsichtlich Zeit und Intensität zu bestimmen. Der Anblick und taktile Umgang mit den Spritzen ist jedoch nur ein Aspekt (CS) der phobischen Situation; hinzu kommen alle konditionalen Stimuli der Arztpraxis und schließlich die Injektion selbst. An erstere werden angstinkompatible Reaktionen geknüpft: In Hypnose soll sie zwischen Arztpraxis und einem heißen Bad imaginativ hin- und herwechseln und schließlich beides gleichzeitig erleben.[7] Die Annäherung an die Injektion selbst erfolgt ebenfalls unter Hypnose mit angstinkompatiblen Reaktionen (Urlaub, Sonnenschein und dann wieder warmes Bad) einerseits und andererseits mit Hilfe der Suggestion "natürlicher" Stiche durch Insekten. Erst nach all diesen vorbereitenden Verfahren wird eine quasi reale Situation inszeniert, in welcher bis auf den Einstich selbst alle Handlungen zu einer Blutentnahme durchgeführt werden.

In der eher klassischen Art der Gegenkonditionierung verfährt auch Bongartz mit seinem Drehschwindel-Patienten am Anfang, um ihn wieder an soziale Situationen zu gewöhnen. Da Bongartz sich auf das Streßimpfungstraining (stress-inoculation-training) von Meichenbaum (1979) bezieht, soll dieses kurz beschrieben werden. Dieses Training zielt auf die Bewältigung von Streßsituationen aller Art und besteht aus den 3 Phasen Unterricht, Übung und Anwendung: In der Unterrichtsphase soll dem Patienten ein rationales Verständnis für die Genese und Aufrechterhaltung seiner "Streß"-Symptome vermittelt werden. Bongartz erreicht bei seinem Patienten relativ früh, daß dieser seine Anfälle nicht mehr als zufallsbedingt ansieht, sondern als ausgelöst durch bestimmte, insbesondere soziale Situationen, in denen er gefühlsmäßig stark mit Unsicherheit, Angst oder Wut reagiert. Diese Veränderung der Attribuierung (von fatalistisch-external nach sozial-external) bringt für den Patienten erste Sicherheit und eröffnet ihm die Perspektive, sie somit auch unter Kontrolle bringen zu können. In der Übungsphase lernt der Patient Möglichkeiten, aufkommende Streßreaktionen aktiv zu kontrollieren. Hierfür wurde die plötzliche Entspannungsreaktion etabliert, im Sinne der systematischen Desensibilisierung eine Hierarchie kritischer Situationen aufgestellt und diese dann unter Hypnose durchgearbeitet. Hypnose hat hier also, wie zuvor bei Timp auch, zunächst nur den Effekt tiefer Entspannung und möglicherweise auch den erhöhter Imaginationsfähigkeit. In der Anwendungsphase wurden dann die Streßsituationen in der Realität aktiv aufgesucht und unter Anwendung des vorher Gelernten in vivo durchgearbeitet: Bongartz geht mit dem Patienten mehrmals in ein Studentenrestaurant und macht ihm, im Sinne eines Modells, bestimmte streßfördernde Verhaltensweisen vor, blendet seine Anwesenheit dann aber sukzessive aus. Die Attribution wird also weiter verändert, nämlich von sozial-external nach internal. Bis hierher entspricht dieses Vorgehen genau dem von Kraiker, welcher damit allein schon Erfolg hatte. Mit dem Ziel, noch weitere (zu Angst und Vermeidung) inkompatible Reaktionen zu fördern, führt Bongartz aber noch eine hypnotische Altersregression durch; d.h. er läßt den Patienten sich lebhaft erinnern, nicht nur wie gut er sich früher in seiner Punkergruppe gefühlt hatte, sondern auch wie er mit dem eher provozierenden Outfit und Verhalten eines Punkers gerade soziale Situation selbstsicher gemeistert hatte. Mit eben dieser Selbstsicherheit soll er sich nun auch heute (imaginativ und in vivo) in sozialen Situationen bewegen.

Im Sinne inkompatibler Reaktionen lassen sich auch Forsters Vorschläge an seine Nägelkauerin verstehen, sich gleich zwei Nagelscheren zu kaufen (allerdings dann nur so zu tun, als ob sie die Nägel schneiden würde) und ein Hobby

---

7   dies entspricht einer "unsystematischen" Desensibilisierung bzw. eines covert reinforcements

(Origami) zu lernen, bei dem Fingerfertigkeit vonnöten ist und bei dessen öffentlicher Präsentation die Hände im Blickpunkt des Interesses stehen.

Unter den möglichen anderen Beispielen soll zum Schluß noch das Fallbeispiel von Gerl erwähnt und unter dem hier behandelten Aspekt der Gegenkonditionierung durch Aufbau inkompatibler Reaktionen betrachtet werden: Systematisch "verführt" Gerl seinen Patienten dazu, ein Verhalten zu zeigen, das für einen "endogen Depressiven" nicht leicht ist. Auch bei diesen Patienten kommt es aber nicht nur auf eine Zunahme depressionsinkompatibler Verhaltensweisen an, sondern insbesondere auch, wie bei Bongartz' Patienten, auf eine Veränderung des Selbstbildes, welche nicht durch die dem Verhaltenstherapeuten vertrautere Art der verbalen Disputation direkt, sondern eher indirekt durch implikatives Überzeugen vorgenommen wurde; damit ist gemeint, daß der Patient Schritt für Schritt anhand eigener Schlußfolgerungen aus seinem eigenen veränderten Verhalten und aus den Äußerungen des Therapeuten zu der Überzeugung gelangt, daß sein vormaliges Bild von sich selbst im Sinne einer Umattribuierung revisionsbedürftig ist.

5.3.2 Konfrontation mit dem Symptom

5.3.2.1 Fallbeispiele von Milton H. Erickson

Erickson (1954/1980) beschreibt den folgenden Fall von Enuresis: Ein jung verheiratetes Paar hatte während der 15monatigen Verlobungszeit erfolgreich voreinander geheimgehalten, daß beide zeit ihres Lebens das Bett genäßt hatten. Auch nach der Hochzeit sprachen sie neun Monate lang nicht darüber, bis schließlich einer von beiden eines Morgens sagte, sie sollten ein Kind haben, das mit ihnen im Bett schliefe und sich dann ob des nassen Bettes schämen sollte. Nach weiteren Monaten diskreter Suche nach geeigneten Lösungen kamen sie zu Erickson. Sie wollten aber nicht hypnotisiert werden und konnten auch nicht für die Behandlung zahlen. Erickson ging darauf ein unter der Bedingung, daß die Behandlung lediglich als Experiment stattfinden solle und daß ihre Verpflichtung darin bestehe, entweder erfolgreich zu sein oder die Behandlung voll zu zahlen. Alles was zur Behandlung nötig sei, wäre unbedingter Gehorsam, ohne daß sie hinterfragten, was ihnen zu tun auferlegt werde. Dies versprachen sie und Erickson sicherte sich des weiteren über ihre Religiosität ab. Dann gab er ihnen folgende Instruktionen: "Jeden Abend trinkt ihr soviel ihr wollt. Zwei Stunden vor dem Zubettgehen trinkt ihr nochmals ein Glas Wasser und schließt dann die Badezimmertür zu. Zur Schlafenszeit zieht ihr eure Pyjamas an, kniet euch Seite an Seite auf dem Bett nieder mit dem Gesicht zum Kopfkissen, und dann macht Ihr ganz absichtlich und einträchtig ins Bett. Dies mag sehr hart sein, aber ihr müßt es tun. Dann legt ihr euch nieder und schlaft ein in dem vollen Bewußtsein, daß das Bettnässen damit vorbei und erledigt ist für diese Nacht, und daß nichts das Bett wirklich merkbar nasser machen wird. Das tut ihr jede Nacht, egal wie sehr es euch zuwider ist - denn ihr habt es versprochen, wenn Ihr auch nicht gewußt habt, was dieses Versprechen beinhalten würde; aber nun seid ihr in der Pflicht." Sie sollten dies zwei Wochen lang tun, und nur am letzten Sonntag dieser zwei Wochen könnten sie davon Abstand nehmen und sich in einem trockenen Bett schlafen legen. Am folgenden Montag früh würden sie die Decke zurückschlagen und das Bett begutachten. "Nur wenn ihr dann ein nasses Bett seht, dann und nur dann werdet ihr erkennen, daß euch drei weitere Wochen bevorstehen, in welchen ihr abends im Bett kniet und dieses einnäßt. Ihr habt nun eure Anweisung. Es gibt darüber kein Reden und Diskutieren zwischen Euch, nur Stille." Mit einem Termin in 5 Wochen entließ Erickson sie mit dem weiteren Auftrag, ihm dann einen vollständigen Bericht zu geben. Erstaunlicherweise hatte dieses Paar Ericksons Instruktionen zwei Wochen lang befolgt und hatte ab jenem bewußten Sonntag dann ein trockenes Bett.

In seiner eigenen Diskussion dieses Falles nimmt Erickson auf den indirekten Gebrauch der Hypnose Bezug, indem er auf die besondere Wortwahl verweist, mit welchen er "unbewußtes Verstehen" und "unbewußte" Prozesse angesprochen habe. Dies mag sein, ist allerdings auf den ersten Blick nicht offensichtlich. Unschwer dagegen ist hier eine sogenannte Aversionstherapie zu erkennen, welche auf dem Prinzip beruht, unwillkürlich gezeigtes Verhalten willkürlich und zusammen mit den unmittelbar negativen und unerfreulichen Konsequenzen auszuführen. Denn nur so kann "Strafe auf dem Fuß folgen" anstatt nach einem viel zu langen zeitlichen Intervall, nach dem die Wirkung aversiver Konsequenzen verpufft. So wurde für enuretische Kinder beispielsweise eine spezielle Bettunterlage entwickelt, bei welcher beim Naßwerden ein Kontakt schließt und unmittelbar einen milden aversiven Reiz erzeugt, der das Kind zumindest aufweckt. Es sei auch an das Prinzip der verdeckten Bestrafung erinnert, bei welcher die negativen Folgen drastisch imaginiert werden. Dies und viel mehr hätte Erickson einsetzen können. Offensichtlich wandte er indessen das von Dunlap (1932) speziell für habits eingeführte Prinzip der "negativen Übung" an, nämlich unwillkürliches Verhalten willkürlich massiv zu üben.

Erklärungsbedürftig an diesem Fall ist dann immer noch die Tatsache, daß dieses Paar tatsächlich, anstatt volle Reaktanz zu zeigen, gehorsam übte und Ericksons Anweisungen wortgetreu ausführte - ohne Hypnose und ohne sonstiges hypnotisches Beiwerk wie z.B. posthypnotische Suggestionen etc. (sieht man von den von Erickson angesprochenen, aber nicht klar erkennbaren indirekten Techniken einmal ab). Vielleicht kann man annehmen, daß Erickson auf subtile Art "psychodynamische" Schuldmotive ausgenützt hat, um die Patienten für diese Rosskur auch "unbewußt" zu motivieren. So könnte man beispielsweise annehmen, daß die Patienten sich einerseits offen wegen ihres kindischen und sozial unakzeptablen Verhaltens schämten, andererseits sich insgeheim der wohligen Empfindungen des nächtlichen Bettnässens durchaus gewahr waren und auch deshalb Schuld empfanden. Denn üblicherweise wird Bettnässen unmittelbar sowohl negativ wie positiv verstärkt: der Blasendruck läßt nach und die erste Anmutung ist eher eine warme, evtl. sogar genital stimulierende angenehme Empfindung, bis erst dann nach einer Weile die "Bestrafung" in Form der Nässe erfolgt. Der Auftrag, absichtlich einzunässen, befreite die beiden von dieser "verdeckten" Schuld und beseitigte zunächst alle negative wie positive Verstärkung zugunsten der unmittelbaren Bestrafung, in einem nassen Bett einschlafen zu müssen. Welche zusätzliche symbolische Konnotation das absichtliche gemeinsame Urinieren hatte und welche zusätzliche verdeckt verstärkende Funktion, kann lediglich vermutet werden. Nicht zu vergessen ist auch die allererste Intervention Ericksons, mit der er zwischen ihren und seinen Bemühungen, zwischen dem Paar und ihm eine Bindung knüpfte, welche über die rein lerntheoretische Formulierung (negative Verstärkung durch Kostenfreiheit bei Erfolg, bzw. Bestrafung durch Zahlen des vollen Honorars bei Mißerfolg) sicher hinausging.

Ferner sollte man auch daran denken, daß manche Habit-Patienten, sofern ihre Gewohnheit aus eher demütigenden Verhaltensweisen besteht, gerne bereit sind, auch "therapeutische Demütigungen" auf sich zu nehmen - womit wir wieder bei dem Prinzip "Teufel mit Beelzebub austreiben" angelangt wären - allerdings: diese Demütigung darf nicht um ihrer selbst willen, d.h. in süffisanter oder gar sadistischer Weise präsentiert werden, vielmehr mit dem eindeutig vermittelten Ziel, alle weitere Demütigung loszuwerden und persönliche Kontrolle zurückzugewinen.

Traditionellerweise würde man im obigen Fall auch von Symptomverschreibung sprechen, denn Erickson gab dem Paar den Auftrag, sein Symptom absichtlich zu produzieren, wo es doch zu ihm gekommen war, um es loszuwerden. Zwei weitere Beispiele von Erickson mögen das Vorgehen noch besser verdeutlichen.

Ein junger Mann konnte gewisse Straßen nicht überqueren und gewisse Gebäude nicht betreten, ohne in Ohnmacht zu fallen. Insbesondere richteten sich seine Befürchtungen auf ein bestimmtes Lokal, von dem er annahm, daß er dort mit Sicherheit ohnmächtig werden würde. Darüberhinaus zeigte er allgemeine soziale Vermeidungsreaktionen, vor allem gegenüber Frauen; zwar hatte er Angst vor allen Frauen, am meisten aber vor dem Typ der attraktiven Geschiedenen. Erickson forderte ihn nun auf, mit ihm, seiner Frau und einer dritten Person zum Essen zu gehen und zwar in jenes bewußte Lokal. Diese dritte Person würde entweder ein junges Mädchen, eine geschiedene Frau, eine Witwe oder eine ältere Dame sein. Erickson kündigte auch an, daß er selbst fahren werde, da er sich und seine Begleitung nicht in Gefahr bringen wolle, wenn der Patient in Ohnmacht fallen sollte. Pünktlich um sieben am vereinbarten Tag erschien der Patient und Erickson ließ ihn zunächst ungeduldig im Wohnzimmer auf und ab gehen, bis auch jene "dritte Person" erschienen war. Natürlich hatte er eine überaus hübsche geschiedene Frau eingeladen. Als diese, eine liebenswürdige, unkomplizierte Frau eintrat, bat Erickson den Patienten, sich selber vorzustellen. Dann eröffnete Erickson der Dame, daß der junge Mann alle zum Essen in jenes bewußte Lokal eingeladen habe. Ericksons fuhr dann alle zu diesem Restaurant, stellte das Fahrzeug auf dem Parkplatz ab und sagte zu dem jungen Mann: "Das ist ein hübscher Parkplatz mit Kiesbelag, der sich geradezu anbietet, in Ohnmacht zu fallen. Paßt Ihnen diese Stelle, oder wollen Sie sich nach einer günstigeren umsehen?" Der Patient antwortete: "Ich fürchte, es wird beim Eingang passieren." Also gingen sie zum Eingang und Erickson bemerkte: "Das ist eine hübsche Schwelle. Sie werden den Kopf beim Fallen nicht übel aufstoßen, aber auch hier drüben wäre es nicht schlecht." Der junge Mann fiel natürlich auch hier nicht in Ohnmacht, sondern bat "Können wir einen Tisch gleich bei der Tür nehmen", woraufhin Erickson entgegnete: "Wir nehmen den reservierten Tisch." Sie durchquerten also das Lokal und nahmen auf einem erhöhten Podest inmitten des Lokals Platz. Nun plauderten und scherzten Erickson, seine Frau und die eingeladene Dame über den Kopf des jungen Mannes hinweg in vertraulichem Ton und lachten lauthals. Begreiflicherweise fühlte sich der junge Mann immer unbehaglicher. Als die Kellnerin an den Tisch kam, begann Erickson einen unangenehmen lauten Streit mit ihr, verlangte schlußendlich den Geschäftsführer zu sprechen und begann auch mit diesem eine laute Auseinandersetzung. Schließlich verlangte Erickson, während der junge Mann immer verwirrter dasaß, die Küche zu sehen. Dort klärte er den Geschäftsführer und die Kellnerin über die Hintergründe seines sonderbaren Verhaltens auf und diese waren bereit mitzuspielen. Wie abgemacht, schmetterte die Kellnerin die Teller nur so auf den Tisch und Erickson forderte den jungen Mann auf, seinen Teller leer zu essen. Schließlich hatte er das Essen überstanden und alle fuhren nach Hause. Dort angekommen, sagte die Frau auf Ericksons Instruktion hin zu dem jungen Mann: "Heute abend hätte ich Lust tanzen zu gehen." Dies brachte den jungen Mann in erneute

Verlegenheit, denn er konnte kaum tanzen, wagte aber nicht abzulehnen. Dennoch muß er wohl auch diese Tortur überstanden haben, denn am nächsten Abend ging er mit eben dieser Frau in das gleiche Lokal wieder zum Essen aus und von da an war es ihm möglich, auch andere Gebäude zu betreten und durch alle Straßen zu gehen, ohne in Ohnmacht zu fallen.

Ein anderer junger Mann bestand darauf, daß sich Erickson nur um seine Reisephobie kümmerte. Er konnte mit dem Wagen nur bestimmte Straßen fahren und zwar auch nur innerhalb der Stadt. Näherte er sich dem Stadtrand, wurde ihm übel und nach dem Erbrechen fiel er in Ohnmacht, ob er nun in Begleitung war oder allein. Ericksons Intervention bestand nun darin, daß er den jungen Mann aufforderte, in der nächsten Nacht um 3 Uhr in seinen besten Kleidern zum Stadtrand zu fahren. Dort sollte er anhalten, aus dem Wagen springen, zum Straßengraben rennen, sich dort hinlegen und mindestens eine Viertelstunde liegenbleiben. Danach dürfe er in den Wagen zurückkehren, einige Meter weiter fahren, um sich dann wieder eine Viertelstunde am Straßenrande hinzulegen. Dies sollte er solange wiederholen, bis er schließlich von einer Telefonstange zur anderen fahren konnte, ohne daß ihm übel wurde. Beim geringsten Übelkeitsgefühl jedoch solle er sich wieder 15 Minuten in den Straßengraben legen. Natürlich protestierte der Mann, befolgte aber schlußendlich doch die Anweisung von Erickson und berichtete ihm später: "Damals kam mir die ganze Sache als ein großer Blödsinn vor, und je länger ich es tat, desto wütender wurde ich. Also hörte ich damit auf und fuhr lieber" (vgl. Haley, 1978, S. 73 ff).[8]

In beiden Fällen verwandte Erickson also ein explizites Expositions- bzw. Konfrontationsverfahren. Ohne sonstige vorbereitende angstreduzierende oder reaktionsinkompatible Maßnahmen setzte Erickson diese beiden Patienten genau der Situation aus, die sie am meisten fürchteten. Im ersten Fall forderte er den Patienten zusätzlich noch dazu auf, sein Top-Symptom, die Ohnmacht, genau dort zu zeigen, wo sie ihm körperlichen Schaden hätte einbringen können (Kies bzw. Treppenstufen). Gerade bei diesem Fall kann man aber davon ausgehen, daß das Ohnmachtssymptom eine gewisse hysterische Komponente enthielt und aller klinischen Erfahrung nach willkürlich auf einen Befehl hin nicht produziert werden konnte. Im Rahmen der Reaktanztheorie ließe sich jedoch auch argumentieren, daß der Patient auf die definitive Anweisung hin, sein Symptom nun genau hier und jetzt zu produzieren, entsprechende Reaktanz entwickelte, also in einen im Sinne der Behandlung produktiven "Widerstand" ging. Im zweiten Fall schrieb Erickson das Analogon des Top-Symptoms (ohnmächtig auf den Boden fallen), sogar detailliert vor: Der Patient sollte willkürlich genau jenes Verhalten zeigen, was ihm sonst als Symptom unwillkürlich widerfuhr; er sollte es sogar massiert ausführen (anfangs nach jedem Meter Autofahrt), damit sich durch die ansonsten dazwischenliegenden "Erholungsphasen" kein neues Reaktionspotential entwickeln konnte. Zusätzlich noch hatte Erickson eine weitere direkte Bestrafungskomponente eingebaut durch die Anweisung, daß der Patient diese ganze Prozedur in seinem besten Anzug durchführen sollte. Die hierdurch

---

8 Ein ganz ähnliches Fallbeispiel wird übrigens auch von Wolpe (1972, S. 200 f) berichtet: Bei einer Patientin, welche ohne Angst keine zwei Blocks mit dem Auto fahren konnte, schlugen alle Versuche mit der systemtischen Desensibilisierung fehl, ebenso alle Versuche einer Konfrontation in der Imagination, da sie nicht in der Lage war, sich die Szenen lebhaft vorzustellen. Wolpe überredete sie, sich allein in ein Flugzeug zu setzen und damit eine Stunde zu einem anderen Flughafen zu fliegen, von wo er sie persönlich abholte. Als sie "aus dem Flugzeug ausstieg, kam sie lächelnd auf mich zu. Während der ersten Viertelstunde hatte sie zunehmend Angst gehabt, dann jedoch nahm diese schrittweise ab. Die zweite Hälfte der Reise war für sie sehr angenehm. Dieses einmalige Erlebnis bewirkte eine Erweiterung der Situationsbereiche, in denen sie sich auch außerhalb ihres Hauses wohlfühlte."

ausgelöste Wut kann auch als *reziproke Hemmung* der Angst angesehen werden, denn neben Entspannung sind auch Aggressionen angstinkompatible Reaktionen.

5.3.2.2 Theoretischer Exkurs zu den Konfrontationsverfahren

Bevor ich zu lerntheoretischen Erklärungsversuchen komme, möchte ich kurz auf die Hypnotherapeuten vielleicht vertrautere *kommunikationstheoretische Erklärungen* von Watzlawick et al. (1969) eingehen. Diesen Autoren zufolge ist die Symptomverschreibung bzw. negative Übung eine sogenannte *doppelbindende* therapeutische Maßnahme, welche dem Gesetz des "Sei spontan!"-Paradoxons folgt. "Wenn man nämlich aufgefordert wird, sich in einer bestimmten Weise spontan zu verhalten, dann kann man nicht mehr spontan sein, da die Aufforderung die Spontaneität unmöglich macht. Wenn also ein Therapeut seinem Patienten vorschreibt, sich symptomatisch zu verhalten, verlangt er spontanes Benehmen und erwirkt durch diese paradoxe Aufforderung eine Verhaltensänderung des Patienten. Das Symptom ist nicht mehr spontan; indem der Patient sich der Aufforderung des Therapeuten unterwirft, tritt er außerhalb des Rahmens seines symptomatischen Spiels ohne Ende, das bis zu diesem Augenblick keine Metaregeln für die Abänderung seiner Regeln hatte" (S. 221 f).

Watzlawick et al. verweisen übrigens auch darauf, daß diese therapeutische Doppelbindung das Spiegelbild einer pathologischen sei, denn sie setzt eine enge Beziehung voraus, die auch in einer therapeutischen Situation gegeben ist, und gibt in dieser Situation eine Verhaltensaufforderung dergestalt, daß das Verhalten verstärkt wird, welches der Patient ändern möchte, indem eben diese Verstärkung als ein Mittel der Änderung hingestellt wird; hierdurch ergibt sich die Paradoxie für den Patienten, sich durch Nichtändern ändern zu sollen, welche er nur dadurch zu lösen vermag, daß er entweder sein Symptom aufforderungsgemäß nun willkürlich, d.h. bewußt kontrollierend produziert und damit zumindest den ersten Schritt zu einer Veränderung vollzieht, oder daß er der Aufforderung Widerstand entgegensetzt, was in der Konsequenz wiederum nur bedeuten kann, daß er sein Symptom nicht mehr zeigt. Jede mögliche Reaktion des Patienten hat also eine positive Konsequenz zur Folge. Schließlich hindert der implizit oder explizit gegebene therapeutische Kontrakt den Patienten daran, sich der Situation und damit einer der beiden erzwungenen Reaktionen zu widersetzen.

Verhaltenstherapeuten mögen diese Erklärung vielleicht nicht so gerne hören, denn in ihr wird ja explizit Bezug genommen auf eine vorhandene intensive therapeutische Beziehung, welche in der Verhaltenstherapie üblicherweise in dieser Form gar nicht angestrebt wird. Viele Verhaltenstherapeuten setzen auf den Patienten als einen mündigen, rationalen und idealiter gleichgestellten Menschen, der den u.U. auch "harten" Interventionsmethoden freiwillig und aus rationaler Überzeugung folgt, auch wenn diese ihn demütigen oder in Panik versetzen und ihn damit dem Therapeuten gegenüber notgedrungen in eine inferiore Position bringen.

Die von der Verhaltenstherapie gelieferte "rationale" Erklärung für alle sogenannten Konfrontationsverfahren wie auch für die der sogenannten massierten Übung fußt auf verschiedenen Prinzipien. Zunächst ist das schlichte Postulat 8 von Hull, *reaktive Hemmung*, zu nennen: Die Auslösung jeglicher Reaktion erzeugt eine reaktive Hemmung; diese klingt im Laufe der Zeit ab (1943, S. 300). Damit ist all jenen Erscheinungen menschlichen Verhaltens Rechnung getragen, die man gemeinhin und im weitesten Sinne als Ermüdung bzw. als Sättigung bezeichnet; oder anders ausgedrückt: Ein bestimmtes Verhalten kann nicht ad infinitum ausgeführt werden, es sind immer wieder dazwischenliegende entsprechend kurze oder lange "Erholungspausen" nötig, um wieder ein genügend großes Reaktionspotential aufbauen zu können. Dies gilt für motorisches Verhalten (wie beispielsweise Tics oder Zwänge) ebenso wie für physiologische/ emotionale Reaktionen (wie z.B. Furcht, Angst und Wut, aber auch für Freude und Trauer). Bezogen auf die Therapie von Ängsten oder Zwängen spricht man deshalb auch von *Extinktions-, Adaptations- oder Habituationstraining* (vgl. Ullrich & Ullrich de Muynck, 1973, 1974). Im Sinne *reziproker Hemmung* werden bei den Konfrontationsverfahren immer auch inkompatible Reaktionen aufgebaut. Und schließlich spielt auch die *konditionierte Hemmung*, Hulls Postulat 9, eine Rolle: alle Reize, die in Verbindung mit dem Nachlassen einer Reaktion auftreten, werden zu konditionierten Inhibitoren; d.h. die vormals mit dem Symptom verbundenen konditionalen oder diskriminativen Stimuli verändern gewissermaßen ihr Gesicht und dienen nun als konditionale bzw. diskriminative Stimuli für das Gegenteil, nämlich für die Hemmung der Reaktion.

Ausgangspunkt für eine intensivere Beschäftigung der Verhaltenstherapie mit den Konfrontationsverfahren war die Tatsache, daß die systematische Desensibilisierung in der Imagination bei vielen Fällen von starker Angst, aber auch bei anderen Störungen wie Habits oder Zwängen des öfteren unzureichend war, also keinen therapeutischen Erfolg brachte. Theoretisch erklärte man sich dies damit, daß bei Phobien zusätzlich zu dem klassisch konditionierten Teil des Angstlernens ein zweiter, instrumenteller Teil des Vermeidungslernens dazugekommen war, welcher die Angstreaktion konserviert und löschungsresistent gemacht hat. Die Angst, in der ersten Stufe eine normale konditionierte Reaktion, wird in der zweiten Stufe zum Warnsignal, hat also Reizcharakter und motiviert zu einer entsprechenden Flucht- oder Vermeidungsreaktion. Wird indessen schon allein durch Vermeidung die Wahrnehmung des CS erfolgreich beendet, so nimmt die Angst als CR ab und verstärkt somit negativ eben dieses vorausgegangene Vermeidungsverhalten (*2-Prozeß-Theorie* nach Miller und Mowrer; s. Mowrer, 1939, 1960). Die therapeutische Konsequenz hieraus ist, daß das Vermeidungsverhalten unterbunden werden muß, um die ursprüngliche Angstkonditionierung löschen zu können. Eine erfolgreiche systematische Desensibilisierung wäre - einfach ausgedrückt - in diesen Fällen erst dann möglich, wenn die Patienten sich ihrer Angst stellten - nur: wenn man einen Patienten genau dazu bringt, daß er sein Vermeidungsverhalten (aus welchen Gründen auch immer) unterläßt und sich lange genug dem realen oder vorgestellten Objekt seiner Angst aussetzt, nimmt diese Angst von alleine ab und erfordert in der Regel gar nicht mehr die umständliche Prozedur der systematischen Desensibilisierung.

In diesem Zusammenhang sei ganz nebenbei auf eine Besonderheit der hypnotischen Situation hingewiesen: Hypnose bewirkt in der Regel eine erhebliche Tonuserniedrigung sowohl der Skelettmuskulatur als auch des vegetativen Gesamtsystems, in manchen Fällen auch eine gewisse tonische Anspannung der Muskulatur, was in beiden Fällen subjektiv oft als Katalepsie oder Paralyse erlebt wird; ein effektives, zumindest körperliches Flucht- oder Vermeidungsverhalten ist damit unmöglich. Ist zusätzlich der Rapport noch so gut, daß auch kognitive Vermeidungsstrategien verhindert werden können und der Patient auch imaginativ an seine phobische Situation herangeführt und darin gehalten werden kann, so entspricht dies exakt dem ansonsten in vivo durchgeführten Expositionsverfahren; es hat den zusätzlichen Vorteil, daß die Prozedur einfacher und wesentlich flexibler durchgeführt werden kann und daß auch sonst alle hypnotischen Techniken der Dissoziation und (Re-)Assoziation bestimmter Aspekte oder Modalitäten im Sinne einer erleichternden Annäherung eingesetzt werden können. Geringe Suggestibilität bzw. Hypnotisierbarkeit und viele andere denkbare Faktoren haben aber auch Erickson veranlaßt, bei manchen Patienten ein in vivo-Vorgehen dem eines ausschließlich hypnotischen vorzuziehen.

Die Anfänge der Konfrontationstherapie reichen weit zurück. Dunlap hat 1928 in einem Artikel über negative Suggestionen die Technik der *negativen bzw. massierten Übung* bzw. *Symptomverschreibung* wohl zum erstenmal erwähnt. Diese Technik besteht darin, den Patienten aufzufordern, sein Symptom bis zur völligen Erschöpfung willkürlich auszuführen.[9] Ungefähr drei Jahrzehnte später erst, in den 60er Jahren, erscheinen gleich drei ähnliche Interventionsformen wieder. An erster Stelle sei hier Mallesons (1959) *reaktive Inhibition* genannt: Der Patient soll die angsterregende Situation und alle damit verbundenen Gefühle akzeptieren und sich die erwartete Katastrophe möglichst detailliert ausmalen. Auch bei Frankls (1960) *paradoxer Intention* wird ähnlich symptomverschreibend verfahren: statt die Symptome zu bekämpfen, sollen sie absichtlich produziert und, wenn möglich, verstärkt werden. Frankls Methode der Dereflexion bei sexuellen Störungen wurde übrigens von Erickson auch angewandt (Erickson, 1953/1980; vgl. Peter, 1989) und ist von verschiedenen Sexualtherapeuten später adaptiert worden: statt sich immer wieder (vergebens) um potentes Verhalten zu bemühen, soll die Impotenz akzeptiert werden; im Sinne einer Symptomverschreibung gehört dazu auch das Verbot des Sexualverkehrs bzw. jeglicher expliziter sexueller Betätigung.[10] Reichlich Beachtung in der verhaltenstherapeutischen Literatur findet auch heute noch Stampfl (1961) mit seiner *Implosionstherapie*. Stampfl & Levis (1973) bauen explizit auf der sog. 2-Faktoren-Theorie des Vermeidungslernens auf, beziehen jedoch die psychodynamische Hypothese mit ein, daß die wahren gefürchteten Katastrophen inzwischen verdrängte internale Prozesse sind, welche für eine effektive Angstbehandlung auch evoziert werden müssen. Eine bloße Konfrontation mit den externen phobischen Reizen würde nicht nur nicht ausreichen, sondern auch einen Rückfall wahrscheinlich machen. Es werden also nicht nur mögliche reale, sondern auch ganz

---

9 Merkwürdigerweise wird Dunlap von Wolpe (1972) noch erwähnt, taucht in späterer verhaltenstherapeutischer Literatur nur noch selten auf.
10 Ebenso wie Dunlap findet auch Frankl in der heutigen verhaltenstherapeutischen Literatur keine Erwähnung mehr, vermutlich deshalb, weil er keine explizit lerntheoretische Erklärung seiner Methode gibt.

und gar irreale Szenen in die Vorstellungsübungen der Implosionstherapie mit aufgenommen, beispielsweise, daß ein Waschzwängler in Erbrochenes und in Exkremente faßt, so daß es ihm vor lauter Ekel übel wird und er sich mit seinem eigenen Erbrochenen selbst besudelt etc.

Bei diesen "harten" Expositionsverfahren treten in der Praxis allerdings mehrere Probleme auf, wenn sie unreflektiert eingesetzt würden. Zum einen erfordert es die Bereitwilligkeit des Patienten, sich darauf einzulassen, bzw. die Fähigkeit des Therapeuten, den Patienten hierfür zu motivieren. Durch Haley (1978) beispielsweise entsteht leicht der Eindruck, Ericksons Patienten hätten einfach "blind" befolgt, was dieser ihnen aufgetragen hat. Nun war Erickson sicherlich ein Meister der Kommunikation und sehr geschickt im Umgang mit dem Phänomen der Reaktanz. Dennoch müßte zu denken geben, daß er sehr differenziert bisweilen nur Symptomverschreibungen vorgenommen hat, wie oben geschildert, bei anderen Patienten hingegen erst über mehrere Stunden hinweg hypnotische Phänomene üben ließ, bis er auf den Punkt kam; ferner ist die Tatsache, daß er überhaupt manchmal mit und dann wieder völlig ohne Hypnose gearbeitet hat, mit seiner allgemein sehr differenzierten Einschätzung der Patienten zu erklären. Des weiteren ist in Betracht zu ziehen, daß zwischen manchen von Ericksons Fallbeispielen und den Patienten der heutigen Zeit fast ein halbes Jahrhundert liegt, so daß man davon ausgehen kann, daß sich auch die Compliance der Patienten geändert hat.[11] Zum anderen muß bedacht werden, daß bei manchen Patienten eine nicht nur vorübergehende symptomatische Verschlechterung eintreten kann, was ethisch nicht zu vertreten ist. Und letztlich dürfen gerade bei in vivo-Expositionen die "hypnotischen" Fähigkeiten mancher Patienten nicht unterschätzt werden, das phobische Objekt via Halluzination "umzuformen" (aus einer großen Spinne auf der Hand beispielsweise wird ein nettes Vögelchen gemacht) oder gar via Dissoziation im Geiste einen anderen angenehmeren Ort aufzusuchen. Hierdurch würde also lediglich die Fähigkeit des Patienten trainiert, intern bzw. kognitiv zu vermeiden, und es wäre überhaupt nichts gewonnen.

All diesen und vielleicht noch einigen anderen Gründen mag es zuzuschreiben sein, daß "harte" Expositionsverfahren und Symptomverschreibungen heute kaum noch angewandt werden,[12] bzw. durch Verfahren der *graduierten Löschung* ersetzt worden sind; dies ist auch aus den Fallbeispielen dieses Buches ersichtlich. Die graduierte Löschung ähnelt der systematischen Desensibilisierung insofern, als die gefürchtete Situation in so kleinen Schritten systematisch angegangen wird, daß keine Vermeidungsreaktionen mehr ausgelöst werden; im Unterschied zur systematischen Desensibilisierung werden aber keine explizit inkompatiblen Reaktionen (wie beispielsweise Entspannung) zur Hemmung mehr eingesetzt. In der Praxis ist hierbei noch wichtig, daß der Patient vom Therapeuten sukzessive über den Grad seiner jeweils erzielten Annäherung informiert

---

11 Vergleichbares kann man beispielsweise auch beim Autogenen Training beobachten: Das klassische Vorgehen nach Schultz in seiner preußischen Exerzierhofmanier war in der damaligen soziokulturellen Situation völlig normal und akzeptiert, erweckt heute jedoch eher Schmunzeln oder gar Reaktanz. Das Vorgehen eines Esdaile, Bernheim und Erickson und die jeweiligen Reaktionen der Patienten darauf müssen also immer auch kulturhistorisch gewürdigt werden.

12 Eine Ausnahme hiervon bilden vielleicht all jene Therapeuten, die in einem strikt Haleyschen Sinne "strategisch" arbeiten (vgl. Haley, 1989; zur Kritik siehe Peter, 1985)

wird; sowohl operant verstärkende wie auch kognitive Faktoren spielen demnach eine wesentliche Rolle.

5.3.2.3 Konfrontation in den Fällen dieses Buches

Wie schon angeführt, verwendet keiner der Therapeuten in diesem Buch "harte" Konfrontationsverfahren, sieht man einmal davon ab, daß die Altersregression bei Hoppes Schmerzpatienten möglicherweise einem Konfrontationsverfahren entsprechen könnte, ebenso die Altersregression im Fallbeispiel von Kossak: In beiden Fällen werden die Patienten mit dem ursprünglich traumatischen Erlebnis unter Hypnose sehr realitätsnah konfrontiert und durchleben wieder alle damaligen emotionalen Reaktionen. Da jedoch in beiden Fällen auch noch in dieser regressiv erlebten Situation alternatives Coping-Verhalten angeboten bzw. imaginativ ausgeführt wird, möchte ich diese Art der Intervention dem Kompetenzerwerb zuordnen, der weiter unten besprochen wird.

Auch alle anderen Fälle, in denen eine mögliche Konfrontation anklingen mag, sind mit angstinkompatiblen Reaktionen dergestalt gekoppelt, daß man sie nicht mehr unter den reinen Extinktionsverfahren eingeordnet sehen möchte. (Die Verwendung von Konfrontation zusammen mit inkompatiblen Reaktionen wurde oben unter dem Prinzip der Gegenkonditionierung schon besprochen.) Ein reines Habituationstraining wird also, zumindest in diesem Buch, nirgends beschrieben und würde wohl auch nicht mehr dem heutigen Verständnis und erst recht nicht dem einer "Ericksonschen Therapie" entsprechen. Es scheint auch so, daß selbst Erickson in seinen späteren Jahren mehr und mehr bei seinen Patienten daran gearbeitet hat, entweder schon vorhandene Fähigkeiten aufzudecken, einzusetzen und auszubauen oder, falls keine entsprechende Verhaltenskompetenz vorlag, diese erst neu einüben zu lassen. Dies wird beispielsweise auch in Gerls Fallbeispiel deutlich, dessen generelle verhaltenstherapeutische Strategie man vielleicht noch am ehesten als graduierte Löschung ansehen könnte. Gerl führt seinen "endogen depressiven" Bauern nicht nur behutsam in immer schwierigere Situationen, die dieser vorher im Laufe seiner Erkrankung sukzessive vermieden bzw. noch nie aufgesucht hatte, bis hin zu dem gefürchteten Kirchgang am Jahrestag des Todes der Mutter, er läßt ihn sogar völlig neue Verhaltensweisen ausführen wie z.B. seiner Frau Blumen mitzubringen, sie zum Essen auszuführen etc. Gerade hier wird aber auch deutlich, daß es nicht allein nur um eine "Therapie des Verhaltens" geht, sondern daß vielfältige kognitive Umstrukturierungsprozesse in Gang gesetzt werden, allerdings weniger direkt durch Überzeugungsarbeit als vielmehr durch ein systematisches und implikatives Vorgehen: Gerl verwendet scheinbar beiläufige Modellgeschichten und arrangiert Situationen so, daß der Patient sein resultierendes Verhalten nur in eine bestimmte heilsame Richtung interpretieren kann.

Anders sieht es aus, wenn man den isolierten Aspekt der Symptomverschreibung betrachtet: Vor allem in Forsters Fallbeispiel wird die Patientin recht lange aufgefordert, "auf keinen Fall schon jetzt damit aufzuhören". Die Erklärungen für diese Symptomverschreibung sind mehr oder weniger plausibel wie z.B., daß dies für die Baseline-Erhebung nötig sei, oder daß mit einem anderen skurrilen Symptom eine Art Symptomverschiebung stattfinden könnte etc. Aber auch hier wird nicht primär eine bloße Extinktion des Habits angestrebt, sondern vielmehr dessen Ersatz durch Alternativreaktionen wie z.B. die, daß die Patientin ihre Hände pflegt und manikürt oder Origami lernt.

5.3.3 Reaktionsverhinderung

5.3.3.1 Fallbeispiel von Milton H. Erickson

Erickson (1954/1980) beschreibt fünf Fälle, in denen das Prinzip der Zeitprojektion Anwendung fand. Einer dieser Fälle soll hier kurz dargestellt werden:

Ein 27jähriger Mann litt unter dem Zwang, täglich das Grab seiner Mutter besuchen zu müssen. Seine eigenen Versuche, damit aufzuhören, schlugen wegen der extremen Folgen, nämlich massive Angstzustände, Schlaflosigkeit, Gastritis und Diarrhoe immer wieder fehl. Diese Symptomatik ließ sich darauf zurückführen, daß sein Vater ihm nach dem Tod seiner Mutter - er war damals 12 Jahre alt - die absolute Verpflichtung auferlegt hatte, das Grab jeden Samstag, Sonntag und Feiertag zu besuchen. Als der Junge 15 war, verließ ihn sein inzwischen zum Alkoholiker gewordener Vater, nicht ohne ihn vorher noch durch eine brutale Tracht Prügel an diese Verpflichtung erinnert zu haben. Im Lauf der Jahre versäumte der Junge bisweilen wegen Krankheit seine Grabbesuche, was zur Folge hatte, daß er diese versäumten Besuche schuldbewußt nachholen mußte, und daß er schließlich zur Sicherheit jeden Tag zum Grab ging. Anlaß zur Therapie war das verlockende Angebot einer neuen Stellung in einer entfernten Stadt. Sowohl er wie auch seine Frau hätten den Umzug gerne vorgenommen, fühlten sich aber durch die zum Zwang gewordene Verpflichtung daran gehindert.

In nur zwei Sitzungen unbekannter Länge behandelte Erickson diesen Mann recht erfolgreich. Er induzierte bei dem Patienten zunächst eine Trance und unterwies ihn in den verschiedensten hypnotischen Phänomenen, um die Trance zu vertiefen. Dann sollte der Patient in tiefer Trance seine unzähligen Grabbesuche, die Erinnerungen an seine Mutter und seine Gefühle ihr und speziell auch seinem Vater gegenüber durcharbeiten. Dies war sehr schwierig für ihn und nur dadurch möglich, daß er es schweigend tat. Erickson brach diesen Versuch schließlich ab und orientierte den Patienten in die Zukunft und zwar genau zwei Wochen weiter. Hier sollte er sich zunächst sehr ruhig und wohl fühlen und ein ungeheures Interesse an allem entwickeln, was Erickson ihm zu sagen hätte. Eher nebenbei kam Erickson dann zuerst auf seine gute physische Kondition zu sprechen, auf die der Patient selbst sehr stolz war. Dann lobte er seine Fähigkeit, bestimmte Prinzipien zu wahren, wie z.B. nicht zu rauchen und zu trinken und ein gutes, klares und fleißiges Leben zu führen. Anschließend, in einem eher kameradschaftlich herausfordernden Ton, fragte Erickson ihn, ob er die Kraft habe, einen Schock auszuhalten. Seine Antwort war, er könne alles aushalten, was Menschen ihm antun würden. Erickson meinte darauf, es sei ihm ein Leichtes, ihn mit einem Schlag auf den Boden zu strecken. Der Patient wandte ein, dazu habe Erickson gar nicht genug "Schmackes". Nach weiterem derartigen Geplänkel warnte ihn Erickson: "Such dir eine Stelle auf dem Boden zum Hinfallen, denn gleich werde ich Dich hart und unvorbereitet treffen. Hör genau zu, denn nun kommt's, nun horch! Du bist ein Prachtexemplar an Gesundheit, du lebst korrekt, arbeitest hart, bist ein starker Mann und fühlst dich gut. Und jetzt kommt der Schlag. Hör genau zu! Zwei Wochen lang hast Du nun das Grab Deiner Mutter nicht mehr besucht - nicht ein einziges Mal in den ganzen zwei Wochen. Bist du noch am Leben, immer noch stark, oder bist du jetzt ein Schwächling, den ich mit meinem kleinen Finger niederstrecken kann?" Bestürzt antwortete der Patient: "Du guter Gott, wie habe ich damit aufgehört?" Bevor er darüber weiter nachdenken konnte, wurde er von Erickson darüber belehrt, daß es nicht um das "wie" gehe, sondern daß allein die Tatsache zähle, daß er damit aufgehört habe, allein das sei von Bedeutung. Und daß er sich nun glücklich und erleichtert fühlen könne, daß dies geschehen sei. Übergangslos sprach Erickson nun über alles, was für den bevorstehenden Umzug nötig und zu tun sei und ermahnte den Patienten, die Vorbereitungen für den Umzug bis ins kleinste Detail gewissenhaft durchzuführen, und seine Energie bis zum letzten dafür einzusetzen. Dann wurde der Patient sehr schnell zurückorientiert und erhielt ausführliche Suggestionen zur völligen und andauernden Amnesie für die Zeit und die Geschehnisse in der Trance. Damit wurde er aufgeweckt und mit einem neuen Termin zwei Wochen später entlassen. Zu diesem Termin erschien der Patient fröhlich und erzählte begeistert, daß er seine neue Anstellung angenommen und in der Zwischenzeit fast alle Vorbereitungen für den Umzug abgeschlossen habe. Nach einer Weile unterbrach Erickson seinen detaillierten Bericht mit der Frage: "Wie ist es, wenn man glücklich, zufrieden, begeistert und wirklich interessiert ist an einer neuen Arbeit und davon befreit, der Mutter Grab besuchen zu müssen?" Überrascht antwortete der Patient: "Du guter Gott, das habe ich ja seit 2 Wochen nicht mehr getan, denn ich war zu beschäftigt." Auf ein in der ersten Stunde etabliertes posthypnotisches Signal hin induzierte Erickson ohne Übergang wieder eine Trance und sagte zu ihm: "Ja, indem du nun schläfst, weißt du jetzt, daß du zu beschäftigt warst. Mehr noch, du weißt jetzt durch eigene Erfahrung, daß du das Grab überhaupt nicht mehr besuchen mußt. Aber natürlich kannst du es auf normale Weise immer dann tun, wenn es einen legitimen Anlaß gibt, wie z.B. den Muttertag oder ähnliches." Nach einer Weile fragte der Patient: "Lebt mein Vater noch?" Und Erickson antwortete: "Weder du noch ich wissen, ob er tot und aus dem Leben gegangen ist; wir wissen nur, daß er aus Deinem Leben verschwunden ist, und daß Du nun ein Mann bist." Aus der Trance zurückgekehrt, bemerkte der Patient noch: "Zwei volle Wochen! Ich verstehe das nicht, bin aber sicher, daß es für mich in Ordnung ist. Vielleicht liegt es an der neuen Stelle, daß dies passiert ist." In den folgenden 10 Jahren besuchte dieser Patient das Grab seiner Mutter immer nur dann, wenn er gelegentlich in seiner Heimatstadt zu Besuch war.

Betrachtet man diesen Fall unter verhaltenstherapeutischen Gesichtspunkten, so versuchte Erickson eine Löschung des zwanghaften Verhaltens durch Reaktionsverhinderung. Üblicherweise treten bei Zwangspatienten die Symptome der inneren Unruhe und Angst massiv auf, eventuell auch von psychosomatischen Störungen begleitet, falls sie sich selbst an der Durchführung ihres Zwangsverhaltens hindern bzw. sich von anderen freiwillig abhalten lassen. Desgleichen erfolgt die mehr oder weniger schnelle Reduktion dieser Symptome in dem Augenblick, wenn das zwanghafte Verhalten wieder ausgeführt wird, was im operanten Sinne einer massiven negativen Verstärkung entspricht. Es ist also therapeutisch notwendig, die Reaktion so lange zu verhindern, bis die inneren, die Ausführung des Zwangs motivierenden negativen Gefühle von selbst, ohne äußere Aktion abgeklungen sind. In verhaltenstherapeutischen Standardprogrammen erfolgt diese Reaktionsverhinderung in der Regel durch äußere Restriktionen bzw. wiederum durch Zwang; in der Regel sorgt der Therapeut durch seine Anwesenheit und natürlich im Einverständnis mit dem Patienten dafür, daß dieser sein Zwangsverhalten unterläßt. Ähnlich hier: Der Patient erhielt wochenlang keine Chance, das Grab seiner Mutter zu besuchen. Der landläufigen Vorstellung von Hypnose hätte es entsprochen, wenn der Hypnotiseur mit dem direkten posthypnotischen Befehl gearbeitet hätte: "Du besuchst zwei Wochen lang nicht mehr das Grab Deiner Mutter." Dies ist indes nicht Ericksons Vorgehensweise. Das "faktische" Erleben in Trance, zwei Wochen lang unbeschadet keinen Besuch am Grabe durchgeführt zu haben, entspricht nicht nur indirekt der o.g. posthypnotischen Suggestion, es nimmt vielmehr die Erfahrung der ausbleibenden negativen Konsequenzen und zudem die der Freude und des Stolzes über den persönlichen Erfolg vorweg und verstärkt damit schon jetzt sowohl negativ wie positiv das Unterlassen der Zwangshandlung. Und darüber hinaus gibt Erickson die direkte posthypnotische Suggestion, seine "ganze Energie bis zum letzten" in die Vorbereitung des Umzuges zu investieren, wohl wissend, daß der Patient somit weder Zeit noch Energie für seinen Zwang zu erübrigen habe. Das Unterlassen der Zwangshandlung mußte also allein schon daraus folgen, daß der Patient diesen Auftrag hinreichend ausführen werde - womit wiederum das Prinzip der inkompatiblen Reaktion realisiert wurde. Die sorgfältig erteilte Amnesie für das Geschehen in Trance entspricht einem effektiven Gedankenstop; ohne sie hätte das in die Zukunft projizierte Unterlassen der Zwangshandlung zu einer intensiven gedanklichen Beschäftigung mit dem ganzen Thema geführt und damit unweigerlich kognitive Stimuli produziert, welche als CS unmittelbar emotionale Reaktionen und mittelbar das Zwangsverhalten als CR evoziert hätten. Der durch die Amnesie hervorgerufene differenzierte Gedankenstop sollte eine derartige Sequenz verhindern. Weitere Unterstützung wurde durch den Auftrag gegeben, er solle all seine Energie (und damit auch alle Gedanken) auf die Umzugsvorbereitungen konzentrieren, d.h. auf eine inkompatible Reaktion.

5.3.3.2 Theoretischer Exkurs zur Reaktionsverhinderung

Zwangspatienten gelten in der Regel als schwer therapierbar. Dies wird verständlich, wenn man das *Zwangsritual als Vermeidungsverhalten* im Sinne des Zwei-Faktoren-Modells von Miller und Mowrer ansieht: Auf interne oder externe, oft nur subliminal wahrgenommene konditionale bzw. diskriminative Stimuli (CS bzw. S^D) hin würde eine konditionierte Reaktion (CR) in Form eines Erregungs- bzw. Angstanstiegs erfolgen, wenn sie nicht schon im Ansatz durch das entsprechende Zwangsverhalten vermieden würde.

Solomon, Kamin und Wynne (1953) führten hierzu eine entsprechende tierexperimentelle Studie durch: Um einen elektrischen Schlag zu vermeiden, lernten Hunde auf einen S^D hin, von einem Käfig über eine Barriere hinweg in einen anderen Käfig zu springen. Die Löschung dieser Vermeidungsreaktion wurde nun wie üblich dadurch vorgenommen, daß der elektrische Schlag (UCS) nicht mehr verabfolgt wurde. Dennoch dauerte es mehrere hundert Durchgänge, bis die Hunde gelernt hatten, daß auf den S^D bzw. CS hin kein UCS mehr folgte und ihr Vermeidungsverhalten unterließen. Carlson & Black (1959) replizierten nun dieses Experiment und hinderten die Hunde konsequent und über mehrere Durchgänge hinweg daran zu springen mit dem Erfolg, daß diese Vermeidungsreaktion relativ schnell gelöscht werden konnte. Man könnte also sagen, daß die Versuchshunde nur unter Zwang die Erfahrung machen konnten, daß auf den diskriminativen Reiz hin keine Bestrafung mehr erfolgte.

Aus anderen Experimenten (z.B. Benline & Simmel, 1967) wissen wir jedoch, daß eine solche massierte Löschung zwar kurzfristig zu einer raschen Reaktionssenkung führt, daß aber gleichzeitig eine erhöhte Wahrscheinlichkeit für sogenannte *spontane Erholung* besteht, d.h. daß nach einer gewissen Zeit das Vermeidungsverhalten erneut auftritt. Diese Gefahr spontaner Erholung bzw. die eines Rückfalls wird dann geringer, wenn in der Phase der Reaktionsverhinderung andere inkompatible Verhaltensweisen erworben werden (Blankart & Elliott, 1974; vgl. auch Butollo, 1979, S. 179 ff).

Ericksons Vorgehen entspricht also exakt dem, was in der experimentellen Literatur übrigens auch für den Humanbereich (s. z.B. Baum & Poser, 1971) gefunden wurde. Darüberhinaus kann bei seiner Intervention - ob dies nun von wesentlicher Bedeutung für das konkrete Flooding in Hypnose war oder nicht - auch die Wirksamkeit des sog. *Gesetzes der Ausgangswerte* (Wilder, 1957) beobachtet werden, welches besagt, daß die Intensität einer körperlichen Reaktion umgekehrt proportional zum ursprünglichen Erregungsniveau ist: je höher das Ausgangsniveau, umso schwächer fällt die Reaktion auf den Auslöser aus. Erinnern wir uns, daß Erickson vor der Präsentation des Top-Items, daß der Patient nun zwei Wochen lang nicht mehr am Grab gewesen sei, diesen lange bezüglich seiner körperlichen Stärke bzw. Schwäche provoziert und damit vermutlich ein Arousal hervorgerufen hatte, abgesehen von den sonstigen kognitiven Anteilen eines solchen provokativen Vorgehens. Man könnte nämlich die hypnotisch projektiv vorweggenommene Unterlassung des Zwangsverhaltens auch als äußerst komplexe kognitive Leistung verstehen, welche nur unter einem erhöhten Arousal befriedigend stattfinden kann; dem Yerkes-Dodsonschen-Gesetz entsprechend mußte Erickson die entsprechenden Bedingungen erst schaffen.

5.3.3.3 Reaktionsverhinderung in den Fällen dieses Buches

Bekanntermaßen ist Reaktionsverhinderung Bestandteil jeder systematischen Desensibilisierung, wird jedoch dort nicht ausdrücklich hervorgehoben, da andere Elemente wie z.B. Gegenkonditionierung im Vordergrund stehen. Schon gar nicht würde man hier von Reaktionsverhinderung in dem Sinne sprechen, wie Erickson sie praktizierte oder wie Verhaltenstherapeuten sie bei stationären Zwangspatienten manchmal anwenden (vgl. Meyer, 1966; Heyse, 1973); gemeint ist die Verhinderung einer Reaktion durch direkten oder indirekten "Zwang" - selbstverständlich mit Einverständnis des Patienten. Diese "harte" Form der Reaktionsverhinderung kommt in den Fallbeispielen dieses Buches tatsächlich nirgendwo vor. In Hoppes Fallbeispiel des Schmerzpatienten könnte man die zweite Altersregression dahingehend interpretieren, daß in Hypnose das damalige Vermeiden einer "natürlichen" aggressiven Reaktion verhindert wurde, womit der aggressive Akt nachträglich noch zur Ausführung gelangen konnte. Wie weiter unten allerdings noch gezeigt werden wird, beließ es Hoppe jedoch nicht dabei, sondern ermöglichte dem Patienten noch weitere adaptive Verhaltensweisen.

Falls die vorliegenden Fallbeispiele einen annähernd repräsentativen Querschnitt ambulanter Behandlungen darstellen, so wird offensichtlich, daß heutzutage "harte" Reaktionsverhinderung nicht oder nurmehr selten angewandt wird - es sei denn man hätte die oben beschriebene therapeutische (oder hypnotische?) Fähigkeit eines Milton H. Erickson - abgesehen natürlich von aller "sanften" Reaktionsverhinderung, bei der der Therapeut den Patienten in vivo oder in der Imagination begleitet und mögliches Vermeidungsverhalten unterbindet.

5.3.4 Erwerb von Kompetenz in der Imagination

5.3.4.1 Fallbeispiele von Milton H. Erickson

Erickson (1954/1980) berichtet die Fallgeschichte eines 30jährigen geschiedenen Mannes, angestellt bei einer Kirche, der in einer erbärmlichen Behausung lebte, keinerlei soziale Kontakte hatte, nie ausging, alle seine Mahlzeiten in einem billigen Restaurant zu sich nahm, und dessen einziges Vergnügen darin bestand, ziellos mit dem Auto auf dem Land umherzufahren. Drei Jahre lang war er wegen multipler psychosomatischer Beschwerden bei einem Allgemeinarzt in Behandlung gewesen, bis er eines Tages wegen unerträglicher Bauchschmerzen operiert werden mußte. Außer der routinemäßigen Appendektomie erbrachte diese Operation keinerlei somatischen Befund. Seine postoperative Rekonvaleszenz verlief sehr schleppend unter vielen Klagen und starker Depression. Anschließend besuchte er zwei- bis viermal die Woche seinen Arzt wegen Rücken-, Kopf- oder Magenschmerzen. Psychiatrische Konsultationen erbrachten die Diagnosen "Charakterstörung", "Inadäquate Persönlichkeit", "Hypochondrie" oder "Psychopathische Persönlichkeit" und vor allem das Attribut "resistent gegen jegliche Therapie".

18 Monate nach der Bauchoperation gelangte der Patient zu Erickson, der einen guten Rapport zu ihm herstellen und ihn hypnotisieren konnte. Einen Monat lang, in drei- bis vierstündigen Sitzungen pro Woche, trainierte Erickson zunächst nur die hypnotischen Phänomene mit ihm, deren er fähig war. Erickson entließ ihn jeweils mit einer profunden Amnesie für diese Sitzungen, in denen keine weitere therapeutische Arbeit stattgefunden hatte. In den nachfolgenden beiden Sitzungen erst sollte der Patient eine Reihe von Kristallkugeln halluzinieren, in welche er die wichtigsten emotionalen und traumatischen Erlebnisse seines Lebens projizieren sollte derart, daß jede Kristallkugel jeweils nur eine signifikante Szene festhalten solle und er leicht und ohne große Anstrengung von der einen zur anderen schauen konnte. In diesen, in die Kristallkugeln gebannten Szenen konnte er sich also in verschiedenen Situationen seines Lebens agieren und reagieren sehen, Vergleiche anstellen und so den roten Faden seiner ständig bedrohlicheren Entwicklung über die Jahre hinweg verfolgen. Er reagierte darauf mit hoffnungsloser Resignation. Auch nach Amnesie für diese halluzinierten Erinnerungen war seine Stimmung mutlos und niedergeschlagen.

In der folgenden Sitzung diskutierte Erickson, ohne Hypnose einzusetzen, alle seine Hoffnungen, Gedanken und Ideen für die Zukunft mit ihm. Der Patient gelangte jedoch auf diese Weise zu keiner positiven Perspektive, vielmehr klagte er ständig über alle möglichen Hindernisse, die ihm im Weg stünden. In der darauffolgenden Sitzung wurde er wieder hypnotisiert und noch einmal mit der gleichen Aufgabe betraut. Hier nun zeigten sich doch einige in die Zukunft gerichtete Gedanken und Hoffnungen, die eine einigermaßen guten Gesundheit, ein durchschnittliches Einkommen und einen passablen persönlichen Allgemeinzustand zum Gegenstand hatten, so daß er ein normales und sozial aktives Leben führen könne, nicht allzuviel Angst habe und weniger Zwängen unterliege und soviel emotionale Reife erlangen könne, daß er aus Liebe geheiratet würde und nicht deshalb, weil sich jemand seiner erbarmte. Nach sorgfältiger Amnesiesuggestion wurde er, wiederum in gedrückter Stimmung, entlassen. Die folgenden beiden Sitzungen verliefen ähnlich, ohne weitere therapeutische Intervention. Erst in der hierauf folgenden Stunde begann Erickson eine eher allgemeine Diskussion ohne Trance über mögliche Zukunftserwartungen des Patienten. Insbesondere erklärte Erickson, "daß dies eine Möglichkeit sein könnte, zurückzuschauen, all die Beschwerden und Schwierigkeiten Revue passieren zu lassen und sich die Entwicklungen in der Therapie zurückzurufen. Dann - und dies sei besonders wichtig - könne er all jene in der Therapie erzielten Fertigkeiten und Leistungen untersuchen, welche repräsentativ seien für all jene Dinge, die er für ein normales Leben noch erreichen wolle. Jedoch könne dies nur innerhalb eines gewissen Zeitraums erreicht werden; möglicherweise würde dies mehrere Monate dauern und sogar noch über das Ende der Therapie hinaus." Hiernach hypnotisierte Erickson ihn und diskutierte mit ihm das gleiche Thema nochmals in Trance. Anschließend, in einer "somnabulistischen Trance", wurde er einige Monate weiter in die Zukunft orientiert und zwar auf einen Zeitpunkt ca. 5 Monate später, an welchem er, lange nach Ende der Therapie, zu einer Katamnesesitzung erscheint und berichtet, was in der Zwischenzeit geschehen war. Zunächst sollte er sich an jene Szenen in den bewußten Kristallkugeln erinnern, was er ca. 10 Minuten lang eher mit Interesse als mit Furcht oder Depression tat. Hiernach wurde er angeleitet, alle weiteren Forschritte in der "vergangenen" Therapie in einer weiteren Reihe von Kristallkugeln zu sehen und sie zu beschreiben; auf diese Weise könne er am besten jeden einzelnen Schritt genau beobachten und mit freudigem Interesse verfolgen, wie es sich im einzelnen zugetragen habe. Auf diesen Vorschlag ging der Patient voller Enthusiasmus ein und berichtete detailliert jeden einzelnen therapeutischen Fortschritt: keine weiteren Arztbesuche; schwimmen und tauchen; um Gehaltserhöhung nachsuchen; sich in sozialen Situationen durchsetzen; mit einer Freundin das Theater besuchen; mit einer anderen Freundin einen Kunstgaleriebesuch machen und essen gehen; eine öffentliche Rede halten; sein Auto neu lackieren lassen und sich neu einkleiden. Mit einer sorgfältigen Amnesie wurde er zurückgeholt und erschöpft entlassen. Am nächsten Tag folgte eine ähnliche Zeitprojektion unter Hypnose, diesmal 7 Monate in die Zukunft, d.h. zwei Monate weiter als am vorherigen Tag. Erickson begann nun damit: "Nach meiner Erinnerung habe ich Sie vor zwei Monaten gesehen, als Sie kamen und mir über ihre therapeutischen Fortschritte berichteten [...] Erinnern Sie nun nur jenes, was Sie sagten oder sahen, während Sie mir Ihren Bericht gaben." (Hiermit wollte Erickson verhüten, daß er auch die jeweiligen hypnotischen Instruktionen bzw. Amnesien, insbesondere jene zur Zeitprojektion mit erinnerte.) Der Patient gab nun wieder einen detaillierten Bericht, angefangen mit seinen vormaligen Beschwerden, welche er nun gar nicht mehr verstehen konnte, über seine Fortschritte in der Therapie und danach und die weiteren Ereignisse der letzten zwei Monate. Als er damit geendet hatte, wurde er darüber informiert, daß er (immer noch in Trance) hypnotisiert würde. Dies geschah zu dem Zweck, ihn in die Gegenwart zurückzuorientieren und ihm eine posthypnotische Amnesie aufzuerlegen. Noch in Trance wurde ihm auch ganz vage ein Termin, vielleicht in der nächsten Woche, möglicherweise aber auch erst in zwei Monaten in Aussicht gestellt, denn es würden sich Dinge entwickeln, die es schwerlich zuließen, einen definitiven Termin zu vereinbaren. Nach Erwachen aus der Trance wurde er dann ohne weiteren Termin entlassen. Zwei Monate später erschien er in neuem Anzug, mit neu lackiertem Auto und an der Seite einer attraktiven jungen Frau und gab Erickson einen genauen Bericht über all das, was in der letzten Zeit geschehen war; dieser stimmte tatsächlich in etwa mit dem überein, was der Mann davor für seine Zukunft halluziniert hatte.

Offensichtlich handelte es sich in diesem Fall, allgemein gesprochen, um eine Art Probehandeln, bei welchem aufgrund erheblicher Handlungsdefizite und Mangel an konkreten Erfahrungen neue Fertigkeiten in der Imagination erst aufgebaut, eingeübt und ausprobiert werden mußten - ein bei den meisten Depressiven nötiges und auch in der Verhaltenstherapie von Depressionen manchmal angewandtes Verfahren.[13] Lerntheoretisch ausgedrückt, sollen potentielle Verstärkerquellen gesucht und eingesetzt werden. Das Dilemma bei Depressiven lautet indessen, etwas salopp formuliert: "Woher nehmen und nicht stehlen." Gestohlen werden können solche Verstärkerquellen eben, wenn schon nicht aus der Vergangenheit oder Gegenwart, so doch aus der Zukunft, in welcher das zu ihrer Erlangung notwendige Verhalten halluzinatorisch bzw. imaginativ vorweggenommen werden kann. Die Schwierigkeit besteht in der Regel jedoch darin, einen Patienten dazu zu bewegen, etwas zu tun, was er per suum definitionem nicht tun kann. Und genau diese wesentliche Arbeit kann an diesem Beispiel gut studiert werden: Anstatt gleich in medias res zu gehen, verbringt Erickson zunächst Stunde um Stunde damit, den Patienten hypnotische Phänomene zu lehren, ein per se scheinbar nutzloses Unterfangen, sinnvoll jedoch in mehrfacher Hinsicht: Das konkrete Einüben von Verhalten hätte aufgrund seiner desparaten Haltung bei diesem Patienten sicher nur Angst, Hilflosigkeit und damit Reaktanz (Widerstand) hervorgerufen. Dennoch wurde Aktivität im allgemeinen, wenn auch auf einer symbolischen Ebene bzw. auf einem "Nebenkriegsschauplatz" gefördert, denn die diversen hypnotischen Phänomene verlangen, ganz entgegen landläufiger Meinung, die aktive Beteiligung des Patienten und sind nur unter einem erhöhten, nicht jedoch unter einem depressiven Arousal durchzuführen; indirekt machte der Patient damit auch die konkrete Erfahrung, daß er zu einer erfolgreichen Aktivität fähig ist und auf diese Weise intrinsische Verstärker erlangen kann; sicher wird er für seine "hypnotischen" Fortschritte von Erickson auch entsprechende Anerkennung erhalten haben. Gleichzeitig diente dieses Training als allgemeine hypnotische Vorbereitung für die geplante Zukunftsprojektion unter Hypnose.

Auch nach diesem intensiven Training in ("hypnotischer") Aktivität schien es Erickson noch nicht ratsam, gleich mit dem Aufbau neuer Fertigkeiten zu beginnen. Stattdessen ließ er den Patienten in weiteren Stunden in Hypnose recht detailliert seine bisherige "Gammlerkarriere" anschauen, um - im subtilen Kontrast zu seiner zuvor gezeigten Fähigkeit zu ("hypnotischer") Aktivität - die nötige Motivation für weitere verdeckte und offene Aktivität aufzubauen. Die sorgfältige Amnesiesuggestion nach all diesen Stunden erscheint zur Prävention verstärkter offener Hilflosigkeit und Depression und evtl. eines Suizidversuches durchaus geboten. Interessant an dieser Rückschau auf ein passives und desolates Leben ist natürlich auch, daß dies einer Exploration entspricht, welche jedoch nicht durch aktives Erfragen seitens des Therapeuten geschieht, sondern vom Patienten selbst und damit auch in selbstverantwortlicher und selbstkontrollierender Weise vorgenommen wird. Erst nach diesen Stunden begann Erickson, zunächst ohne Hypnose in einem eher beiläufigen, d.h. nicht zwingenden Gespräch, die Hoffnungen und Wünsche des Patienten für die Zukunft anzusprechen und zwar in der Weise, wie sie sich aus seiner Vergangenheit und den (nicht näher apostrophierten) Fortschritten der bisherigen und zukünftigen Therapie logischerweise ergeben würden. Dies kann sowohl als implizite Hoffnungssuggestion und gleichzeitig auch als erste Orientierung auf die zukünf-

---

13 siehe Hoffmann et al., 1976, S. 233 f; Beck et al., 1986, S. 274

tige Arbeit verstanden werden. Dann wurde die gleiche Sequenz in Trance wiederholt, wobei Erickson beide Male auch den nötigen und realistischen Zeitaspekt miteinbezog. Gleich anschließend erfolgte die erste Zeitprojektion ca. 5 Monate in die Zukunft; d.h. der Patient sollte von einem zukünftigen Zeitpunkt aus zurückschauen auf all das, was er bis dahin geleistet hatte. Dieser "Trick" stellte nötige Aktivitäten und vor allem deren u.U. unmittelbar negativ empfundenen Begleitumstände als schon überwunden und gemeistert zurück und machte die positiven Konsequenzen unmittelbar verfügbar, als da sind intrinsische und externe Verstärker in Form von Stolz und Zufriedenheit über das Erreichte bzw. die resultierende soziale Anerkennung. Um gerade die intrinsischen Verstärker entsprechend aufzubauen und verfügbar zu machen, ließ Erickson den Patienten zudem die zuvor defizitären Szenen in Kontrast zu dem "jetzt" Erreichten erinnern.

Dieselbe Prozedur der Zeitprojektion wurde gleich am nächsten Tag wiederholt, diesmal allerdings für einen zwei Monate später in der Zukunft liegenden Zeitpunkt, mit der abschließenden, durch den offenen Termin impliziten Suggestion, daß nun die kommenden Wochen und Monate für konkrete Arbeit benötigt würden und durch weitere Therapiestunden nicht vertrödelt werden dürften.

Daß die einzelnen "aus der Zukunft erinnerten" Situationen wiederum in Form von Kristallkugeln präsentiert wurden, in welchen der jeweils erreichte Stand an nötigen Aktivitäten festgehalten war, gleicht einem in der Vorstellung vorgenommenem Shaping, d.h. dem systematischen Aufbau und der Ausformung erwünschten Verhaltens mit der dafür nötigen kontingenten, d.h. unmittelbaren Verstärkung.

Neben der hypnotischen Zeit- bzw. Zukunftsprojektion (in der Hypnoseliteratur bisweilen auch als Altersprogression bezeichnet) ist natürlich auch die hypnotische Altersregression zum nachträglichen Erwerb von Kompetenzen in der Imagination hervorragend geeignet. Altersregression dient also nicht nur explorativen Zwecken - was auch den Verhaltenstherapeuten interessieren kann, soweit es um die Genese einer Störung geht; auch dient sie nicht allein dem Aufsuchen traumatischer Situationen mit allen begleitenden Affekten, die nun zur Abfuhr gelangen können - wie das noch dem Verständnis von Freud und Breuer entsprochen hat. Altersregression kann eine Möglichkeit bieten, Teile der Vergangenheit zumindest in ihrer kognitiven Repräsentation neu zu formieren. Das wohl früheste Beispiel stammt von Janet (1889; s. auch Kap. 1). Ein ähnlich berühmtes Beispiel liegt in Erickson "The february man" vor. Da der Februar-Mann inzwischen gut beschrieben worden ist (vgl. Erickson & Rossi, 1981, S. 529 ff; Erickson & Rossi, 1988), will ich zur Altersregression hier ein eigenes Beispiel zitieren (s. auch Peter 1983).

Eine 35jährige Frau kam wegen Fettsucht in Behandlung. Die ausführliche Befragung ergab, daß sie sich seit Jahren ausschließlich von Schokolade, Kuchen, Torten und anderen Süßigkeiten ernährte. Zudem war sie extrem sparsam, ohne dies jedoch so zu empfinden; sie hatte sich z.B. abgewöhnt, ihr Zimmer im Winter zu heizen und hatte dies im übrigen auch recht lieblos eingerichtet. Wenn sie von der Arbeit nach Hause kam, legte sie sich ins Bett, las Bücher und aß nebenher Süßigkeiten; weder bereitete sie sich selbst etwas zu essen noch ging sie zum Essen aus. Ihre sozialen Kontakte waren auf ein Minimum beschränkt und obwohl sie sich danach sehnte, war sie noch nie mit einem Mann längere

Zeit enger befreundet gewesen. In Hypnose fragte ich sie nach dem wirklichen Grund ihrer ungewöhnlichen Eß- und Lebensgewohnheiten. Ohne daß ich eine Altersregression ausdrücklich induziert hätte, antwortete sie mir mit der Stimme eines kleinen Mädchens, sie sei mit einem großen Stück Kuchen in ihr Zimmer eingesperrt. In einer spontanen Altersregression war die Patientin also wieder ein kleines Mädchen geworden, das mir nun seine Situation ausführlich schilderte: Die Eltern, ansonsten liebevoll und zugewandt, waren tagsüber beruflich voll beschäftigt und ließen sie in der Obhut von wechselnden Kindermädchen. Eines dieser Kindermädchen ließ öfters ihren Freund kommen und vernachlässigte auch auf andere Arten ihre Pflichten. Die einfachste Möglichkeit, vor der Kleinen Ruhe zu haben und sich mit ihrem Freund zu vergnügen, war offensichtlich, diese einzusperren und sie mit Süßigkeiten zu beruhigen.

Die nun folgenden 35 Stunden der Behandlung verliefen äußerlich nach dem gleichen Muster: Die Patientin kam und wir wechselten ein paar alltägliche Sätze, und auf meine beiläufige Bemerkung hin, sie solle es sich doch bequem machen, ging sie spontan in Trance und regredierte auf ein Alter von ca. 4 bis 6 Jahren. Am Ende der Stunde "weckte" ich sie wieder auf, indem ich den Gesprächsfaden vom Stundenanfang wieder aufnahm, und wir plauderten noch ein wenig. In der Altersregression selbst war ich für die Patientin nicht mehr Therapeut, sondern eine nicht näher definierte Person, mit der sie sich freundschaftlich und frei unterhalten konnte. So überlegten und beratschlagten wir, was sie in ihrer mißlichen Lage des Eingesperrtseins am besten tun könne. Neben dem Alleinsein und der Trauer über dieses Eingesperrtsein war sich das kleine Mädchen sehr wohl der Tatsache bewußt, daß sie mittlerweile dicker und dicker geworden war und irgendetwas tun mußte, um aus dieser hoffnungslosen und hilflosen Situation zu entkommen. Viele Vorschläge ihrerseits wurden diskutiert und viele Möglichkeiten erwogen, als nutzlos erkannt und wieder verworfen, bis sie schließlich "von sich aus" auf die Idee kam, daß das Kindermädchen bestraft werden müsse. So diskutierten wir nun mehrere Möglichkeiten einer effektiven Strafe: Sie bei den Eltern zu verpetzen, trotzig zu sein, ihr gegen das Schienbein zu treten, laut zu schreien etc.; dies alles und einiges mehr wurde aber als wenig erfolgversprechend verworfen. Schließlich kam uns die Idee, sie könnte das Kindermädchen ja in ihr Zimmer locken und es zum Süßigkeitenessen animieren; als es dann satt war und wieder gehen wollte, wurde es eingesperrt mit dem Hinweis, daß es nicht eher aus dem Zimmer entlassen würde, als bis es den ganzen Kuchen, die ganze Torte und alle Schokolade aufgegessen hätte. Diese Prozedur, das Kindermädchen auf diese Art effektiv zu bestrafen, wurde über mehrere Stunden solange wiederholt, bis das Kindermädchen richtig dick und fett war. Erst dann, von einem bestimmten Zeitpunkt an, schien das Rachebedürfnis des kleinen Mädchens gestillt, und es konnte natürliches Mitgefühl entwickeln, als es sah, wie unglücklich das Kindermädchen wegen seiner Unförmigkeit wurde, wie es darunter litt, daß sein Freund weggelaufen war, und wie die anderen es verächtlich anschauen würden, falls es sich je wieder in die Öffentlichkeit traute.

Dem kleinen Mädchen wurde klar, daß das Kindermädchen dringend abnehmen und wieder normale Nahrung essen mußte, um einen neuen Freund zu bekommen und von den anderen wieder geachtet werden zu können. Aber wie? Ich glaube, wir haben alle Möglichkeiten mit ihren Vor- und Nachteilen besprochen, die die Verhaltenstherapie für Fettsüchtige anzubieten hat - natürlich in der Form, wie es ein fünfjähriges Mädchen versteht. Denn das Kindermädchen entwickelte all die Widerstände, die auch andere Übergewichtige zeigen, wenn sie gern viel und vor allem Süßes essen, sich aber vorgenommen haben, abzunehmen. Aber das kleine Mädchen hatte auch eine sehr große Motivation aus seinem Mitgefühl heraus und unausgesprochen vermutlich auch wegen seines schlechten Gewissens. Etwa zwei Drittel der gesamten Behandlungszeit beschäftigten wir uns nun damit, das Kindermädchen effektiv behandeln zu wollen, und fanden trotzdem keine geeignete Möglichkeit, es abzuspecken, ohne daß es bestimmte Dinge tun mußte, wie z.B. weniger Süßigkeiten und vor allem normale Kost zu essen. So schwierig die Behandlung des Kindermädchens war, so einfach verlief die Behandlung bei der Patientin selbst: Ohne daß wir jemals direkt darüber gesprochen hätten, war sie im Laufe des Abspeckens ihres Kindermädchens normalgewichtig geworden, heizte ihr Zimmer, aß in Gaststätten oder kochte sich selbst etwas, lud Bekannte zum Essen ein und ließ sich auch gerne selbst einladen. Ein halbes Jahr nach Beendigung der Behandlung bekam ich von ihr einen Brief aus Griechenland, wo sie mit ihrem neuen Freund Urlaub machte, den sie nach Ende der Therapie kennengelernt hatte.

In dieser Therapie wurden alle nötigen Veränderungen auf den Ebenen des Verhaltens, der Kognition und der Emotion im Verlauf der 35 Stunden durchgeführt - allerdings nicht "real", sondern allein in der kognitiven Repräsentation. Darüberhinaus erfolgte die Behandlung nicht in der "Echtzeit" mit der Bürde all der in drei Jahrzehnten erworbenen und verfestigten Konditionierungen, sondern in jener Zeit der Symptomgenese, als alle entsprechenden kontingenten Verbindungen noch relativ neu und flexibel waren. Ferner war jeglicher Reaktanz der Boden entzogen, da es ja nicht die Patientin selbst war, welche alle zum Abspecken nötigen unlustbetonten Dinge tun mußte; vielmehr befand sie sich in der Rolle meiner Co-Therapeutin, die mit mir gemeinsam sehr aktiv und engagiert alle Maßnahmen für das Kindermädchen plante und überwachte. Und schließlich hatte ich ihre volle Kooperation allein schon dadurch gewonnen, daß ich sie - allerdings unter ihrer aktiven Mitwirkung - aus ihrer eingesperrten hilflosen Situation befreit und ihrem Rachebedürfnis eine einigermaßen akzeptable Möglichkeit der Befriedigung verschafft hatte.

5.3.4.2 Theoretischer Exkurs zur Altersregression und Altersprogression

Spätestens seit Janet ist Altersregression und -progression eine Domäne der Hypnose und spielt in der Verhaltenstherapie keine, zumindest keine bedeutende Rolle. Dies ist umso verwunderlicher, als es innerhalb der kognitiven Therapie durchaus plausibel wäre, bestimmte symptomproduzierende Lernprozesse nicht erst nach einer langen Zeit festgefügter Konditionierungen - also dann, wenn eine Störung eine gewisse Gewohnheitsstärke erreicht hat - sondern quasi unmittelbar "in statu nascendi" - genauer: in dessen kognitiver Repräsentation - zu korrigieren. Dies mag u.a. seinen Grund darin haben, daß sich ein solches Vorgehen theoretisch nur rechtfertigen ließe, wenn man der kognitiven Repräsentation eines bestimmten Verhaltens genau so viel Wert beimessen würde wie dem manifesten Verhalten selbst. Dies sollte seit Tolman[14] und seit Miller, Gallanter und Pribram allerdings auch theoretisch keine größeren Probleme bereiten. Hinzuzufügen wäre noch, daß selbst Skinner (1969) zwischen "kontingenzgeformtem" und "durch Regeln gesteuertem" Verhalten unterschieden und damit auch hartgesottenen "Verhaltens"-Therapeuten ein klares Signal gegeben hat, was die Bedeutung kognitiver Faktoren betrifft.

Daß nur das enfant terrible der Verhaltenstherapie, Arnold Lazarus, sich mit Altersregression und -progression etwas ausdrücklicher befaßt hat, obwohl auch Wolpe (1958; siehe unten) dies schon in Theorie und Praxis getan hatte, mag

---

14 nicht Kontingenzen sondern Erwartungen werden gelernt

viele Gründe haben, darunter möglicherweise auch folgende: die naive Sichtweise "gläubiger" Hypnosevertreter, welche in der Altersregression eine echte
Revivifikation gesehen hatten, oder der - zumindest bei klassischen Verhaltenstherapeuten - aversiv konditionierte Bedeutungshof des Begriffes Regression,
welcher zum Vokabular der Psychoanalyse gehört.

Lazarus (1968, 1971, 1979) beschreibt die Technik der *Zeitprojektion* speziell
zur Behandlung depressiver Patienten: Zunächst sollen potentielle Verstärker
bzw. verstärkende Aktivitäten aus der vor-depressiven Zeit erfragt werden, und
anschließend soll sich der Patient in Entspannung oder Hypnose vorstellen, daß
er dies alles zu einem zukünftigen Zeitpunkt wieder ausführen wird. Die Aufgabe des Therapeuten besteht im wesentlichen darin, den Patienten zu diesen
sowohl vergangenheits- als auch zukunftsbezogenen Imaginationen sorgfältig an-
zuleiten.

Vage Anklänge an die Zeitprojektion bzw. Altersprogression hat auch die von
Susskind (1970) vorgestellte Methode des *idealisierten Selbstbildnisses*: Der Patient soll sich intensiv vorstellen, wie er sich im Idealfall in einer schwierigen Situation verhalten würde. Üblicherweise würde man hier jedoch eher von imagi-
nativem Probehandeln bzw. verdecktem Modellernen sprechen, denn der Patient
benutzt sein ideales Selbstbild gewissermaßen als eigenes Modell. Als in vivo-
Version hierzu könnte die sog. *Fixed-Role-Therapie* von Kelly (1973) angesehen
werden: Über mehrere Wochen hinweg spielt der Patient die festgelegte Rolle
einer hypothetischen Person (vgl. Adams-Webber, 1983).

In der von ihnen so genannten *Eidetischen Analyse* beschreiben Ahsen &
Lazarus (1976) ein therapeutisches Vorgehen, welches prima facie von dem der
hypnotischen Altersregression kaum zu unterscheiden ist, und geben hierzu folgende - m.E. recht magere - Begründung, aus welcher die Samthandschuhe, mit
denen Lazarus dieses Thema anfaßt, nur zu deutlich herausfühlbar sind: "Nach-
untersuchungen von Klienten, die einer Verhaltenstherapie unterzogen worden
waren, deuten daraufhin, daß ein dauerhaftes Ergebnis gewöhnlich nicht nur
Verhaltensänderungen, sondern auch eine Wandlung der Lebensanschauung erfordert (Lazarus, 1971). Dies führt zu der offenen Frage der möglichen Vorteile
einer Kombination verhaltenstherapeutischer Vorgehensweisen, die von innen
und von außen angreifen. [...] Die Verwendung von Anschauungsbildern ermöglicht überprüfbare Vorhersagen und Ableitungen; die Behandlungsmethoden, bei
denen man sich der Anschauungsbilder bedient, machen oft Annahmen, Vermu-
tungen und Intuition überflüssig. Übermäßige Vereinfachungen werden durch
wirklichkeitsnahe Aussagen über subjektive Phänomene ersetzt, und die Komplexität dieser subjektiven Phänomene ist wiederum überprüfbar und demon-
strierbar" (S. 100).

Hinsichtlich Altersregression lassen sich nun 4 theoretische Modelle unterscheiden: das Katharsis-Modell von Freud/Breuer, das Konditionierungs-Modell
von Wolpe, das Handlungskompetenz-Modell à la Lazarus und das konstrukti-
vistische Modell nach Janet und Erickson.

In Freud/Breuers (1895) *Katharsis-Modell* dient Altersregression lediglich
dazu, die traumatische Situation originaliter wieder zu erinnern, um dem "peinli-
chen Affekt" die Möglichkeit der Abfuhr zu bieten; diese Intervention "hebt die

Wirksamkeit der ursprünglich nicht abreagierten Vorstellung dadurch auf, daß sie dem eingeklemmten Affekt derselben den Ablauf durch die Rede gestattet, und bringt sie zur assoziativen Korrektur, indem sie dieselbe ins normale Bewußtsein zieht" (S. 97). Im Sinne des energetischen bzw. dynamischen Modells des frühen Freud kommt es wesentlich auf diese Abreaktion des Affektes an, denn "affektloses Erinnern ist fast immer wirkunslos, der psychische Prozeß, der ursprünglich abgelaufen war, muß so lebhaft als möglich wiederholt, in statum nascendi gebracht und dann 'ausgesprochen' werden" (S. 85). Wäre da nicht diese einseitige psychodynamische Betonung, ließe sich das übrige durchaus auch lerntheoretische gut interpretieren, ähnlich wie Wolpe dies knapp 60 Jahre später tat (vgl. Kraiker, 1985).

Auch in Wolpes (1958) *Konditionierungs-Modell* kommt die emotionale Wiederbelebung einer vergangenen traumatischen Situation vor, wo die Affekte nicht wie in der systematischen Desensibilisierung gehemmt werden sondern voll zum Ausdruck kommen. "Das Gefühl ist von beträchtlicher Intensität, und positive Effekte scheinen mit seiner Intensität korreliert zu sein" (S. 196). Anders als bei Freud spielt die Abreaktion hier aber nur insofern eine Rolle, als sie "aufgrund von Vorstellungen traumatischer Situationen eine Desensibilisierung gegenüber allen Aspekten dieser Situation ermöglicht" (S. 198), demnach auch wesentlich schneller und effektiver ablaufen kann als bei der üblichen systematischen Desensibilisierung. Neben dem Vorteil, daß in einer solchen Abreaktion "alle Aspekte" der damaligen Situation wieder präsent gemacht und auf einmal dekonditioniert werden können, stellt sich Wolpe eine weitere heilsame Desensibilisierung wohl auch so vor, daß "der Patient die Wirkung der therapeutischen Situation spürt, z.B. daß der Therapeut ihn voller Sympathie akzeptiert" (S. 196), womit der Patient offensichtlich die Erfahrung machen kann, daß die befürchteten (damaligen) Katastrophen heute ausbleiben. Später präzisiert dies Wolpe noch einmal: "[...] die therapeutischen Effekte der Abreaktion stellen einen Spezialfall der nicht-spezifischen Effekte dar, welche bei einigen Fällen jedweder Psychotherapieform immer vorkommen. Mit anderen Worten hat eine Abreaktion dann Erfolg, wenn andere - aus der therapeutischen Situation erwachsende - emotionale Reaktionen die Angst hemmen" (1972, S. 203).[15]

Um das *Handlungskompetenz-Modell* nach Lazarus (Ahsen & Lazarus, 1976) besser zu verstehen, sei kurz die Fallgeschichte zusammengefaßt, auf die sich dieses Modell bezieht:

Die 41jährige Frau Jay litt unter Schmerzen im Oberbauch und in der Brust, übermäßiger irrationaler Angst, Todesfurcht, Ohnmachtsanfällen, Unsicherheit und dem Gefühl der Wertlosigkeit. Eine übliche Verhaltenstherapie war fehlgeschlagen, hatte die Symptome bloß verschlimmert, und Frau Jay war schließlich als "Borderline-Schizophrene" eingestuft worden. Ahsen, zu dem die Patientin schließlich kam, ließ sie zunächst ihre Symptome im einzelnen schildern und wiederholte dann diese Schilderung mit den eigenen Worten der Patientin. Während dieser wortwörtlichen Wiederholung verschlimmerten sich die somatischen Symptome, was Ahsen veranlaßte, sie als "hysterisch" (wohl im

---

15 Hier, in dem gleichen Buch (1972), beschreibt Wolpe zwei Seiten weiter übrigens auch die "«Alters-Regressions»-Technik, bei welcher der Therapeut dem Patienten einredet, er würde auf vergangene Altersstufen seines Lebens zurückkehren; hier kann man bei einem relativ kurz zurückliegenden Zeitpunkt beginnen und dann Jahr für Jahr zurückschreiten. Wir haben diese Technik gelegentlich angewandt [...]" (S. 205). Für einen ausführlicheren Vergleich zwischen Freud/Breuer und Wolpe siehe Kraiker, 1985.

Gegensatz zu "organisch bedingt") einzustufen.[16] Hiernach sprach Ahsen über gegenteilige, angenehme Emfpindungen und die Patientin beruhigte sich wieder, woraufhin sie gebeten wurde, "sich in die Vergangenheit hineinzuprojizieren". Dabei erinnerte sie sehr lebhaft die Umstände des Todes ihres Vaters, der nach einem Herzanfall von den Ärzten kurzfristig wiederbelebt worden war. Die Patientin war die ganze Zeit dabei und empfand es als äußerst quälend, wie ihr Vater zum Leben wiedererweckt worden war, um dann wieder zu sterben; hierbei habe sie einen "hysterischen Anfall" in sich erstickt. Die Patientin war offensichtlich über das rücksichtslose Vorgehen der Ärzte sehr aufgebracht, hatte aber jegliche eigene adaptive Reaktion unterdrückt; zudem hatte sie wohl den Wunsch, daß ihr Vater in Ruhe sterben könne, und, wie die weitere Befragung ergab, den Impuls, dazu aktiv beizutragen, denn im weiteren Fortgang dieser "eidetischen Analyse" sah Frau Jay tatsächlich von sich aus Bilder, "in denen sie ihren Vater auf dem Krankenhausbett mit einem Kissen erstickte. Während sie dies tat, weinte sie bitterlich, dann wurde sie völlig friedlich, als sei das Gewitter vorübergezogen. Nachdem sie ihren Vater mit Hilfe der Kissen «getötet» hatte, verschwanden ihre somatischen Symptome" (S. 105). Ahsen habe der Patientin dabei keine Bilder oder Vorstellungen "eingegeben" (suggeriert), sondern ihr nur geholfen, ihre eigenen Bilder, Gedanken und Impulse zur freien Entfaltung gelangen zu lassen. Es folgten noch eine Reihe weiterer Erinnerungsbilder, durch welche auch andere somatische Symptome nicht nur verständlich wurden sondern auch zum Verschwinden gebracht werden konnten, bis schließlich auch die klaustro-, agora- und soziophobischen Probleme mit konventionellen verhaltenstherapeutischen Verfahren gut behandelt werden konnten.

Bei genauerem Hinsehen unterscheidet sich dieses Vorgehen nur dadurch von dem Freud/Breuerschen Modell, daß der Akzent nicht nur auf die Wiederbelebung der damaligen Situation und nicht bloß auf die Abreaktion des Affektes gelegt wurde - dies war natürlich auch der Fall, aber eben nur in Form eines natürlichen und notwendigen Nebenproduktes - sondern auf den imaginierten (bzw. imaginativ nachträglich vorgenommenen) Handlungsvollzug, welcher die Patientin aus ihrer damaligen zurückgenommenen, passiven Rolle befreite und ihr Handlungskompetenzen ermöglichte (vgl. hierzu das Fallbeispiel von Hoppes Schmerzpatienten).

Im Rahmen der Attributionstheorie könnte man auch argumentieren, daß jede gelungene Altersregression die fehlerhafte Attribution ganz drastisch korrigiert (von fatalistisch oder sozial extern nach intern), wenn sie nicht nur in dem erlebten Erinnern erlittener Traumata steckenbleibt, sondern dem Patienten Copingmöglichkeiten an die Hand gibt, sich aktiv aus seiner erlittenen Hilflosigkeit und Beschädigung zu befreien und diese damit - zumindest in der kognitiv/emotionalen Repräsentation - quasi ungeschehen zu machen.

Eine weitere theoretische Erkärung läßt sich aus der Position des *radikalen Konstruktivismus* ableiten, auch wenn dieser den Verhaltenstherapeuten zur Zeit noch etwas revolutionär anmuten mag. Diesem Modell zufolge (s. z.B. Schmidt, 1987) ist die Erlebniswirklichkeit eines lebenden Systems das Produkt einer ausschließlich internen Bedeutungsgenerierung. Zuordnungen und Unterscheidungen externer Stimulation sind nicht mehr von dem spezifischen Charakter des externen Inputs abhängig, sondern ausschließlich innersystemisch (selbstreferentiell) bestimmt. Die Bedeutung der "objektiven Realität" im Sinne vorausgehen-

---

16 Hier wird offensichtlich das in der Hypnose zur Erklärung vieler hypnotischer Phänomene des öfteren angeführte "ideoaktive Prinzip" bemüht: Intensive Vorstellung einer Handlung, einer sensorischen oder kinästhetischen Empfindung kann dieselben schlußendlich hervorrufen (vgl. auch Peter, 1990).

der bzw. nachfolgender Bedingungen tritt hier zugunsten "selbstorganisierender" Verknüpfungen innerer Zustände völlig in den Hintergrund. Bezogen auf Altersregression und -progression heißt dies im Extrem, daß es bedeutungslos wird, was in der Vergangenheit vorgefallen ist bzw. was in der Gegenwart passiert; von Bedeutung ist allein die kognitive Repräsentation dieses "externen" Geschehens (vgl. hierzu Kruse, 1989; Kruse & Gheorghiu, 1989; Kruse & Stadler, 1987) - und genau diese soll ja in der hypnotischen Altersregression und -progression verändert werden.[17]

Das beste Beispiel hierfür ist Janets Fall "Marie" (1889) und Ericksons "Der Ferbruar Mann" (1988).[18] In beiden Fällen wird die kognitiv repräsentierte Biographie wesentlich verändert: Durch Suggestionen und Informationen eliminierte Janet Teile des real Vorgefallenen, während Erickson neue Teile hinzufügt, ähnlich wie in meinem eigenen Fallbeispiel der Freßsüchtigen, wo ebenfalls völlig neue Handlungsoptionen sozusagen retrograd ermöglicht worden waren.

Weitere Hinweise für die zumindest subjektiv erlebte Validität solcher "implantierter" Erinnerungen sind in einem ganz anderen Bereich erbracht worden, nämlich dem der forensischen Hypnose. Dort wird seit längerem das Phänomen der *Pseudoerinnerungen* untersucht und diskutiert. Schon Bernheim (1890, zit. nach Ellenberger, 1985, S. 174) betonte, daß durch Hypnose *Paramnesien* erzeugt werden können; im Anschluß an die Hypnose ist die Versuchsperson davon überzeugt, daß die ihr suggerierten Ereignisse tatsächlich geschehen seien. Orne (1979, S. 322) beschrieb, wie mit Hilfe bestimmter Fragen Pseudoerinnerungen aufgebaut werden können. Fragen wie z.B. "Haben Sie in jener Nacht die zwei Geräusche gehört?" enthalten die implizite Suggestion, daß zwei Geräusche wahrnehmbar gewesen seien (obwohl die Vpn vorher behauptet hatten, durch nichts in ihrem Schlaf gestört worden zu sein). Manche Vpn implantierten diese Suggestion so perfekt in ihr Gedächtnis, daß sie in Hypnose nicht nur zu konfabulieren begannen, was dies für Geräusche gewesen seien (Martinshorn, Türenschlagen etc.) und was sie dann auf diese Geräusche hin alles unternommen hätten, sondern sie behaupteten auch nach Beendigung der Hypnose steif und fest, daß sie diese Geräusche in jener fraglichen Nacht tatsächlich gehört hätten, auch wenn der Hypnotiseur ihnen beteuerte, dies sei eine bloße Suggestion gewesen. Laurence et al. (1986) gingen diesem Phänomen des *created memory* in einer ausgedehnten Untersuchung nach und fanden es bei 13 von 27 hochsuggestiblen Vpn bestätigt; 14 dieser 27 Vpn akzeptierten die suggerierte Erinnerung jedoch nicht als real. Hinsichtlich der Suggestibilität konnten zwischen diesen beiden Gruppen keine Unterschiede gefunden werden.

Man kann sich natürlich streiten, ob zwischen den beiden letzten Modellen, Handlungskompetenz und radikaler Konstruktivismus, de facto ein wesentlicher Unterschied bestehe, denn vor dem Hintergrund dessen, was wir heute über Suggestion wissen (vgl. Gheorghiu et al., 1989), ist es schwer zu sagen, ob Ahsen seiner Patientin nicht doch "neue" Handlungsmöglichkeiten suggeriert hat, bzw. ob ich nicht doch meine Patientin nur darin unterstützt habe, aktiv das auszufüh-

---

17 Einen ähnlichen Gedanken hatte schon Freud in seiner Gegenüberstellung von psychischer Realität zur materiellen Realität geäußert, wobei er die erstere für die maßgebendere hielt (Freud, GW 11, S. 383).
18 siehe auch Kapitel 1, wo beide Fälle kurz beschrieben sind

ren, was sie damals ohnehin schon gedacht hatte. Bezogen auf Altersregression bestünde der Unterschied dann lediglich darin, daß es für das Modell des radikalen Konstruktivismus a priori unwesentlich ist, was in der realen Biographie geschehen ist oder nicht, sondern daß allein die zu einem bestimmten Zeitpunkt gegebene kognitive Repräsentation dieser Biographie von Bedeutung ist.

Was nun die Altersprogression betrifft, so läßt sie sich sowohl im Modell der Handlungskompetenz wie auch in dem des Konstruktivismus theoretisch gut einordnen. Möglicherweise genügt aber auch einfach die Theorie des verdeckten Modellernens, um beispielsweise das oben angeführte Beispiel von Erickson befriedigend erklären zu können.

Anhand der Altersregression und -progression soll auch kurz auf einen weiteren Vorteil von explizit hypnotischem, im Unterschied zu "nur" vorgestelltem bzw. imaginiertem Vorgehen hingewiesen werden. Wenn auch schwer zu operationalisieren, so läßt sich doch erfahrungsgemäß ein Kontinuum willkürlicher Kontrolliertheit bzw. Kontrollierbarkeit bei allen imaginativen Operationen von dem rein semantisch/rational "Gedachten" bis hin zu dem auf allen Modi der Wahrnehmung episodisch "Erlebten" feststellen;[19] der Gedanke, d.h. die rein semantische Erinnerung beispielsweise eines vergangenen Ereignisses läßt sich üblicherweise leichter willkürlich steuern als das episodische Wiedererleben eben dieses Ereignisses, wo man im (pathologischen) Extremfall den Bildern mit allen dazugehörigen Geräuschen, Stimmen und vor allem den entsprechenden Affekten u.U. unkontrollierbar ausgeliefert ist. Man mag hier vielleicht auch nur von mehr oder weniger intensiver Imagination sprechen - und sicherlich braucht man nicht unbedingt "hypnotische" Techniken dazu, die Imaginationsfähigkeit zu steigern;[20] dennoch ist es ein phänomenologisches Kennzeichen von Hypnose bzw. Trance, daß gerade episodisches Erinnern leichter erzielt und auch leichter gesteuert werden kann (gerade letzteres natürlich nur unter Beibehaltung eines guten Rapports). Nimmt man noch die in Trance gesteigerte Dissoziationsfähigkeit[21] hinzu, so gestaltet sich die hypnotische Situation im Idealfall gewissermaßen als kognitives Laboratorium, in welchem systematisch und kontrolliert die verschiedensten Modi der Wahrnehmung, der physiologischen Aktivierung, deren emotionale Färbung und weitere Aspekte kognitiver Verarbeitung ganz im Sinne des konstruktivistischen Modells variiert und moduliert werden können. Vereinfacht gesprochen, erzeugt der "Zustand" der Trance einen Grad innersystemischer Flexibilität, der es erlaubt, "real" erlebte Kontingenzen via Dissoziation aufzuheben bzw. ganz neue zu etablieren.[22] Vor diesem Hintergrund nehmen sich viele hier nicht näher aufgeführte Fälle von Erickson und anderen "Hypnotherapeuten" weit weniger wundersam aus, als es zunächst scheint. Es dürfte allerdings auch verständlich sein, daß ich oben ganz explizit vom Idealfall gesprochen habe, denn dieser war in der Realität der therapeutischen Praxis auch eines Erickson nicht immer gegeben bzw. herzustellen.

---

19 vgl. Paivio, 1971, 1978; Tulving, 1972, 1985; Revenstorf, 1985, bzw. dessen nachfolgendes Kapitel
20 auch wenn Hypnose von manchen Autoren genau in diesem Sinne konzeptualisiert worden ist (vgl. Barber et al. 1974; J.R. Hilgard, 1979)
21 welche wieder von anderen Autoren als wesentliches Kennzeichen der Hypnose angesehen wird (vgl. E.R. Hilgard, 1986, 1989)
22 Bei allen verdeckten Techniken Cautelas beispielsweise wird hiervon ausgiebig Gebrauch gemacht.

Um möglichen Mißverständnissen bezüglich der hypnotischen Altersregression vorzubeugen, soll zum Schluß sicherheitshalber noch darauf hingewiesen werden, daß alle Untersuchungen hinsichtlich Intelligenz, Entwicklungsstadien, Wahrnehmungsfunktionen etc. bestenfalls kontroverse, in der Regel jedoch negative Ergebnisse bezüglich der Revivifikationshypothese erbracht haben: altersregredierte Personen sind also nicht "tatsächlich" so alt, wie ihnen suggeriert wurde bzw. entsprechend ihrem Empfinden in der Regressionssituation - eine solche Annahme wäre vor dem Hintergrund einer konstruktivistischen Sichtweise auch völlig überflüssig.

5.3.4.3 Altersregression und Altersprogression in den Fällen dieses Buches

Eine ständige Orientierung auf die Zukunft mit heilen Nägeln und ausbleibender Depression ist in Forsters Fallbeispiel zu erkennen (und ebenso in einigen anderen Fällen), jedoch nicht in dem expliziten Sinne, wie es oben in dem Fall von Erickson geschildert worden ist. Soweit ich sehen kann, kommt eine ausführliche Zukunftsprojektion nur in meinem Fall des Prüfungsversagens vor; hierauf werde ich weiter unten näher eingehen.

Explizite Altersregression wird hingegen in den drei mittleren Fällen dieses Buches von Bongartz, Kossak und Hoppe angewandt.

Bei Bongartz dient Altersregression der Verbesserung des Selbstbildes des Patienten. Durch Wiedererleben der früheren Verhaltenskompetenz, begleitet vom entsprechenden Selbstbewußtsein aus der Punkerzeit werden nicht nur entsprechendes assertives Verhalten sondern auch alle vorausgehenden und nachfolgenden verstärkenden Bedingungen imaginativ wiederlebt und dienen - in eher klassisch lerntheoretischer Formulierung - als diskriminative Stimuli für heutiges Verhalten; in der Sprache des Modellernens könnte man dies auch so formulieren, daß der Patient sich selbst in seinem früheren Verhalten heute als Modell dient.

Einen ganz anderen Zweck erfüllt die hypnotische Altersregression bei Kossak. Hier wird nicht nur eine traumatische Kindheitssituation erinnert, es werden vielmehr - noch in dieser regressiven Situation - Copingstrategien eingeübt und somit erlebte Kontingenzen und Konsequenzen aktiv verändert. Mit dem Evozieren der Gefühle von Hilflosigkeit und Traurigkeit wird zunächst das beklagte Symptom der Übelkeit in seiner Primärform des Magendrucks ausgelöst, und in einem ersten Schritt wird dessen Wahrnehmung durch Handauflegen differenziert; anschließend wird dieser externe Hilfsstimulus des Handauflegens ersetzt durch einen natürlichen, nämlich den Anblick der Mutter und den Hautkontakt zu ihr. Zusätzlich noch wird die generelle Hilflosigkeit dergestalt aufgehoben, daß die Mutter das Kind aus dem Krankenhaus trägt, wobei des Mädchens eigener Beitrag zunächst bloß darin besteht, seinen Wunsch der Mutter ins Ohr zu flüstern. Bis hierher ist also der Aufbau aktiven Verhaltens mit den entsprechenden veränderten Konsequenzen erkennbar als die ersten Schritte eines Shaping-Prozesses. Da die einzige Aktivität des Mädchens bislang nur in dem flüsternd geäußerten Wunsch besteht, der eingesperrten Situation entrinnen zu wollen, sind noch weitere Schritte nötig, um diese Befreiung auch aus eigener Initiative durchführen zu können. Dies wird nun in einer zweiten regressiven Wiederholung der gleichen Situation inszeniert, in welcher das kleine Mädchen auf ihren eigenen Beinen die Schritte unternimmt, die die Hilflosigkeit beenden. Auch hier ist die instruierende und verstärkende Begleitung durch den Therapeuten als systematisches verhaltensformendes Vorgehen (Shaping) gut beschrieben.

Ähnlich wie in diesem Fall verhält es sich auch bei Hoppes Patienten mit chronischen Schmerzen im Kopf ("Kopfschuß") und Rücken. Erst nachdem der Therapeut durch rein symptombezogenes Vorgehen[23] eine immerhin merkliche, aber noch nicht zufriedenstellende Änderung erreicht hatte, führt er in den beiden letzten Stunden hypnotische Altersregressionen durch. Die erste kann als reine Wiederholung der traumatischen Situationen durchaus im Freud/Breuerschen Sinne verstanden werden, hatte jedoch über den anamnestischen Zweck des Aufdeckens des verursachenden "Traumas" hinaus keine weitere wesentliche Funktion außer der, daß auch zuhause die "verdrängten" Affekte stärker zum Vorschein kamen (er fühle sich seit der letzten Stunde aggressiv, schlafe unruhig etc.; die Schmerzen seien jedoch im wesentlichen geringer). Den "Affekt voll zur Abfuhr" gelangen zu lassen, war jedoch erst die Aufgabe der nachfolgenden Stunde. Der Patient führte aus, was er damals "unterlassen" hatte, und schlug den Chefarzt zu Boden. Hierauf folgte die natürlicher Reaktion des Bedauerns und die adaptive Darlegung der Gründe für sein aggressives Verhalten. Bis hierher folgt diese Behandlung also getreu dem Schema von Freud und Breuer. Erst anschließend wird unter Anleitung des Therapeuten die Originalszene so wiederholt, daß weder die erlittene "Überdehnung" noch die anschließenden Schmerzen und alle weiteren hieraus folgenden und letztlich symptomproduzierenden inneren Verhaltensweisen notwendig werden. Hier verläßt Hoppe klar das Freud/ Breuersche Schema und ermöglicht eine adaptive Neukonstruktion der Vergangenheit des Patienten. Müßig wäre zu spekulieren, ob dieser Schmerzpatient auch Erfolg gehabt hätte, wenn Hoppe es bei der bloßen Abreaktion hätte bewenden lassen.

Ganz anders als in den Beispielen für Altersregression schaut es in meinem Fall des Prüfungsversagens aus. Altersregression dient hier nicht dem nachträglichen Einüben von Verhaltenskompetenzen bzw. einer Neukonstruktion der Vergangenheit. Es ist nicht einmal sicher, ob man das halluzinatorisch geführte Gespräch mit der vor zwei Jahrzehnten verstorbenen Mutter als Altersregression im eigentlichen Sinne bezeichnen kann, denn es kam dabei nicht auf die Wiederbelebung einer vergangenen Situation an, sondern ging darum, in dem halluzinierten Gespräch bestehende Rollenzuweisungen zu revidieren: Der Patient sollte von seiner Mutter nachträglich die Erlaubnis erhalten, einen anderen Lebensweg gehen zu dürfen als den, der ihm während seines ersten Jahrzehnts zugewiesen worden war (zu studieren, statt einen Beruf zu ergreifen, und damit die seinem Bruder zugeschriebene Rolle zu übernehmen); ebenso die Erlaubnis, seinen Bruder verlassen zu dürfen, um den er sich bislang an Elternstatt gekümmert hatte. Aufgrund der gezeigten hypnotischen Fähigkeiten einerseits und wegen

---

23 bei welchem die hierzu verwandten hypnotischen Techniken gut beschrieben sind; vgl. auch Peter, 1986, 1990b

der inzwischen demonstrierten Selbstverantwortlichkeit andererseits habe ich mich in diese "Verhandlungen" zwischen ihm und seiner Mutter auch überhaupt nicht eingemischt, sondern es bei dem klaren und selbstverständlichen Auftrag belassen, diese Erlaubnis nunmehr einzuholen. Gleiches gilt auch für das anschließende, zunächst wiederum halluzinatorsch geführte Gespräch mit dem Bruder, bei welchem die Mutter wachsam "zuschauen" sollte. In der vorletzten Stunde vor den mündlichen Prüfungen erst erfolgte dann eine explizite Zukunftsprojektion: Der Patient sollte die bevorstehende Prüfung halluzinatorisch vorwegnehmen und zunächst seine generalisierte Angst differenzieren (schließlich war es nur ein einziger Prüfer, bei dem er sich ein spöttisches Verhalten vorstellen konnte), um dann prüfungsadäquates Verhalten einzuüben. Ich begann, mit Hilfe positiver und negativer visueller Halluzination, bei den für eine Prüfung grundlegenden Fähigkeiten, differenzierte und konkretisierte diese halluzinierte Situation dann mehr und mehr, bis sie schlußendlich einer Prüfungssituation entsprach, und er die bevorstehende Prüfung probehandelnd vorwegnehmen konnte. Erst in der letzten Stunde forderte ich ihn auf, auch seine weitere Zukunft nach den Prüfungen zu "berichten" und dabei insbesondere ein anderes Interaktionsmuster als das destruktive seiner Eltern zu zeigen.

Im Sinne von Ellis (1977) könnte man hier durchaus von einer Korrektur irrationaler Überzeugungen sprechen; es ist jedoch offensichtlich, daß dies weder im rationalen Diskurs bzw. sokratischen Dialog geschah, noch in der reinen persuasiv-suggestiven Form unter Hypnose, wie sie Ellis auch schon demonstriert hat (1984, 1987).

Es mag vielleicht angebracht sein, auf Ähnlichkeiten beispielsweise zu dem Fall von Kraiker hinzuweisen, wo sich der Patient unter Entspannung ebenfalls vorstellte, wie er vormals agoraphobisch vermiedene Situationen aktiv aufsucht; und streng genommen gibt es hierzu auch keinen Unterschied, vielleicht allenfalls denjenigen, daß durch die hypnotische Trance im Vergleich zu "bloßer" Entspannung eine wesentlich lebendigere Imagination im Sinne halluzinatorischen Erlebens erzielt werden kann, und daß im "Zustand" hypnotischer Trance vielleicht eine erhöhte kognitive Flexibilität erreicht und mögliches kognitives Vermeidungsverhalten effektiver verändert wird.

5.4. Nachbemerkungen

Interessant und folgerichtig wäre es natürlich, jetzt auch noch den Kompetenzerwerb in vivo zu behandeln, denn gerade hierzu hat die Verhaltenstherapie viel beigetragen, und es liegen auch viele entsprechende Fälle von Erickson vor. Da dieses Vorgehen jedoch in keiner der Fallbeschreibungen dieses Buches eine bedeutendere Rolle spielt, überlasse ich es dem Leser, sich hierüber andernorts näher zu informieren (siehe auch Kap. 2 unter Verhaltensformung).

Stattdessen will ich noch kurz auf einige Vorteile hinweisen, welche die Verhaltenstherapie im Vergleich zur Hypnotherapie bietet.

An erster Stelle seien hier die grundsätzlichen Lernprinzipien genannt, welche nicht - wie so häufig angenommen - bloß in artifiziellen Labor- oder Tierversuchen gefunden worden sind; diese Lerngesetze beschreiben vielmehr einen großen Teil der Prinzipien, nach denen Menschen im Laufe ihres Lebens bzw. im ganz normalen Alltag lernen und wieder verlernen. Diese Lerngesetze sind also jedem Menschen in dem Sinne grundsätzlich vertraut, daß er ihre Wirksamkeit an sich selbst zumindest erfahren hat. Nun dürfte es aber nur wenige Menschen geben, die aufgrund besonderer Umstände bewußt miterlebt haben, *wie* sie etwas lernten; Erickson scheint zu diesen Menschen gehört zu haben, denn aufgrund verschiedener Krankheiten und Handicaps hat er vieles, was uns ganz selbstverständlich ist, verzögert gelernt und manches erst viel später wieder ganz neu lernen müssen (vgl. Peter, 1988). Erickson war sich also dieser Prinzipien, nach denen Menschen lernen, mehr gewahr als die meisten von uns, die sich erst nachträglich damit wieder vertraut machen müssen. Diese sog. "laws of learning" stellen zusammen mit vielen anderen Inhalten aus der allgemeinen Psychologie, der Sozial- und Kognitionspsychologie einen allgemeinen Fundus an Wissen dar, der jedem Therapeuten vertraut sein sollte.

An zweiter Stelle seien die in der Regel einfachen und klar beschriebenen Interventionsprinzipien der Verhaltenstherapie genannt, die eine durchsichtige und rationale Struktur für therapeutisches Handeln bieten. In diesem Sinne gleicht die Verhaltenstherapie einer Strategie, die systematisch und auf einer relativ einsichtigen Grundlage gelernt werden kann. Hypnotherapie dagegen gleicht eher einer Kunst mit viel weniger unmittelbar einleuchtenden und leicht nachvollziehbaren Handlungsprinzipien, erfordert aber umsomehr solide handwerkliche Fähigkeiten.

Daß darüberhinaus Hypnose kein eigenes elaboriertes Modell der Ätiologie und Aufrechterhaltung von psychischen Störungen sowie kein hieraus ableitbares Behandlungsmodell vorzuweisen hat, muß nicht nochmals hervorgehoben werden. Es ist auch fraglich, ob es sinnvoll wäre, den bislang bestehenden beiden großen Modellen, Psychoanalyse und Verhaltenstherapie, noch ein drittes hinzuzufügen. Sinnvoller erscheint es vielmehr, den Platz der Hypnose innerhalb dieser Modelle zu finden und zu fundieren; dies in Bezug auf die Verhaltenstherapie zu tun ist u.a. das Anliegen dieses Buches.

6. Hypnose und Verhaltenstherapie

Was kann die Verhaltenstherapie von der Hypnose lernen?

Christoph Kraiker

6.1 Die Unverträglichkeit des Verträglichen

Wer die Fallberichte dieses Buches gelesen hat, wird keinen Zweifel mehr hegen, daß eine Kombination von hypnotischen und verhaltenstherapeutischen Vorgehensweisen in vielen Fällen sinnvoll und fruchtbar ist. Das, was auf der pragmatischen Ebene so eindrucksvoll möglich ist, erscheint auf der theoretischen Ebene jedoch zweifelhaft. Was zweifelhaft erscheint, ist die Verträglichkeit jener fundamentalen Prinzipien, die noch vor jeder Theorie und Technik gewissermaßen den Geist des jeweiligen Paradigmas ausmachen. Ein solches fundamentales Prinzip der Verhaltenstherapie ist *Transparenz* (vgl. Revenstorf, Kap. 4.9)[1]. Die Forderung nach Transparenz ergibt sich aus dem Anspruch, wissenschaftlich zu sein, und zwar in dem Sinne der westlichen Wissenschaftsauffassung, die ich das *exoterische Prinzip* genannt habe (Kraiker, 1990). Der Weg der Erkenntnisgewinnung soll 1) auf einer allgemein akzeptierbaren, weil für jeden evidenten Wissensbasis beruhen, er soll sich 2) einer Methode bedienen, deren Prinzipien für jeden einsichtig sind, die von jedem erlernt und angewandt werden kann, deren Arbeitsweise von jedem, der sie gelernt hat, nachvollziehbar und überprüfbar ist, mit der also alle lösbaren Probleme gelöst werden können, und schließlich 3) soll er sich einer Sprache bedienen, mit der sich alles vollständig, klar und unmißverständlich ausdrücken läßt, und die von allen eindeutig verstanden werden kann. Denken Sie an Wittgensteins Dictum "Alles was überhaupt gedacht werden kann, kann klar gedacht werden. Alles was sich aussprechen läßt, läßt sich klar aussprechen" (Tractatus Logico Philosophicus 4.116). Die Wirkung des exoterischen Prinzips zeigt sich nicht nur in der verhaltenstherapeutischen Forderung nach experimenteller Überprüfung der Wirksamkeit therapeutischer Methoden und der zugrundeliegenden psychologischen Prinzipien. Sie zeigt sich auch im therapeutischen Stil selbst, der es sich zum Ziel gesetzt hat, den Patienten sowohl klare Erklärungen der Ursachen ihrer Störungen zu vermitteln wie auch klare Begründungen für die eingesetzten therapeutischen Maßnahmen, wobei mehr oder weniger stillschweigend vorausgesetzt wird, daß die Patienten tatsächlich wissen, was sie wollen, was das Ziel der Therapie sein soll - vielleicht nicht schon in der ersten Sitzung, aber doch nach ein paar klärenden Gesprächen. Hier gibt es daher auch keinen Platz für einen obskuren Begriff wie dem des Unbewußten,

---

1 Auf Artikel in diesem Buch wird durch Angabe des entsprechenden Kapitels und Abschnittes verwiesen.

und das Therapieziel ist natürlich auch nicht, unbewußte Motive oder Motivkonflikte bewußt zu machen, sondern bewußte Motive zum Ziel zu führen.

In diesem Sinn ist Descartes nicht nur einer der Väter der modernen Wissenschaft, sondern tatsächlich der Großvater der Verhaltenstherapie. Er hat nicht nur das Konditionierungsmodell und das kognitive Modell der Neuroseentstehung beschrieben (De passionibus animae, Art. 48 und 136), er hat insbesondere das Postulat von der absoluten Selbst-Transparenz und Selbst-Beherrschung der Seele aufgestellt und sich damit von der gesamten antiken und mittelalterlichen Tradition abgewandt, in der die sublunare Seele als unvollkommenes Abbild des Göttlichen sich weder wirklich verstehen noch wirklich be-herrschen konnte. Descartes beanspruchte also für die Seele das, was Galileo mit Hilfe der Mathematik dem Menschen in Bezug auf das physikalische Universum gegeben hatte (bzw. glaubte, gegeben zu haben): Erkennbarkeit und Kontrolle[2].

Den Einfluß dieses Transparenzprinzipes können wir sehr gut in einem Standardwerk der modernen Verhaltenstherapie verfolgen, in Wolpes *Psychotherapy by Reciprocal Inhibition* aus dem Jahre 1958.[3] Herstellung von Transparenz beginnt mit dem Erstinterview, das folgendermaßen beschrieben wird:

"Als erster Schritt in der Sequenz therapeutischer Maßnahmen wird von dem Patienten eine detaillierte Geschichte seiner Schwierigkeiten und Symptome erhoben. Besonders sorgfältig versucht man, auslösende Ereignisse zu identifizieren, ferner solche Faktoren, welche die Symptome zu verstärken oder zu erleichtern scheinen. Viele Patienten können den Beginn verschiedener Reaktionen in Verbindung bringen mit spezifischen Ereignissen oder mit chronischen Gegebenheiten [...], aber wenn innerhalb von ein paar Minuten keine bedeutsamen Tatsachen berichtet werden, verzichte ich auf weiteres Nachfragen und sage dem Patienten, daß ich nicht die Absicht habe, mit dem Ausgraben der Vergangenheit viel Zeit zu verbringen. Das sei vielleicht interessant und hilfreich, aber notwendig sei es nicht: denn um die neurotischen Reaktionen zu überwinden, sei es von größerer Bedeutung, festzustellen, welche Stimuli diese Reaktionen gegenwärtig auslösen oder auslösen können [...]" (1958, S. 105, eigene Übers.). Weiter geht es dann mit der Vermittlung grundlegender anthropologischer und ethischer Prinzipien. Es wird daraufhingewiesen (d.h. daraufhin *gedeutet*), daß eine völlig nicht- moralisierende Einstellung gegenüber dem Verhalten des menschlichen Organismus die einzig angemessene sei, und, wenn notwendig, werden auch andere Einstellungen des Patienten auf autoritative Weise korrigiert: etwa wenn der Patient aversiv auf x reagiert, weil er fälschlicherweise glaubt, x impliziere y, dann sollte der Therapeut ihn davon überzeugen, daß das nicht der Fall ist.

Nach der anfänglichen Datenerhebung gibt Wolpe seinem Patienten gegenüber eine längere Erklärung ab, durch die der feierliche und formale Teil der Indoktrination beginnt. Die Erklärung enthält eine Abhandlung über die Natur

---

2 Im *Saggiatore* heißt es: "La filosofia è scritta in questo grandissimo libro che continuamente ci sta aperto innanzi a gli occhi (io dico l'universo), ma non si può intendere se prima non s'impara a intender la lingua, e conoscer i caratteri ne'quali è scritto. Egli è scritto in lingua matematica, e i caratteri son triangoli, cerchi, ed altri figure geometriche, senza i quali mezzi è impossibile a intenderne umanamente parola; senza questi è un aggirarsi vanamente per un oscuro labirinto" (1924, S. 184).
3 Einige der folgenden Ausführungen finden sich in Kraiker (1989)

der Angst, die Rolle von Angst für das Verhalten, eine Theorie über die Entstehung unangepaßter Ängste (Wolpes Theorie natürlich) und die Grundprinzipien therapeutischer Intervention. Der Erklärung folgen die Worte: "Die Bühne ist nun frei für die Einführung durchdachter psychotherapeutischer Methoden - die formelle Verwendung bestimmter Reaktionen, die durch die Hemmung von Angst (oder anderer neurotischer Reaktionen) neurotische Gewohnheiten schwächen" (1958, S. 112).

Transparenz für den Patienten ergibt sich nicht nur aus dem exoterischen Prinzip, sie ist auch Voraussetzung dafür, daß Verhaltenstherapeuten, wie sie es ja beanspruchen, nicht einfach die Schwierigkeiten der Patienten lösen, sondern sie dazu befähigen wollen, ihre eigenen Therapeuten zu werden. Das setzt natürlich voraus, daß die Patienten genau wissen, was jeweils therapeutisch gemacht wird und aus welchen Gründen es gemacht wird.

Dem gegenüber erscheinen Hypnose und Hypnotherapie geradezu als Inbegriff der *Nicht-Transparenz*. Dies gilt nicht nur für die "klassische" Suggestivhypnose von Liébault oder Bernheim. Hier sind spontane oder induzierte Amnesien für die Hypnosesitzung und die posthypnotischen Aufträge geradezu ein Markenzeichen (wenn auch kein unbedingt notwendiges). Natürlich ist die Konsequenz, daß die Patienten buchstäblich nicht wissen, wie ihnen geschieht.[4] Tatsächlich kann man noch weitergehen: es handelt sich dabei nicht etwa um einen prinzipiell behebbaren Mangel an Transparenz, sondern geradezu um gewollte Anti-Transparenz. Bernheim schrieb: "Wir haben [...] die Auffassung entwickelt, daß der Zustand des Wachens charakterisirt ist durch die Thätigkeit und Oberherrschaft, welche der denkende Theil des Gehirns, - so wollen wir ihn nennen, um für unsere Vorstellungen einen Ausdruck zu haben, ohne dass wir aber mit dieser Bezeichnung eine bestimmte anatomische Beziehung im Sinn hätten, - welche die höhere Instanz der Gehirnthätigkeit ausübt. Dieselbe hemmt oder mässigt den imaginativen Theil, welchen wir die niedrigere Instanz nennen wollen" (Bernheim, 1888, S. 134).[5] Daraus ergibt sich auch das Wirkungsprinzip der Hypnose: "Im normalen Zustande wird jede neue Vorstellung einer Prüfung unterzogen und vom Gehirn nur *sub beneficio inventarii* aufgenommen [...] Beim Hypnotisirten dagegen geschieht die Umsetzung der Vorstellungen in Handlung, Empfindung, Bewegung oder Sinnesbild so rasch und mit solcher Kraft, dass der kritische Apparat darüber nicht zum Worte gelangt" (S. 189). In der Hypnose also wird das steuernde Bewußtsein ausgeschaltet, jedenfalls weitgehend, und die Automatismen können sich wieder ungehemmt durchsetzen - der Hypnotisierte glaubt, was man ihm sagt, er gehorcht auf's Wort, und wenn man ihm Bilder eingibt, wird er zu ihrem "Spielzeug" (S. 120), das Imaginierte, die Vorstellung löst ohne dazwischentretende Kritik die entsprechenden Empfindungen, Gefühle, Reaktionen aus. Wenn man den "denkenden Theil des Gehirns" mit jenem identifiziert, der sich der modernen Wissenschaft, also dem exoterischen Prinzip, der Forderung nach Transparenz, verpflichtet fühlt, dann sieht man sofort, daß seine

---

4   Geradezu exemplarisch dafür ist Freuds "Ein Fall von hypnotischer Heilung" aus dem Jahren 1892, der gekennzeichnet ist durch völliges Unverständnis der Patientin und ihrer Angehörigen gegenüber der Hypnose und ihrer Auswirkungen.

5   Es ist sicher kein Zufall, daß "sich verhalten" - etymologisch gesehen - "sich zurückhalten" bedeutet.

Ausschaltung oder Desaktivierung in der Hypnosetechnik Bernheims oder Liébaults nicht Zufall ist, sondern Notwendigkeit.

Diese Eigenschaft der Anti-Transparenz ist aber nicht nur für die gerade beschriebene urtümliche und überholte Version der Hypnose charakteristisch, sondern gerade auch für ihre modernen Formen. Es ist kennzeichnend etwa für die Arbeit M.H. Ericksons, daß er keine (ernstzunehmenden) Erklärungen abgibt, daß er keine realistischen Deutungen des verbalen oder nicht-verbalen Verhaltens seiner Patienten versucht, daß er die von ihm verwendeten (oder vom Patienten gelebten) Metaphern nicht interpretiert, genausowenig wie etwa Mrochen (Kap. 4.8.2) über die Geschichte vom chinesichen Prinzen mit seinem kleinen Patienten spricht. Haley schreibt über Erickson: "Sein Therapiestil beruht nicht auf Einsicht in unbewußte Prozesse, es gehört nicht zu seinem Stil, Menschen zu helfen, ihre zwischenmenschlichen Schwierigkeiten zu verstehen. Erickson macht keine Übertragungsinterpretationen, er erforscht die Motivationen seiner Patienten nicht, noch rekonditioniert er nur. Seine Veränderungstheorie ist komplexer; sie scheint auf dem zwischenmenschlichen Einfluß zu basieren, den der Therapeut auf den Klienten ausübt, *ohne daß der letztere sich dessen bewußt ist*" (Haley, 1978, S. 42., im Orig. nicht kursiv). Haley macht immer wieder darauf aufmerksam, daß durch die Ericksonschen Techniken positive Wirkungen entstehen, ohne daß die Patienten wissen, wie und warum das geschehen ist. Auch diese Ignoranz der Patienten ist nicht etwa das Produkt mangelnder Gelegenheit oder Zeit für eine gründliche Aufklärung etwa im Sinne Wolpes, sondern anscheinend unverzichtbarer Bestandteil einer Strategie, die den "denkenden Theil des Gehirns" außen vor läßt.

An dieser Stelle scheinen mir ein paar wissenschaftssoziologische Beobachtungen von Interesse zu sein. Auch die moderne Hypnose hat sich natürlich nicht als Ganzes dem Anspruch des exoterischen Prinzips verschließen können; die unterschiedlichen Einstellung dazu haben sich nun - wie das oft geschieht - auch in unterschiedlichen Organisationen niedergeschlagen. Die *International Society of Hypnosis (ISH)* beansprucht dabei, die wissenschaftliche Einstellung zur Hypnose zu repräsentieren, was eben auch empirische und experimentelle Forschung mit einschließt. Die *Ericksonianer* dagegen beanspruchen nun nicht gerade Unwissenschaftlichkeit, aber sie vermitteln doch häufig die Überzeugung, daß ihre aus der "Weisheit des Unbewußten" stammende Arbeit vom Blick des wissenschaftlichen Auges nicht erfaßt werden kann. Nun ist es freilich so, daß auch der "ISH-Patient" (um diese etwas frivole Bezeichnung zu verwenden) nicht weiß, wie ihm geschieht. Der Anspruch dort besteht vielmehr darin, daß auf der Metaebene, auf der Ebene der wissenschaftlichen Betrachtung, die vom exoterischen Prinzip geforderte Transparenz hergestellt wird. Das mag nun bei den Ericksonianern auch so sein oder auch nicht, es bleibt jedenfalls festzuhalten, daß auf der klinischen Ebene, innerhalb der konkreten Therapie, die Hypnoseformen aller beschriebenen Provenienzen anti-transparent sind. Dagegen ist es gerade das Prinzip der Verhaltenstherapie, die wissenschaftliche Methodologie und die damit verbundene Transparenz nicht nur im Bereich der wissenschaftlichen Betrachtung zu realisieren, sondern diese Transparenz in den therapeutischen Prozeß zu übertragen und auch dort zu verwirklichen (Yates, 1970, 1975).

Dies ist also das Problem: können sich Transparenz und Antitransparenz überhaupt vertragen?

6.2 Die Verträglichkeit des Unverträglichen

Auf dem Weg zu Lösungen des Problems kann man sich als erstes noch einmal die wissenschaftshistorische Tatsache vergegenwärtigen, daß die wahrscheinlich am weitesten verbreitete Variante der Verhaltenstherapie, die oben schon erwähnte systematische Desensibilisierung (SD) Wolpes, zumindest eine ihrer Wurzeln in der Hypnose hat. Wolpe beschreibt das Hypnotisieren als Standardverfahren bei der Durchführung der SD, zusammen mit der Muskelentspannung nach Jacobson, aber mir scheint, daß es viel engere Zusammenhänge gibt. Im Jahr 1948 erschien Lewis R. Wolbergs *Medical Hypnosis*; Wolpe hat dieses Buch sehr gut gekannt: er verwendet häufig ein dort veröffentlichtes Verfahren der hypnotischen Induktion und diskutiert einige der dort vorgestellten Fälle. Gegenstand dieser Diskussion ist die Frage, wie die erzielten Erfolge zu interpretieren seien. Wolpe plädiert für eine lerntheoretische Deutung im Gegensatz zu der psychoanalytischen Wolbergs, aber Wolberg hat tatsächlich auch ein lerntheoretisches Modell der Hypnose formuliert und dazu passende Techniken entwickelt. Ich möchte zwei relevante Falldarstellungen zitieren. Am Ende des Kapitels *Hypnosis in Desensitization* geht es um einen Patienten mit psychosomatischen Magenbeschwerden und extremer Gehemmtheit:

"Durch Hypnose wurde der Patient in ein Alter von fünf Jahren zurückgeführt. In der Rolle als Mutter und dann als Vater ermutigte ich ihn, mit anderen Kindern zu spielen und sich zur Wehr zu setzten, wenn andere ihn mißbrauchen wollten. Ich drängte ihn auch zu vergessen, daß man ihm ständigen Gehorsam beigebracht hatte. Auf zunehmend reiferen Altersstufen wurden dann weitere fiktive Ereignisse durchgespielt, bei denen der Patient sich behaupten und verteidigen konnte. Schließlich gab ich dem Patienten die posthypnotische Suggestion, daß er anderen die Meinung sagen und um gewünschte Dinge bitten könne. Sobald sein Wunsch stark genug geworden sei, würde er alle bisherigen Widerstände gegen entschiedenes Auftreten überwinden. Sein Verhalten würde immer selbstsicherer werden. Der Patient akzeptierte diese Suggestionen und probierte sie aus, zuerst vorsichtig, dann immer kühner [...] sein Selbstvertrauen wuchs, und er konnte bald Forderungen stellen und sich gegen Ansprüche zur Wehr setzen, die er für unfair oder gegen seine Interessen gerichtet hielt" (S. 198, eigene Übers.).

Im Kapitel Hypnosis in Reconditioning ist folgender Fallbericht von Interesse:

"Wie der Prozeß der Umkonditionierung unter Hypnose abläuft, soll am Beispiel der Therapie einer Frau illustriert werden, die seit ihrer Kindheit eine extreme Abneigung gegen Orangensaft spürte, die sich allmählich auf andere Zitrusfrüchte übertragen hatte. Sogar der Anblick einer Orange ekelte sie an, und bei verschiedenen Gelegenheiten mußte sie die Tafel verlassen, als diese Frucht serviert wurde. Ihre Reaktion stürzte sie in große soziale Verlegenheit. Sie assoziierte ihre Abneigung mit der Tatsache, daß sie während ihrer Kindheit von der Mutter gezwungen worden war, mit Orangensaft vermischtes Rizinusöl zu trinken. Das ging so weit, daß sie sich einbildete, Rizinusöl zu trinken, wenn sie eine Zitrusfrucht kostete.

Bei der Behandlung wurde der Mechanismus des Konditionierens im Zusammenhang mit ihren eigenen Erfahrungen diskutiert. In der Hypnose wurde sie gebeten, von den glücklichsten und erfreulichsten Episoden ihres Lebens zu träumen. Ich forderte sie auf, sich die angenehmsten Erlebnisse vorzustellen, die sie sich ausdenken konnte. Dann wurde ihr suggeriert, daß sie in der Trance Glück und grenzenlose Freude erleben würde, so als ob ihre Phantasien Wirklichkeit wären, oder als ob sie diese Dinge erneut erleben würde. Sobald sie auf diese Suggestionen reagierte, bat ich sie, sich in der Vorstellung in einen Orangenhain zu versetzen und dabei den gleichen emotionalen Zustand zu genießen. Ich suggerierte ihr, daß sie ihren Widerwillen gegen Fruchtsaft verlieren und durch positive Empfindungen ersetzen werde. In der Tat ertappte sie sich, zu ihrer eigenen Verblüffung, bei dem Wunsch, Orangensaft zu trinken, da ihre Abneigung nicht so groß war, wie sie sich vorgestellt hatte. Sie erhielt einen Schluck verdünnten Orangensaft und sie gab zu, daß er keine Übelkeit verursache.

In späteren Sitzungen wurden diese Suggestionen wiederholt, und sie erhielt immer stärkere Kozentrationen von Zitrussäften. Als sie unverdünnten Orangensaft trinken konnte, wurde ihr eine posthypnotische Suggestion des Inhaltes gegeben, daß sie im Wachzustand Obstsäfte aller Art trinken könne, und daß sie in der Lage sei, die Früchte mit Vergnügen statt mit Ekel zu betrachten. Diese Suggestionen waren erfolgreich, und die Patientin überwand ihre Phobie" (S. 213f, eigene Übers.).

Wolberg bringt noch mehrere Fallbeispiele, bei denen in der Phantasie eine graduierte Konfrontation mit angstauslösenden Reizen durchgeführt wird, bei gleichzeitiger Evokation antagonistischer Empfindungen wie z.B. Entspannung oder anderer angenehmer Gefühle. Wir haben hier jedenfalls alle Bestandteile der SD: die graduierte Konfrontation, die Einführung antagonistischer Reaktionen, das Durcharbeiten in der Phantasie. Gerade letzteres ist für die hypnotische Technik charakteristisch und in keiner Weise aus den "bekannten Lerngesetzen" ableitbar. Obwohl die Imagination bei Wolpe eine so wichtige Rolle spielt, beschränken sich seine Ausführungen zu diesem verblüffenden Phänomen auf die Behauptung, daß bei der Imagination eines Objektes ähnliche Neuronen aktiviert werden wie bei der Wahrnehmung dieses Objektes (S. 16, 20).

Fragen wir uns also, welche Rolle die Hypnose in diesem Zusammenhang spielt. Wolberg sagt, was er sagt, kurz und knapp: "Da die Hypnose emotionale Stimuli intensivieren kann, und da sie den Patienten empfänglicher macht für die Etablierung konditionierter Reflexe, ist sie für diese therapeutische Technik (des Umkonditionierens, Anm.) hervorragend geeignet" (S. 213). Wolberg meint hier imaginative Stimuli und Konditionierungen. Entsprechend finden wir hypnotische Trance als Vorbereitung des Bewußtseins für in der Imagination ablaufende Lernprozesse (im weitesten Sinn) in den Fallberichten von Kraiker (Kap. 4.1), Timp (Kap. 4.2), Bongartz (Kap. 4.4), Peter (Kap. 4.6), Hoppe (Kap. 4.7), und anderen.

Wir können hier zunächst festhalten, daß offensichtlich hypnotische Verfahren existieren, die ohne das Prinzp der Anti-Transparenz auskommen, jedenfalls in dem Sinn, wie wir es oben kennengelernt haben. Wolberg berichtet nichts von irgendwelchen spontanen oder induzierten Amnesien, und obgleich er seine Verfahren nicht direkt erklärt zu haben scheint, so sind sie doch verständlich und nachvollziehbar. Dies zeigt, daß Anti-Transparenz nicht mit Hypnose an sich assoziiert ist, sondern lediglich mit bestimmten Anwendungsformen, die sich wiederum aus bestimmten Deutungen ihrer Wirkungsweise ergeben. Offensichtlich unterscheidet sich Wolbergs Interpretation des Wirkungsmechanismus der geschilderten Techniken völlig von den Interpretationen Bernheims, Freuds oder Haleys. Sicher erschöpft sich für Wolberg die Deutung von Hypnose nicht darin (schließlich ist er Psychoanalytiker), aber diese Anwendungsmöglichkeiten sieht er jedenfalls auch. Um welche Aspekte der Hypnose geht es hier?

Zunächst einmal erscheint hier Hypnose als hervorragendes Instrument zur Herstellung eines Bewußtseinszustandes, in dem Konditionierungsprozesse im Raum der Imagination ablaufen können, in denen der Patient "empfänglicher" ist für die Etablierung konditionierter Reflexe, wie Wolberg es formulierte. Aber warum ist er in diesem Bewußtseinszustand möglicherweise dafür empfänglicher? Es muß hier darauf hingewiesen werden, daß jene Konditionierungen, die als Paradigmen für viele verhaltenstherapeutische Interventionen angesehen werden, und die in zahllosen Experimenten untersucht und demonstriert wurden und werden, in ihrem Aufbau durch extreme Einschränkungen der Verhaltensmöglichkeiten und Stimulusbedingungen gekennzeichnet sind. Selbst Wolpe betont immer wieder, daß die von ihm untersuchten konditionierten Angstreaktionen nur bei weitgehender psychischer oder physischer Immobilisierung von Menschen oder Tieren entstehen, da durch unkontrollierte Motorik die Wirkung emotionaler Stimuli gehemmt werde und die Stimulussituation nicht mehr die nötige Stabilität aufweise (1958, S. 65, 68, 80, 81). Man denke hier auch an Pawlows Hunde, die bei den berühmten Versuchen fest in Geschirr eingespannt waren, an Skinners Tauben, die in kleinen Käfigen der Wirkung hochkontrollierter Stimulation ausgesetzt wurden und kaum Reaktionsmöglichkeiten hatten außer den vorgesehenen, oder man denke an jene Laborratten, die, fest in Plastikröhren eingeklemmt, bestenfalls noch ein Rädchen mit den Vorderpfoten drehen können (z.B. Weiss, 1972). Hypnose erzeugt einen vergleichbaren Zustand der sensorischen und motorischen Deprivation; die imaginativen Vorgänge sind suggestiv gut kontrollierbar, und so lassen sich damit Umkonditionierungen erreichen, die bei Interferenz durch äußere oder innere Störreize oder durch motorische Autostimulation nicht etabliert werden könnten.

Um es noch einmal zusammenzufassen: Nach diesem Modell entsteht konditionierte Angst nur dann, wenn die entsprechenden Konditionierungsprozesse unter reduzierten und kontrollierten Stimulusbedingungen ablaufen, wobei eingeschränkte Motorik ein notwendiger zusätzlicher Faktor ist, und zwar aus zwei Gründen: erstens wird durch Bewegungen der Stimulus-Input natürlich selbst stark verändert und somit unkontrollierbar, zweitens hat motorische Aktivierung eine emotionshemmende Wirkung, so daß stabile konditionierte Angstreaktionen (zum Beispiel) nicht entstehen können. Auch bei der imaginativen Umkonditionierung (sei das nun eine Löschung, eine konditionierte Hemmung, eine Habituation oder sonst was) müssen diese Bedingungen erfüllt sein, und durch Hypnose können diese Bedingungen auf hervorragende Weise erfüllt werden.

Interessanterweise wurde dieser Sachverhalt mutatis mutandis auch von Freud und Breuer beschrieben: "Als Veranlassung hysterischer Symptome findet man nämlich in der Hypnose auch Vorstellungen, welche [...] ihre Erhaltung dem Umstande verdanken, daß sie in schweren lähmenden Affekten, wie z.B. Schreck, entstanden sind, oder direkt in abnormen psychischen Zuständen, wie im halbhypnotischen Dämmerzustande des Wachträumens, in Autohypnosen u. dgl." (1892, S. 89f). Die Erklärung dafür ist aber eine ganz andere, nämlich die, daß die "Lähmung" eine normale Usur (d.h. Abnutzung) des Affektes unmöglich mache. Dazu sei starkes affektives Reagieren notwendig, und eben dies werde durch die beschriebenen Bewußtseinszustände verhindert. Ich habe an anderer Stelle gezeigt (1985), daß weder Bernheims noch Freuds/Breuers Erklärungen für die Wirksamkeit ihrer jeweiligen Hypnose adäquat sind. Wolbergs Deutung ist ein weiterer Erklärungsversuch, der - im Gegensatz zu den anderen - zumindest in sich schlüssig ist, auch wenn er nur einen Teil der Phänomene abdeckt.

Wir können also festhalten, daß es Aspekte der Hypnose gibt, die durchaus mit der verhaltenstherapeutischen Transparenz vereinbar sind. Einen haben wir bei Wolberg kennengelernt: Hypnose als Mittel der Induktion eines Bewußtseinszustandes, der zu Umkonditionierungen in der Imagination gut geeignet ist. Man erkennt sofort, daß dieser Aspekt der Hypnose auch durch Entspannungstechniken ersetzt werden kann, wie Wolpe es später ja auch getan hat. Und wiederum finden wir dafür eine andere Begründung. Wolpe und fast alle seine Nachfolger sehen nämlich die Bedeutung der Entspannung keineswegs darin, daß hier ein besonderer, für imaginative Konditionierungen günstiger Bewußtseinszustand vorliegt, sondern sie betrachten die Entspannungsreaktion als einen angsthemmenden Mechanismus, der in dieser Funktion durch andere Reaktionen oder Maßnahmen leicht ersetzbar ist, z.B. durch sexuelle und aggressive Reaktionen, durch Medikamente usw. Die Grundannahmen sind direkt entgegengesezt: Wolpe nimmt an, daß Entspannung Angst reduziert, Wolberg postuliert, daß der Zustand der Hypnose Emotionen verstärkt. Wenn wir uns die Kombination von Hypnose und anderen Techniken beim Training der "Schnellentspannung" anschauen, die Bongartz (Kap. 4.4.2) schildert, die Entspannungstechniken bei Revenstorf (Kap. 4.9.2), und die Verwendung von Entspannung bei Kossack (Kap. 4.5.4), der sie zur Reduzierung von Arbeitsängsten einsetzt, so sehen wir, daß diese eher den Vorstellungen Wolpes folgen und nicht denen Wolbergs.

Unabhängig von solchen Differenzen, so könnte man einwenden, kann jeder die Entspannungstechniken, insbesondere die progressive Muskelentspannung Jacobsons, relativ leicht lernen, während Hypnose von dazu ausgebildeten Spezialisten durchgeführt werden muß. Dies ist aber nicht der Fall. Ein klarer Gegenbeweis ist zum Beispiel das Autogene Training, bereits in den zwanziger Jahren von J.H. Schultz entwickelt und inzwischen erstaunlich weit verbreitet. Wir haben es hier mit einer Form von Selbsthypnose zu tun, deren Aufbau so klar ist, daß sie von vielen gelernt und selbständig eingesetzt werden kann, zumal diese Technik an zahlreichen Stellen (z.B. an Volkshochschulen) gelehrt wird. Auch Autogenes Training kann in der Verhaltenstherapie eingesetzt werden, z.B. bei der Desensibilisierung als Ersatz oder Ergänzung der progressiven Muskelentspannung, oder - und das ist vielleicht sogar der wichtigere Anwendungsbreich - als Hintergrund für solche Maßnahmen, die eine Änderung der Selbstgespräche (oder inneren Monologe) als Mittel der Änderung von Verhalten, Emotion, Stimmung, Motivation usw. verwenden.

Es ist vielleicht von Nutzen, sich die innere Logik solcher Verfahren noch einmal zu vergegenwärtigen. Wir haben es hier zu tun mit der sogenannten kognitiven Verhaltenstherapie, oder zumindest mit einem Teilbereich davon. Wenn man eine Änderung des Selbstgespräches als wirkungsvolles therapeutisches Mittel ansieht, dann scheint dies vorauszusetzen, daß Selbstgespräche von einer bestimmten Art Antezedenzbedingungen jener Störungen sind, um deren Therapie es geht. Tatsächlich aber werden in der kognitiven Verhaltenstherapie Begriffe wie "Erwartungen", "irrationale Überzeugungen", "Denkfehler", "Schemata" usw. als kausal bedeutsam genannt; diese Begriffe bezeichnen kognitive Dispositionen, keine Vorkommnisse, auch keine inneren Gespräche. Man muß die zusätzliche Annahme machen, daß solche Dispositionen nicht nur "direkt" wirksam werden, sondern auch auf dem Umweg über entsprechende Selbstgespräche, durch die sie sich gewissermaßen manifestieren und Einfluß auf Verhalten, Emotion, Stimmung, Motivation usw. ausüben. Die zusätzliche Annahme ist die, daß derartige Selbstgespräche andererseits direkt modifizierbar sind, daß man lernen kann, sie zu kontrollieren, und daß sich auf diesem Weg nicht nur Verhalten, Stimmung, usw. ändern lassen, sondern ebenfalls die "zugrundeliegenden" kognitiven Dispositionen. Daß solche Zusammanhänge existieren, scheint mir unbestreitbar zu sein, aber sicher ist das keine erschöpfende Beschreibung des kognitiven Modells, denn die genannten kognitiven Dispositionen können auf vielen verschieden Wegen Einfluß ausüben (anders formuliert: sie können auf viele verschiedene Weisen in Erklärungen eingehen), und das habituelle Selbstgespräch ist nur einer dieser Wege. Wir wissen nicht genau, wie effektiv die gezielte Veränderung des Selbstgespräches ist im Vergleich zu anderen therapeutischen Verfahren, und wir wissen nicht genau, wo seine Grenzen liegen; aber daß es mit Erfolg angewendet werden kann, beweisen entsprechende Ergebnisse der Psychotherapieforschung (Hollon & Beck, 1986).

Auch die Selbsthypnose in Form des Autogenen Trainings kann am besten verstanden werden als eine Methode der situationsunabhängigen Kontrolle von Selbstgesprächen. Eine Person, die Autogenes Training regelmäßig praktiziert, lernt dabei, sich bestimmte Gedanken gewohnheitsmäßig zu vergegenwärtigen, Gedanken, die in irgendeiner Form für das Leben relevant sind und positive Veränderungen herbeiführen (Kraiker, 1990). Solche Gedanken werden in Sätzen ausgedrückt, die häufig "intentionale Formeln" genannt werden, obwohl das in einigen Fällen irreführend ist. Eine Immunisierungsformel wie etwa "Schmerz ganz gleichgültig" drückt keine Intention aus, sondern fördert eine bestimmte Einstellung - nicht ganz dasselbe. Solche Formeln oder Selbstsuggestionen werden im Gespräch zwischen den Beteiligten entwickelt, sie beruhen auf einer rationalen und nachvollziebaren Grundlage, so daß auch Selbsthypnose in der Art des Autogenen Trainings der Forderung nach Transparenz genügt.

Es fällt den kognitiven Verhaltenstherapeuten nicht leicht, die Herkunft des inneren Monologes, der inneren Selbstgespräche zu erklären. Man kann sie natürlich als Ausfluß zugrundeliegender kognitiver Dispositionen verstehen, aber deren Entstehung ist selbst natürlich erklärungsbedürftig. Vielleicht aber gibt es auch direkte Einflüsse (erinnern wir uns, daß "Einfluß" die deutsche Übersetzung für "influentia" ist, was das Hereinfließen des Fluidums bestimmter Sterne in den menschlichen Körper bedeutet; es ist also ursprünglich ein astrologischer Begriff). Viele Menschen können sich sehr genau an bestimmte Aussagen von wichtigen Bezugspersonen erinnern, seien dies immer wieder produzierte Formulierungen oder auch einmalige Aussprüche. Das können durchaus positive Bemerkungen sein, aber leider sind es häufig bedrohende und abwertende Sachen, die dem Kind einst gesagt wurden, und solche Sprüche können wie ein sich ständig wiederholendes Echo in der Erinnerung dieser Menschen weiterleben - Bemerkungen merkt man sich. Da wir so oft den Satz gehört haben "Ich höre noch genau, wie mein Vater sagt...", können wir wohl annehmen, daß wenigstens ein Teil des jetzigen inneren Sprechens zusammenhängt mit dem übriggebliebenen Echo aus der Vergangenheit. Da ist nichts geheimnisvolles: Patienten können derartige Echos oft gut identifizieren und ihren Einfluß bestätigen, oft sogar ganz spontan. Die Nützlichkeit einer Änderung des inneren Sprechens ergibt sich daraus von selbst, und damit auch die Nützlichkeit von Hypnose. Durch die Minimierung sensorischer und motorischer Ablenkung lernen die Patienten in der Hypnose, einer Stimme wirklich zuzuhören, nicht nur der Stimme des Therapeuten, sondern auch der eigenen, gezielt eingesetzten Stimme (wie etwa beim Autogenen Training). Wenn sie sich in diese Stimme versenken und sie wirken lassen, machen sie nicht nur die Erfahrung, daß dadurch viele bisher unkontrollierbar erscheinende Körperzustände beeinflußbar werden, sie können der neuen Stimme soviel Klang und Gewicht verleihen, daß sie die Stimme aus der Vergangenheit schließlich zum Schweigen bringt. Das Transparenzprinzip wird durch diese Art hypnotischer Intervention keineswegs verletzt.

Ebensowenig ist das der Fall bei einer anderen, oft eingesetzten Strategie hypnotischer Arbeit, der sogenannten Altersregression. Um Kontroversen zu vermeiden, die für unsere Fragestellung nicht von Interesse sind, soll darunter jedes imaginative Vergegenwärtigen und/oder Durcharbeiten von wichtigen Szenen (oft traumatischen Charakters) aus der Vergangenheit des Patienten verstanden werden, unabhängig von der Frage, ob es sich "wirklich" um eine Rückkehr zu einer früheren Altersstufe handelt. Nach meinem Kenntnisstand spielt diese Vorgehensweise in der Verhaltenstherapie so gut wie keine Rolle. Das ist schon etwas seltsam, da die Bewältigung vergangener Erlebnisse bei den meisten Therapieformen von zentraler Bedeutung ist. Das Argument, daß es sich dabei um andere Paradigmen handele, geht an der Tatsache vorbei, daß Altersregression im definierten Sinn verhaltenstherapeutisch durchaus verständlich gemacht werden kann, und tatsächlich wurde das Problem bereits bei Wolpe (1958) diskutiert. Bei dieser Diskussion kann man durchaus beginnen, wenn man sich überlegt, wie Altersregression verhaltenstherapeutisch zu interpretieren sei. Wolpe erörtert das Problem im Zusammenhang mit dem, was er "Abreaktion" nennt. Diese definiert er als das "emotionale Wieder-durchleben (re-evocation) eines furchterregenden vergangenen Erlebnisses". Wolpe bestreitet allerdings, daß dies an sich therapeutisch wirksam sei, und stellt sich damit gegen die Auffassung von Freud und Breuer aus den Studien über Hysterie, die in der Möglichkeit zur Abfuhr eingeklemmter Affekte das therapeutisch wirksame Agens solch affektiven Wiedererinnerns sahen. Wolpe dagegen sieht eine Altersregression mit stark affektivem Wiedererinnern nur dann als sinnvoll an, "wenn der Patient die Wirkung der therapeutischen Situation spürt, z.B. daß der Therapeut ihn voller Sympathie akzeptiert" (1958, S. 196). Der Vorteil des Wiedererinnerns der ursprünglichen traumatischen Situation liege darin, daß dadurch eine Desensibilisierung gegen alle Aspekte der damaligen Situation gleichzeitig erfolgen könne, während bei der üblichen Desensibilisierung für jeden Aspekt separate Dimensionen notwendig seien, was sehr viel Zeit beanspruche (S. 198). Wolpe bringt folgendes Beispiel:

"Im November 1954 gab ich Herrn D. eine einzelne Inhalation von Kohlendioxyd [...] dies führte zu einer Abreaktion, aber zu einer nicht hilfreichen. Er hatte das lebhafte Bild eines Ereignisses im Alter von 14 Jahren - er kniete vor seiner Stiefmutter und sagte «ich liebe Dich», und sie trat ihm ins Gesicht. Herr D. war durch diese Erinnerung tiefgreifend verstört und hatte einen Rückfall, den er erst nach etwa drei Wochen überwand [...] Nach dieser Erfahrung vermied ich sorgfältig alle Anspielungen zum Inhalt dieser Erinnerung. Wegen geringer Fortschritte entschied ich mich jedoch im Oktober 1955, dieses Bild während einer hypnotischen Trance zu evozieren. Herr D. geriet in große Erregung, schluchzte und erwachte aus der Trance. Bei seinem nächsten Besuch berichtete er, er habe sich zwei Stunden danach "vollkommen ausgelaugt" gefühlt, aber das habe sich später gebessert und jetzt sei seine Angst generell viel niedriger als vorher. Diese Begebenheit mit dem Tritt wurde dann noch zweimal evoziert, das erste Mal mit einer geringen Reaktion, das zweite Mal mit gar keiner" (S. 197-198, eigene Übers.).

Es ist deutlich geworden, in welchem Sinne Altersregression auch innerhalb einer lerntheoretischen Deutung sinnvoll ist, und es ist ebenfalls klar, daß Hypnose ein gutes Instrument ist, um solche Altersregressionen zu erzeugen, so wie Wolpe es ja auch getan hat. Die "Desensibilisierungsdeutung", wie sie von Wolpe vorgeschlagen wurde, ist jedoch nicht die einzig mögliche, und auch kaum die plausibelste. Die Erinnerungen an solche emotional belastenden Szenen aus der Vergangenheit können auch verstanden werden als Repräsentationen von *unerledigten Aufgaben*, und zwar deshalb weil sie eine starke Bedrohung darstellen (eine reale in der Vergangenheit, eine potentielle in der Zukunft), für die eine adäquate Lösungsstrategie nicht zur Verfügung zu stehen scheint. Wie das Beispiel von Kulessa (s. Kap. 2, S.35) zeigt, kann eine solche Szene imaginativ repräsentiert und mit Hilfe jener Kompetenzen bewältigt werden, die dem erwachsen oder zumindest älter gewordenen zur Verfügung stehen. Das können kognitive, emotionale, soziale oder sonstige Handlungskompetenzen sein, und der Weg zur Bewältigung der traumatischen Szene kann spontan oder mit Hilfe des Therapeuten gefunden werden. Kossak (Kap. 4.5.6) schildert ausführlich eine derartige Altersregression und die behutsam vom Therapeuten aktivierten neuen Bewältigungsmöglichkeiten. In Peters Beispiel (Kap. 4.6.2) wird ein Patient in der Altersregression imaginativ mit seiner Mutter konfrontiert und erhält von ihr die Erlaubnis, etwas zu tun, wovon der Patient bisher dachte (ohne sich darüber im klaren zu sein), es sei verboten. In Hoppes Beispiel (Kap. 4.7) wird eine Situation reaktiviert (falsche Behandlung durch einen Arzt), in der extreme Wut entstanden war, die der Patient aber nicht zum Ausdruck bringen konnte (wir finden an diesem Punkt wieder jene Kombination von starker emotionaler Belastung bei gleichzeitiger Hilflosigkeit, die bei vielen Autoren, von Freud bis Bandura, eine große Rolle spielt); auch hier kann der Patient imaginativ alternative Verhaltensmöglichkeiten ausprobieren, bis er zu einem befriedigenden Ergebnis kommt.

In Wolpes Beispiel ist von solchen Möglichkeiten zwar nicht die Rede, aber jeder mit ein bißchen klinischer oder auch nur Alltags-Erfahrung wird wissen, daß seinem Patienten die evozierte Szene mit dem Tritt ins Gesicht tagelang durch den Kopf gegangen sein muß und er möglicherweise von selbst einen Weg zu ihrer nachträglichen Verarbeitung gefunden hat. Ähnliches ist vorstellbar bei der Altersregression von Markus (Mrochen Kap. 4.8.2), die affektiv stark belastende Trennungsängste reaktiviert, ohne daß explizite Bewältigungsstrategien eingesetzt werden.

Altersregression ist in derartigen Fällen deshalb sinnvoll, weil die Konkretheit der Szene auch die Wiederherstellung des konkreten biographischen Kontextes erfordert, etwas, was nicht geht, wenn man sich auf die Konstruktion potentieller zukünftiger Bedrohungen beschränkt, wie es bei der Desensibilisierung normalerweise der Fall ist.

Bongartz (Kap. 4.4.2) verwendet interessanterweise Altersregression in einem entgegengesetzten Sinn: durch Regression auf eine frühere Zeit, in der Verhaltenskompetenzen zur Verfügung standen, die jetzt verloren zu sein scheinen, können diese Kompetenzen reaktiviert und zur Bewältigung aktueller Schwierigkeiten eingesetzt werden.

Auch diese Formen der Altersregression und die beschriebenen Möglichkeiten, sie therapeutisch zu nutzen, erfüllen die Forderung nach Transparenz und sind daher verhaltenstherapeutisch vollkommen akzeptabel. Wir haben es hier zu tun mit der Aktivierung oder Reaktivierung von Kompetenzen oder Ressourcen, und dies paßt natürlich zu jenen Modellen psychischer Störungen, die den Kompetenzerwartungen sowie verwandten Phänomenen (Hilflosigkeit, Attribuierung von Fehlschlägen) eine große ätiologische und daher auch therapeutische Bedeutung zumessen.

6.3 Die Grenzen des Transparenzprinzips: Paradoxie und Kontrolle

Alle die besprochenen Punkte zeigen, daß es viele hilfreiche Techniken der Hypnose gibt, die mit dem Transparenzprinzip der Verhaltenstherapie und ihren sonstigen Annahmen durchaus vereinbar sind, so daß einer praktischen und theoretischen Integration nichts im Wege steht. Ich möchte mich jetzt einem viel schwierigeren Thema zuwenden, nämlich der Frage, ob es nicht auch in der Verhaltenstherapie Situationen gibt, in denen man am Transparenzprinzip nicht mehr sinnvoll festhalten kann. Das soll zunächst unabhängig vom augenblicklichen Kontext der Diskussion behandelt werden, aber speziell geht es schließlich doch um die Frage: können die anti-transparenten Techniken der Hypnose nicht allgemeinpsychologisch gerechtfertigt werden, so daß sie auch verhaltenstherapeutisch legitimierbar sind?

Beginnen wir mit einem augenfälligen Beispiel: das notorische Koitusverbot bei der Behandlung von Erektionsimpotenz nach dem Vorbild von Masters und Johnson (1970). In der Standardstory verbieten die Therapeuten den Partnern strikt, miteinander zu schlafen, worauf diese in der nächsten Sitzung verschämt gestehen, daß sie es doch getan haben. Wenn das die therapeutische Intention war, dann hätte das sicher nicht so funktionieren können, wenn die Partner über diese Intention vorher aufgeklärt worden wären. Wir haben es hier also mit einem Beispiel gezielter Anti-Transparenz zu tun, und das faszinierende Problem ist, ob es hier nicht vielleicht ein ganzes Spektrum von Zusammenhängen gibt, die in irgendeiner Weise Anti-Transparenz erfordern. Anders formuliert: Gibt es allgemeine psychologische Modelle, welche den Nutzen (oder sogar die Notwendigkeit) von Anti-Transparenz verständlich machen können? Oder noch einmal anders: *Unter welchen Umständen könnte es falsch sein, das Transparenzprinzip nicht nur auf der Metaebene wissenschaftlicher Betrachtung verwirklichen zu wollen, sondern auch in der therapeutischen Intervention und Kommunikation?*

Wir müssen uns daran erinnern, daß das Transparenzprinzip nur den *Öffentlichkeitsaspekt* jenes weitergehenden Prinzipes moderner Wissenschaftlichkeit darstellt, welches ich das exoterische Prinzip genannt habe. Zu den schon beschriebenen methodologischen Prinzipien gehören aber auch noch ethische Maximen, und mir scheinen hier zwei von besonderer Bedeutung zu sein:

Erstens: Der moderne Mensch *kann und muß selbständig denken.*
Zweitens: Der moderne Mensch *kann und muß selbständig handeln.*

Schließlich hat er ja eine exoterische (d.h. allgemein zugängliche und allgemein anwendbare) Technik des Wissenserwerbes bekommen, so daß er nicht mehr angewiesen ist auf Autoritäten, die ihm sagen, was er glauben muß und was er tun soll. In jedem zweiten Lehrbuch und in jeder zweiten Illustrierten lesen wir doch, wie sich der Mensch mittels moderner Wissenschaft endlich von der Tyrannei des finsteren Mittelalters befreite und nun sich selbst ein Bild machen und entscheiden kann, wo es lang geht. Probleme treten aber dann auf, wenn man diese *gnoseologische* und *praxeologische* Autonomie auch dort verwirklichen will, wo es einfach nicht möglich ist. Wenn man sich erst dann zu einer Handlung durchringen kann, wenn man vollkommen sicheres Wissen über alle denkbaren Konsequenzen hat, dann wird man sich zu nichts entscheiden können. Und wenn man versucht, unwillkürliche Verhaltensweisen planmäßig zu kontrollieren, wird man scheitern. Das bekannte *Spontaneitätsparadox* von Watzlawick u.a. (1967) reflektiert diesen Sachverhalt. Man kann das verallgemeinern: Eine beschreibbare und planbare Strategie zum Erreichen eines definierten Zieles werde Algorithmus genannt. Immer dann, wenn autonome oder automatisierte Prozesse besser zum Ziel führen als ein solcher Algorithmus, wird die Anwendung eines solches Algorithmus das Erreichen des Zieles entweder erschweren oder unmöglich machen. Nehmen wir das Beispiel des Radfahrens: wollte man dabei kontinuierlich jene Systeme von Differentialgleichungen lösen, die den Radius des gefahrenen Bogens ins Abhängigkeit von Masse, Geschwindigkeit und Schwerkraft bestimmen, damit man nicht umfällt, fiele man um. Man löst aber keine Differentialgleichungen, und man fällt nicht um, und sogar einige Schimpansen und Bären können Radfahren, was zeigt, daß es hier Steuerungsprozesse gibt, die unabhängig von der Anwendung beschreibbarer Algorithmen funktionieren, und viel besser. Für die Therapie erzeugt dies aber an sich noch keine paradoxe Situation; die Konsequenz dieser Einsicht ist lediglich die, daß man einige Dinge algorithmisch tun kann, und andere muß man üben, bis sie automatisch funktionieren - manchmal geht auch das eine in das andere über, z.B. wenn man lernt, Auto zu fahren.

Betrachten wir also noch einmal Masters und Johnsons Beispiel des Koitusverbotes in der Therapie des Paares mit dem impotenten Mann: warum erscheint es unsinnig, dem Mann den wahren Grund für dieses Verbot mitzuteilen? Wir können sagen, daß es die *Intention* zur Erektion ist, die mit dafür verantwortlich gemacht werden kann, daß die Erektion ausbleibt, und daß eine Mitteilung der wahren Absicht hinter dem Erektionsverbot (daß es nämlich doch zur Erektion kommen soll) diese Intention eben nicht beseitigt, sondern aufrechterhalten hätte, und damit auch den negativen Effekt.

Diese Geschichte als Beispiel für das Spontaneitätsparadox zu betrachten ist möglicherweise angemessen, aber das Problem, um das es hier geht, kann damit meines Erachtens nicht zureichend gelöst werden. Denn das Intentionalitätsparadox, um es so zu nennen, tritt zwar auch bei "spontanen", mehr oder weniger autonomen Reaktionen auf, wie Erektionen, Einschlafen, Erröten, Schwitzen, Tremor usw., aber auch bei willkürlichem (z.B. beim Schreibkrampf, Astasie/Abasie) oder semi-willkürlichem Verhalten (z.B. Urinieren in Gegenwart anderer Männer auf einer öffentlichen Toilette). Wenn es wirklich die Angst vor dem Eintreffen eines bestimmten Symptoms allein wäre, die das Symptom erzeugt, könnte man den Mechanismus einer Symptomverschreibung nicht verstehen. Tatsächlich aber ist es die Intention, ein bestimmtes Phänomen zu kontrollieren, sind es die Kontrollversuche selbst, und die Angst vor dem Versagen dieser Kontrollversuche, welche das Symptom herbeiführen.

Die verschiedenen Varianten paradoxer Intervention lassen unter dieser Annahme vielleicht einen gemeinsamen Wirkmechanismus erkennen. Frankls *Paradoxe Intention* verschreibt einen Verzicht auf die Absicht, ein bestimmtes Phänomen herbeizuführen (z.B. Erektion) oder zu verhindern (z.B. Angst), und wenn man gar nicht erst versucht, Kontrolle auszuüben, fällt auch die Angst vor dem Fehlschlagen solcher Kontrollversuche weg und damit eine für das Symptom verantwortliche Antezendenzbedingung. Auch die Aufforderung, ein bestimmtes Symptom tatsächlich zu produzieren oder gar zu übersteigern (also nicht nur, es zu beabsichtigen), hat den gleichen Effekt. Dies scheint mir auch eine plausiblere Deutung der Wirkungsweise von Dunlaps (1932) *"negativer Übung"* oder Yates' (1958) *"massierter Praxis"* zu sein, als sie diese Autoren selbst vorschlagen.

In allen diesen Fällen muß eine paradoxe Intervention im beschriebenen Sinn die wahre Absicht verschleiern, da es gerade die wahren Intentionen sind, die das Symptom herbeiführen. Damit ist aber auch das Transparenzprinzip nicht mehr anwendbar - der Verzicht darauf ist vielmehr essentiell für diese Art der Intervention. Natürlich muß man den Patienten irgendwie dazu bringen, das auch zu machen, und was wir hier finden, sind eine Menge von Pseudo-Begründungen, an die jedoch manchmal die Therapeuten selbst glauben. Dunlaps Vorstellung, daß man durch Wiederholung eines Symptoms gleichsam lernen kann, wie etwas *nicht* gemacht werden soll (vgl. Blöschl, 1977, S.656), oder Yates' Idee, daß durch massierte Praxis reaktive und schließlich konditionierte Hemmung des Symptoms entstehe (Yates 1958), oder die Hypothese der Logotherapeutin Elisabeth

Lukas, daß durch paradoxe Intention die elektrische Negativität der Hirnrinde zunehme und damit auch die Leistungsfähigkeit der Person (Lukas, 1986, S. 109), müssen nach heutigem Wissen wohl als Pseudo-Begründungen angesehen werden, die aber durchaus geeignet sein können, das vorgeschlagene Verfahren dem Patienten gegenüber zu rechtfertigen.

Um aber nun auf die Hypnose zurückzukommen, so finden wir hier, gerade bei M.H. Erickson, eine Menge interessanter Techniken, um paradoxe Interventionen an den Mann und an die Frau zu bringen. Hypnotische Induktionen selbst, welcher Art auch immer, fordern zu einem Kontrollverlust oder Kontrollverzicht auf, und sind - vom Bedürfnis nach Kontrolle her gesehen, aus der Sicht der autonom denkenden und handelnden Person - paradoxe Aufforderungen. Die Hypnose als Ganzes ist also eine Destruktion üblicher Kontrollmuster, sowohl auf der kognitiven Ebene wie auf der Reaktionsebene, und impliziert schon von daher die Erlaubnis, Kontrolle aufzugeben. Für den Verhaltenstherapeuten bieten diese Strategien erprobenswerte Alternativen zur Einführung paradoxer Interventionen, die es *de facto* in der Verhaltenstherapie auch zahlreich gibt (neben den direkten Symptomverschreibungen, der negativen Übung, der massierten Praxis können auch die sog. Implosionstherapie und die Reizüberflutung als paradoxe Interventionen betrachtet werden, da bei ihnen die gefürchtete Angst geradezu provoziert und nicht etwa kontrolliert wird).

6.4 Die Grenzen des Transparenzprinzipes: Kontrolle und Reaktanz

In den gerade beschriebenen Beispielen können wir vielleicht von einem *Zustimmungsmodell* paradoxer Intervention sprechen, da hier die Wirkung davon abhängt, daß der Patient die Instruktion tatsächlich befolgt oder wenigstens versucht zu befolgen. Daneben gibt es auch ein *Reaktanzmodell* paradoxer Intervention, dessen Wirkung davon abhängt, daß der Klient die Instruktion *nicht* befolgt. Hier wird ein Symptom in übertriebenem Ausmaß verschrieben, in der Hoffnung, daß sich der Klient dagegen auflehnt und das Gegenteil tut. So könnte man etwa einem Agoraphobiker verschreiben, daß er unbedingt vier Wochen lang seine Wohnung nicht verlassen darf, damit er erst einmal die für die Therapie nötige Ruhe findet. Die auferlegte Verpflichtung macht etwas lästig, was vorher angenehm war (nämlich das zu Hause bleiben), und es macht etwas, das Angst machte, zu einer verbotenen Attraktion (nämlich das weggehen). Die therapeutische Wirkung entsteht durch die Erfahrung, daß solche Situationen ganz anders erlebt werden können, als sie vorher erlebt wurden, als sie erwartet wurden. Um zu sehen, wie dies möglich ist, sollen die Grundlagen der sog. Reaktanztheorie kurz geschildert werden. Sie geht zurück auf Veröffentlichungen von J. Brehm (1966), S. Brehm (1976) und Brehm & Brehm (1981).

Die Thesen der Reaktanztheorie sind folgende (kurz zusammengefaßt):

1. Individuen besitzen freie Verhaltensmöglichkeiten.

2. Eine Person wird mit psychologischer Reaktanz reagieren, wenn irgendwelche dieser Verhaltensmöglichkeiten eliminiert oder mit Eliminierung bedroht werden.
3. Die Stärke der Reaktanz hängt ab von der Wichtigkeit der bedrohten oder eliminierten Verhaltensmöglichkeit, von der Menge der bedrohten oder eliminierten Verhaltensmöglichkeiten, und von dem Ausmaß der Bedrohung.
4. Die Auswirkungen des Entstehens von Reaktanz sind u.a. die direkte Wiederherstellung der Freiheit dadurch, daß man genau das mit Eliminierung bedrohte Verhalten demonstriert, ferner indirekte Wiederherstellung der Freiheit (indem man etwa ähnliches Verhalten zeigt, oder zwar einer Aufforderung nachgibt, der nächsten aber nicht), ferner wachsende subjektive Attraktivität des bedrohten Verhaltens und Aggressionen gegenüber dem, was die freien Verhaltensmöglichkeiten einschränkt (S. Brehm, 1976).

Die empirischen Grundlagen der Reaktanztheorie können hier nicht erörtert werden; sie lassen sich am besten in den beiden erwähnten Büchern von J. Brehm (1966) und S. Brehm (1976) studieren. Es erscheint mir aber notwendig, den methodischen Status dieser "Theorie" zu klären (der dem anderer sozialpsychologischer Formulierungen entspricht). Wir haben es hier weder mit (im logischen Sinn) analytischen Scheinaussagen zu tun von der Art "Ich nenne das und das Phänomen eben Reaktanz", noch handelt es sich um echte nomologische Aussagen, auch nicht probabilistischer Art. Wir haben vielmehr ein wissenschaftliches Forschungsprogramm vor uns, das einen definitionsartigen Kern besitzt und im übrigen u.a. eine Heuristik liefert, eine Forschungs- und Handlungsstrategie. Die Reaktanztheorie beschreibt mögliche Phänomene, regt an, auf das Erscheinen solcher Phänomene zu achten, und gibt Hinweise darauf, was das Auftreten solcher Phänomene fördert und was es vielleicht verhindert (zum Status von Theorien vgl. Kraiker, 1980.)

Die Ähnlichkeiten mit dem psychoanalytischen Widerstandsbegriffs springen ins Auge, aber man muß sich die Unterschiede klar machen, um nicht zu einer irreführenden Denkweise zu gelangen. Widerstand ist letztlich immer Widerstand gegen das Bewußtwerden verdrängter Inhalte, auch wenn er sich als Übertragungswiderstand äußert, als irgendeine Form des Protestes gegen den Therapeuten. Widerstand ist also ein innerpsychisches Phänomen. Reaktanz dagegen ist etwas, was in einer sozialen Interaktion provoziert, gemacht wird. Da die Verhaltenstherapeuten in außerordentlichem Maß das Verhalten der Patienten zu beeinflussen suchen - indem sie auf Übungen welcher Art auch immer bestehen - sind sie besonders in Gefahr, Reaktanz beim Patienten auszulösen, und damit die von Brehm geschilderten Konsequenzen: Sabotage, Verstimmung, Aggressivität usw. Daraus ergibt sich anscheinend als nächstliegende Aufgabe für den Verhaltenstherapeuten, so zu kommunizieren, daß Reaktanz vermieden oder zumindest so weit wie möglich reduziert wird. Tatsächlich aber wird dieses Problem in der Verhaltenstherapie kaum gesehen und auch nicht bearbeitet. Man gewinnt den Eindruck, die Patienten der Verhaltenstherapeuten tun widerspruchslos alles, was ihnen aufgetragen wird. Die Entwicklung reaktanzvermeidender Kommunikationstechniken hat also in der Verhaltenstherapie nicht stattgefunden, und es ist gerade dieses Feld, auf dem die Hypnose eine Menge anzubieten hat. Das soll aber erst im nächsten Abschnitt behandelt werden. Hier soll noch einmal die alternative Strategie aufgegriffen werden, nämlich nicht die Vermeidung, sondern die Provokation von Reaktanz.

Während wir uns bei der Vermeidung von Reaktanz im relativ ruhigen Fahrwasser sozialpsychologischer Plausibilität bewegen, sind die Anwendungsmöglichkeiten, Risiken und Rechtfertigungen ihrer Provokation weitgehend ungesichert und spekulativ. Trotzdem sind einige aus der Hypnose kommenden Möglichkeiten erwähnenswert. Wir haben hier zunächst die Verschreibung von Rückfällen. Haley (1973, S. 32f) sagt: "Wenn ein Klient zu kooperativ ist und sich scheinbar zu schnell erholt, ist es wahrscheinlich, daß er einen Rückfall hat und sich enttäuscht über die Therapie äußert. Um dies zu vermeiden, wird Erickson die Besserung akzeptieren, aber dem Klienten gleichzeitig die Direktive geben, die zu einem Rückfall führt. Die einzige Möglichkeit für den Klienten, sich zu widersetzen, ist, nicht rückfällig zu werden, sondern sich weiterhin zu bessern."

Wenn eine Familie in Therapie kam und ein Mitglied nicht redete, obwohl es dazu ermutigt wurde, behandelte Erickson manchmal das Problem, indem er die Person hinderte, zu sprechen (Haley, 1973, S. 33).

Brehm und Smith (1986) haben ein paar Faustregeln aufgestellt, wie reaktantes Verhalten verstärkt werden kann.

1. Erhöhe die Attraktivität jener freien Verhaltensmöglichkeiten, die durch das Symptom bedroht werden: "Gehe nächsten Sonntag nicht zum Fußballplatz, sondern bleibe zu Hause und grübele über alle die Tricks Deiner Schwiegermutter nach, mit denen sie verhindert, daß Du und Deine Frau miteinander auskommen."
2. Erhöhe die Anzahl der freien Verhaltensmöglichkeiten, die durch das Symptom bedroht werden: "Du sagst, daß Du etwa einmal in der Woche schwere Weinanfälle hast; es wäre gut, wenn Du sie häufiger hättest. Du mußt mindestens dreimal die Woche weinen."
3. Erhöhe den Druck des drohenden Verlustes zukünftiger Verhaltensmöglichkeiten: "Ich glaube, Du hast recht. Du wirst es nie schaffen. Du wirst dieses Problem den Rest Deinen Lebens haben."

Diese Strategien sind sicher nicht gleichwertig, und daß ihre Anwendung problematisch ist, wurde schon von mehreren Personen betont (z.B. Fisher et al., 1981; Brehm & Smith, 1982; Weeks & L'Abate, 1982). Da nur in wenigen Fällen mit Sicherheit vorausgesehen werden kann, ob auf eine paradoxe Verschreibung mit Zustimmung oder Reaktanz reagiert wird, sollte man sie nur dann riskieren, wenn *jedes* Ergebnis therapeutisch verwendet werden kann (und so interpretieren es ja auch Watzlawick et al., 1967). Und in jedem Fall kann es nur dann funktionieren, wenn der paradoxe Charakter der Intervention verborgen bleibt. Von Seiten der Verhaltenstherapie ist dies prima facie weder mit dem Transparenzprinzip verträglich, noch legen die grundlegenden lerntheoretischen und kognitiven Modellvorstellungen eine solche Intervention nahe. Trotzdem sollte diese Interventionsmöglichkeit im Auge behalten werden, denn obwohl die Verhaltenstherapie sich versteht als ein Instrument zur Wiederherstellung von verlorenen Verhaltensmöglichkeiten, so werden ihre Prozeduren doch oft zunächst als sehr einschränkend und kontrollierend empfunden, so daß bei solchen Patienten, die mit einem potentiell destruktiven Ausmaß von Reaktanz antworten, die Ausnützung dieser Reaktanz möglicherweise das letzte Mittel ist.

6.5 Die Grenzen des Transparenzprinzipes: Reaktanz und Reaktanzvermeidung

Trotzdem liegt es für den Verhaltenstherapeuten näher, das unsichere Mittel der Provokation von Reaktanz eher als Ultima Ratio zu betrachten und sich in der therapeutischen Alltagsarbeit zunächst darum zu bemühen, die Auslösung von Reaktanz zu vermeiden oder wenigstens zu reduzieren. Die hypnotherapeutische Kommunikationstechnik hat gerade für diese Aufgabe eine Anzahl von Ideen entwickelt, die auch für die Verhaltenstherapeuten beachtenswert sind, denn sie müssen ja fast immer die Patienten zu einer mit Mühsal verbundenen Verhaltensänderung und Umstrukturierung ihrer Lebensgewohnheiten bewegen. Ganz allgemein formuliert bewegt sich der verhaltenstherapeutische Prozeß in Triaden:

1) Der Therapeut bringt den Patienten dazu, etwas bestimmtes zu tun;
2) Der Patient macht dabei bestimmte Erfahrungen;
3) Dadurch ändern sich Verhalten, Motivation, Emotion, Stimmung u.ä. des Patienten.

Wir finden hier wieder die Dialektik von Tun und Geschehenlassen, von Aktivität (actio) und Passivität (passio), von willkürlicher Handlung und unwillkürlichem Prozeß. Sich bestimmten Stimulusbedingungen auszusetzen oder sie herzustellen, ist etwas, das man tut; der Vorgang des Konditionierens oder Löschens ist etwas, das als Konsequenz davon geschieht. Die Reaktanztheorie macht darauf aufmerksam, daß der erste Schritt möglicherweise nicht so einfach ist, wie stillschweigend unterstellt wird. Reaktanz ist, wie gesagt, eine mögliche Konsequenz der Einschränkung freier Verhaltensmöglichkeiten, aber von Bedeutung sind nicht nur diese Einschränkungen per se, sondern auch die wahrgenommenen Intentionen dessen, von dem die Einschränkungen stammen.[6] Dementsprechend kann Reaktanz durch zwei Mittel vermindert werden: erstens durch tatsächliche oder scheinbare Minimierung der Einschränkung von Verhaltensfreiheiten, indem man echte oder scheinbare Alternativen anbietet, zweitens durch Verschleierung der Intentionen des Therapeuten (in diesem Fall). Verschiedene Strategien, die aus der hypnotherapeutischen Kommunikationstradition stammen und für Verhaltenstherapeuten von direktem Interesse sind, werden in den folgenden Abschnitten kurz dargestellt.

---

6 Der Spruch (aus Goethes «Tasso») "Man spürt die Absicht, und man ist verstimmt" beschreibt diese Situation.

1) Induktion von Entspannung

Anbieten von Alternativen: "Möchten Sie leichte, mittlere oder tiefe Entspannung erleben?" "Möchten Sie sitzend oder liegend die Übungen machen?" "Möchten Sie Ihre Hände auf Ihren Oberschenkeln oder auf den Armlehnen des Stuhles haben, wenn Sie in die Entspannung gehen?" (vgl. Erickson, Rossi & Rossi, 1978, S. 85). Gewähren von zeitlichen Freiheiten: "Geben Sie der Entspannung Zeit, spürbar zu werden." Solche Freiheiten können gerade bei den Formeln des Autogenen Trainings ausgedrückt werden: "Die Ruhe kommt von selbst", "Der rechte Arm wird angenehm schwer", "Die Beine werden langsam warm." Unbestimmte Erfahrungen anbieten: "Spüren Sie die Temperatur Ihrer Hände", "Spüren Sie, welche Ihrer Hände wärmer ist als die andere."

2) Steuerung der Imagination

Es ist ein großes Problem der von Wolpe verwendeten vorstrukturierten Imaginationsarbeit, daß der Therapeut tatsächlich nicht weiß, was wirklich nach der Vorstellungsinstruktion im Patienten vorgeht. Während des aktuellen Ablaufes kann er sich weder über den Inhalt noch über die Intensität oder Lebhaftigkeit der Vorstellung ein Bild machen, und auch spätere Befragungen liefern keine zuverlässigen Informationen. Man hat oft den Verdacht, daß etwas ganz anderes vorgestellt wird als das Vorgesehene, so wie es auch in der Literatur oft beschrieben wurde (z.B. Lazarus, 1968; Wolpin, 1969; Singer, 1978; Wachtel, 1981). Verschiedene Möglichkeiten der "begleiteten Imagination" als alternative Technik wurden primär im Kontext der hypnotherapeutischen Arbeit, des katathymen Bilderlebens (Leuner, 1987), der Psychoimaginationstherapie (Shorr, 1983) und ähnlicher Verfahren eingesetzt, aber auch im verhaltenstherapeutischen Milieu wurde damit experimentiert und darüber diskutiert (Brown, 1969; Wolpin, 1969; Gurman, 1970). Abgesehen davon, daß der Patient über seine inneren Bilder spricht und damit auch den Therapeuten ins Bild setzt, sind hier eine Reihe von indirekten Beeinflussungsmöglichkeiten des laufenden Imaginationsprozesses gegeben. Man muß keine detailliert beschriebene Szene "einstellen", sondern kann mit einer sehr allgemein charakterisierten Szene beginnen und das Thema sich erst einmal entwickeln lassen. Bei einer Spinnenphobikerin könnte die Instruktion etwa lauten: "Stellen Sie sich einen Garten vor; warten Sie, bis ein Bild auftaucht, und dann erzählen Sie mir davon." Begleitet werden kann der Vorstellungsablauf mit Bemerkungen wie: "Lassen Sie sich Zeit, bis die Vorstellung klarer wird"; "Was möchten Sie jetzt am liebsten tun?"; "Wenn Sie sich genau umschauen, vielleicht können Sie dann noch mehr sehen"; "Wollen Sie das schon jetzt ausprobieren, oder lieber später?"; "Gehen Sie so nahe heran, wie Sie möchten"; "Wenn Sie das Tier genau anschauen, vielleicht wird es sich irgendwie verändern"; "Sobald Sie sich fit fühlen, wird irgendetwas interessantes passieren."

Der Gewinn dieser Vorgehensweise ist jedenfalls der, daß Vorstellungen ausführlich elaboriert werden können, daß der Patient sehr viel Freiheit bei der Ausgestaltung des konkreten Inhaltes hat, daß er sich vom Therapeuten begleitet und ermutigt und auch beschützt fühlt, und daß der Therapeut besser mitvollzieht, was im Patienten passiert, und daß er auch, sozusagen in Echtzeit, darauf

Einfluß nehmen kann, wobei bestimmte Formen von Reaktanz weitgehend eliminiert werden.

3) *Kognitive Umstrukturierung durch Erzählen von Geschichten*
Beschwichtigende Phrasen werden von therapierenden Personen erwartet und deswegen nicht immer ernstgenommen. "Das sagen Sie nur, weil Sie mich beruhigen wollen" ist eine typische Reaktion. Eine Korrektur von falschen Vorstellungen über die Störung ist aber häufig wichtig, und aus dem genannten Grund nicht ganz leicht; hier geht es also um die Verschleierung von Intentionen. Stories vom Typ "Ich hatte mal einen Patienten ... " können hier hilfreich sein. "Ich hatte mal einen Patienten, der hatte derartige Angst vor Hunden, daß er glaubte, er sei verrückt. Bis eines Tages sein Chef, den er zwar nicht mochte, aber respektierte, ihm halb im Suff anvertraute, daß er panische Angst vor Katzen habe." "Das erinnert mich an einen Patienten, der den Drang, seinen Gasherd ständig zu überprüfen, überwand, indem er sich sagte «lieber das Haus abgebrannt als eine Zwangsneurose»." "Ein Schauspieler, der wegen Eheproblemen in Beratung war, erzählte einmal nebenbei, daß er vor jeder Aufführung furchtbare Angst habe, aber es bisher trotzdem noch immer gut gegangen sei. Auf die Frage, ob er nichts dagegen tun wolle, sagte er, daß es zwar furchtbar sei, aber er brauche es irgendwie, um sich richtig mit Energie vollzupumpen. Außerdem ginge es den meisten seiner Kollegen ähnlich." "Ich fragte mal einen Kollegen, der aufgrund einiger hervorragender Bücher sehr bekannt geworden war, ob er für seine brillianten Werke eigentlich lange Zeit brauche. «Ach, wissen Sie», sagte er, «die brillianten Bücher gehen schnell; es ist der Schwachsinn, für den ich Jahre brauche»." "Ich glaube, es war Plinius, der einmal schrieb: ich bedaure, daß der Brief so lang geworden ist. Ich hatte für einen kurzen leider keine Zeit." "Wenn ein armer Rentner ganze hunderttausend Mark gewinnt, ist er selig. Wenn ein Multimillionär alles verliert bis auf lumpige hunderttausend Mark, ist er nicht selig." Hoppe (Kap. 4.7) spricht zu einem Patienten mit Schlafstörungen lange über die verschiedenen Arten, ins Wasser zu gehen, um das Einschlafen mit dem angenehmen Badengehen zu assoziieren und den Bezugspunkt für "tief" zu relativieren. Mrochen (Kap. 4.8.2) schilderte mehrere kleine Episoden, in denen Menschen auf ganz unterschiedliche Weise auf Streitereien anderer reagieren, und bietet so seinem jugendlichen Patienten eine Art Menü von Verhaltensmöglichkeiten an, aus dem er frei wählen kann.

4) *Handlungsaktivierung*
"Seien Sie bei der Anwendung von systematischen Selbstinstruktionen bitte vorsichtig. Ich hatte mal einen Freund, der sagte sich immer «Geld ganz gleichgültig». Nach ein paar Jahren war er bankrott, und schließlich landete er im Gefängnis." "Spinnen anzufassen ist ja nicht mein Problem, aber wenn es Ihnen hilft, mache ich es Ihnen erst mal vor." "Manche machen lieber Autogenes Training, andere Muskelentspannung; was ist ihnen lieber?" "Sie können sich entweder mit einem behutsamen Fitnessprogramm soviel Kondition zulegen, daß Sie etwas robuster werden. Oder Sie können lernen, Ruhe zu genießen, so daß Ihr Herz keine Ängste ausstehen muß" (Revenstorf, Kap. 4.9.4). "Machen Sie die Proto-

kolle von Ihren Arbeitssitzungen zu Hause bitte nicht länger als je eine halbe Seite. Ich habe einfach nicht die Zeit, um mehr Material zu lesen." Bemerkenswert in diesem Zusammenhang auch die Strategie von Gerl (Kap. 4.10), der einen stark "depressiv" gehemmten Patienten zu einer Vielzahl von Aktivitäten veranlaßt, indem er diese als Prüfungen seiner Kooperationsbereitschaft definiert und eben nicht als therapeutische Maßnahmen. Und schließlich die Geschichte vom Biber (nach Trenkle, 1985, S. 142): "Wissen Sie, wie man einen Biber fängt? Das ist ganz einfach. Ein Biber geht immer den gleichen Weg von seinem Bau zum Wasser und immer auf dem gleichen Weg zurück. Tag für Tag. Niemals weicht ein Biber von seinem Weg ab. Man fängt einen Biber, indem man eine große Falle auf den Weg stellt, die Tür geöffnet in Richtung Bau des Bibers. Und am nächsten Morgen kommt der Biber aus seinem Bau und sieht die Falle. Und er weint und schluchzt, und er weint und schluchzt, während er auf die Falle zu geht."

6.6 Hypnose und Verhaltenstherapie: Isolierung und Assoziation

Wir hatten gesehen, daß Verhaltenstherapie und Hypnose zunächst kaum kompatibel erschienen, da erstere sich dem Transparenzprinzip verpflichtet fühlt, und letztere dem entgegengesetzten Prinzip, dem der Anti-Transparenz. Durch zwei verschiedene Argumentationsgänge wurde dann gezeigt, daß die Verhaltenstherapie doch mit Gewinn Elemente der Hypnose in sich aufnehmen kann. Erstens gibt es Techniken der Hypnose, die mit dem Transparenzprinzip durchaus vereinbar sind oder vereinbar gemacht werden können. Dazu gehört die Herstellung von Entspannung durch hypnotische Induktion, die Ausnutzung der Trance für das Entstehen lebhafter Phantasieprozesse und ihre Verwendung als mentaler Zustand, der für das Ablaufen von Umkonditionierungsprozessen auf imaginativer Ebene gut geeignet ist. Ferner können Techniken der Selbsthypnose vom Typ des Autogenen Trainings die Autonomie und schließliche Unabhängigkeit des Patienten vom Therapeuten sicherstellen, und sie sind eine bewährte Grundlage für verschiedene Strategien der Veränderung des inneren Selbstgespräches, sei es im Sinne der Selbststeuerung, sei es im Sinne der Änderung kognitiver Dispositionen. Schließlich gehört dazu die Technik der Altersregression, die bereits auch von Wolpe in ihren positiven Möglichkeiten gesehen wurde, wobei es jedoch offen bleibt, welche der denkbaren Interpretationen ihrer Wirkungsweise die korrekte ist (wenn überhaupt). Zweitens wurde gezeigt, daß es auch in der Verhaltenstherapie intra- und interpersonelle Konstellationen gibt, die eine Aufhebung des Transparenzprinzipes vielleicht nicht zwingend notwendig, aber doch erwägenswert erscheinen lassen. Zu diesen Konstellationen gehören jene Probleme, die man vielleicht zusammenfassend als *Intentionsangst* bezeichnen könnte, die Angst vor dem Versagen beabsichtigter Kontrolle. Hier bieten sich die sog. paradoxen Interventionen an, sei es als Paradoxe Intention oder als Symptomverschreibung[7], deren wahre Zielsetzung in der Regel verborgen bleiben muß. Eine andere Konstellation ist das Entstehen von Reaktanz durch das

---

7 Diese Verfahren werden von ihren Vertretern nicht als gleichwertig angesehen; ob es aber tatsächlich Unterschiede in den Wirkmechanismen gibt, und worin die ggf. bestehen, soll hier nicht diskutiert werden.

verordnende Vorgehen der Verhaltenstherapie. Die Reaktanz kann gewissermaßen ausgebeutet werden, indem man sie bewußt provoziert, um Reaktionen auszulösen, von denen man sich eine positive Wirkung verspricht. Oder man kann
versuchen, sie durch eine der zahlreichen indirekten Kommunikations- und Be-
einflussungstechniken zu vermeiden oder zu reduzieren. In allen Fällen müssen
die wahren Intentionen, und natürlich auch das zugrundeliegende psychologische
Modell, verschleiert werden, d.h. man muß das Transparenzprinzip auf der ersten Ebene (der therapeutischen Interaktion) aufheben.

Nun kann man fragen: was hat das alles mit Hypnose zu tun? Gibt es ein gemeinsames Element, das diese Strategien miteinander und auch mit der Verhaltenstherapie verbindet? Ich möchte wenigstens den Versuch machen, derartige
gemeinsame Elemente herauszudestillieren. Es wird sich dabei nicht vermeiden
lassen, daß sich die folgenden Überlegungen von dem praktischen therapeutischen Kontext entfernen und grundsätzliche Probleme allgemeinpsychologischer
Natur aufgreifen.

Was bei vielen der geschilderten Techniken oder Verfahren eine entschei-
dende Rolle spielt, wird im Zusammenhang mit Hypnose *Dissoziation* genannt
(Peter, 1987; Hilgard, 1989). Bei unserer Diskussion erscheint mir dieser Begriff
von seinen Konnotationen her eher ungünstig, da er die Vorstellung der Teilung
eines schon vorhandenen Ganzen nahelegt. Wenn von Dissoziation die Rede ist,
dann meist in Bildern des Zerlegens von Einheiten. Die höheren Teile des Gehirns werden von den niederen abgespalten (Bernheim, 1988), das hypnoide Bewußtsein vom normalen und der Affekt von der Vorstellung (Freud/Breuer,
1895), das Unbewußte vom Bewußten, das Ich vom Es, und die kognitiven Kon-
trollstrukturen voneinander (Hilgard, 1989). Peter (1987) hat die Geschichte dieser Vorstellung geschildert, beginnend mit Janet's Begriff der *désagrégation*, ein
"Auseinandernehmen vorher zusammengeführter Elemente, bzw. Auseinandernehmen, indem die Einheit zerstört wird" (Robert, 1980). Wir haben es aber bei
den uns im Moment interessierenden Erscheinungen nicht nur mit Zersplitte-
rungen von schon vorhandenen Einheiten zu tun, sondern mit der Isolierung von
Einheiten, die gar nicht erst mit anderen assoziiert werden sollen. [8]

Wo finden wir also Isolierung von Stimulusverarbeitung in der Therapie, und
welche Funktion hat sie?

Zunächst einmal ist es sinnvoll, äußere und innere Isolierung zu unterscheiden. Von *äußerer* Isolierung können wir dann sprechen, wenn der natürliche Sti-
mulushintergrund künstlich so weit verarmt wird, daß nur noch eine reduzierte
Anzahl von Stimuli übrig bleibt. Man könnte hier auch von einer *Entchaotisierung* der Umwelt sprechen. Entchaotisierung wird erstens durchgeführt, wenn
Menschen z.B. aufgrund bestimmter Defekte einfach nicht in der Lage sind, aus
semi-chaotischen natürlichen Umgebungen die relevanten handlungsleitenden
Stimuli zu extrahieren und die irrelevanten zu ignorieren. Typische Anwen-

---

8 Man könnte sagen, daß bestimmte Vorgänge der *Informationsverarbeitung* von anderen isoliert werden, aber
da der Begriff der Information in Zusammenhängen dieser Art ungeklärt bleibt (der der sog. Informationstheorie kann ja wohl nicht ernsthaft gemeint sein, da dieser von der Semantik der Zeichen, also ihrer
Bedeutung, vollkommen absieht), möchte ich lieber den unspezifischen Begriff der *Stimulusverarbeitung* verwenden. Isolierung wird also im folgenden als der allgemeinere Begriff verwendet, Dissoziation ist eine Un-
terklasse davon, nämlich jene Fälle, wo tatsächlich schon vorhandene Assoziationen (oder Komplexe) sepa-
riert werden.

dungsbeispiele dafür sind die systematisch hochstrukturierten Umgebungen der sog. Münzökonomien in psychiatrischen Kliniken und Sprech- oder Fertigkeitsübungen bei autistischen oder retardierten Kindern. Zweitens dann, wenn bestimmte Stimuluskontingenzen weitgehend isoliert präsentiert werden müssen, weil sie sich sonst gegen das "Rauschen" der Umwelt nicht durchsetzen können. Alle Laborexperimente aus den Forschungen zur Lerntheorie sind von diesem Typ; damit geht, wie oben schon geschildert, meist eine weitgehende Einschränkung der motorischen Bewegungsfreiheit einher, um auch den Einfluß selbstgenerierter Stimuli auszuschalten.

Mit *innerer* Isolierung haben wir es dann zu tun, wenn verbale oder nicht-verbale Stimuli bzw. deren mentale Repräsentationen in der assoziativen Beziehung zum Rest des "kognitiven Corpus"[9] einer Person behindert werden. "Kognitiver Corpus" (KC) soll die Gesamtheit dessen bezeichnen, wofür sich die kognive Psychologie interessiert (Überzeugungen, Denkstile, Erwartungen, Attributionen, Repräsentationen, Erinnerungen etc). Wenn wir uns vergegenwärtigen, daß zumindest ein Teil des KC durch Aussagen beschrieben werden kann, so ist es klar, daß er potentiell unendlich groß ist (da aus jeder Aussage unendlich viele andere folgen). Die Assoziation eines Stimulus mit dem Rest des KC ist nie vollständig - ein derartiges kognitives Durcharbeiten würde viel zu lange in Anspruch nehmen bzw. wohl nie ein Ende finden. Wir müssen vielmehr annehmen, daß sowohl die Art der Assoziation wie die Inhalte selektiv sind: in irgendeiner Form werden Assoziationen zu den relevant erscheinenden Teilen des KC hergestellt und zu anderen nicht, jedenfalls nicht ohne weiteres. Diese Selektivität der Stimulusverarbeitung ist zumindest ein Teil dessen, was *kognitives Schema* genannt wird (vgl. Revenstorf, Kap. 7.). Umgekehrt gilt auch, daß die *Isolierung* eines Stimulus vom Rest des KC kaum jemals vollständig sein wird. Assoziation und Isolierung sind also jeweils lediglich partielle Phänomene, die in größerem oder geringerem Maß auftreten können.

Nun möchten wir gerne wissen: wie kommt innere Isolierung zustande? Diese Frage umfassend zu beantworten, würde weit über das hier mögliche hinausgehen, aber man kann doch ein paar Beispiele dafür bringen, welche Vorschläge hierzu gemacht wurden. Erstens ist es denkbar, daß Stimuli unterhalb der Bewußtseinsschwelle vom normalen Assoziationsvorgang ausgeschlossen sind. Zweitens kann man sich so stark auf bestimmte Aspekte der Umgebung konzentrieren, daß die anderen das Bewußtsein nicht mehr erreichen. Drittens können im KC korrespondierende Kenntnisse einfach fehlen, so daß eine Information (z.B. Bemerkungen von Ärzten über die Krankheit eines Patienten) auch nicht dazu in Beziehung gesetzt werden kann. So ist etwa das von Bongartz (Kap. 4.4.1) dem Patienten angebotene "Krankheitsmodell" des Drehschwindels, wie er sagt, wahrscheinlich nicht korrekt; es ist aber von dem Patienten nicht kritisierbar und erfüllt die wichtige Funktion, eine verständliche und entlastende (weil Unsicherheit behebende) Erklärung der Störung zu geben und eine Therapie nicht nur möglich, sondern auch plausibel erscheinen zu lassen. Viertens: es gibt

---

9 Der Begriff wird hier in Analogie zu dem von Stegmüller eingeführten Begriff des *rationalen Corpus (RC)* einer Person verwendet (Stegmüller 1969, S.321).

eine Art "festverdrahteter" Verbindung zwischen Reiz und Reaktion, die wegen ihrer Ablaufgeschwindigkeit einen dazwischengeschalteten Assoziationsvorgang unmöglich macht - man greift reflexartig nach dem fallenden Messer und schneidet sich in die Hand. Fünftens: die Kognitionen sind stark überlastet: man handelt kaltblütig in der kritischen Situation, der Schock stellt sich erst später ein. Sechstens: die Kognitionen sind stark gehemmt: in Trance wird nicht diskursiv nachgedacht. Allerdings muß man hier wahrscheinlich noch differenzieren; wir wissen, daß zum Beispiel Phantasievorgänge und auch "freie Assoziation" gerade in Entspannung oder tranceähnlichen Zuständen lebhaft ablaufen. Offensichtlich ist hier nicht der Assoziationsverkehr an sich reduziert, sondern lediglich der nach dem gewohnten Schema ablaufende (hier gibt es Ähnlichkeiten mit dem Traum). Siebtens: eine Kommunikation kann sich tarnen und eine andere Intention vorspiegeln als die, die tatsächlich dahintersteht. Die assoziative Verarbeitung wird dann der vorgetäuschten Intention entsprechen und nicht der realen - das ist die Reaktionsweise auf paradoxe Interventionen. Achtens: eine Person ist einfach ein wenig dumm und kann nicht die Implikationen bestimmter Tatsachen erkennen. Neuntens: eine Information wird habituell mit bestimmten Teilbereichen des KC assoziiert und von der Kontaktaufnahme mit anderen ausgeschlossen wie etwa bei Vorurteilen und Stereotypien. Zehntens: ein bestimmter Teilbereich des KC enthält Dinge, die stark aversiv sind - Kontaktaufnahme damit kann dann vermieden werden (psychoanalytisch würde man von Verdrängung sprechen).

Dies sind ein paar Beispiele. In welchem Sinne haben wir es nun bei den oben beschriebenen Techniken oder Kommunikationsstrategien mit Isolierung zu tun, und wie kann man sich ihren therapeutischen Nutzen vorstellen? Denn zunächst einmal scheint Isolierung ja Störungen zu verursachen, und nicht zu beheben (die ganze psychoanalytische Neurosenlehre basiert ja auf einer bestimmten Form dessen, was hier Isolierung genannt wurde). Auch das kann hier nur exemplarisch skizziert werden:

Indirekte Suggestionen sprechen keine gerichteten Aufforderungen aus und isolieren daher die Kommunikation von jenen Reaktionsschemata, die die Durchsetzung der eigenen Autonomie gegenüber externen Kontrollversuchen aktivieren. Das sog. *pacing* (Begleiten) von Verhalten mit anschließenden *leading* (Verändern), wie es beispielsweise beim von Mrochen (Kap. 4.8.2) geschilderten "Atempacing" eingesetzt wurde, kann als eine indirekte Form des *prompting* betrachtet werden, die vom normalen Aufforderungskontext isoliert wird. *Pararadoxe Interventionen* isolieren eine Aufforderung von jenen Assoziationen, die von der entgegengesetzten Aufforderung ausgelöst werden. Der Zustand der *Trance* führt zu einer so starken Konzentration der Aufmerksamkeit, daß potentielle Gegensuggestionen nicht bewußt werden. Die Einübung systematisch eingesetzter *Selbstinstruktionen* verhindert die durch das innere Geplapper vermittelten Assoziationsabläufe. Vorstellungen im Zustand der *Entspannung* werden von der normalen Stimulusumgebung weitgehend abgeschirmt und gewinnen dadurch die für Lernprozesse notwendige Prägnanz. *Altersregression* ermöglicht ein Verhalten, das nicht von den normativen Schemata der Erwachsenen kontrolliert wird. *Zeitverzerrung* isoliert einen Verlauf vom habituell betrachteten zeitlichen Rahmen und assoziiert ihn mit einem realitätsgerechteren. Kossack z.B. (Kap. 4.5.4) gibt eine posthypnotische Suggestion des Inhaltes, daß die Kandidatin stets ausreichend Zeit für das Auffinden von Karteikarten und das Beantworten von Fragen haben wird.

Von diesen Isolierungsmaßnahmen können einige transparent gemacht werden, andere können es nicht, weil gerade damit die notwendige Isolierung aufgehoben würde. Wie und unter welchen Umständen Isolierung therapeutisch genutzt werden kann, wurde oben an mehreren Beispiele geschildert. Dabei muß man sich darüber im klaren sein, daß Therapie eben auch den Weg der Ent-Isolierung gehen kann (z.B. in der Gesprächstherapie oder der rational-emotiven Therapie), vielleicht sogar häufiger als den entgegengesetzten, oder daß der Weg der Isolierung und der Weg der Assoziation sich ergänzen. Forster (Kap. 4.3.7.2) schildert diesen Prozess sehr anschaulich: Das Symptom wird mit den typischen auslösenden Situationsbedingungen imaginativ assoziiert; dann werden diese Bedingungen vom Symptom isoliert, und schließlich mit dem gewünschten positiven Verhalten wieder assoziiert. Peter (Kap. 4.6.1) isoliert die Vorstellung einer Prüfungssituation von der Vorstellung tiefer Trance und assoziiert sie mit größerer emotionaler und intellektueller Aktivierung, er isoliert Prüfungswissen vom restlichen Wissen (damit der Patient nur das parat hat, was er braucht), und er isoliert prüfungsrelevante Stimuli von prüfungsirrelevanten. Mrochen (Kap. 4.8.2) isoliert eine in Deutschland verheiratete Spanierin in der Imagination aus dem gegenwärtigen Kontext, läßt sie Assoziationen mit ihrer Kindheit aufnehmen, und führt sie zur Reassoziation dieser Erfahrungen mit dem gegenwärtigen Leben. Trancearbeit ist isolierend, Deutungen sind assoziativ. Bei der sog. Umdeutung (*reframing*) werden bestimmte kognitive Inhalte von einem Teil des KC isoliert und zu einem anderen Teil in Beziehung gesetzt. Revenstorf (Kap. 4.9.2) isoliert das Symptom aus dem Kontext, in dem es als Strafe gedeutet wird, und stellt es in einen anderen, in dem es als Zeichen und Aufforderung zu einer Änderung des Lebens interpretiert werden kann.

Resümee: Isolierung wird gebraucht, wenn man Reaktionen hervorrufen möchte, die durch bestimmte Assoziationen verhindert würden. Isolierung ist damit jener Begriff, der viele der genannten hypnotherapeutischen Techniken zusammenfaßt, eine Verbindung mit der Verhaltenstherapie herstellt, und auch in diesem Rahmen die entsprechenden Vorgehensweisen verständlich macht.

7. Hypnose als kognitive Therapie

Dirk Revenstorf[1]

7.1 Trance als Sonderzustand

7.1.1 Subjektive Erfahrung

Hypnose ist nur einer von vielen Zuständen, in denen die Funktionen des Wahrnehmens, Denkens und Fühlens verändert sind. Unabweislich ist dies so im Traum oder unter Einfluß von Drogen, wie LSD oder Amphetaminen, MDMA u.ä., in Momenten der Faszination, in der Meditation oder bei psychotischer Dekompensation. In solchen Zuständen wird zwischen Innen- und Außenwelt nicht genau unterschieden, die Phantasie wird ebenso wichtig wie die Realität. Daher sind Halluzinationen möglich und Wunscherfüllung wird nicht durch Realitätsauflagen begrenzt. Das Denken ist nicht logisch geordnet; Bilder sind eher das Medium als Sprache. Dies entspricht nach psychoanalytischer Auffassung einer frühen Verarbeitungsform, dem Primärprozeß (Gill & Brennman, 1959), der auch dann erhalten bleibt, wenn das Individuum im Alltag einem Verarbeitungsmodell folgt, das durch Realitätsanpassung und sprachliche Kodierung gekennzeichnet ist.

Fromm hat vorgeschlagen, zwischen Stufen der Wahrnehmungsbreite und Qualitäten der kognitiven Verarbeitung als rezeptiv oder aktiv zu unterscheiden (Fromm & Hurt, 1980). In diesen beiden Dimensionen lassen sich die ohne Drogen erzeugten Bewußtseinszustände in erster Annäherung wie in Tabelle 7.1 ordnen. Der Wachzustand zeichnet sich durch normale Wahrnehmungsbreite und aktive Verarbeitung aus. Der Traum z.B. wird ähnlich fokussiert wie das Alltagserleben, nur rezeptiver erlebt. Abgesehen davon findet er natürlich in einem anderen Raum statt, nämlich in der Phantasiewelt und in Erinnerungen anstatt der äußeren Realität. Hypnose in der Form, wie sie üblicherweise eingeleitet wird, stellt eine aktive Bemühung fokussierter Aufmerksamkeit dar. Die transzendentale Meditation (TM) dagegen ist ebenfalls fokussiert, aber strebt einen rezeptiven Zustand an. Die Zenmeditation, die auf wacheres Bewußtsein aller Vorgänge abzielt, könnte man als einen Zustand erweiterter Wahrnehmungsbreite und aktiver Wahrnehmungslenkung bezeichnen und bestimmte Formen der buddhistischen Mediation (z.B. Satipatthana) als rezeptiven Zustand mit erweiterter Aufmerksamkeit. Die Hypnose wird im allgemeinen aus einem Zustand der aktiven Verarbeitung mit normaler Aufmerksamkeitsverteilung eingeleitet. Durch die Fokussierung wird eine Einengung erreicht. In diesem Zu-

---

1 Für die kritische Lektüre und viele Anregungen möchte ich mich bei M. Hassler, V.Bayer, K. Kirschfeld, V. Breitenberg und B. Peter bedanken.

ständen lassen sich bestimmte Vorstellungen intensiver entwickeln, wie z.B. Zukunftsprojektionen oder Rekapitulationen biographischer Ereignisse. Zum anderen kann aber auch ein Zustand fokussierter, rezeptiver Verarbeitung angestrebt werden, wie bei der Betrachtung psychosomatischer Beschwerden, um sie zu skalieren oder eine "somatische Kommunikation" mit ihnen aufzunehmen (Rossi, 1986). Bei einer kreativen Problembearbeitung, die divergente Suchprozesse wie beim Reframing erfordert, ist eher ein Zustand der erweiterten rezeptiven Aufmerksamkeit gegeben.

Aufmerksamkeit	*Verarbeitung*	
	aktiv	*rezeptiv*
fokussiert	Hypnose	TM
normal	Wach	Traum
erweitert	Zen	Satipatthana

Tab. 7.1: Veränderte Bewußtseinszustände: Aufmerksamkeitsverteilung und Verarbeitungsmodus (nach Fromm & Hurt, 1980)

Während das Feld oben links in Tabelle 7.1 durch Fokussierung der Aufmerksamkeit (z.B. Fixation), das Feld unten rechts dagegen durch Anregen einer assoziativen Verarbeitung (Metaphern und Anekdoten erzählen) erreicht wird, ist das Feld oben rechts am ehesten durch Imagination und autogene Übung zugänglich. Vieles bleibt unberücksichtigt in einer solchen Darstellung: neben der Unterscheidung zwischen Innen- und Außenwelt die Unterscheidung zwischen sprachlicher und nichtsprachlicher Kodierung, zwischen den verschiedenen Sinnesmodalitäten, der Blockierung oder Aktivierung der Motorik.

Der Zustand der Trance wird subjektiv als unterschiedlich zum Wachbewußtsein erlebt. Letzteres zeichnet sich durch einen kontinuierlichen Strom sensorischer Eindrücke aus, die das Gehirn erreichen und dort geordnet und bewertet werden. Schließlich erfolgen Reaktionen des Organismus im motorischen oder autonomen, im endokrinen oder im Immun-System u.ä. Personen in Trance unterscheiden sich nach Orne (1977) von solchem im Wachzustand "durch eine bemerkenswerte Bereitschaft, die Suggestionen des Hypnotiseurs mit den Wahrnehmungen der Umwelt zu vermischen". Besonders deutlich wird dieses Phänomen in den Untersuchungen zur Trancelogik (Orne, 1977) und zum heimlichen Beobachter (Hilgard, 1977, 1989). Wie Orne beschreibt, treten bei tiefhypnotisierten Personen im Gegensatz zu Simulanten transparente Halluzinationen der Art auf, daß beispielsweise eine halluzinierte Person auf einem realen Stuhl wahrgenommen wird, dieser Stuhl aber durch die Person hindurch erkannt wird. Ähnlich fremdartig ist die Erscheinung der doppelten Halluzination, bei der eine Person real an einem Ort im Zimmer und halluziniert an einem anderen Ort erkannt wird. Hilgard (1977) stellte in seinen Untersuchungen zur hypnotischen Analgesie bei einem allerdings geringen Prozensatz von Versuchpersonen fest, daß sie in der Lage sind, die Schmerztoleranz erheblich zu erhöhen, aber zugleich unter bestimmten Vorkehrungen der Dissoziation einen normalen Schmerzbericht abgeben. Er nannte diese offenbar vom Trancebewußtsein getrennte Instanz den heimlichen Beobachter (hidden observer) und begründete damit u.a. seine Neodissoziationstheorie, nämlich die unbeinträchtigte Koexistenz diskrepanter Bewußtseinsinhalte als Charakteristikum der Trancesituation (vgl. Hilgard, 1989). Es ist oft darauf hingewiesen worden (z.B. Wall, 1984), daß die kognitive Verarbeitung in Trance mehr den Merkmalen entspricht, die man der rechten Hemisphäre des Großhirns zuschreibt (Galin, 1974):

Die *Repräsentation* der inneren Erfahrung ist vorwiegend nicht verbal (visuell, taktil, kinästhetisch, auditorisch).

Die *Bearbeitung* erfolgt weniger nach syllogistischer Logik in linear kausaler Schlußfolgerung, sondern in ganzheitlicher Erfassung von Situationen, dem in Beziehung setzen von Teilen zum Ganzen und in simultaner Bearbeitung mehrerer Inhalte.

Es ist nicht so, daß *Worte* nicht wahrgenommen würden; sie werden jedoch nicht zu situativen oder generellen Propositionen organisiert.

Zeit und Abfolge sind weniger wichtig.

Daraus resultiert die subjektive Erfahrung des Tranceerlebens als weniger planend, weniger an der Kontrolle der Realität sondern an der Phantasietätigkeit interessiert und der Bereitschaft, den Suggestionen des Hypnotiseurs zu folgen. Tatsächlich sind eine ganze Reihe von Beobachtungen gemacht worden, die darauf hindeuten, daß unter Hypnose die rechte Hemisphäre mehr beteiligt ist als im Wachzustand und zwar sowohl bei der Verarbeitung dichotischer akustischer Stimuli (Frumkin et al., 1978), der Tympanontemperatur (Zeig, 1977) und dem Powerspektrum im EEG (Chen et al., 1981). Die Objektivierbarkeit des Trancezustandes ist klinisch jedoch nicht von großer Bedeutung - da es in therapeutischen Behandlungen um die Veränderung der subjektiven Bewertung von Erfahrung geht. Doch kann eine Betrachtung derartiger Befunde dazu beitragen, die Komplexität des Phänomens deutlich zu machen

7.1.2 Objekive Befunde

Zu den ersten dokumentierten Belegen dafür, daß in Trance Wirkungen erzielt werden, die weder durch bewußte kognitive Verarbeitung, noch durch Medikamente zu erreichen sind, gehören die Berichte des Chirurgen Esdaile (1851, 1957) aus dem letzten Jahrhundert. Er nahm in einem indischen Gefängnis unter hypnotischer Analgesie Amputationen vor und stellte dabei fest, daß die Mortalität, die damals wegen des Mangels an aseptischen Vorkehrungen normalerweise bei solchen Eingriffen 40% betrug, auf 5% sank. Aber auch Befunde aus der experimentellen Schmerzforschung machen deutlich, daß Hypnose von anderen Mechanismen der Schmerzkontrolle abzugrenzen ist (vgl. Revenstorf, 1988; Peter, 1990b). In dem häufig durchgeführten Experiment, akute Schmerzen durch Eiswasser zu erzeugen (normale Toleranz 25 sec), wird durch willentliche Vornahme diese Toleranz im Durchschnitt um 20% erhöht, durch hypnotische Analgesie dagegen um 80% (Hilgard & Hilgard, 1983). Hypnotische Aanalgesie ist aber auch etwas anderes als die Reaktion auf Plazebomedikation, wie McGlashan et al. (1969) zeigen konnten. Tranceunfähige Personen reagieren auf Plazebo wie auf hypnotische Analgesie mit einer 5-sekündigen Verlängerung der Toleranz, während hochsuggestible Personen unter Hypnose die Dauer im Durchschnitt um 30 sec verlängern und auf Plazebo sogar eher paradox reagieren. Die Wirkung der hypnotischen Analgesie unterscheidet sich offenbar auch von einer generellen Ansprechbarkeit auf Analgetika, wie Gottfredson (1973) fand. Bei zahnärztlichen Eingriffen reagierten trancefähige Patienten genauso gut auf chemische Analgesie wie solche, die zur Trance nicht fähig waren. Auf hypnotische Analgesie dagegen reagierten in dieser praktischen Anwendung die trancefähigen Personen erheblich besser. Interessanterweise läßt sich die analgetische Plazebowirkung durch Naloxon, einem Opiatantagonisten, unterbinden (Levine et al., 1978), was bei hypnotischer Analgesie nicht der Fall ist (Goldstein & Hilgard, 1975). Die hypnotische Analgesie ist demnach offenbar auch kein biochemischer Prozeß, in dem körpereigene Endorphine ausgeschüttet werden. Und schließlich untescheidet sich die hypnotische Schmerzbewältigung auch von der kognitiven Strategie der Streßimmunisierung, wie Miller und Bowers (1986) herausfanden, denn gering- und hochsuggestible Personen unterschieden sich in der Wirksamkeit der Streßimmunisierung zur Schmerzbekämpfung nicht - wohl aber deutlich, wie schon vorher häufig gezeigt, in der Wirksamkeit der hypnotischen Analgesie (siehe Abbildung 7.1). Auch sind die hypnotischen Effekte keine unspezifischen Entspannungseffekte, da die Herzrate durchaus ansteigen kann, wenn dem Patienten oder Probanden in der Hypnose das Einsetzen des Schmerzes signalisiert wird (Hilgard et al., 1974), und es handelt sich auch nicht um Angstbewältigung, da bekannt ist, daß Schmerzen subjektiv steigen können, auch dann wenn Angst durch Valium vermindert wird (Chapman & Feather, 1973).

Ein weiterer Hinweis darauf, daß es sich bei der hypnotischen Verarbeitung um einen von der bewußten Verarbeitung separaten Prozeß handelt, gibt ein Experiment von Bowers (1989). Seine Probanden sollten zwei Aufgaben gleichzeitig erledigen, nämlich Schmerzbewältigung im Eiswassertest und zugleich einen Wortschatztest. Wieder wurden Streßimmunisierung und hypnotische Analgesie verglichen und es stellte sich heraus, daß der Leistungsabfall bei gleichzeitigem Eiswassertest unter der Bedingung der Streßimmunisierung größer ist als unter der hypnotischen Analgesie. Vor allem aber sind diejenigen, die einen Trancezustand eingehen können, unter der Streßimmunisierungsbedingung den Gering-suggestiblen unterlegen, unter der hypnotischen Analgesie jedoch überlegen. Das heißt, sie mobilisieren offenbar einen Prozeß, der sie unter Streßbedingungen kompetenter als im Wachbewußtsein macht und ihnen außerhalb der Trance nicht zur Verfügung steht.

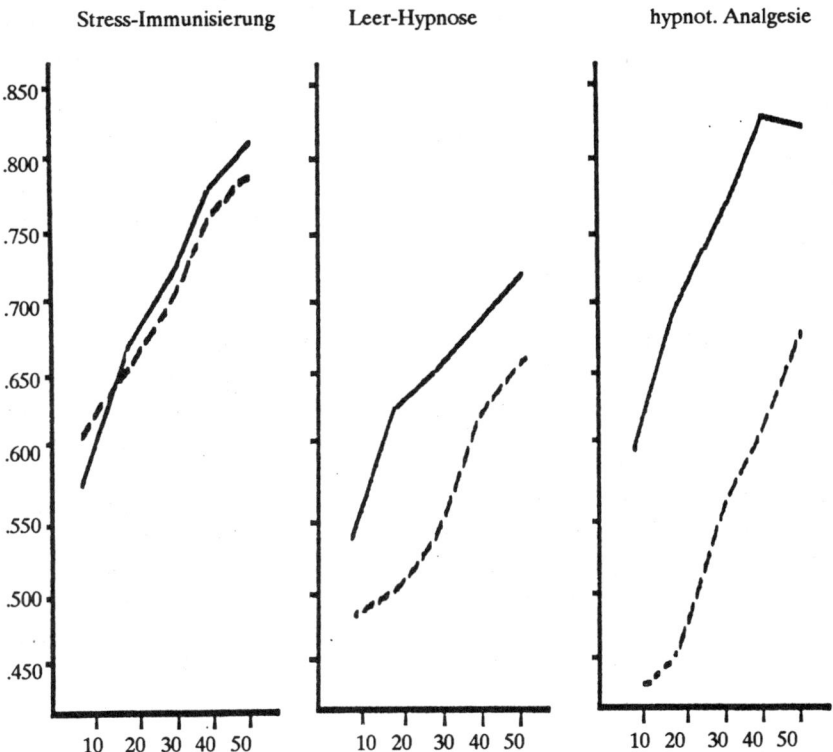

Abb. 7.1: Schmerzberichte unter den Bedingungen einer Stress-Immunisierung (links), Leerhyp-nose (mitte) und einer hypnotischen Analgesie (rechts) für hochsuggestible (gestrichelte Linie) und geringsuggestible Probanden (durchgezogene Linie) (nach Hilgard & Hilgard, 1983)

Patterson et al. (1976) haben Experimente zur Lokalisation der veränderten Infor-mationsverarbeitung unter Trance durchgeführt. Zunächst konditionierten sie einen hohen Ton als Ankündigung (CS) für einen elektrischen Schock am Finger (US) und er-zeugten auf diese Weise eine konditionierte Reaktion in der Herzrate und der galvani-schen Hautreaktion, die durch den hohen Ton ausgelöst wurde. Dann suggerierten sie hypnotisch "Taubheit" und konnten zeigen, daß die konditionierte Reaktion ausblieb. Die beiden konditionierten Reaktionen sind autonome Funktionen und entziehen sich der willkürlichen Veränderung. Das Experiment stellt somit einen Nachweis der besonderen Art der Einflußnahme auf somatische Funktionen unter Hypnose dar. Die hypnotische Blockade, die die konditionierte Reaktion verhindert, kann an verschiedenen Stellen ge-sucht werden, nämlich auf dem Weg zwischen Ohr und Großhirn (afferent), im Kortex selbst (zentral) oder auf dem Weg der sympathischen Innervation des Herzens und der Haut vom Großhirn zur Peripherie (efferent). Um den Ort einzugrenzen, konditionierten sie eine Sequenz von 3 Tönen und einer Pause als Ankündigung des Schmerzreizes (CS). Eine Sequenz von 3 Tönen, die von einem vierten hohen Pfeifton gefolgt wurde, dagegen signalisierte das Ausbleiben des Schmerzes, also Schonung. Entsprechend dieses Arrangements trat eine Veränderung der Herzrate und der galvanischen Hautreaktion dann ein, wenn die 3 Töne von einer Pause gefolgt wurden, nicht aber wenn ein hoher Ton folgte. Die Personen, denen die Beruhigung signalisierende Sequenz von 3 Tönen und dem hohen Ton dargeboten wurde, zeigten keine Reaktion. Wenn dann aber zugleich hypnotisch Taubheit für den hohen Ton suggeriert wurde, dann veränderten sich Herzrate und Hautreaktion. Daraus schlossen die Autoren, daß die Blockade nicht im efferenten Bereich (Sympathikus) liegen kann, sondern zentral oder im afferenten Bereich. Durch weitere Untersuchungen, in denen gleichzeitig andere akustische Stimuli zur Verarbeitung angeboten wurden, deren Wirkung zentral in evozierten Potentialen nachgewiesen wurde, schlossen sie, daß nicht der erste Teil der Hörbahn blockiert sein kann, sondern eine Aufspaltung der afferenten Information vorgenommen wird. Hierfür ist der akustische Kortex ein weniger wahrscheinlicher Ort, weil dort die anderen Stimuli durch evozierte Potentiale repräsentiert blieben. Vielmehr schlagen sie ein subkortikales Zentrum, den Nukleus cochlearis vor, in dem diese Informationsverarbeitung im Sinne eines Filters stattfindet.

In den zahlreichen Untersuchungen zu spezifischen Korrelaten des Trancezustandes auf physiologischer Ebene sind zwar Unterschiede zum Wachzustand und zum Schlafzustand gefunden worden; sie sind jedoch nicht so ausgeprägt, daß sie einer eindeutigen Charakterisierung dienen könnten (vgl. Larbig & Miltner, 1990). Evozierte Potentiale erscheinen unter Hypnose verringert, wenn sie auch nicht verschwinden (vgl. Miltner, Braun & Revenstorf, 1991). Nachweislich ist der alpha-Anteil während Hypnose erhöht. Dies ist nicht der Fall in transzendentaler Meditation, in der die niederfrequenten Anteile im EEG erhöht sind. Außerdem läßt sich eine leichte Lateralisierung feststellen, die den Anteil der rechten (nichtdominanten) Hemisphäre erhöht erscheinen läßt. Auffallender als die Lateralisierung und der Anstieg des alpha-Anteils unter Hypnose ist die Tatsache, daß hochsuggestible Personen auch im Wachbewußtsein einen größeren Anteil an alpha-Tätigkeit des Kortex aufweisen (vgl. Jovanovic, 1988).

7.1.3 Zustandshypothesen

7.1.3.1 Informationsverarbeitung

Den Organismus als informationsverarbeitendes System zu betrachten ist nicht neu. Was das menschliche Gehirn vor dem tierischen auszeichnet, ist die Verfügbarkeit eines sprachlichen Ausdrucksvermögens. Zwar sind auch bei anderen Gattungen Sprachsysteme bekannt, wie etwa bei den Bienen bestimmte Tanzfiguren oder bei den Walen bestimmte Töne (McIntyre, 1982), bei den Säugern bestimmte Gesten und bestimmtes Ausdrucksverhalten (Darwin, 1856), aber nur die menschliche Sprache erfüllt die Bedingung, daß sie das Subjekt in den Stand setzt, über seine eigene Informationsverarbeitung zu reflektieren. Auch bei Primaten ist eine symbolische Kommunikation möglich (Gardner & Gardner, 1969), auch Primaten zeigen "Selbsterkenntnis" in dem Sinn, daß sie sich vor dem Spiegel putzen (Eccles, 1980). Aber die Reflexion über die eigene kognitive Produktion scheint nur Menschen möglich.

Der bewußte Prozeß ist immer nur ein Teilaspekt der gesamten Verarbeitung. Daneben ist eine unterschwellige, also vorbewußte, und eine nonverbale Informationsverarbeitung konstatiert worden (Feldman, 1988). Außerdem ist bekannt, daß es primäre, sekundäre und tertiäre Areale im Kortex gibt, in denen die einzelnen Sinnesmodalitäten getrennt und gemeinsam repräsentiert sind. Neben den primären somatosensorischen, akustischen und visuellen Kortexarealen sind Assoziationsfelder bekannt, in denen sich jeweils 2 Modalitäten überschneiden und darüber hinaus solche, in denen sich 3 Modalitäten überschneiden (Squire, 1978). Weiter ist bekannt, daß die Bahnen zum Frontalhirn führen, einem Ort, an dem eine Art strategischer Planung erfolgt und schließlich zum limbischen System, in dem eine Interaktion mit der emotionalen Bewertung (MacLean, 1952, Ploog, 1980) und zugleich ein Zugang zum Langzeitspeicher vermutet wird (Winson, 1986). Wenn diese Darstellung auch nur ganz grob den anatomischen Gegebenheiten entspricht, so macht sie doch deutlich, daß eine Verarbeitung der Information wiederholt und mit zunehmender Komplexität stattfindet (vgl. Birbaumer & Schmidt, 1990).

Außerdem werden in der kognitiven Psychologie mehrere Formen des Gedächtnisses angenommen: ein prozedurales Gedächtnis (etwa für Vorgänge wie Fahrradfahren), ein episodisches Gedächtnis (für persönliche Erfahrungen, in denen das Subjekt tätig war oder die es passiv erlebt hat) und ein semantisches Gedächtnis, das unser lexikalisches Wissen im Sinne von Bedeutungen speichert (Paivio, 1971; Tulving, 1985). Es wird angenommen, daß ein Teil dieser Speicher der verbalen Kodierung zugänglich sind. Am wenigsten dürfte das auf das prozedurale Gedächtnis zutreffen - wir sind kaum in der Lage, das Knüpfen eines Schnürsenkels hinreichend zu beschreiben, auch wenn wir es mühelos fertig bringen. Die Inhalte des episodischen Gedächtnisses können sowohl sprachlich als Beschreibung, wie auch als Vorstellung auf den verschiedenen Sinneskanälen (auditiv, kinästhetisch, visuell) repräsentiert werden. Das semantische Gedächtnis läßt ebenfalls neben der verbalen die imaginative Beschreibung zu, deren Entwicklung Piaget mit den Begriffen der figurativen Wahrnehmung, der Objektwahrnehmung und der Wahrnehmung von Objektklassen differenziert hat (Piaget, 1976).

Wenn Hypnose nun mit einer Verschiebung des Übergewichts von der verbalen Repräsentation, die unser alltägliches Bewußtsein charakterisiert, zu einer nonverbalen Repräsentation einhergeht, dann würden einerseits die Empfindungen ein stärkeres Gewicht erhalten, so daß die Erinnerungsinhalte in die Nähe von Halluzinationen geraten. Zum anderen würde unsere Aufmerksamkeit auf Komponenten gelenkt werden, die verbal nicht repräsentiert werden können, wie etwa Bewegungsabläufe oder Innervationsmuster, die zu Tonuserhöhungen in bestimmten Körperbereichen führen. Das würde plausibel machen, warum unter Hypnose Affekte leichter zugänglich werden als im Wachzustand und die Erinnerungen beispielsweise in der Altersregression wesentlich plastischer und lebendiger werden.

Neben dieser mehrfachen Repräsentation von Erfahrung ist die Tatsache zu beachten, daß es eine unterschwellige Wahrnehmung gibt (vgl. Dixon, 1981). Wie

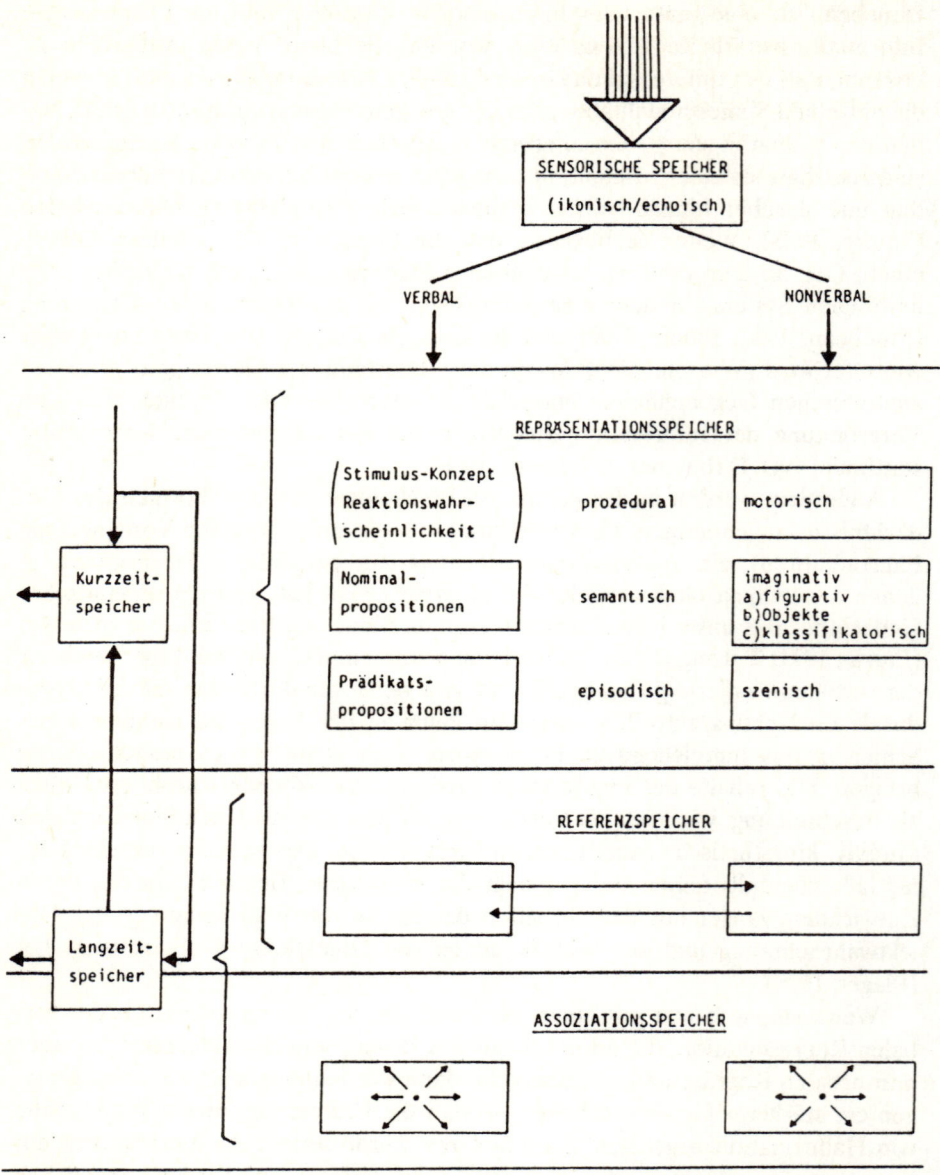

Abb. 7.2: Nonverbale und verbale Repräsentation im Gedächtnis. Die drei angedeuteten Speicher wiederholen u.U. die Unterteilung in prozedurale, semantische und episodische Repräsentation. Der Langzeitspeicher kann unabhängig vom Kurzzeitspeicher Information aufnehmen (aus Revenstorf, 1985).

in einer Vielzahl von Experimenten nachgewiesen wurde, nehmen wir Informationen auf, die nicht unser Bewußtsein erlangen, aber trotzdem registriert und zum geeigneten Zeitpunkt genutzt werden. So erklärt sich etwa die Lenkung der Aufmerksamkeit auf interessante Inhalte, die vorher ausgeblendet wurden, d.h. eine efferente Steuerung afferenter Information, wie etwa Cherrys Cocktailpartyphänomen (Cherry, 1953), daß wir nämlich, in ein Gespräch vertieft, die umgebenden Gespräche nicht beachten, bis in ihnen eine wichtige Informantion (wie z.B. der eigene Name) auftaucht. Feldman (1988) hat zuerst darauf hingewiesen, daß die Untersuchungen zur sublimimalen Wahrnehmung für das Verständnis der Hypnose, insbesondere der indirekten Suggestion, wie sie von Milton H. Erickson ausgearbeitet wurde, hilfreich sein kann.

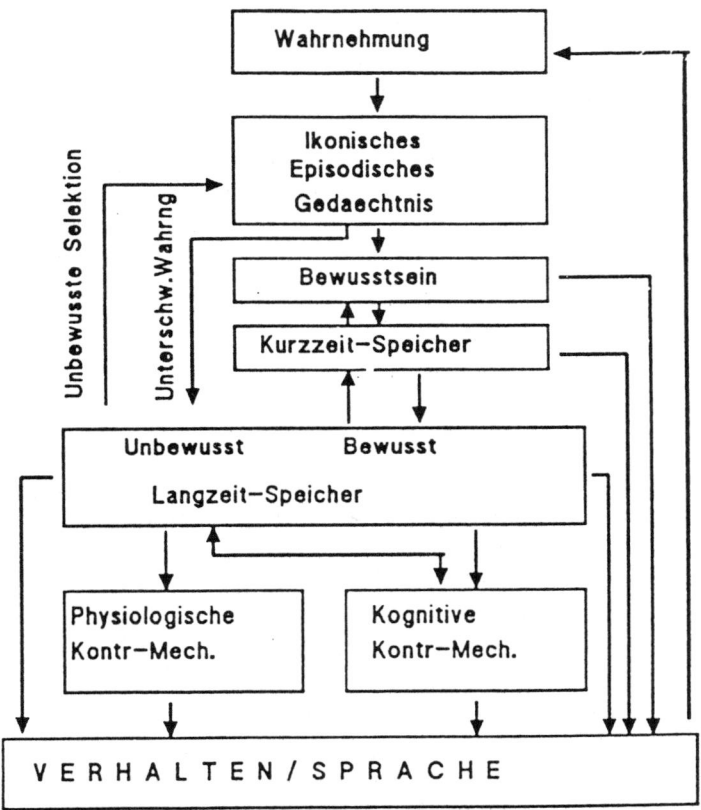

Abb. 7.3: Bewußte und unbewußte Informationsverarbeitung. Lenkung der Wahrnehmung und interner Kontrollmechanismen durch bewußte und unbewußte Inhalte des Lanzeitspeichers (aus Revenstorf, 1990).

Unser Bewußtsein ist am ehesten assoziiert mit dem, was die Gedächtnispsychologen Kurzzeitspeicher nennen. Davor gibt es gewissermaßen einen sensorischen Speicher (echoisch, ikonisch), der, unter Umgehung des Bewußtseins, direkt mit dem Langzeitspeicher, den man auch das Unbewußte nennen könnte, verbunden ist. Wiederum aus diesem unbewußten Langzeitspeicher wird, aufgrund von Selektionsmechanismen, eben dieser echoische Speicher, ebenfalls unter Umgehung des Bewußtseins, gesteuert. Ein Teil des Langzeitspeichers ist bewußtseinsfähig und kann in das Kurzzeitgedächtnis gelangen. Viele automatisierte kognitive und physiologische Kontrollmechanismen der einzelnen Organsysteme werden jedoch offenbar vom unbewußten Teil dieses Speichers gesteuert und sind nicht unbedingt bewußtseinsfähig. Entsprechend können auch Verhaltensweisen direkt in automatisierter oder reflexorischer Weise unbewußt gesteuert sein, während andere unserer willkürlichen Einflußnahme bedürfen. Dies ist besonders bei der Sprache deutlich.

Wenn nun das Bewußtsein zugleich die Instanz darstellt, die die Zensur anhand logisch normativer Wertsetzungen vornimmt - das was die Psychoanalytiker den Sekundärprozeß nennen -, dann kann es hilfreich sein, wenn in Situationen, in denen eine Person bewußt keine Verhaltensalternativen sieht, diese Instanz umgangen wird und Informationen direkt in den Langzeitspeicher gelangen, um von dort aus die Wahrnehmung, die physiologischen und die kognitiven Kontrollmechanismen im Sinne einer Erweiterung zu beeinflussen. Hypnose wäre demnach der Zustand, in dem dies erleichtert wird. Auf der anderen Seite wird der Zustand selbst nur dann erreicht, wenn diese bewußte Kontrolle an Bedeutung verliert. Die indirekten Formen der hypnotischen Suggestion sind daher für die Aufrechterhaltung und die Einleitung des hypnotischen Zustandes von besonderer Bedeutung, ebenso wie die Techniken der Konfusion, in denen die logische Analyse außer Kraft gesetzt wird.

7.1.3.2 Soziale Rolleninvolviertheit

Barber (1969a) hat vorgeschlagen, daß das, was hypnotische Phänomene genannt wird, keinen besonderen Bewußtseinszustand erfordern würde, sondern im Sinne einer Kooperativität der Versuchsperson oder des Klienten gedeutet werden kann. Er weist darauf hin, daß diese Phänomene immer im Kontext einer Hypnose hervorgebracht werden, in einem Kontext also, aus denen die Person implizit ein gewisses Rollenverständnis ableitet, nämlich das des "sich hypnotisiert verhaltens". An anderer Stelle (Barber, 1972) betont er, daß das hypnotische Verhalten auf folgende Ursachen zurückführbar sei:

Aufgrund des hpnotischen Kontextes werden bestimmte Haltungen, Motivationen und *Erwartungen* beim Klienten etabliert;
die hypnotisch reagierende Person hat eine positive Beziehung zum Hypnotiseur und daher Interesse an der *Kooperation*;
entsprechend hat eine i.S. der Hypnose schwach reagierende Person eine schlechte *Beziehung zum Hypnotiseur*;
die 3 Faktoren der Einstellung, Motivation und Erwartung *interagieren* in komplexer Weise, so daß sie nicht zu leicht vorhersagbaren Ergebnissen führen;
die hypnotischen Phänomene sind allesamt im Bereich normalen Verhaltens; daher bedürfe Hypnose auch keiner gesonderten psychologischen Erklärung.

Andere Autoren wie Spanos (1986) oder Sarbin (Sarbin, 1956; Sarbin & Coe, 1972; Sarbin & Slagle, 1980) nehmen eine ähnliche Haltung ein, indem sie die Wirkungen der Hypnose und die Leistungen des Individuums in Trance als etwas darstellen, was aus dem Rollenverständnis und der Rollenverteilung von Versuchspersonen und Versuchsleiter, Therapeut und Klient resultieren. Allerdings ist hier anzumerken, daß jede gelungene therapeutische Beziehung ein ähnliches Rollenverhältnis schafft und daher ähnliche Phänomene hervorbringen müßte. Es ist aber oft genug auf die unterschiedliche Akzeptanz therapeutischer Suggestionen in der Hypnose, verglichen mit dem Gespräch oder der Beschreibung, hingewiesen worden (Erickson & Rossi, 1981). Sarbin hat auch auf die enorme Variabilität hingewiesen, die die Involviertheit eines Individuums in die von ihm adoptierte Rolle aufweisen kann. Das reicht von völliger Unbeteiligtheit bis zum Zusammenbruch der physiologischen Regulationsmechanismen etwa beim Voodoo-Tod. Irgendwo dazwischen liegt der mit seiner Rolle identifizierte Schauspieler, das hysterische Ausagieren von Affekten oder die religiöse Besessenheit im Rahmen legitimierter Rituale. Trance wird etwa zwischen einer engagierten schauspielerischen Darstellung mit physiologischen Effekten und einer rituell ausgelösten Entrücktheit anzusiedeln sein.

Betrachtet man die Unterschiede der äußeren Erscheinungsform der Trance bei Mesmer, Puységur, Bernheim, Charcot bis zu Erickson, dann ist dieser Gedanke nicht von der Hand zu weisen: das hypnotische Verhalten variiert zwischen hysterischem Agieren, schlafwandlerischem Umhergehen, epileptischer Konvulsion und stiller Sitzhaltung bei defokussiertem Blick. Das Verhalten in Trance könnte durch die implizite Kommunikation über die äußere Erscheinungsform bestimmt sein. Damit wäre aber nur angedeutet, daß das sog. Normalverhalten eine Einschränkung der Verhaltensmöglichkeiten des menschlichen Organismus darstellt und daß in Wahrheit eine größere Variabilität möglich ist. Das heißt nichts anderes, als daß es besonderer Umstände, eines besonderen Kontextes bedarf, damit diese Variabilität eines Individuums ausgeschöpft wird.

7.1.3.3 Regression und Übertragung

Psychoanalytiker haben die kognitive Tätigkeit in Trance schon immer mit dem Primärprozeß des Denkens verglichen. Statt logisch-sprachlicher innerer Dialoge herrschen Phantasien, bildliche Vorstellungen und lebhafte Erinnerungen, häufig verbunden mit körperlichen Empfindungen in freier Assoziationsfolge vor (Fromm et al., 1984; Gill & Brennman, 1977). Freud selbst hielt den hypnotischen Zustand für eine Wiederbelebung einer früheren Realität, wobei Jones an die ödipale Phase dachte. Die Hypothese geht in jedem Fall dahin, daß bestimmte Ich-Funktionen dissoziiert, möglicherweise an den Versuchsleiter oder Hypnotiseur abgetreten werden. Dadurch fällt die Versuchsperson automatisch in einen "kindlichen" Zustand zurück. Das verändert einerseits ihr Erleben, zum anderen erhöht es die Lernfähigkeit des Individuums - so meint jedenfalls Erickson (Erickson & Rossi, 1981).

Neben dieser unwillkürlichen Regression wird in der Hypnotherapie und vielen hypnotischen Experimenten die Regression explizit vom Versuchsleiter bzw. Therapeuten suggeriert. Dabei wurde häufig überprüft, wie weit die Person zu frühkindlichen Reaktionen in der Lage ist, die sie willkürlich nicht herstellen kann - das würde die Hypothese stützen, daß die Person sensumotorisch und kognitiv eine im Normalbewußtsein von rezenteren Lernprozessen überdeckte Verhaltensweise reaktivieren kann. Eine Reihe von Studien haben sich mit physiologischen Maßen beschäftigt (vgl. Foenander & Burrows, 1980). Von kasuistischem Interesse ist die Untersuchung von Kupper (1945), der bei einer 24jährigen Patientin eine Regression in das Alter von 18 Jahren suggerierte und dabei ähnlich diffuse Abnormitäten im EEG fand, wie sie diese damals aufgrund epileptischer Anfälle gehabt hatte. Schwartz et al. (1955) regredierten 5 erwachsene Versuchspersonen und fanden bei einer von ihnen im EEG theta- und delta-Frequenzen, als sie das Regressionsalter von 3 Jahre erreicht hatte. Auf der anderen Seite fanden True und Stephenson (1951) und McCranie und Crasilneck (1955) keinerlei Veränderungen im EEG. Erfolgreich waren Untersuchungen zum Babinski-Reflex; mehrere Autoren fanden bei der Regression in einem Alter unter 7 Monaten positive Babinski-Reaktionen (McCranie & Crasilneck, 1955; LeCron, 1952; Sarbin, 1956). Einige der Autoren fanden auch den Moro- und den Saugreflex. Es ist allerdings eingewendet worden, daß zumindest der Babinski-Reflex durch die reine Entspannung oder möglicherweise auch dadurch verursacht worden sein kann, daß die Person eingeschlafen war.

Andere Untersuchungen beschäftigen sich mit kurzfristigeren Regressionen, in dem sie konditionierte Reflexe, die in der Zwischenzeit gelöscht wurden, durch Regressionen in den Aquisitionzeitraum reaktivierten. LeCron (1952) konditionierte wegzuckende Hand- und Lidschlagreflexe auf einen Ton und fand, daß die Reaktion nicht ausgelöst wurde, wenn die Person vor die Zeit der Aquisition regredierte. Edmonston (1960) demonstrierte, daß die Extinktion bei derselben Art von Reflex aufgehoben wurde, wenn die Regression in den Aquisitionszeitraum zurückging.

Eine Reihe von Studien wurden zum Intelligenzalter durchgeführt, um die Hypothese zu überprüfen, daß das mentale Alter in der Regression reduziert ist (Platonov, 1933; Young, 1940; Kline, 1951). Sie fanden tatsächlich entsprechende Intelligenzleistungen. Dasselbe wurde allerdings auch von Simulanten erreicht mit dem Unterschied, daß hypnotisierte Versuchspersonen im Intelligenzalter weiter zurückgingen als ihnen suggeriert worden war und Simulanten eher weniger weit. Barber (1972) kritisierte allerdings, daß die reine Instruktion ohne Hypnose denselben Dienst tut. Auch die Poggendorf- oder Posotäuschung (optische Täuschungen, die in der Jugend anders ausfallen) wurden verwendet, um eine echte Altersregression nachzuweisen. Diese optischen Täuschungen verringern sich in ihrem Ausmaß bei jüngeren Versuchspersonen im Alter von 5 - 10 Jahren. Entsprechende Effekte unter Hypnose konnten von Parrish et al. (1969) und Perry und Chisholm (1973) nachgewiesen werden, von Asher et al. (1972) dagegen nicht.

Weitzenhoffer (1953) hat etwas pointiert zwischen einer echten physiologischen Regression und einer des Rollenspiels unterschieden. Er behauptet, die meisten Fälle seien Mischungen daraus. Die Frage der Hypermnesie, also des besseren Zugangs zu Gedächtnisinhalten in der Trance, ist vielfach untersucht worden - mit sehr widersprüchlichen Ergebnissen. Eine speziell im Hinblick auf die Anwendung bei Zeugenvernehmungen eingesetzte Experten-Kommission kam in den USA zu dem Schluß, daß eine wahrheitsgetreue Erinnerung unter Hypnose nicht verläßlich stattfindet, daß vielmehr die Erinnerung in diesem Zustand besonders stark Verzerrungen und Phantasieeinflüssen ausgesetzt ist (Council of Sientific Affairs, 1985).

Wenn, abgesehen von der bewußt angestrebten Altersregression in eine kindliche Phase, diese schon allein durch die hypnotische Situation ausgelöst wird, dann hat das Implikationen für die therapeutische Arbeit. Wenn weiterhin einerseits, wie Chertok (1980) zusammenfaßt, die Unterscheidung zwischen psychischen und physiologischen Vorgängen in diesem Zustand aufgehoben wird, führt dies automatisch zu einer Erlebnisaktivierung im Sinne des Übergewichts der affektiven Verarbeitung. Auf der anderen Seite wird das, was die Psychoanalytiker Übertragung nennen, mehr oder weniger spontan eintreten: Ein männlicher, autoritärer Hypnotiseur wird, wie Ferenzcy (1915) bereits beschrieben hat, wie eine eindrucksvolle Vaterfigur auf ein Kind wirken; auf der anderen Seite löst die einflüsternde wohltuende Aufmerksamkeit, die durch den mit gedämpfter Stimme vorgetragenen Monolog des Hypnotiseurs vermittelt wird, mit großer Wahrscheinlichkeit Erinnerungen an kindliche Situationen aus, wie z.B. das zu Bett bringen durch die Mutter. Folgt man diesem Gedanken, so kann, ohne daß es den Beteiligten bewußt werden muß, eine große Nähe im Sinne einer Eltern-Kind-Beziehung unvermittelt entstehen, auf die der Therapeut vorbereitet sein muß. Sie birgt einerseit die Gefahr der Abhängigkeit in sich, zum anderen die Möglichkeit erhöhter therapeutischer Einflußnahme.

7.2 Veränderungstheorie

7.2.1. Schemata und Lernprinzipien

Eine Theorie der Veränderung muß drei Prozesse in Rechnung stellen: den der Entwicklung von Verhaltensweisen, den der Stagnation in einer negativen Befindlichkeit oder in einem eingeschränkten Verhaltensrepertoire und den der Neuorientierung oder Erweiterung des Repertoires. Die Lerntheorie als Grundlage der Verhaltenstherapie nimmt an, daß alle drei Prozesse den gleichen Mechanismen unterliegen. Verhaltensmuster werden besonders wirksam durch positive und negative Verstärkung (Belohnung und Vermeidung von Strafe), durch die Konditionierung von Köperreaktionen auf Signale und durch Imitation gelernt. Dies geschieht vor allem in der Kindheit und Jugend in großem Ausmaß. Ein Problem für diese Theorie der Verhaltenssteuerung stellt die Tatsache dar, daß solche Lernprozesse nicht immer kontinuierlich verlaufen. So hat es eine Diskussion um den Spracherwerb gegeben, der in qualitativen Sprüngen bezüglich der Rechtschreibung und Grammatik erfolgt. Chomsky hat gegen eine lerntheoretische Auffassung aus linguistischer Sicht mit einer universellen Grammatik argumentiert, die angeboren sein muß und sich je nach umgebender Sprachkultur anders entfaltet (Chomsky, 1959, 1977; vgl. Lenneberg, 1977). Auch von ethologischer Seite sind Einwände gegen die Hypothese der operanten Konditionierung erhoben worden (Gardner & Gardner, 1988). Sie beziehen sich auf die Schwierigkeit, angeborene artspezifische Reaktionen zu überformen. Ein weiteres Problem ist die Zirkularität in der Definition von Verstärkung, die nämlich letztendlich nur an der Erhöhung der Häufigkeit des gelernten Verhaltens festgemacht werden kann. Denn es gibt offensichtlich große individuelle Unterschiede darin, was verstärkend wirkt, so daß man einen Verstärker nur aus seiner Wirkung definieren kann.

Neurotische Symptome werden gemäß der Verhaltenstheorie nach denselben Prinzipien gelernt wie kompetentes Verhalten: Ängste durch Konditionierung, exzessives Verhalten wie Jähzorn oder Alkoholmißbrauch häufig durch positve Verstärkung, Vermeidungsverhalten durch negative Verstärkung. In den meisten Lernprozessen werden jedoch mehrere Lern-Prinzipien gemeinsam wirksam. So entsteht eine Phobie durch Konditionierung von Angstreaktionen, Vermeidung und Belohnung in Form von Schonung innerhalb eines geschützten Rahmens. Defizite, wie mangelnde Durchsetzungsfähigkeit oder Hilflosigkeit in der Depression, werden sowohl durch zwei weitere Lerprinzipien, nämlich Bestrafung und Löschung (z.B. Ignorieren) gefördert wie auch durch Vermeidung von Mißerfolg (negative Verstärkung) und Mangel an positiver Verstärkung (vgl. Kap. 5 und 6 sowie Revenstorf, 1982). Therapie besteht gemäß der lerntheoretischen Auffassung aus einem Neulernen. Entweder werden Defizite kompensiert - dabei spielen sowohl die Vermehrung von Verstärkerquellen wie auch die Überwindung der Vermeidung eine Rolle - oder es werden Exzesse durch Löschung abgebaut - häufig verbunden mit dem Aufbau alternativer Verhaltensweisen. Was dieser Auffassung von Therapie fehlt, ist ein Modell für qualitative Sprünge in der Entwicklung des Verhaltens. Unerklärlich wäre z.B. folgender Fall:

Ein junger Mann leidet an einer reaktiven Depression, weil ihn seine Freundin verlassen hat. Er läßt sein Studium zwei Jahre liegen und wird stationär aufgenommen. Nach der Entlassung ändert sich seine Situation nicht. Er lernt, ohne Anspruchshaltung, die sein sonstiges Verhalten prägt, in wenigen Sitzungen eine Trance einzugehen. Ausgelöst durch eine hypnotisch eingebettete Metapher zur Überwindung dichotomen Denkens, spricht er in derselben Woche eine Frau an und gewinnt sie als Partnerin. Er ist verwundert darüber, wie er dabei seine sonst notorische Schüchternheit überwunden hat (Revenstorf, 1987).

Die kognitive Psychologie hat betont, daß das Verhalten durch Schemata stabilisiert wird (Neisser, 1976). Damit wird der Tatsache Rechnung getragen, daß Menschen entgegen aller besseren Erfahrung in einem unangepaßten Zustand verharren und sich neuen Lernerfahrungen verschließen. Es wird hervorgehoben, daß die Reaktion des Individuums nicht durch externe Kontigenzen allein bestimmt wird. Vielmehr wird die Aufrechterhaltung der Schemata durch Wahrnehmungsprozesse wie Verzerrung, Verkürzung und Selektion gefördert (vgl. Beck, 1969, Bandler & Grinder, 1975). So wird die Stagnation als zeitweiliges Charakteriskum menschlichen Verhaltens verständlich. Sie ist neben der gerade erwähnten scheinbar spontanen Neuorientierung ein für die Lerntheorie schwer erklärbares Phänomen - wie auch jeder qualitative Sprung aufgrund von Einsicht

(Aha-Erlebnisse der Problemlösung, die ja auch bei Primaten beobachtet werden; vgl. Köhler, 1959).

Die Schematheorie Piagets (1976) unterscheidet zwischen Assimilation und Akkommodation von sensumotorischen und kognitiven Schemata. Sie entstehen durch Erfahrung, ordnen Erfahrung und können durch Erfahrung verändert werden. Diese "Programme" sind selbsterhaltend (durch Assimilation) und selbstlernend (durch Akkommodation). Man könnte sie sich als Schablonen oder Matrizen vorstellen, die auf die situative Information und solche des inneren Milieus gelegt werden. Sie bestehen darüber hinaus aus emotionalen, kognitiven und motorischen Komponenten, mit vegetativen, endokrinen und anderen physiologischen Anteilen wie auch aus Erinnerungen an relevante vorrausgegangene Erfahrungen. Zum Beispiel kann sich ein Schmerzschema bei chronischen Rückenschmerzen aus der Wahrnehmung von belastenden Situationen, Gefühlen der Hilflosigkeit und der Verspottung, Gedanken wie "Warum gerade ich?" zusammensetzen, verbunden mit Kortisolausschüttung der Nebenniere, Hypertonus bestimmter Rückenmuskeln und der entsprechenden Wahrnehmung von Spannung, eine seitlich oder nach vorne gebeugte Haltung und unzählige Erinnerungen an Behinderungssituationen, die dazu passen (Leventhal, 1980). In einer krisenhaften Beziehung kann das Schema der Auseinandersetzung mit dem Partner durch Wahrnehmung der Bösartigkeit, der Gefühlskälte in der Reaktion des Partners, Gefühle der Kränkung oder der Empörung, Gedanken wie "Wie kann er/sie nur ..." charakterisiert sein, verbunden mit Adrenalinausschüttung der Nebenniere, erhöhter Herzrate, motorischer Agilität mit Kampf- oder Fluchttendenz und der Erinnerung an unzählige Szenen streitbarer Konfrontationen. Analog lassen sich Schemata für Depressionen, Angst, Schulversagen u.a. formulieren. Aber natürlich sind auch positiv bewertete Erfahrungen wie Erfolg in Verhandlungen oder kreative Momente durch Schemata beschreibbar. Diese sind dann vielleicht gekennzeichnet durch Wahrnehmung des Interesses der anderen, Gefühle von Kompetenz oder Geschicklichkeit, ermutigende Selbstkommentare, große Wachheit und Agilität, Zuwendungsreaktionen auf Gegenstände oder Personen der Umgebung, vielleicht verbunden mit Endorphinauschüttung. Generell können solche Schemata auf Rollen bezogen werden (Elternrolle, Untergebenenrolle, Lehrerrolle u.a.) oder auf spezifische Situationen (Urlaub, Prüfungsvorbereitung, Geselligkeit in der Kneipe, Verliebtheit).

7.2.2 Assimilation und Autopoiese

Während die Lerntheorie davon ausgeht, daß komplexe Schemata durch externe Umstände wie Belohnung, das Wegfallen von Bestrafung, Aufmerksamkeit, Schonung usw. aufrecht erhalten werden, behauptet die kognitive Therapie, daß solche Schemata quasi in einem autokatalytischen Prozeß sich selbst erhalten und bestärken. Bei Becks Depressionstherapie ist es mehr die rekursive Interaktion von Gefühlslage und Wahrnehmung der Umweltereignisse, bei Ellis rational-emotiver Therapie ist es mehr die gegenseitige Förderung von Gefühlen und inneren Glaubenssätzen, so daß sich eine depressive Spirale wie in Abbildung 7.4 ergibt.

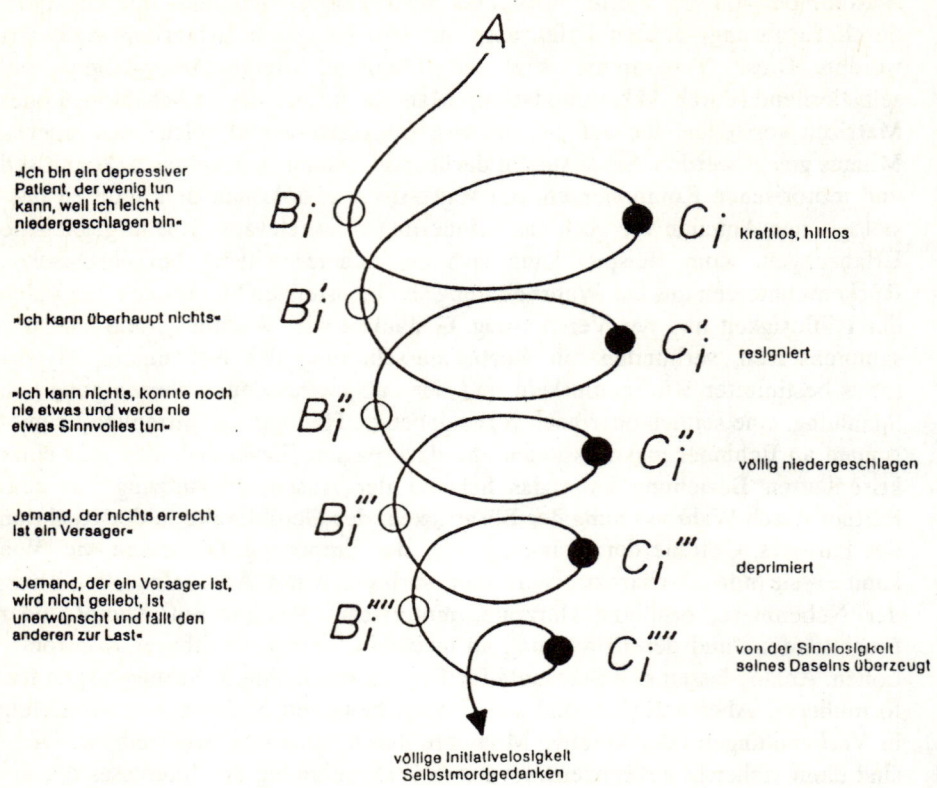

Abb. 7.4: Depressions-Spirale: die gegenseitige Eskalation negativer Gefühle und Selbstkommentare bewirkt asymptotische Stabilisierung der Befindlichkeit auf einem dysphorischen Niveau (aus Revenstorf, 1982).

Während also Schemata als Strukturen, die den Handlungsentwurf steuern, bzw. als komplexe Afferenz-/Efferenzmuster nach Prinzipien der Lerntheorie erworben werden, bleiben sie trotz gegenteiliger Lernerfahrungen erhalten oder fixieren sich sogar rekursiv wie eben beschrieben und kennzeichnen damit den Prozeß der Assimilation. Das ist ein für die Lerntheorie nur schwer faßbares Phänomen. In der Mathematik wird ein solches Phänomen als Eigenwertbildung rekursiver Operationen beschrieben (rekursive Quadratwurzel, rekursive Matrixmultiplikation), in der Chemie als Autokatalyse, wobei ein Stoff A mit Hilfe eines zweiten Stoffes B in die Lage versetzt, wird Stoff C anzulagern und dabei Stoff B wieder abzuspalten, der den Prozeß neu initiiert, so daß sich der Stoff A-C vermehrt (Nicolis & Prigogine, 1987). In der Biologie sind analoge Prozesse als Autopoiese beschrieben worden (Maturana & Varela, 1987). Alle diese Beschreibungen heben hervor, daß in anorganischen oder organischen, in biolo-

228

gischen oder kognitiven Systemen Strukturen entstehen, die unwahrscheinlich sind, d.h. fern von einem energetischen Gleichgewicht oder fern von einer ausgeglichenen Verteilungen über unterschiedliche Zustände (Entropie). Diese Art von Assimmilationsprozessen garantiert Stabilität und Vorhersagbarkeit, allerdings in vielen Fällen auch Stagnation.

7.2.3 Akkomodation und Selbstorganisation

Wie kann nun durch Lernprozesse erworbenes, durch konvergente Stagnation stabilisiertes Verhalten in Bewegung gebracht werden? Da neue Erfahrungen ausgeblendet oder umgedeutet bzw. aus Gründen mangelnder Motivation gar nicht erst aufgesucht werden, können lerntheoretische Mechanismen kaum hilfreich sein. Während im Zustand der Stagnation mit Hilfe der Assimmilation gut gemeinte Handlungen als berechnend, ein achtloser Blick als verächtlich, eine Zeitungsnotiz als persönliche Mitteilung, eine Absage als selbstwertmindernd gedeutet werden und so das System in der Nähe seines Eigenwertes belassen, so sollen diese Assimilations-Tendenzen in der Therapie unterbrochen werden.

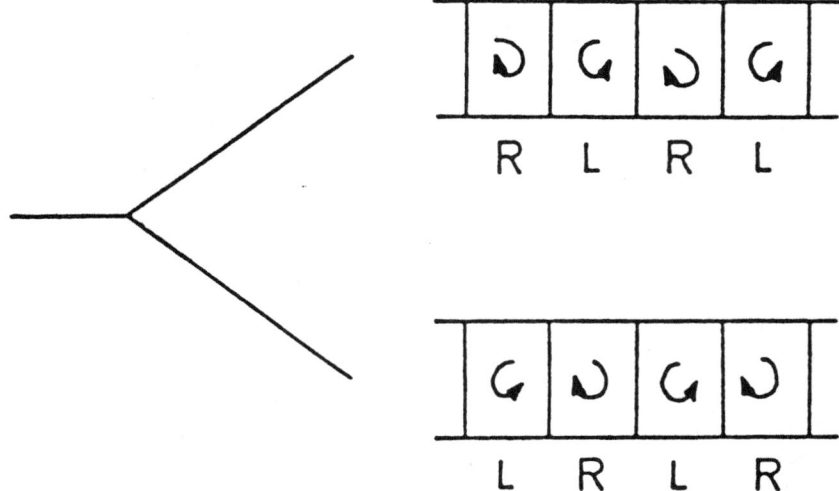

Abb. 7.5: Bifurkation der Lösung bezüglich der Richtung der Konvektionswirbel im Bernard-Experiment. Die Wirbel entstehen in einer Wasserschicht zwischen zwei von unten erwärmten Glasplatten und erscheinen als Bienenwabenmuster (nach Nicolis & Prigogine, 1987).

Auch hier liefert die Theorie der Selbstorganisation (Nicolis & Prigogine, 1987; Haken, 1983) anschauliche Beispiele. Etwa die Benardzellen, eine gleichmäßige Wirbelstruktur, die wie Bienenwaben aussehen und unter bestimmten Bedingungen in Flüssigkeiten entstehen können: Erhitzt man eine Flüssigkeit zwischen zwei Glasplatten von unten, so ist bei einem kritischen Wert der Temperaturdifferenz die Molekularbewegung nicht mehr in der Lage, den Energieausgleich von unten nach oben zu bewerkstelligen; dann bilden sich spontan Wirbel, die durch makroskopische Bewegung (Konvektion) dasselbe Ziel erreichen. Dabei drehen benachbarte Wirbel sich immer in entgegengesetzter Richtung. Die Bildung dieser Wirbelstruktur ist eine "Anpassungsleistung" an die veränderten Umstände, die zugleich ein Moment der Unsicherheit beinhaltet, nämlich wie herum sich ein bestimmter Wirbel dreht. Das hängt von seinem Umfeld ab, aber der erste Wirbel "versklavt" sozusagen den Rest des Feldes, in dem er sich "entscheidet" und diese Entscheidung ist unvorhersagbar. Man nennt einen solchen Punkt, an dem das System unterschiedliche Formen der Stabilisierung annehmen kann, eine Bifurkation. Sie entsteht dadurch, daß ein für das System relevanter Parameter einen kritischen Wert überschreitet (im genannten Beispiel die Temperaturdifferenz von unten nach oben), der eine Neuorganisation nötig macht, wofür mehrere Möglichkeiten zur Verfügung stehen.

Ein einfaches mathematisches Modell, das solche Eigenschaften der Bifurkation aufweist, ist die sogenannte logistische Funktion, die für unterschiedliche Phänomene herangezogen wurde:

$$X_{t+1} = a\,X_t(1 - X_t) = a\,X_t - a\,X_t^2$$

Mit dieser quadratischen Gleichung sind Lernprozesse beschrieben worden (Estes, 1953). Dabei ist X die Wahrscheinlichkeit eines bestimmten Verhaltens, das proportional zum vorausgehenden Niveau X_t und proportional zum Abstand bis zur Asymptote $(1 - X_t)$ und proportional zur Lerngeschwindigkeit a zunimmt. Diese nichtlineare Gleichung wurde auch zur Beschreibung von Populationsentwicklungen benützt (Gleick, 1988; vgl. auch Tschacher, 1989). Dabei stellte X die gegenwärtige Größe der Population dar (X wird auf die Werte zwischen 0 und 1 normiert) und a ist das Verhältnis zwischen Geburtenrate und Sterberate der Spezies. Die rekursive Gleichung gibt die Entwicklung der Populationen über die Zeit (Zeitreihe) an. Das interssante an dieser einfachen Gleichung ist, daß auch hier wieder Momente der Unvorhersagbarkeit in der Selbstorganisation dieses Prozesses entstehen. Der relevante Parameter ist hier der Quotient a. Bei Werten bis zu a = 3 nähert sich die Entwicklung einer stabilen Asymptote. Nimmt a den Wert 3,3 an, dann schwankt die Population periodisch zwischen genau 2 Extremwerten. Bei einem a von etwa 3,5 schwankt sie vorhersagbar zwischen 4 Werten und wenn a etwa 4 wird, dann nimmt ihr Verhalten chaotische Qualität an (s. Abb. 7.6).

Das System organisiert sich also jeweils ganz anders, wenn man den relevanten Parameter verändert. Es kann u.U. einem fixen Wert zustreben (Fixpunktattraktor). Analog könnte man den Fall einer agoraphobisch eingeschränkten Person sehen oder den einer unipolaren Depression. Bei einen anderen Wert schwankt das System zwischen bestimmten Zuständen regelmäßig hin und her (Grenzzyklus). Darin könnte man eine Analogie zu einem Alkoholiker mit trockenen und nassen Phasen oder zu einer bipolaren Depression sehen, ebenso zu einem Paar, das zwischen Phasen von großer Zärtlichkeit und aggressiver Auseinandersetzung pendelt. Oder das Verhalten des Systems wird völlig unvorhersagbar (chaotisch), wie man es phänomenologisch beispielsweise bei einer psychotischen Dekompensation beobachtet. In einem solchen Fall eines deterministischen Chaos haben bemerkenswerterweise ähnliche Ursachen nicht

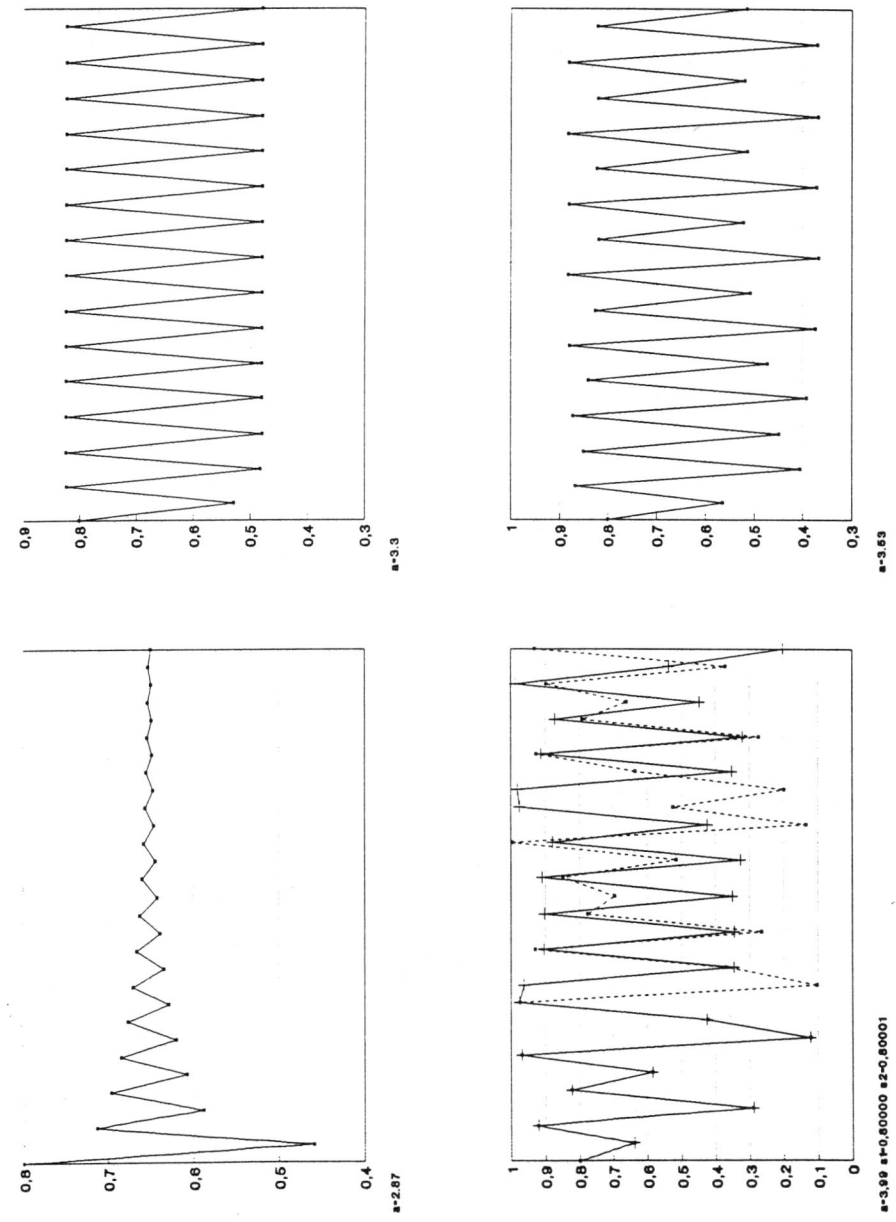

Abb. 7.6.: Zeitreihen der rekursiven Anwendung der logistischen Funktion z.B. als Entwicklung einer Population für verschiedene Werte des Parameters a, der den Quotienten aus Geburten- und Sterberate darstellt. Rechts oben: asymptotisches Verhalten (a = 2.87); rechts unten: periodisches Verhalten mit 2 Extremwerten (a = 3,3); links unten: periodisches Verhalten mit 4 Extremwerten (a = 3,53); links oben: chaotisches Verhalten (a = 3,99) mit 2 geringfügig verschiedenen Ausgangswerten, die sich um 0,1‰ unterscheiden (0,8000 und 0,8001).

mehr ähnliche Wirkungen, d.h. ähnliche Anfangswerte müssen nicht zu ähnlichen Endwerten führen. Vielmehr kann hier eine starke Divergenz auftreten, so daß eine geringfügige Änderung im Ausgangswert eine völlig neue Situation schaffen kann. In welchen Bereich des Systems man gelangt - in den asymptotischen, den zyklischen oder den chaotischen - hängt von der Größe des relevanten Parameters ab. An jedem Bifurkationspunkt entsteht alternativ die eine oder andere Neuorganisation des Systems, die man mit einer Akkommodation an veränderte Randbedingungen gleichsetzen könnte, wie bei den Benardwirbeln.

7.2.4 Therapie als Anstoß zur Selbstorganisation

Unter Therapie kann man nun verstehen, daß im Organismus eine Akkommodation eingeleitet wird, die aus einem ungünstigen Parameterbereich herausführt - sei es aus der Stagnation oder auch einem Grenzyklus mit unerwünschten Eigenschaften bzw. der völligen Unvorhersagbarkeit. Will man hierzu das Modell der Bifurkationsprozesse heranziehen, dann muß dazu ein relevanter Parameter auf einen kritischen Wert hin verschoben werden. Die Natur dieses Parameters ist im allgemeinen nicht bekannt; man kann jedoch Heuristiken entwickeln, die eine solche Bewegung veranlassen. In der kognitiven Therapie ist dazu die Argumentation, der sogenannte sokratische Disput benutzt worden, entweder um die Eindeutigkeit von Informationen zu wiederlegen und so der Assimilationstendenz direkt entgegen zu wirken, oder um durch Entkräftung von Glaubenssätzen vielleicht die Parameter selbst zu verändern, die den gegenwärtigen Zustand aufrechterhalten.

Sokrates, auf den sich die kognitiven Therapeuten berufen, wollte immer den Zustand der Gewißheit zerstören, in dem sich seine Gesprächspartner befanden und den er als Pseudogewißheit betrachtete. Das gelang ihm regelmäßig. Beispielsweise meinte der Priester Eutyphron, daß er wisse, was Frömmigkeit sei, denn er habe diese Tugend. Als Sokrates genauer nachfragt, stellt er fest, Frömmigkeit sei die Beschäftigung mit den Göttern. Darauf Sokrates: So wie die Beschäftigung mit den Ochsen die Landwirtschaft ist. Oder dem Charmides weist Sokrates nach, daß jener entgegen seiner Behauptung nicht wisse, was die Tugend der Besonnenheit bedeute. Er fragt ihn, ob Besonnenheit schön sei - jede Tugend ist natürlich schön. Und dann fragt er, ob Besonnenheit Ruhe bedeute, und Charmides bejaht wieder. Dann fragt er, ob Ruhe nicht auch Langsamkeit beinhalte, was schlecht zu leugnen ist. Dann aber zeigt Sokrates induktiv an mehreren Beispielen, daß Schnelligkeit beim Sport, Lesen, Denken usw. schöner als die Langsamkeit ist, und versetzt durch diese sophistische Rede seinen Gesprächspartner in Verwirrung. In diesem Zustand der Aporie fällt es Sokrates dann leicht, seine eigene Meinung zu suggerieren, nämlich die Gewißheit, daß man nichts wissen könne. Dies war nach Sokrates' Meinung ein Zustand größerer Wahrhaftigkeit als die selbstattestierte Tugend der Frömmigkeit (bei Eutyphron) oder Besonnenheit (bei Charmides). Daß die Neuorganisation des Systems für Sokrates tatsächlich ein Moment der Unvorhersagbarkeit enthielt, macht seine Tragik aus. Seine Absicht war politische Reform, die unmittelbare Wirkung seiner Bemühung aber war seine Verurteilung.

Paradoxe Verschreibungen bringen häufig dadurch Bewegungen in das Familien-System, daß sie Widerspruch erzeugen. In einem Beispiel konnten die Schwiegereltern von ihrer Überfürsorglichkeit dadurch abgebracht werden, daß sie in dieser Hinsicht überfordert wurden (Watzlawick et al., 1975). Dagegen versucht die Gestalttherapie häufig durch Freilegung unendeckter emotionaler Ressourcen die Motivationslage zu verändern und so neue Handlungsentwürfe zu ermöglichen. Die provokative Therapie (Farelly & Brandsman, 1986) versucht durch Überzeichnung und Humor, eine unproduktive Einstellung ad absurdum zu führen. Ciompi (1982) beschreibt den Fall einer chronisch psychotischen Patientin, die, in eine depressive Krise gebracht, eine neue Form findet, sich in der Umwelt wieder aktiver zu integrieren (S. 321).

Hypnose liefert andere Heuristiken. Beispiele sind direkte und indirekte Suggestionen, von denen angenommen wird, daß sie in einem Trance-Zustand eine andere Art der kognitiven Verarbeitung erfahren als im bewußten Diskurs der kognitiven Therapie. Beispielsweise kann eine Erfahrung erinnert werden, die vorher nicht zur Verfügung stand (Assoziation):

Eine Frau hatte eine konditionierte Flugphobie, die sie erworben hatte, als ihr Flugzeug in ein Unwetter geriet. In einer Altersregression konnte sie eine Situation aus der Kindheit erinnern, wo sie bei ihrem Vater auf dem Fahrradlenker in einem Kindersitz oft gefahren und durchgeschüttelt wurde und dies oft als angenehm empfunden hatte. Mit Hilfe dieser wiederbelebten Erinnerung konnte das kinästhetische Erleben im Flugzeug sich neu organisieren, so daß Fliegen wieder angstfrei möglich war (Revenstorf, 1990).

Ähnlich die Reaktivierung der selbstsicheren Rocker-Befindlichkeit beim Drehschwindel-Patienten in Kapitel 4.4. Im Beispiel des Schmerzpatienten (Kap. 4.7) löst eine kathartische Reaktion eine fiktive Bewältigung eines belastenden Erlebnisses aus, die die chronischen Schmerzen günstig beeinflußt. Beim Herzphobiker (Kap. 4.9) ist es eine umdeutende Sichtweise der Biographie, die entgegen der Gewohnheit akzeptiert wird und die eine Umstellung der Lebensplanung mit sich bringt. Im Fall des jugendlichen Morbus-Crohn Patienten (Kap. 4.8) wird in Trance die Erweiterung des Schemas in dem Sinn möglich, daß aggressive Auseinandersetzungen anderer (Eltern oder Mitschüler) auch gesunde Reaktionen darstellen können.

Will man dem Bifurkationsmodell in der Therapie folgen, so wird in jedem Fall ein relevanter Parameter so verändert, daß er einen kritischen Wert überschreitet und das System sich neu organisieren muß. In strategischen Interventionen wird häufig nach der Funktion des Problemverhaltens gesucht und diese Funktion in übersteigerter oder unerwarteter Weise provoziert. Dabei ist in Familiensystemen häufig die Verteilung der Macht und Kontrollmöglichkeiten ein wichtiger Parameter (Madanes, 1982). In der Gestalttherapie wird durch die Evokation von Emotionen das Schema um eine bisher ungenutzte motivationale Ressource erweitert. Die Assoziation vergessener Episoden in der Hypnose führte in dem Fall der Flugphobie dazu, daß die Erfahrung des Schüttelns anders konnotiert wurde. Eine Erregungssteigerung mithilfe einer Atemübung leitete eine regressive Trance beim Morbus-Crohn Patienten ein, in der die Ängste zugänglich werden. In der kathartischen Reaktion des Schmerzpatienten wurde der Ärger so stark, daß erst nach dessen Abreaktion dem Patienten eine Versöhnung mit seinem Peiniger möglich wurde. Die Umdeutung im Fall der Herzphobie löste eine veränderte berufliche Planung aus. Die Überforderung mit Versorgungsansprüchen führte zu einer Abwendung der Schwiegereltern von den Kindern. In jedem Fall wären auch andere Selbstorganisationsprozesse denkbar gewesen; im letzten Fall hätte neben der pädagogischen Grenzziehung ("Die Kinder müssen erwachsen werden") auch eine Hinwendung auf Konflikte in der eigenen Beziehung stattfinden können.

Das Bifurkationsmodell der Therapie impliziert ein Moment der Unvorhersagbarkeit des Effekts der Intervention. Infolgedessen ist der Therapeut nicht mehr in der Lage, mit einer spezifischen Intervention ein spezifische Wirkung zu erzielen. Er kann nur einen Anstoß geben, auf den hin sich der Organismus selbst neu organisiert. Das Modell impliziert außerdem, daß die gleiche Intervention auch ohne Parameteränderung bei geringfügig verschobener Ausgangslage eine völlig andere Wirkung haben kann, falls sich das System im chaotischen Parameterbereich befindet. Der Therapeut hat jedenfalls keine rein planende sondern vielmehr eine mobilisierende Funktion und vertraut darauf, daß die Intervention das System für eine Akkomodation öffnet.

7.3 Strategien der kognitiven Verhaltenstherapie

7.3.1 Das Prinzip der Affektreduktion

Die Verhaltenstherapie hat sich sehr früh den affektiven Störungen zugewandt, insbesondere den Angstsyndromen (Watson & Rayner, 1920; Wolpe, 1958), später der Depression (Beck, 1976). Ellis (1977) hat sich im Rahmen einer kognitiven Therapie mit dysphorischen Stimmungen und neurotischen Zuständen ganz allgemein auseinandergesetzt. Das gemeinsame all dieser Ansätze ist, daß die Emotionen hier als negativ zu bewertender Exzeß betrachtet wurden. Daher wird die Angst in der systematischen Desensibilisierung durch inkompatible innere Bilder und Befindlichkeiten kompensiert. Der Depression als einem inaktivierten Zustand von Hilflosigkeit und Verstärkermangel wird versucht, durch Aktivierung und positive Umdeutung der Realität die dysphorischen Spitzen zu nehmen. Während Beck mit seiner Therapie eine euphemistische Sichtweise des Menschen und seiner Möglichkeiten vermittelt (Beck, 1985) - so als wäre ein Überlebensvorteil damit verbunden, daß der Mensch seine Chancen u.U. höher einschätzt als sie wirklich sind - sucht Ellis seinen Klienten, eine stoische Gemütshaltung nahezulegen. Gemäß der Stoa (Seneca, Epiktet, um Christi Geburt) sollen Extreme sowohl einer positiven Befindlichkeit als auch einer negativen Befindlichkeit vermieden werden, weil beide zu Enttäuschungen führen (vgl. Hoffmeister, 1955). Solche reduktiven kognitiven Ansätze sind auf andere Gefühlsexzesse wie Jähzorn oder Schmerz angewendet worden (Novako, 1975; Meichenbaum & Turk, 1975). Im Gegensatz zu körperorientierten Therapieformen wird im allgemeinen kein Ausagieren starker Emotionen angestrebt.

7.3.2 Sophistischer Disput und induktive Widerlegung

Die Transformation einer als negativ bewerteten Umwelt, Selbstsicht oder Zukunftsperspektive wird in der Beckschen Depressionstherapie hauptsächlich dadurch bewirkt, daß der Klient angehalten wird, die empirischen Daten, die scheinbar seinen Pessimismus stützen, genauer zu analysieren und sie gerade der Verzerrung, Verkürzung und Selektion, der Dichotomisierung und Übergeneralisierung zu entkleiden - in dem Sinne, daß ein halber Mißerfolg zugleich doch ein halber Erfolg ist; daß der Klient tatsächlich Dinge kann, die nützlich sind - und sei es Eierkochen.

Die rational-emotive Therapie von Ellis dagegen versucht, die inneren Glaubenssätze, die zu überhöhten Anforderungen an das Individuum verleiteten ("Ich muß 100% erfolgreich sein") oder zu ausweglosen Situationen zu führen scheinen ("Wenn X nicht eintritt, dann ist das eine Katastrophe") logisch argumentativ zu entkräften. Es wird sozusagen angenommen, der chronisch dysphorische Mensch urteile gemäß einem Syllogismus mit zwei falschen Prämissen, aus denen die negative Bewertung der Situation oder der eigenen Person zwingend folgt (vgl. Revenstorf, 1982). Die eine Prämisse ist eine allgemeine Regel, die bei Ellis in Form von irrationalen Sätzen formuliert wird, wie im obigen Beispiel: "Wenn ich keine 100% Arbeit leiste, dann bin ich nichts wert." Die zweite Prämisse ist eine empirische Beobachtung als Randbedingung, im obigen Beispiel "Meine Arbeit war nicht sehr gut (also war sie schlecht)." Und daraus folgert dann der neurotische Mensch: "Deswegen bin ich nichts wert."

Neurotischer Syllogismus:
1. Prämisse (Regel): "Wenn ich nicht erfolgreich bin, bin ich nichts wert!"
2. Prämisse (Datum): "Ich bin nicht erfolgreich"

Schlußfolgerung: "Ich bin nichts wert!"

Die sophistische Argumentation bedient sich manchmal der Übertreibung ("Existenzberechtigung hat nur, wer sehr guter Ernährer, Staatsbürger, Vater, Gatte, Schwiegersohn, Sohn usw. ist") oder der induktiven Methode ("Kennen Sie jemanden, der immer perfekt ist?"). Auch Umdeutungen werden angewandt, wie folgendes Beispiel der Zerlegung einer irrationalen Haltung am Fall einer reaktiven Depression von Frankl (1985) zeigt:
Der Patient, ein 60jähriger Arzt und Witwer, beklagt, daß er über den 2 Jahre zurückliegenden Tod seiner Frau nicht hinweg komme, daß er völlig arbeitsunfähig sei. Nach längerer Exploration fragt der Therapeut, ob es dem Patienten lieber gewesen wäre, wenn die Frau ihn überlebt hätte. Der erwidert spontan, daß wäre viel schlimmer, weil sie darunter furchtbar gelitten hätte. Darauf erwidert der Therapeut: "Das haben Sie also Ihrer Frau erspart und den Preis, den Sie dafür zahlen, ist, daß Sie etwas leiden müssen." Das leuchtet dem Mann ein und er versöhnt sich mit seiner Situation.

Diese Lebensphilosophie der Umwertung subjektiv unangenehmer Erfahrungen mit Hilfe der empirischen Überprüfung (Becks induktive Widerlegung der 2. Prämisse, s. oben.) oder der argumentativen Zerlegung von irrationalen Ideen (Ellis' rationaler Disput der 1. Prämisse s. oben) ist ergänzungsbedürftig. Die kognitive Flexibilität des Therapeuten, Gegebenheiten für den Klienten umzustrukturieren, soll auf den Klienten übergehen und muß daher geübt werden. Das führt zu inneren Selbstgesprächen, die Gefühle dämpfen können, also Wut nicht zu Jähzorn, Bedauern nicht zur Depression und Furcht nicht zur Panik geraten lassen.

7.3.3 Selbstinstruktionen und Umstrukturierung

Bei einer Umstrukturierung wird geltend gemacht, daß es immer mehr als eine Sichtweise für denselben Tatbestand gibt. Diese Interpretationen haben jedoch unterschiedliche Befindlichkeiten zur Folge und es ist - so die Stoa ebenso wie die eher hedonistischen Epikureer (3. Jh. vor Chr.) - dumm, sich die Betrachtungsweise zu eigen zu machen, bei der man sich schlecht fühlt. Zehn Möglichkeiten, eine mißliche Erfahrung umzudeuten, sind etwa folgende (Revenstorf, 1985):

Auslöser: Der Partner hat mich versetzt.

0)   *Dysphorischer Selbstkommentar:* "Ich bin ihm nichts wert" (Enttäuschung)
1)   *Abwertung des anderen:* "Unzuverlässiger Trottel" (Ärger)
2)   *Ablenkung:* "Ich werde nachher in die Stadt fahren und etwas für mich kaufen" (Trost)
3)   *Distanzierung:* "In 20 Jahren werde ich darüber lachen" (Gleichgültigkeit)
4)   *Toleranzerhöhung:* "Partner haben immer störende Eigenschaften" (Friedlichkeit)
5)   *Selbstaufwertung:* "Es gibt andere, die mir Aufmerksamkeit entgegenbringen" (Schadenfreude)
6)   *Positive Umdeutung:* "Er braucht es, daß ich ihn vermisse" (Wertschätzung)
7)   *Herausforderung:* "Vielleicht kann ich ihm auf ungewöhnliche Weise mitteilen, daß mich sein Verhalten stört" (Neugier)
8)   *Perspektive des anderen:* "Er ist ein Chaot und völlig gestreßt" (Verständnis)
9)   *Eigenverantwortung:* "Ich setze ihn zu sehr unter Druck" (Bemühung)
10)   *Helferrolle:* "Ich will ihm das Gefühl geben, daß ich nichts von ihm fordere" (Zuneigung)

Solche Umbewertungen soll der Klient regelmäßig üben. Selbstkommentare sind auch in verschiedenen Programmen der Streßimmunisierung (bei Schmerz, Angst, Überlastung, Leistungsanforderung, Jähzorn) eingesetzt worden, zum anderen auch dazu, Probleme zu lösen und Arbeitsabläufe zu strukturieren. Ein typisches Beispiel hierfür ist das Selbstinstruktionsprogramm von Meichenbaum und Goodman (1971) für Kinder, die durch Aufmerksamkeitsstörungen Leistungseinbußen erleiden und die sich zuerst laut und später leise Selbstanweisungen geben, wie "Was ist meine Aufgabe", "Was kann ich zuerst machen", "Was war mein Plan" und "Wie bin das letzte Mal vorgegangen".

In der *Streßimmunisierung* (Meichenbaum, 1977) werden innere Sätze, Selbstkommentare zurechtgelegt, die sich der Klient in den kritischen Situationen bei der Vorbereitung auf einen Stressor, bei der Gefahr der Überwältigung durch den Stressor und nach der Auseinandersetzung mit dem Stressor, sagen kann: *In der Vorbereitung* auf den Stressor z.B. "Was habe ich zu tun", "Die Aufregung, die ich spüre, zeigt mir, daß ich aktiv bin" usw.; *in der Auseinandersetzung* mit dem Stressor Selbstermutigungen wie "Das schaffe ich schon" oder Anleitungen zu physischer Stabilität (tief Durchatmen); *nach der Auseinandersetzung* schließlich Selbstbelohnungen im Sinne von Hervorhebungen des Teilerfolges. Die *rationale Problemanalyse* von D'Zurilla und Goldfried (1971) ist ebenfalls ein Ansatz zur Ordnung der Gedanken, der sich damit beschäftigt, ein überwältigend schwieriges Problem so zu zerlegen, daß es handhabbar wird (divide et impera). Statt der panikfördernden Sichtweise zu erliegen, die kommende Prüfung sei eine Katastrophe, wird der Klient angehalten, das Problem zu umreißen, das Ziel zu definieren, einzelne Schritte darin zu formulieren und dann eine Abfolge zu planen, sich Alternativen auszudenken und sich schließlich für einen Weg zu entscheiden, um den ganzen Plan möglicherweise nach der ersten Implementierung und Evaluation zu revidieren.

7.3.4 Imagination

Die Imagination hat in der Verhaltenstherapie immer eine große Rolle gespielt. In den Anfängen hat Wolpe sie dazu benutzt (u.a. unter Einsatz von Hypnose), um die angstauslösenden Situationen zu reaktivieren und um anschließend damit inkompatible Körperreaktionen oder Vorstellungen zu entwickeln. Cautela (1975) hat auch negative Befindlichkeiten imaginativ suggeriert, um Suchtverhalten zu reduzieren (*koverante Sensitivierung*). Dabei wurden Vorstellungen von Übelkeit und Scham mit Trinkverhalten in ähnlicher Weise assoziiert, wie umgekehrt bei Wolpe Ruhe und Kompetenz mit Angstsituationen in der Vorstellung gekoppelt wurden. Diese Technik der koveranten Konditionierung hat Cautela weiterhin auf Erfolgsvorstellungen ausgedehnt (Cautela & Kearney, 1986). A. Lazarus (1979) hat mit dem Begriff der *Innenbilder* eine ganze Reihe von Techniken beschrieben, in denen die Imagination als Hilfe bei der Handlungsplanung eingesetzt wird. Dazu gehört die Entwicklung eines idealen Selbstbildes, eines Modells, das Verhaltensweisen in erwünschter Weise ausführt. Durch die Identifikation, auch auf der physiologischen und ideomotorischen Ebene, sollen entsprechende Handlungsweisen gebahnt werden (*Bewältigungsphantasie*). Aber auch die Vorwegnahme einer zukünftigen Krise mithilfe imaginativen Durchlebens läßt den Schrecken vertraut werden (*Reizüberflutung in sensu*) und die Perspektive für die danach sich öffnenden Möglichkeiten entstehen (*Zukunftsprojektion*). Ähnlich empfiehlt auch Ellis - als rational-emotive Imagination bezeichnet - nach erfolgreicher Umstrukturierung eines Problems dem Klienten sich vorzustellen, wie er in Zukunft seine kritischen Situationen bewältigt.

7.4 Strategien der Hypnotherapie

7.4.1 Das Prinzip der inneren Suchprozesse.

Die Hypnose als Psychotherapie hat sich im Laufe der letzten hundert Jahre gewandelt, wie in Kapitel 1. beschrieben. Traditionell wurde sie als Suggestiv-

Therapie vielfach mit verbalen Aufforderungen zur Symptombeseitigung oder direkten Handlungsanleitungen gleichgesetzt - so bei Liebéault und Bernheim. Auch heute ist diese Auffassung der Hypnose noch vertreten und wird besonders durch Showhypnotiseure in anderem, aber publikumswirksamen Kontext aufrechterhalten. Breuer dagegen hat die Affekt-Reaktivierung in der Hypnose zu kathartischen Kuren genutzt. Diese Methode kommt auch in den hier beschriebenen Fälle vor (Kap. 4.7 und 4.9). Janet hat bereits die Möglichkeiten erkannt, in Trance negative Erfahrungen zu rekonstruieren und in ihrer Bedeutung zu verändern, wie hier in den Fallbeispielen des Prüfungsversagens (Kap. 4.6), den Darmbeschwerden (Kap. 4.5) und dem Schmerzpatienten (Kap. 4.7). Erickson ist mit seinem Konzept von Hypnotherapie darüber hinausgegangen und hat sich die Tatsache zunutze gemacht, daß der Organismus über viel mehr Wissen verfügt, als ihm sprachlich zugänglich ist. Er hat betont, wie die sprachlich-bewußte Verarbeitung bewirken kann, daß wir Teile dieses Wissens verwerfen oder in seiner Bedeutung für die eigene Veränderung nicht erkennen. Deshalb zielen viele hypnotherapeutische Strategien darauf ab, innere Suchprozesse anzuregen, die andere als die bewußt zugänglichen Ressourcen mobil machen. Trance ist ein Zustand, in dem das erleichtert ist; sei es, daß die spezifisch regressive Rolle dessen, der sich in Trance befindet, eine besondere Art der Informationsverarbeitung ermöglicht, oder daß einfach eine Innenwendung der Aufmerksamkeit dafür erheblich ist. Die innere Suche richtet sich an Erinnerungen aber auch ganz generell an den sprachlich nicht kodierten Anteil von Erfahrung. Neben der fokussierten Bearbeitung bestimmter biographischer Details oder zunkünftiger Ziele oder der Vorstellung von problematischen Situationen spielen die divergenten kreativen Prozesse, nicht unähnlich denen im Traum, eine wesentliche Rolle in der Hypnotherapie. Der Klient sucht ohne gerichtete Aufmerksamkeit nach Ressourcen in seiner Erfahrung, die ihm zur Bewältigung einer phobischen Situation verhelfen, indem er beispielsweise angeleitet wird, innerlich in seine Kindheit zurückzugehen; oder er findet eine Umdeutung, die sich in bildhafter Weise anbietet (Reframing); oder es gelingt ihm, für ein Organsystem oder für Körperteile Empfindungen zu entdecken, die eine Kommunikationsform darstellen und so psychosomatische Beschwerden als Signalsystem zu nutzen gestatten.

Solche Suchprozesse werden durch die gesteigerte Fähigkeit zur Dissoziation und Assoziation in Trance begünstigt. D.h. der Klient kann Aspekte der Erfahrung ausklammern, die ihn von der Bearbeitung abhalten würden - wie z.B. die unmittelbare Realitätsüberprüfung. Er kann aber auch Dinge in einer Form assoziieren, die zu einer Erweiterung der Handlungsmöglichkeiten führt. Zur Bewältigung einer Situation aus der Kindheit kann er Kompetenzen des Erwachsenen assoziieren oder zu einer gegenwärtigen Krise zurückliegende Erfahrungen. Ein nützliches Vehikel dazu ist die Reorientierung in der Zeit.

Da es für die Zeit keine objektive Basis der Erfahrung gibt, kann es eine große Hilfe sein, die subjektive Dauer von schmerzhaften Prozessen zu reduzieren. Da in Trance die Zeiterfahreung meisten verloren geht, bietet sie hierzu eine geeignete Möglichkeit. Die Zeitspanne in die Zukunft oder in die Vergangenheit ist ebenfalls in Trance leichter überbrückbar und andere Zeiten sind als nebeneinander mit der Gegenwart erlebbar, was die Mechanismen der Assoziation und der Dissoziation erleichtert. Derartige Erfahrungen widersprechen dem Realitätssinn des Alltags und doch können sie unsere Sichtweisen und Befindlichkeit beeinflussen. Um die so gestifteten Assoziationen und Dissoziationen wirksam zu erhalten und von einer sekundären Analyse und Bewertung zu verschonen, ist es manchmal sinnvoll, Amnesie für die bearbeiteten Inhalte zu fördern. Man denke an eine Erinnerung, die starke Schuld oder Schamgefühle hervorruft wie z.B. an einen verbrecherischen oder psychotischen Elternteil. Zu der unbewältigten Episode kann der Klient in Trance eine Sichtweise entwickeln, die es ihm möglich macht, das Geschehene einzuordnen, obwohl diese Rekonstruktion den starken moralisierenden Schemata der Alltagskommunikation nicht standhalten würde.

7.4.2 Utilisation und minimale Veränderung

Eines der Merkmale, die den Ansatz der Ericksonschen Hypnotherapie am deutlichsten charakterisiert, ist das maximale Eingehen auf die Möglichkeiten des Klienten. Erickson hat damit das Konzept der Empathie auf eine ganz generelle Ebene gehoben: Die Therapie hat dort anzusetzen, wo der Klient einen Ansatzpunkt bietet; bzw. nichts, was der Klient bietet, muß als Hindernis angesehen werden. Vielmehr muß es der Therapeut selbst so gut verstehen, den Kontext und die Individualität des Klienten für den therapeutischen Zugang so umzudeuten, daß es eine Ressource darstellt. Charakteristisch sind Beispiele wie die jenes Klienten, der bei der Tranceinduktion unbedingt rauchen muß; er wird gebeten, zu rauchen und die Ringe des Rauchs zu betrachten und die Zigarette nach einer Weile im Ascher zu vergessen, dabei die Aufmerksamkeit auf die Ringe zu fokussieren und diesen Gegenstand der Betrachtung zur Tranceinduktion zu nutzen. Oder alles, was in der Situation momentan passiert, wie Geräusche, Drittpersonen oder auch Gegebenheiten des Raumes können dazu benutzt werden, um die Trance zu fördern. Die Schritte auf dem Gang können dazu verwendet werden, den Klienten daran zu erinnern, daß er eigene Schritte tun kann, Schritte auf ein Ziel hin oder eine bestimmte Stufe der Trance. Die Gegenstände des Raumes können betrachtet werden, wie z.B. die Bücher oder die Aktenordner, die viele Dinge enthalten, in denen viele Probleme abgelegt sind, die mit ihrem Gewicht auf dem Bord ruhen. Dies alles kann verwendet werden, um den Klienten daraufhin zu orientieren, daß er seine eigenen Probleme, seine eigenen Inhalte ordnen kann, daß das Gewicht der Probleme aufgehoben ist, so wie sein eigenes Gewicht im Stuhl aufgehoben ist usw. Man nennt dies das Prinzip der Utilisation, d.h. der Nutzbarmachung. Es geht dabei nicht nur um die Einbeziehung scheinbarer Störereignisse in der Person oder der Situation, sondern vor allem darum, die Art und Weise zu berücksichtigen, wie Klienten normalerweise Probleme angehen, soziale Beziehungen gestalten und ihr Leben organisieren. Darin kommen Lernerfahrungen zum Ausdruck, die nützlich sind und für die Therapie nutzbar gemacht werden können. So wird der kognitive, emotionale und interaktive Stil eines Individuums bei der Gestaltung der Therapie und des Zugangs zum Problem berücksichtigt

Für jemanden, der gewohnt ist, soziale Kontrolle zu übernehmen (weil er als Vorgesetzter damit gute Erfahrungen gemacht hat), kann es etwa wichtig sein, auch in der Therapiesituation Kontrolle zu behalten. Dieser Person würde man Alternativen in den Hausaufgaben oder Alternativen in der Art, wie sie in Trance gehen kann, anbieten, so daß sie selbst entscheiden kann. Dabei kann man die eine Alternative attraktiver als die andere gestalten. Jemanden, der Widerspruch zu seinem Stil gemacht hat, muß man nicht als widerständig betrachten. Vielmehr ist es dieser Person vielleicht wichtig, eigene Gedanken, Lösungen und Wege zu entwickeln und man kann die therapeutischen Angebote entsprechend gestalten, in dem man z.B. paradox formuliert: "Ich glaube nicht, daß Sie in der ersten Sitzung schon eine tiefe Trance erleben können" oder "Ich werde Ihnen vorsichtshalber ein paar Übungen mit nach Hause geben, wie sie Ihre Selbstsicherheit überprüfen können; ich weiß nicht, ob Sie hinreichend Zeit finden werden, sich eigene Überprüfungen zu überlegen." Jemand, der in seinem Bearbeitungsstil darauf eingerichtet ist, Dinge fokussiert und nacheinander zu betrachten, für den wäre es ungünstig, wenn die Unterhaltung thematisch große Sprünge macht; ungünstig aber nur dann, wenn es darum geht, seine Aufmerksamkeit zu gewinnen. Günstig wäre diese Vorgehensweise jedoch, um eine gewisse Verwirrung oder Ablenkung zu erreichen. Umgekehrt würde man jemanden Zwang antun, wenn man an einem Thema festhält, wenn er in seinem Bearbeitungsstil eher sprunghaft ist und damit seine Kreativität aufrechterhält.

Die vier von Satir (1990) beschriebenen Kommunikationstypen (Ankläger, Beschwichtiger, Rationalisierer, Verwirrer) bieten ausgezeichnete Gelegenheiten, die Anpassung des Kommunikationsstils in der Therapie zu diskutieren. Der Verwirrer etwa fühlt sich nirgendwo hingehörig und für ihn sind kurze flüchtige Kontakte besonders angenehm, und man kann ihn sowohl bei eventuellen Übungsaufgaben als auch in der Therapie durch viele kleine Erfahrungen führen. Dem Rationalisierer kann man auf der logisch sachlichen Ebene besonders gut begegnen; dem Beschwichtiger kann man eine Reihe von Aufgaben geben, die er bereitwillig übernehmen wird. Dem Ankläger tut es gut zu hören, daß er derjenige ist, auf den allein Verlaß ist, daß die meisten Menschen zu viele Fehler machen, die er sich bemüht zu vermeiden usw.

Tatsächlich beschreibt der Interaktionsstil allerdings häufig die Kehrseite des Problems, da es sich dabei um Strategien der Selbstwertregulation handelt. Der Verwirrer, der sich nirgendwo zugehörig fühlt, wird an irgendeinem Punkt der Therapie vielleicht die Erfahrung nötig haben, sich zunächst in der Therapie, aber dann auch bei anderen Gelegenheiten akzeptiert zu fühlen. Dafür kann Sorge getragen werden. Dem Rationalisierer wird es gut tun, einen Zugang zur gefühlsmäßigen Orientierung zu finden und Situationen zu erleben, in denen er sich auf sein Gefühl verlassen kann. Dazu kann es nötig sein, an einer geeigneten Stelle die Grenzen der verstandesmäßigen Ordnung erfahrbar zu machen. Der Beschwichtiger wird eine Erweiterung seines Handlungsspielraums u.U. dadurch erfahren, daß er sich selbst zu unterstützen lernt, anstatt sich durch Beziehungsangebote diese Unterstützung von außen zu verschaffen. Der Ankläger wird u.U.

durch Erfahrung bereichtert werden, in denen er sich geliebt und nicht allein gelassen fühlt. Das Therapieziel mag mit dem gegenwärtigen Interaktionsstil unvereinbar sein. Entscheidend am Utilisationsprinzip ist jedoch, daß damit der Weg gestaltet werden kann.

Ein Ehemann, der von seiner Frau in die Therapie zitiert wurde, indem sie andernfalls mit Trennung gedroht hatte, war ein souveräner, erfolgsgewohnter Mann, der offensichtlich keine Neigung hatte, sich irgendwelchen verschriebenen Maßnahmen zu beugen. Der viel jüngere Therapeut versuchte ihm zunächst zu zeigen, daß er kompetent wäre und für das Paar eine geeignete Therapie bereit hielte; aber das bewirkte nur, daß der Mann immer ablehnender wurde und immer deutlicher zeigte, daß er keine Hilfe brauche. Erst als der Therapeut auf diese Bedürfnisstruktur und auf die Kompetenz des Klienten einging, ergab sich eine Zusammenarbeit: "Sie sind 30 Jahre älter als ich, Sie haben in Ihrem Leben viel erreicht, Sie sind gewohnt, Dinge in die Hand zu nehmen; es gab bisher kaum Situationen, mit denen Sie nicht fertig geworden sind." Auf solche und ähnliche Sätze reagierte der Klient mit Zustimmung und es war leicht fortzufahren: "Und dieses kleine Problem, daß Sie viel älter sind als Ihre Frau und daß Ihre Frau mehr Gleichberechtigung in dieser Ehe möchte, damit werden Sie auch noch fertig werden." Auch dies fand seine Zustimmung und bewirkte die nötige Aufgeschlossenheit, so daß keine Vorbehalte mehr gegen die vorgeschlagenen Übungen und Änderungen in der ehelichen Beziehung vorgebracht wurden. Vielmehr entwickelte der Klient eine kreative Neugier, bestimmte Dinge auszuprobieren und fragte nach neuen Anregungen.

Zeig (1988) hat beschrieben, wie man "Aufhänger" (hooks) nutzt, um den Klienten zu motivieren, bestimmte Änderungen in seinem Verhalten einzuführen. Etwa einem Ehepaar, das aufhören wollte zu rauchen und sich in gegenseitiger Konkurrenz empfand, konnte er dadurch helfen, daß er dem einen Ehepartner verschrieb aufzuhören und dem anderen absprach, daß er es in der gleichen Zeit schaffen würde. Wem ein spiritueller Zugang liegt, für den ist eine Verschreibung mit einem Ritual häufig ein passender Zugang zur Verhaltensänderung: Man kann jemanden eine symbolische Repräsentation von seinem Problem geben, z.B. in Form eines Gegenstandes, und ihm vorschlagen, dieses Symbol über einen gewissen Zeitraum zu behalten und zu pflegen, um es unabsichtlich irgendwo liegen zu lassen oder zu verlieren (Zeig, 1988). Manchmal kann man sogar das Problem selber utilisieren: Erickson beschreibt den Fall von einem Bettnässer (Zeig, 1980), der zugleich schlechte Schulleistungen aufwies. Er behandelte ihn so, daß er die Mutter mit einbezog: Sie mußte jeden Morgen um 5 Uhr das Kind wecken und im Falle eines nassen Bettes mit ihm von 5 bis 7 in der Küche sitzen. Dabei mußte sie stricken und der Junge mußte aus einem Buch abschreiben. Außer dem Bettnässen war das Kind schlecht in der Schule und besonders die Schrift ließ zu wünschen übrig. Das wurde zwar nicht direkt angesprochen, aber die scheinbare Strafaktion, die für das Kind akzeptabel wurde, weil die Mutter mit bestraft wurde, führte dazu, daß sich die Handschrift und die Schulleistung verbesserten. Das hatte auf die soziale Akzeptanz des Kindes in der Schule eine positive Auswirkung. Damit wurde die Aufmerksamkeit der Mutter, die durch das Bettnässen gewährt wurde, sekundär und das Problem wurde überflüssig.

Verwandt mit dem Utilisationsprinzip ist daher einerseits die Verschiebung des Therapieziels (wie in dem gerade berichteten Fall) und zum anderen die strategische Minimaländerung. Bekannt sind etwa die Geschichten über Nägelbeißer: Dem Nägelbeißer es abzugewöhnen, seine Nägel durch Abbeißen zu kürzen, ist in vielen Fällen unsinnig, da dafür meistens eine innere Notwendigkeit besteht, entweder im Sinne einer aggressiven Betätigung oder einer Abgrenzung von den Eltern.

Einem 17jährigen Nägelbeißer, der seit seinem 7. Lebensjahr damit zu tun hatte, wurden eine Reihe von Fällen erzählt, in denen deutlich wurde, daß Nägelbeißen und Einnässen sehr gute Gründen haben können und es nicht ohne weiteres sinnvoll ist, diese Verhaltensweisen abzulegen. Auf der anderen Seite sei es ein sehr bescheidenes Vergnügen, immer an so kurzen Nägeln herumzubeißen und der Therapeut würde es dem Klienten gönnen, wenn er einmal ein richtig großes Stück abbeißen könnte, und deshalb solle er einen Nagel wachsen lassen, um ihn dann im Ganzen abzubeißen.

Ericksons Formulierung in einem anderen Fall lautete: "Ich sehe ein, daß deine Nageldiät lebensnotwendig ist, aber vielleicht kommst Du mit 8 statt 10 Nägeln aus." Durch solche Veränderungen in der Bedeutung des Symptoms, die einleuchten und vielleicht sogar positiv erlebt werden, läßt sich das Gesamtgefüge in Bewegung bringen und der Klient kann anschließend auf Umwegen zu Verhaltensalternativen geführt werden (vgl. auch Kap. 4.3). Dem depressiven Bauern in Kapitel 4.10 wird der Biergenuß als ein Attribut des Gesundseins vermittelt und es wird ihm dadurch die Rolle des Krankseins bei Medikation und ohne Bier weniger attraktiv gemacht. Interessanterweise geht Erickson in den von ihm beschriebenen Fällen (etwa 80 in Band IV der Ges. Werke, Erickson, 1980) selten auf eine Änderung der Persönlichkeitsstruktur oder der Gesamtfamilie ein. Vielmehr sind es immer symptomorientierte Interventionen, so als käme im Teil das Ganze zum Ausdruck - oder als verändere sich das Ganze, wenn ein wesentlicher Stein im Gefüge gelockert wird.

7.4.3 Beiläufigkeit und Bahnung

Das Modell der unterschwelligen Informationsaufnahme (Abbildung 7.2) legt nahe, daß es sinnvoll sein kann, dem Organismus Informationen in einer Weise zukommen zu lassen, daß sie der bewußten Analyse entgehen. Die Werbung macht das bekanntermaßen sehr wirksam, indem sie bestimmte positiv getönte Bilder oder Musik mit dem Werbeinhalt verbindet. Auch der Dialog des Sokrates mit Eutyphron (siehe oben) trägt den Charakter der indirekten Mitteilung. Es wird nicht gesagt, daß Eutyphron dumm sei, aber es wird durch die Analogie der beiden Aussagen über Landwirtschaft und Frömmigkeit nahe gelegt, daß Eutyphron mit seiner Auffassung den Göttern nicht gerecht wird. In der Hypnotherapie hat die Beiläufigkeit einen anderen Stellenwert. Die bewußten Anteile der Schemata, die ein Problemverhalten stützen, sind häufig im rationalen Denken der Person gut verankert und scheinen widerständig. Auf der Ebene der Argumentation tut sich der Therapeut daher meist schwer, ein Schema zu überschreiten, um ein Symptom veränderbar zu machen. Das ist besonders dann der Fall, wenn die Störungen psychosomatisch sind. Allein die Tatsache, daß der Organismus die körperliche Ausdrucksform wählt, zeigt, daß der bewußt rationale Zugang versperrt ist. Die Störung ist durch die somatische Attribution gut abgesichert. In kaum einen Fall beschreibt Erickson, daß er in

Form eines Disputs die Überzeugung seines Klienten geändert hätte. Zwar verwickelt er den Gegenüber manchmal in eine Diskussion, aber meist mit einem anderen Zweck als dem, den Diskussionsgegenstand zu klären: etwa um Verärgerung zu provozieren. So bei einem jungen Mädchen mit Schuppenflechte. Er nörgelt an ihr herum, daß sie nur wenig Schuppenflechte und viele Emotionen habe. Erboßt über diese unerwartete Art von medizinischer Beratung verläßt sie die Sprechstunde und stellt später fest, daß die Wut ihrer Haut gut getan hat.

Trance selbst ist etwas, was bestimmten kognitiven Schemata von Kontrolle über die Situation und die eigene Person widerspricht. So als wäre das betroffene Individuum unsicher, ob es auf spontane Reaktionen, wie Trance eine darstellt, vertrauen könnte.

Die Bildersprache scheint im allgemeinen vom kognitiven System akzeptiert zu werden, da sie sich einer exakten Analyse entzieht, aber indirekt doch bestimmte Sichtweisen kommuniziert, ohne sie zwingend zu machen. Wichtiger ist aber vielleicht die Eigenschaft, daß die Bildersprache nicht nur die rationale Kontrolle unterläuft, sondern durch ihren Mehrwert an Bedeutung, der eindeutige sprachliche Aussagen übersteigt, einen Suchprozeß anzuregen geeignet ist, der beim Zuhörer kreative Problemlösungen ermöglicht. Eine Erzählung aneinandergereihter Anekdoten, die vom Inhalt her jede für sich genommen wenig mit dem Problem des Klienten zu tun haben, aber doch in irgendeiner Form sein Interesse wachrufen, können eine Schnittmenge von Inhalten aktivieren, die für den Zuhörer bedeutsam und charakteristisch sind und individuelle Assoziationen auslösen. Der Erzähler kann nicht genau wissen, was die Geschichten beim Zuhörer bewirken, aber er kann anhand der nonverbalen Reaktionen überprüfen, ob und wie die Person innerlich beteiligt ist und daher der Rapport gewährleistet bleibt.

Die verschiedenen Formen der indirekten Verbalisierung von Suggestionen (vgl. Lankton & Lankton, 1983) sind ebenfalls geeignet, ohne rationale Analyse rezipiert zu werden. Solche Formen sind die der Nominalisierung, der modalen Ausdrucksweise, der Implikation und der Gegenüberstellung von Alternativen (vgl. Revenstorf, 1990). Die *Nominalform* ist besonders interessant, weil sie das Subjekt (den Zuhörer) ausklammert. Der Satz: "Die Leichtigkeit des Arms" bleibt zunächst unverständlich, und doch setzt der Zuhörer probeweise sich selbst als Subjekt ein und überprüft, in welcher Weise dieser Satz auf ihn zutrifft. Die Formulierung löst also einen Suchprozeß aus. Wäre dagegen geäußert worden: "Ihr Arm ist leicht", dann würde vermutlich beim Zuhörer eine Überprüfung stattfinden und sich in vielen Fällen eine Widerlegung ergeben. Die *Modalform* ("Sie können die Lider schließen") oder die *implikative Form* ("Indem Sie hier sitzen und zuhören, können Sie neugierig werden") entziehen sich deswegen der Bewertung, weil sie keinen Anspruch erheben. Die Form von *Scheinalternativen* ("Sie können jetzt oder später in Trance gehen") fordert den Zuhörer vordergründig dazu auf, sich mit der Wahl der Alternativen zu beschäftigen. Diese Beschäftigung impliziert aber, daß die Person zu irgend einem Zeitpunkt in Trance gehen wird, weil die dritte Möglichkeit - nämlich überhaupt nicht in Trance zu gehen - im Hintergrund bleibt. Interessant ist auch die Verwendung von *unvollständigen Komparativen* ("Ihre Hand kann leichter werden"), da der Zuhörer zu übersehen geneigt ist, daß die Aussage ohne Vergleichsstandard sinnlos ist. Er beschäftigt sich innerlich mit dem Leichterwerden, indem er versucht, einen Sinn in diesem Satz zu finden. Die Aussage ähnelt der Aufforderung, nicht an einen grünen Elefanten zu denken. Auch die *Einbettung* ist dazu geeignet, daß der Zuhörer die Beschäftigung mit dem Inhalt auf sich bezieht, ohne daß dies gefordert wird ("Es ist einfach so; die meisten Menschen, Frau Schmidt, Sie/sie empfinden Hypnose als einen sehr angenehmen Zustand"). Andere Formen der indirekten Kommunikation werden bei Grinder et al. (1975) beschrieben.

Erickson hat sich das Prinzip der kognitiven *Bahnung* ("seeding") zu eigen gemacht, ohne darauf Bezug zu nehmen, daß es in der Gedächtnisforschung eine experimentelle Literatur zum Phänomen der Vorprägung ("priming") gibt. Bower (1981) hat derartige Experimente zusammengefaßt, in denen es darum geht, daß Gedächtnisinhalte leichter zugänglich werden, wenn assoziativ mit ihnen verknüpfte Stimuli als "Vorboten" verwendet werden. In einer Untersuchung ging es darum, daß Korsakow-Patienten mit schlechten Gedächtnisleistungen ihren Schlüssel dann besser wiederfanden, wenn akustisch das Klappern eines Schlüssels zu hören war. Daher ist es sinnvoll, ein Thema, das im Laufe des Gesprächs behandelt werden soll, rechtzeitig anzukünden. Auf der rationalen Ebene nennt man einen solchen Stimulus einen "advanced organizer". Indirekt wird eine Bahnung dadurch erreicht, daß man das zu behandelnde Thema mehrfach in unterschiedlichem Kontext erwähnt. Scheint es hilfreich, daß der Klient eine Armlevitation entwickelt, dann ist es günstig, über Leichtigkeit in unterschiedlicher Weise vorher zu reden ("Die Leichtigkeit, mit der wir das Thema wechseln ... Ich weiß nicht, ob Sie die linke oder rechte Hand für leichter halten ... Es kann Ihnen leicht fallen, die Dinge aufzunehmen" usw.). Verbunden mit der Bahnung ist die Technik des *Einstreuens* ("interspersal"), d.h. die Suggestionen, die z.B. auf eine Erleichterung eines Symptoms oder auf eine bestimmte Behandlung eines Themas hindeuten, über den Text verteilt auftauchen lassen. Ein bekanntes Beispiel dafür ist die lange Induktion zur Schmerzlinderung bei einem terminalen Krebspatienten von Erickson (in Haley, 1977; Peter, 1988, S. 235 f).

7.4.4 Konfusion und Imagination

Musterunterbrechung kann als allgemeines Ziel der Verhaltenstherapie und der Hypnotherapie gleichermaßen gelten. Die hypnotische Induktion stellt selbst schon eine Unterbrechung gewohnter Wahrnehmungs- und Denkmuster dar. Sie impliziert eine Aufmerksamkeitsverteilung, die einen Teil der normalen Überprüfung der Umweltreize überflüssig macht. Dies gelingt im allgemeinen dadurch, daß das Vertrauen in die Situation diese Kontrolle erübrigt. Es ist aber alternativ dazu offenbar möglich, den Organismus durch Verwirrung dazuzubringen, gewohnte Schemata aufzugeben. Mangels anderer Handlungsalternativen ist er dann bereit, direkte Suggestionen zu akzeptieren. Das setzt wohl voraus, daß das Vertrauen in den Therapeuten unbeeinträchtigt bleibt. Charcot benutzte für eine Form der "Schreckhypnose" unerwartet enzündetes Magnesiumlicht. Er konnte wahrscheinlich durch seine Autorität und den instutionellen

Rahmen der Klinik implizit signalisieren, daß der Patient keinen Schaden nimmt. Erickson hat ebenfalls die Verwirrung als Induktionsvorbereitung verwendet.

Zum Beispiel in einem besonders hartnäckigen Fall, in dem der Proband bekanntermaßen dazu angetreten war, die Hypnose zu entkräften. Er reicht ihm die Hand zur Begrüßung, entzog sie ihm aber in dem Moment, als dieser seinerseits seine Hand ausstreckte, und band sich die Schuhe zu. Die Hand des Betroffenen blieb eine zeitlang wie kataleptisch in der Luft und Erickson sagte sinngemäß: "Setzen Sie sich, tun Sie einen tiefen Atemzug und gehen Sie in eine angenehme Trance."

Wie Festinger (1957) feststellte, kann der erste Schritt zur Veränderungen von Überzeugungen eine Verunsicherung sein. Und wenn die interne Suche nach einer passenden Lösung zu keinem Ergebnis führt - wie bei der Unterbrechung des Begrüßungsrituals, wofür wir keine vernünftige Lösung haben -, dann werden Hinweise, die von außen kommen, aufgegriffen; d.h. die Person reagiert suggestibel (vgl. Gilligan, 1987). Die Art der Konfusion kann nach Yapko (1984) in einer *Unterbrechung, Überlastung* oder *Ablenkung* bestehen. Überlastung erreicht man z.B. durch simultane Information auf mehreren Kanälen. Hierzu hilfreich sind beispielsweise Tonbandkassetten, die auf dem linken und rechten Ohr über Kopfhörer unterschiedliche Texte simultan darbieten. Bekannt ist auch die Induktionsmethode einer simultanen Lenkung der Aufmerksamkeit auf kinästhetische, akustische und visuelle Reize, so wie bestimmte mathematische Operationen: Die Person zählt rückwärts von 100 in Dreierschritten und stellt sich vor, daß sie die Zahlen sowohl sieht (wie z.B. eine Neonschrift), hört (in einer ihr bekannten Stimme) und fühlt (etwa eingraviert oder erhaben). Die Verwirrrung kann in verschiedenen Bereichen suggeriert werden, z.B. auf kognitivem Gebiet durch Gedankenspiele, hierzu ist eine Dissoziation zwischen Bewußtem und Unbewußtem geeignet (z.B. "Sie können nicht wissen, ob Sie unbewußt von dem lernen, was Sie bewußt erleben, oder ob ihr Bewußtsein von dem lernen kann, was unbewußt Sie bereits wissen"). Die Konfusion kann aber auch auf dem sensorischen Gebiet erfolgen, indem eine bestimmte Empfindung sprachlich ad absurdum geführt wird ("Ihre Hände sind vielleicht angenehm warm - kühler, als wären Sie in der Sauna - aber zugleich heißer als an der frischen Luft. Und die Kühle des Schnees kann Ihnen zeigen, daß die Hände warm sind, wenn sie kalt sein sollten, eine Wärme, die heißes Wasser nicht kühler erscheinen läßt. Es ist überraschend, wie sich Empfindungen verändern können"). Auch die Zeit in ihrer Subjektivität ist als Basis zur Konfusion geeignet ("Ich weiß nicht, ob Sie jetzt oder in 2 Stunden merken, daß eine Tranceerfahrung Ihnen gut getan hat, oder morgen zwei Stunden lang merken, daß Sie heute eine Tranceerfahrung hatten, von der Sie gestern noch nicht gewußt haben; oder ob Sie sich vorstellen können, übermorgen eine Tranceerfahrung zu haben, die 2 Stunden dauert und wo Sie sich danach 2 Tage lang gut fühlen können"). Konfusion scheint das Mittel der Wahl zu sein, wenn es darum geht, besonders gut eingefahrene Verhaltensmuster, die der Induktion entgegenstehen, zu überwinden.

Aber auch die *Imagination* stellt einen Verarbeitungsmodus des kognitiven Systems dar, der im Alltag normalerweise nicht zur Analyse von Problemen herangezogen wird. Daher ist auch die Anleitung zur Imagination eine Form der Unterbrechung des gewohnten Denkens. In der Vorstellung werden die Kontrollen der Realitätsprüfung und der logischen Stringenz gelockert. Man kann sich Dinge vorstellen, die unerklärlich sind, die der Logik widersprechen. Die Imagination ist daher geeignet, unerwartete Perspektiven zu entwickeln. Die Übersetzung eines sprachlich oder gedanklich formulierten Inhaltes in Bilder kann außerdem dazu führen, daß diese Bilder Handlungsalternativen, Perspektiven, Sichtweisen und Aspekte deutlich machen, die vorher übersehen wurden. Gendlin hat im *Focusing*verfahren dies als "shift" bezeichnet, der sich genau dann am ehesten einstellt, wenn man auf die verbale Beschreibung des Problems zugunsten von Bildern verzichtet (Gendlin, 1974).

Die Vorstellung leistet aber auch noch einen dritten Dienst. Häufig werden Therapieziele vom Klienten in Form von Negationen formuliert ("Ich möchte nicht mehr ängstlich sein. Ich möchte nicht mehr rauchen"). Das ist etwas, was sprachlich formulierbar ist, aber zu keinem Verhalten paßt und mit keiner Seinsweise korrespondiert. Wenn der Organismus nach dem ideomotorischen Prinzip auf die Autosuggestionen reagiert, dann ist es notwendig, eine positive Vorstellung von der Verhaltensalternative zu entwickeln (z.B. "Ich stehe ruhig wie ein Baum vor dem Lehrer"). Die Imagination spielt natürlich auch eine Rolle bei der Rekapitulation von zurückliegenden Erfahrungen: Durch die Reaktivierung des szenischen Gedächtnisses lassen sich Details der visuellen, akustischen und kinästhetischen Repräsentation wiederbeleben, die im sprachlich kodierten Gedächtnis nicht enthalten waren (Paivio, 1978).

7.5 Integration von kognitiver Therapie und Hypnose

7.5.1 Gemeinsamkeiten

Das Ziel der vorliegenden Diskussion ist es, die Gemeinsamkeiten und die Komplementaritäten von kognitiver Therapie und Hypnotherapie zu betrachten. Wie Feldmann (1988) betont hat, haben beide Formen der Therapie Gemeinsamkeiten und Unterschiede und lassen sich in der Praxis ergänzend einsetzen. Tabelle 7.2 enthält einige Merkmale beider Therapieformen. Gemeinsam ist ihnen, daß sie eine *kurze Therapiedauer* anstreben (Punkt 4). Dabei sind in der kognitiven Therapie eher regelmäßige, etwa in wöchentlichen Abständen aufeinanderfolgende Sitzungen üblich und die Hypnotherapie bevorzugt oft weiträumige Termine (von Ausnahmefällen abgesehen, siehe Kap. 4.6). Es wird angenommen, daß für psychologische Interventionen eine gewisse Inkubationszeit sinnvoll ist, damit sich ihre Wirkung entfalten kann. Derartige Beobachtungen sind für phobische Reaktionen untersucht worden (vgl. Eysenck, 1979). Von vielen Familientherapeuten wird eine ähnliche These vertreten (Palazzoli et al., 1977; Haley, 1981; Minuchin, 1979). Dazu ließe sich spekulieren, daß entweder ein kontinuierlicher, kumulativer Prozeß der Veränderung von der "gesähten" Suggestion ausgeht, oder die Wirkung der Intervention realisiert sich erst bei Gelegenheiten, wo die äußere Situation eine Verhaltensänderung sinnvoll macht.

Erickson beschreibt einen Fall von zwanghafter Promiskuität, bei dem in einer Sitzung der unbewußte Grund für dieses Verhalten in Trance durch automatisches Unterstreichen von Buchstaben und Silben auf einem maschienenbeschrieben Blatt Papier benannt wurde. Das Blatt wurde unanlysiert weggeschlossen und die Klientin gebeten, es in drei Wochen mit dem Therapeuten zusammen in Augenschein zu nehmen. Sie erscheint nach dieser Zeit und entschlüsselt schockiert ihre Unterstreichungen, die unmißverständlich mitteilen, daß sie sich zu ihrem Vater sexuell hingezogen fühlt und ihn damit zum Mann machen möchte. Ersatzweise hat sie sich an alle Männer gewandt. Nach dieser stark affektiven Erkenntnis ist sie in der Lage, den Zwang aufzugeben.

Gemeinsam ist der *problemorientierte Fokus* der Vorgehensweise (Punkt 3 in Tabelle 7.2); auch die Anamnese dürfte in vieler Hinsicht ähnlich sein, wenn auch die akribische verhaltenstherapeuthische Analyse des Problemverhaltens (Schulte, 1986; Bartling, 1980) bei der Hypnose in den Hintergrund tritt und dafür eine biographisch funktionelle Betrachtungsweise bevorzugt wird. Es liegt nämlich die Annahme zugrunde, daß das Problemverhalten die bestmögliche Alternative des Klienten ist, und das ist häufig aus seiner Lebensgeschichte erklärbar. In der funktionellen Analyse werden also nicht nur die aufrechterhaltenden Umstände sondern auch die Entstehung des Problems mit einbezogen. Beiden Therapieformen gemeinsam ist, daß sie eine Art Planstruktur oder Schema-Analyse betreiben (Lankton & Lankton, 1983; Grawe, 1986; Grawe & Caspar, 1984). Allerdings wird bei Erickson die diagnostische Einschätzung dem Klienten selten eröffnet. Die Einbeziehung des biographischen Hintergrundes kann für eine mögliche Umdeutung oder Symptomverschreibung hilfreich sein, weil die Sicht des Individuums von der Entstehung seines Problems einen bedeutenden Anteil an der Aufrechterhaltung eines Schemas haben kann.

Die *Kooperation* in der Bemühung um eine Veränderung ist oberflächlich gesehen in der Hypnotherapie und der kognitiven Verhaltenstherapie ähnlich (Punkt 1 und 2): Es wird durch die Sicherstellung einer guten therapeutischen Beziehung (Rapport) dafür gesorgt, daß der Klient motiviert ist mitzuarbeiten. Der Begriff des Rapports in der Hypnotherapie ist allerdings weitergefaßt als in vielen anderen Therapieformen, in denen Verständnis das Hauptvehikel zur Herstellung der guten Beziehung darstellt. Bei der Gestaltung des Rapports im Sinne der Hypnotherapie sucht der Therapeut nach Charakteristika der Wahrnehmung, des Denkens, des Fühlens, der sozialen Interaktion, des Wertesystems und der Biographie, die geeignet wären, um einen Zugang zum Klienten zu erleichtern. Dabei ist er bereit, sich im Sinne eines "Pacing" auf Dinge einzustellen, die bei Nichtbeachtung im Wege stehen würden (s. Abschnitt 7.4.2).

Die kooperative Haltung von Klient und Therapeut wird in der kognitiven Therapie fast wie ein Vertrag apostrophiert. Die Hypnotherapie betont diesen Aspekt nicht explizit, sondern sucht nach Anhaltspunkten im bisherigen Verhalten und Hinweisen dafür, wie die Person mit Problemen umgeht, um eine Intervention so zu formulieren, daß sie vom Klienten ohne Schwierigkeiten angenommen werden kann. Das heißt, die Kooperation wird nicht explizit angesprochen, sondern es wird eine Verpackung der Intervention gewählt, die vorhandene Ansatzpunkte ausnutzt und darauf bedacht ist, die Motivation des Klienten zu fördern und bei den vorhandenen Ressourcen des Klienten ansetzt.

7.5.2 Unterschiede

Die kognitive Therapie versucht eine Veränderung einerseits durch *Aufklärung* ("Nicht die Fakten machen den Menschen krank, sondern die Gedanken, die er sich darüber macht"), andererseits durch das *Argument* sowohl im sophistischen Disput irrationaler Gedanken als auch in der induktiven Widerlegung falscher Beobachtungen (Punkt 5). Der Klient wird einmal auf die trügerischen Daten hingewiesen, die er benutzt, um seinen Standpunkt zu stützen; zum anderen wird er mit seinen eigenen Gedanken in Widerspruch zu Kernsätzen gebracht, die sein Problem mitbedingen. Worte werden rhetorisch benutzt, um Positionen zu relativieren, ohne daß offensichtlich wird, daß auch die Position des Therapeuten relativ bleibt. Es wird eine vernünftige, stoische Lebenshaltung suggeriert, indem zunächst durch geschickte Argumentation das Denken des Klienten ad absurdum geführt wird. Der Therapeut nimmt die Rolle eines Lehrers an, der dem Klienten Fehler nachweist und Richtlinien gibt. Neue Erkenntnisse, die daraus resultieren, müssen durch Übung in Erfahrung umgesetzt werden. In der Hypnotherapie dagegen wird gerade die bewußte Auseinandersetzung vermieden. Es geht häufig darum, die Person auf eigene Erfahrungen hinzuweisen, die in der Vergangenheit liegen, die sie aus den Schemata, die ihr Problem ausmachen, dissoziiert hat. Dazu wird ein Suchprozeß auf einer Ebene angeregt, die vom Schema der rationalen Analyse weitgehend abgekoppelt ist. Das Prinzip besteht weniger darin, neue Erfahrungen zu machen, als vielmehr darin, alte Erfahrungen wieder zugänglich zu machen und Begrenzungen, die gelernt wurden - eben Schemata - zu überschreiten. Die Möglichkeit, ohne rationale Analyse das Denken zu lenken, liegt in den verschiedenen Formen der *indirekten Suggestion* (Metaphern, indirekte Formulierungen, Vorstellungen) und dem Zustand der Trance selbst.

Als theoretische Position (Punkt 6 in Tabelle 7.2) propagiert die kognitive Therapie eine einseitige Nutzung der Interdependenz von *Emotion und Kognition*. Emotionen sind schwieriger herzustellen, treten spontan auf. Gedanken dagegen lassen sich wiederholen, einüben und haben aufgrund ihrer deutlichen Wirkung auf die Gefühlslage eine therapeutische Funktion. Dabei wird die Literatur zu stimmungsgebundenen kognitiven Prozessen ("mood and memory", Bower, 1981) nicht beachtet. Vielmehr wird den gedanklichen Plänen, den Werthaltungen, den inneren Imperativen die größere Bedeutung für die Lebensgestaltung und die Aufrechterhaltung des Problems eingeräumt. Die *Schematheorie* in der oben ausgeführten Form ist am ehesten geeignet, eine Grundlage für das hypnotherapeutische Vorgehen und Problemverständnis zu liefern. Es geht darum, die Begrenzungen, die Schemata mit sich bringen, aufzulösen. Da sie teilweise unbewußt sind, ergibt sich ein spezieller Zugang im Zustand der Trance, ähnlich wie in den Träumen.

Um Vorstellungen, Verhaltensmuster, Wahrnehmungsmuster in Bewegung zu bringen, versichert sich der kognitive Therapeut der Kooperation, der Mitarbeit, der Bereitschaft des Klienten auf der bewußten Ebene. Der Hypnotherapeut greift manchmal zu einer konträren Technik als mobilisierender Strategie, nämlich zur *Konfusion* (siehe oben). Allerdings ist auch die argumentative Entkräftung von rationalen Positionen häufig mit Konfusion verbunden - wie das Beispiel von Sokrates deutlich zeigt (siehe oben). Die logische Analyse, die mit Hilfe der genauen Betrachtung der Sprache zustande gebracht wird, steht der assoziativen Denkweise gegenüber, die in der Hypnotherapie beim Klienten angeregt und vom Therapeuten gleichermaßen verwendet wird. Er rekurriert auf die sogenannte *Trancelogik*, in der Halluzinationen als beinahe real betrachtet werden, in der die Zeit verzerrt werden kann, in der Sprache bildhaft aufgefaßt werden kann usw. (Punkt 8). Die Imagination wird sowohl von der kognitiven Therapie als auch in der Hypnotherapie weidlich genutzt. Die Hypnotherapie nutzt sie häufig im Sinne eines *divergenten Denkprozesses*: die bildhafte Darstellung soll die Vielfalt der Aspekte beleuchten und bisher vernachlässigte Perspektiven erleichtern; in der kognitiven Therapie werden sehr *gezielte Vorstellungen* suggeriert, die einerseits erfolgreiches Verhalten und zum anderen negative Konsequenzen von unerwüschten Verhaltensweisen verdeutlichen sollen (Punkt 7 und 8 in Tabelle 7.2).

Im Vorgehen ist die kognitive Therapie häufig von der Verhaltenstherapie im Sinne eines *strukturierten und direktiven* Ansatzes geprägt (Punkt 9). Die Hausaufgaben werden geplant, die Verhaltungsänderung wird durch genaue Aufzeichnungen dokumentiert. Das Problem wird gemeinsam mit dem Klienten eingegrenzt und definiert usw. Der Hypnotherapeut dagegen agiert eher umwegig, scheinbar weniger planvoll, aber in Wahrheit ist er auf der ständigen Suche nach Ansatzpunkten, die *strategisch* günstig sind, um ein Muster zu unterbrechen (so etwa das Abbeißen eines großen Nagelstücks in Kapitel 4.3; den spielerischen Umgang mit Spritzen zu unsinnigen Zwecken in Kapitel 4.2; die Umdeutung der bisherigen Tranceerfahrung des Klienten als unwirksames Dösen in Kap. 4.6 u.a.).

Den drei Hauptinstrumenten der kognitiven Therapie stehen drei analoge Instrumente in der Hypnotherapie gegenüber (Punkt 10). Statt dem Disput auf der rationalen Ebene, d.h. dem Austausch der Argumente und der Widerlegung des Klienten, bietet der Hypnotherapeut Bilder, Geschichten, Anekdoten und Analogien an, die das Problem und die bisherigen Lösungsversuche in einer Weise beleuchten, die einen Perspektivwechsel erleichtern, ohne daß alte Positionen widerlegt werden. So ist etwa die Reisaffen-Metapher (Kap. 4.9) geeignet, den Klienten zu veranlassen, ein problematisches und schmerzhaftes Verhalten als selbstverursacht zu akzeptieren. An der Stelle, wo innere Sätze als verhaltensleitende Imperative neu gelernt werden, benutzt die Hypnotherapie häufig bildliche Vorstellungen.

Die Depressionstherapie von Beck strebt an, die "empirische Basis" für eine dysfunktionale Haltung zu widerlegen, indem die *gegenwärtigen Erfahrungen* genau analysiert werden. Beck weist dann auf die Mechanismen der selektiven Abstraktion, der Übergeneralisierung des dichotomen Denkens beim Klienten hin. Um Verhalten in der Empirie zu verankern, benutzt die Hypnotherapie einen ganz anderen Weg: Sie nutzt die Macht der *Fiktion*. So wird in der Altersregression eine faktische Erfahrung des Klienten so verändert, daß sie nicht mehr als bedrohlich erinnert wird (so die ersehnte Entführung des kleinen Kindes aus dem Krankenhaus durch die Mutter in Kap. 4.5). Das mag zunächst unglaubwürdig klingen; es wird dabei aber übersehen, daß Erfahrungen immer subjektive Bewertungen enthalten und bei zurückliegenden Erfahrungen diese Bewertungen mit den Fakten verschmolzen sind. Vielleicht war das Individuum zu dem Zeitpunkt der prägenden Erfahrung zu einer anderen Bewertung nicht in der Lage, weil entsprechende Bewältigungsmechanismen fehlten. Da in der Altersregression das "erwachsene Ich" jedoch verfügbar bleibt und also auch dessen Möglichkeiten, mit solchen Situationen umzugehen, läßt sich die Erinnerung verändern. Das geht sogar auf der bewußten Ebene, wenn man die Verhaltensweise eines Elternteils aus dessen Biographie verständlich herleiten kann. Einfacher ist es jedoch in der Trance auf der Phantasieebene. Eine zweite Form der fiktiven Empirie ist in der *Zeitprojektion* zu sehen, wo der Klient die Verhaltensänderung oder die gefürchtete Krise vorwegnimmt und überprüft, ob seine Bewältigungsstrategien ausreichen, wie im Falle des Prüfungsversagens (Kap. 4.6).

Der kognitiven *Umstrukturierung* als Verfahren zur Neuordnung von Sichtweisen in der kognitiven Therapie steht das *Reframing* der Hypnotherapie gegenüber. Dabei wird das Ziel und Problem definiert, jedoch nicht als gedankliche Konstruktion sondern als Bild. Die Lösungsmöglichkeiten ergeben sich aus der Betrachtung des Bildes in der Hypnotherapie und aus der Analyse möglicher Optionen in der kognitiven Umstrukturierung. Beiden haftet ein Moment der Überraschung an. Die Lösung kann entweder darin bestehen, daß dasselbe Verhalten zu teilweise anderen Zwecken und differenzierter eingesetzt wird, oder aber, daß dasselbe Ziel mit anderen Mitteln erreicht wird. Dabei wird das Problemverhalten grundsätzlich als Ressource betrachtet, die in der weiteren Bearbeitung genutzt werden kann.

Die *Hausaufgaben*, die in beiden Therapieformen geläufig sind, sehen ähnlich aus. Allerdings ist die dahinterstehende Absicht in der kognitiven Therapie meist die der *Übung* oder der Erfahrung von bisher vermiedenen Situationen. In der Hypnotherapie dagegen werden häufig solche Hausaufgaben gegeben, die es dem Patienten ermöglichen, gewohnte *Muster zu unterbrechen* (s. die verschiedenen Beispiele aus Kap. 4.).

7.5.3 Komplementaritäten

Die kognitive Therapie appelliert an die *Rationalität*, die Hypnotherapie an die *Irrationalität* des Menschen. Da beides Bestimmungsstücke des Verhaltens sind, ist es folgerichtig, sie beide für die Veränderung in Rechnung zu stellen. Die kognitive Therapie nutzt die Überprüfung der Realität, um Fehlhaltungen und Fehlannahmen zu korrigieren, die Hypnotherapie dagegen nutzt die Kraft der Fiktion, um die subjektive Realität zu verändern.

Wo eine *Labilisierung* durch äußere Umstände eingetreten ist (z.B aktuelle dramatische Lebensentwicklung), bedarf es keiner Konfusion. Vielmehr kann eine *direkte Planung* zur Verhaltensänderung suggeriert werden. Im Falle der Stagnation dagegen kann die betroffene Person zur Reaktanz neigen, da das problematische Verhalten über Jahre und gegen eine Vielzahl von Ratschlägen von außerhalb aufrecht erhalten wurde. In diesem Fall würde es eine kognitive Dissonanz bedeuten, es plötzlich aufzugeben. Hier haben Konfusion zur Einleitung der Verhaltensänderung und Amnesie zur Aufrechterhaltung einer Änderungstendenz eine Schutzfunktion für das Individuum.

Bereich	Kognitive Therapie	Hypnotherapie
1. Kontakt:	Gute therapeut. Bez.	Rapport
2. Weg:	Gemeinsame Bemühg.	Utilisation
3. Fokus:	Problemorientiert	Problem + Funktion
4. Dauer:	Kurz (wöchentlich)	Kurz (weiträumig)
5. Therapiemodell:	Belehrung + Übung	Unbewußtes Lernen
6. Persönlktsmodell:	Kognition/Emotion	Schematheorie
7. Mobilisierung:	Kooperation	Konfusion
8. Medium:	Logische Analyse Imagination	Trance-Logik Imagination
9. Vorgehen:	Direktiv/strukturiert	Minimal strategisch
10. Instrumente:	Disput/Selbstinstrukt. Induktive Widerlegung Kogn. Umstrukturierg.	Metaphern Zeitprojektion Reframing
Hausaufgaben:	i.S. des Ziels	Musterunterbrechung

Tab. 7.2: Vergleich von Kognitiver Therapie und Hypnotherapie in verschiedenen Bereichen

Die Systematik, die kognitive Therapie und Verhaltenstherapie auf die *Verhaltensanalyse* verwenden, wird wirkungsvoll ergänzt durch die Akribie, mit der die Hypnotherapie auf die Herstellung und Erhaltung des *Rapports* achtet. Die verbale Berichterstattung, die in der kognitiven Therapie zur Korrektur des Vorgehens benutzt wird, kann trügen, und die Beachtung subtiler nonverbaler Reaktionen erleichtert es, in der Vorwegnahme von Ablehnung oder Zustimmung den Rapport zu vertiefen.

Die *minimalen Strategien* zur behutsamen Veränderung des Verhaltens, die die Hypnotherapie scheinbar spielerisch oft auf Nebenschauplätzen anstellt, stellen eine Alternative zur Verminderung des Symptoms dar, wenn dieses direkte Vorgehen aus irgend einem Grunde versperrt bleibt (s. die Beispiele Ericksons in Kap. 5).

Die *Willkürlichkeit* der Verhaltensänderung, wie sie in der Verhaltenstherapie und der kognitiven Therapie angestrebt wird, wird ergänzt durch die *Unwillkürlichkeit*, die die Hypnotherapie häufig insziniert. Insbesondere physiologische Vorgänge dissoziativer Art sind geeignet, das betroffene Individuum davon zu überzeugen, daß Veränderung auch mühelos vor sich gehen kann.

7.6 Schlußbemerkung

Im Laufe einer solchen Diskussion wird die Frage immer deutlicher, was den Menschen so stabil in problematischen Verhaltensweisen verweilen läßt, so daß das gradlinige, vernünftige Vorgehen der Therapie oft frustriert wird. Möglicherweise ist es gerade die Selbstreflektion, diese typisch menschliche Eigenschaft, die dazu beiträgt. Zwar haben andere Säuger Sprachen, die elaboriert zu sein scheinen, wie z.B. Delphine (McIntyre, 1982), und sie können sich selbst mit sprachlichen Symbolen bezeichnen lernen, wei z.B. Chimpansen (Gardner & Gardner, 1969). Aber nur Menschen können wohl über ihre Gedanken nachdenken (Eccles, 1980, Gazzinaga, 1985). Das Individuum hat immer die Gesamtperspektive seines Lebens oder bestimmter Abschnitte im Auge, ebenso die Reaktion der Umwelt, besonders der Familie auf eigene mögliche Verhaltensänderungen. Gegen diese Konsistenz in Raum und Zeit muß die Therapie arbeiten. Nur der Körper kennt sie nicht - deswegen ist es sinnvoll, die auf der willkürlichen Ebene manifesten Handlungsentwürfe, durch unwillkürliche zu ergänzen oder zu unterlaufen wie in der Hypnotherapie. Aber es gibt auch die gegenläufige Tendenz, nämlich die Vereinheitlichung der Richtungen aller Handlungsimpulse aufzugeben und den "Teilpsychen" mehr Autonomie einzuräumen. Diese Tendenz wird im Trance-Zustand gefördert - sei es durch Regression in eine kindliche Haltung, durch physiologische Veränderungen oder durch das Unterlaufen der Exekutivkontrolle. Es ist wie eine Überwindung des dichotomen Denkens, der eindeutigen Bewertung; es ist das, was das "Sowohl-als-auch-Prinzip" in der Hypnose charakterisiert worden ist (Gheorghiu, 1990).

Hypnotherapie und Kognitive Therapie sind also keine sich ausschließenden Interventionsformen. Sie benutzen teilweise die gleichen Mittel (z.B. die Vorstellung). Sie ergänzen sich, indem sie unterschiedliche Möglichkeiten der Veränderung mobilisieren. Sie setzen aber unterschiedliche Fertigkeiten beim Therapeuten voraus; das betrifft v.a. die Beachtung der verbalen und noverbalen Kommunikation und die direkte und indirekte Nutzung der Sprache. Manche Probleme lassen sich direkt in einem normalen Kontext, andere besser und einfacher indirekt in einem veränderten Kontext angehen. Eine eindeutige Indikation dafür ist bisher nicht beschrieben worden.

Die Autoren dieses Bandes

Walter Bongartz, Dr.phil., Dipl.-Psych.
Universität Konstanz, Fachbereich Psychologie
7750 Konstanz

Toni Forster, Dipl.-Psych.
Münchner Str. 44, 8060 Dachau

Wilhelm Gerl, Dipl.-Psych.
Milton Erickson Gesellschaft für Klinische Hypnose (M.E.G.)
Konradstr. 16, 8000 München 40

Frank Hoppe, Dr.phil., Dr.habil., Dipl.-Psych.
Universität Hamburg, Psychologisches Institut III
Von-Melle-Park 5, 2000 Hamburg 20

Hans-Christian Kossak, Dipl.-Psych.
Kath. Beratungsstelle für Erziehungs- und Familienfragen
Ostermannstr. 32, 4630 Bochum

Christoph Kraiker, Dr.phil., Dipl.-Psych.
Universität München, Institut für Psychologie
Leopoldstr. 13, 8000 München 40

Siegfried Mrochen, Prof., Dr.phil., Dipl.-Psych.
Freie Universität Berlin, Institut für Sonderpädagogik
Königin Luisen Str. 24, 1000 Berlin 33

Burkhard Peter, Dipl.-Psych.
Milton Erickson Gesellschaft für Klinische Hypnose (M.E.G.)
Konradstr. 16, 8000 München 40

Dirk Revenstorf, Prof., Dr.rer.nat., Dipl.-Psych.
Universität Tübingen, Psychologisches Institut
Gartenstr. 29, 7400 Tübingen

Detlef W. Timp, Dipl.-Psych.
Technische Universität Berlin, Sekr. DO 303
Dovestr. 1-5, 1000 Berlin 12

Hypnose und Kognition

Zeitschrift für die Grundlagen und klinische Anwendung von
Hypnose und kognitiver Therapie

Herausgeber: Burkhard Peter und Christoph Kraiker

Die bisherigen Hefte hatten folgende Leitthemen:

Okt. 1984, 1(1): Hypnotherapie bei Krebserkrankungen
Apr. 1985, 2(1): Hypnose und Familientherapie
Okt. 1985, 2(2): Sprechen, Denken, Fühlen
Apr. 1986, 3(1): Schmerzkontrolle
Okt. 1986, 3(2): Hypnotherapie: Reflexionen und Aktuelles aus der Praxis
Apr. 1987, 4(1): Hypnose und Verhaltenstherapie
Okt. 1987, 4(2): Kognitive Therapie
Apr. 1988, 5(1): Hypnose und Psychosomatik
Okt. 1988, 5(2): Milton H. Erickson
Apr. 1989, 6(1): Hypnose und das Unbewußte
Okt. 1989, 6(2): Hypnose und Dissoziation
Apr. 1990, 7(1): Kinderhypnose
Okt. 1990, 7(2): Hypnotherapeutische Fallberichte
Apr. 1986, SH: Bibliographie: Psycho(physio)logische Aspekte und
Behandlungen von Schmerz

In Vorbereitung bzw. geplant sind folgende Hefte:

Gefahren der Hypnose
Biopsychologie der Hypnose
Hypnose und Psychoanalyse
Hypnose in der Rehabilitation
Hypnose in der Medizin

Sie können **Hypnose und Kognition** (auch rückwirkend) abonnieren
oder jedes Heft einzeln bestellen:

Abo (2 Hefte pro Jahr im April und Oktober)　　　　　　DM　25.-
Einzelheft　　　　　　　　　　　　　　　　　　　　　　DM　15.-
Abo Spezial (alle Hefte bis 1990 incl.)　　　　　　　DM 120.-

Bestellung mit beiliegendem Verrechnungs-Scheck an:

M.E.G.-Stiftung, Konradstr. 16, 8000 München 40　　　ISSN 0178-093X

Literaturverzeichnis

Achterberg-Lawlis, J. & Kenner, C. (1982). Burn patients. In D. M. Doleys, R. L. Meredith, & A. R. Cimineron (Hrsg.), *Behavioral medicine* (Assessment and treatment strategies). New York: Plenum Press.

Adams-Webber, J. R. (1983). Fixed-Role-Therapie. In J. Corsini (Hrsg.), *Handbuch der Psychotherapie* (2 Bd., S. 216-230). Weinheim: Beltz.

Ahsen, A. & Lazarus, A. A. (1976). Eidetische Analyse: Ein verhaltenstherapeutischer Ansatz, der die innere Welt einbezieht. In A. A. Lazarus (Hrsg.), *Angewandte Verhaltenstherapie* (S. 99- 112). Stuttgart: Klett.

Alexander, L. (1976). Conditional reflexes as related to hypnosis and hypnotic techniques. In E. Dengrove (Hrsg.), *Hypnosis and behavior therapy* (S. 39-44). Springfield, Ill.: C.C. Thomas.

Anderson, K. O. & Masur, F. T. (1983). Psychological preparation for invasive medical and dental procedures. *Journal of Behavioral Medicine, 6*, 1-40.

Asher, L. M., Barber, X. T. & Spanos, N. P. (1972). Two attemps to replicate the Parrish-Lundy-Leibowitz experiment on hypnotic age regression. *American Journal of Clinical Hypnosis, 4*, 178- 185.

Astor, M. H. (1972). Hypnosis and behavior modification combined with psychoanalytic psychotherapy. *International Journal of Clinical and Experimental Hypnosis, 21*, 18-24.

Astrup, C. (1978). Physiological mechanisms of flooding (implosion) Therapy. *Pavlovian Journal of Biological Science, 13*, 195-198.

Baker, S. R. & Boaz, D. (1983). The partial reformulation of a traumatic memory of a dental phobia during trance: A case study. *International Journal of Clinical and Experimental Hypnosis, 31*, 14-18.

Baker, S. R. (1984). Amelioration of phantom-organ pain with hypnosis and behavior modification. *Psychological Reports, 55*, 847-850.

Bandler, R. & Grinder, J. (1975a). *Patterns of the hypnotic techniques of Milton H. Erickson M.D.* (Vol.1). Cupertino: Meta.

Bandler, R. & Grinder, J. (1975b). *The structure of magic* (Vol 1). Palo Alto: Science and Behavior.

Bandura, A. (1969). *Principles of behavior modification*. London: Holt, Rinehardt & Winston.

Bandura, A. (1976). *Lernen am Modell*. Stuttgart: Klett.

Bandura, A. (1977). Self-efficacy: Toward a unifying theory of behavioral change. *Psychological Review, 84*, 191-215.

Barber, T. X. (1969a). *Hypnosis: A Scientific Approach*. London: Van Nostrand Reinhold.

Barber, T. X. (1969b). Hypnotic age regression: a critical review. *Psychosomatic Medicine, 24*, 286-299.

Barber, T. X. (1972). Suggested ("hypnotic") behavior: The trance paradigm versus the alternative paradigm. In E. Fromm & R. E. Shor (Hrsg.), *Hypnosis: Research Developments and Perspectives*. New York: Atherton.

Barber, T. X. (1979). Suggested ("hypnotic") behavior: The trance paradigm versus an alternative paradigm. In E. Fromm & R. E. Shor (Hrsg.), *Hypnosis: Developments in research and new perspectives* (rev. 2nd Ed., S. 217-272). New York: Aldine.

Barber, T. X. & DeMoor, W. (1972). A theory of hypnotic induction process. *American Journal of Clinical Hypnosis., 15*.

Barber, T. X., Spanos, N. P. & Chaves, J. F. (1974). *Hypnotism, imagination, and human potentialities*. New York: Pergamon Press.

Barber, T. X. & Wilson, S. C. (1972). An experimental evaluation of the new cognitive-behavioral theory and the traditional strance-state theory of "hypnosis". *Annals of the New York Academy of Sciences, 296*, 34-47.

Barber, Th. X. & Wilson, S. C. (1979). Guided imagining and hypnosis. In A. A. Sheikh & J. T. Shaffer (Hrsg.), *The potential of fantasy and imagination* (chap.5). New York:Brandon House.

Bar-Gil, B., Eli, I. & Kleinhauz, M. (1983). A multidisciplinary approach to the treatment of dental phobia. *Journal of the American Society of Psychosomatic Dentistry and Medicine*, *30*, 137- 141.

Barrett, C. L. (1970). "Runaway imagery"in systematic desensitization therapy and implosive therapy. *Psychotherapy:Theory,research and practice*, 7, 233-235.

Barrios, A. A. (1973). Posthypnotic suggestion as higher-order conditioning: A methodological and experimental analysis. *International Journal of Clinical and Experimental Hypnosis*, *21*, 32-50.

Barrios, A. A. (1976). Posthypnotic suggestion as higher order conditioning: A methodological and experimental analysis. In E. Dengrove (Hrsg.), *Hypnosis and behavior therapy* (S. 68-82). Springfield, Ill.: C.C. Thomas.

Bartling, G. e. al. (1980). *Problemanalyse im therapeutischen Prozeß*. Stuttgart: Kohlhammer.

Basker, M. A. (1979). A hypnobehavioral method of treating agoraphobia by the clenched fist method of Calvert Stein. *Australian Journal of Clinical and Experimental Hypnosis*, 7, 27- 34.

Baum, M. & Poser, E. G. (1971). Comparison of flooding procedures in animals and man. *Behavioral Research and Therapy*, *9*, 249-254.

Bearoff, J. (1984). *An investigation and evaluation of the cognitive-behavioral theory of hypnosis* (Dissert.). Bryn Mawr College.

Beck, A. T. (1976). *Cognitive therapy and emotional disorders.*. New York: International University Press. (Deutsch: München: Pfeiffer, 1979)

Beck, A. T. (1979). *Wahrnehmung der Wirklichkeit und Neurose.*. München: Pfeiffer.

Beck, A. T. (1985). Cognitive therapy, behavior therapy, psychoanalysis, and pharmacotherapy: A cognitive continuum. In M. J. Mahoney & A. Freeman (Hrsg.), *Cognition and psychotherapy* (S. 325-348). New York, London: Plenum Press.

Beck, A. T., Rush, A. J., Shaw, B. F. & Emery, G. (1981/1986). *Kognitive Therapie der Depression*. München: Urban und Schwarzenberg.

Becker-Freyseng, W. (1983). Autogenes Training. In C. Kraiker & B. Peter (Hrsg.), *Psychotherapieführer* (S. 240-244). München: C.H.Beck.

Beere, D. B. (1972). Systematic desensitization and imagination: A test of London 's cognitive integration of behavior therapies. *Diss.abstr.int.*, *32* (5431B).

Bell, G. K. (1976). Clinical hypnosis: Warp and woof of psychotherapies. In E. Dengrove (Hrsg.), *Hypnosis and behavior therapy* (S. 271-277). Springfield, Ill.: C.C. Thomas.

Benline, T. A. & Simmel, E. C. (1967). Effects of blocking of the avoidance response on the elimination of the conditioned fear response. *Psychosomatic Science*, *8*, 357-368.

Bergold, J. (1974). Subjektiv-verbale Indikatoren der Angst. In C. Kraiker (Hrsg.), *Handbuch der Verhaltenstherapie* (S. 195-223). München: Kindler.

Bernheim, H. (1886). *De la suggestion et de ses applications a la therapeutique*. Paris: Doin.

Bernheim, H. (1888/1985). *Die Suggestion und ihre Heilwirkung* (übers. von Sigmund Freud). Tübingen: edition diskord. (fotomech. Nachdruck der Ausgabe Leipzig und Wien, 1985)

Bernstein, D. S. & Berkovec, T. D. (1975). *Entspannungstraining: Handbuch der Progressiven Muskelentspannung*. München: Pfeiffer.

Binet, A. & Féré, C. (1888). *Animal Magnetism*. New York: Appleton.

Birbaumer, N. (1973). *Neurophysiologie der Angst*. München: Urban & Schwarzenberg.

Birbaumer, N. (1977). Wir denken häufig, bevor wir handeln. In N. Birbaumer (Hrsg.), *Psychophysiologie der Angst* (S. 170-180). München: Urban & Schwarzenberg.

Birbaumer, N. (1987). Gastrointestinaltrakt. In W. Miltner, N. Birbaumer, & W. D. Gerber (Hrsg.), *Verhaltensmedizin*. Berlin: Springer.

Birbaumer, N. & Schmidt, R. F. (1990). *Biologische Psychologie*. Berlin, Heidelberg, New York: Springer.

Blankart, B. & Elliott, R. (1974). Extinction of avoidance in rats: Response availability and stimulus presentation effects. *Behavioral Research and Therapy*, *12*, 53-56.

Blöschl, L. (1977). Lerntheoretische Grundlagen. In L. J. Pongratz (Hrsg.), *Handbuch der Psychologie* (Klinische Psychologie, 8/I, S. 634-663). Göttingen: Hogrefe.

Bolocofsky, D. N., Spinler, D. & Coulthard-Morris, L. (1985). Effectiveness of hypnosis as an adjunct to behavioral weight management. *Journal of Clinical Psychology, 41,* 35-41.

Bongartz, B. & Bongartz, W. (1988). *Hypnose: Wie sie wirkt und wem sie hilft.* Zürich: Kreuz Verlag.

Bongartz, W. (1985). Was ist Hypnose?. In B. Peter (Hrsg.), *Hypnose und Hypnotherapie nach Milton H. Erickson* (S. 11-19). München: Pfeiffer.

Bongartz, W. (1989). *Klinische und Experimentelle Hypnose: Ein glückliches Paar?* (Vortrag, gehalten auf der 11. Tagung der Deutschen Gesellschaft für Hypnose (DGH), 23.-26.11.1989). Bad Lippspringe.

Bornstein, P. H. (et al.). (1980). Hypnobehavioral treatment of chronic nailbiting: A multiple baseline analysis. *International Journal of Clinical and Experimental Hypnosis, 28,* 208-217.

Bornstein, P. H. & Devine, D. A. (1980). Covert modeling- hypnosis in the treatment of obesity. *Psychotherapy: Theory, Research and Practice, 17,* 272-276.

Bourgeois, P. (1982). De la désensibilisation systématique aux modifications cognitives sous hypnose. *Annales Médico- Psychologiques, 140,* 509-517.

Boutin, G. & Tosi, D., J. (1983). Modification of irrational ideas and test anxiety through rational stage directed hypnotherapy. *Journal of Clinical Psychology, 39,* 382-391.

Bower, G. A. (1981). Mood and memory. *American Psychologist, 36,* 129-148.

Bowers, K. S. (1989). Das Neo-Dissoziationsmodell und das sozialpsychologische Modell der Hypnose. *Hypnose und Kognition, 6,* 23-32.

Bowers, K. S. (1982). The relevance of hypnosis for cognitive- behavioral therapy. *Clinical Psychology Review, 2,* 67-78.

Braid, J. (1842/1970). Satanic agency and mesmerism reviewed, in a letter to the Rev. H. Mc. Neile, A.M., of Liverpool. In M. M. Tinterow (Hrsg.), *Foundations of hypnosis: From Mesmer to Freud* (S. 318-330). Springfield, Ill.: C.C.Thomas.

Braid, J. (1843). *Neurypnology: Or, the rational of nervous sleep, considered in relation with animal magnetism.* London: Churchill.

Braid, J. (1855/1970). The physiology of fascination and the critics criticised. In M. M. Tinterow (Hrsg.), *Foundations of hypnosis: From Mesmer to Freud* (S. 365-389). Springfield, Ill.: C.C. Thomas. (Original: Manchester: Grant & Co, 1855)

Bramwell, H. (1906). *Hypnotism: Its history, practice and theory.* London: Alexander Moring.

Brehm, J. W. (1966). *A theory of psychological reactance.* New York: Academic Press.

Brehm, J. W. (1980). *Anwendungen der Sozialpsychologie in der klinischen Praxis.* Bern: Huber.

Brehm, S. S. (1976). *The application of social psychology to clinical practice.* Washington, D.C.: Hemisphere.

Brehm, S. S. & Brehm, J. W. (1981). *Psychological reactance: A theory of freedom and control.* New York: Academic Press.

Brehm, S. S. & Smith, T. W. (1982). The application of social psychology to clinical practice: a range of possibilities. In G. Weary & H. L. Mirels (Hrsg.), *Integrations of clinical and social psychology.* New York: Oxford University Press.

Brehm, S. S. & Smith, T. W. (1986). Social psychological approaches to psychotherapy and behavior change. In S. L. Garfield & A. E. Bergin (Hrsg.), *Handbook of psychotherapy and behavior change* (S. 69-115). New York: Wiley.

Bremen, S. v. & Revenstorf, D. (1989). *War Erickson ein Verhaltenstherapeut?* (Vortrag gehalten auf dem 5. Europäischen Kongreß für Hypnose, 18.-24.8.90, Universität Konstanz)

Breuer, J. & Freud, S. (1892). *Über den psychischen Mechanismus hysterischer Phänomene* (GW I). Frankfurt: Fischer.

Brown, B. M. (1969). The use of induced imagery in psychotherapy. *Psychotherapy: Theory, Research and Practice, 6,* 120-121.

Butollo, W. (1979). *Chronische Angst: Theorie und Praxis der Konfrontationstherapie.* München: Urban & Schwarzenberg.

Cacciapaglia, A. & Bisson, A. (1982). Ipnoterapia in un caso di allergia respiratoria. *Rivista Internazionale di Psicologia e Ipnosi, 23,* 297-299.

Cafiso, R. (1981). Un caso di nevrosi ansiosa trattato con approccio comportamentale attraversa ipnosi. *Rivista Internazionale di Psicologia e Ipnosi, 22,* 39-42.

Cannon, D. S., Baker, T. B. & Wehl, C. K. (1981). Emetic and electric shock alcohol aversion therapy: Six and twelve months follow-up. *Journal of consulting and clinical psychology, 49,* 360- 368.

Carlson, H. J. & Black, A. H. (1959). Traumatic avoidance learning: Note on the effect of response prevention during extinction. *Psychological Reports, 5,* 409-412.

Cautela, J. R. (1966a). Desensitization factors in the hypnotic treatment of phobias. *Journal of Psychology, 64,* 277-288.

Cautela, J. R. (1966b). Hypnosis and Behavior Therapy. *Behaviour Researech and Therapy, 4,* 219-224.

Cautela, J. R. (1967). Covert sensitization. *Psychological Record, 20,* 459-468.

Cautela, J. R. (1970). Covert reinforcement. *Behavior Therapy, 1,* 33-50.

Cautela, J. R. (1971). Covert conditioning. In A. Jacobs & L. B. Sachs (Hrsg.), *The psychology of private events: Perspectives on covert response systems* (S. 129-130). New York: Academic Press.

Cautela, J. R. (1976). The use of covert conditioning in hypnotherapy. In E. Dengrove (Hrsg.), *Hypnosis and behavior therapy* (S. 188-201). Springfield, Ill.: C.C. Thomas. (Original in International Journal of Clinical and Experimental Hypnosis, 1975, 23, 1, 1-14)

Cautela, J. R. (1986). Covert conditioning and the control of pain. *Behavior Modification, 10,* 205-217.

Cautela, J. R. & Baron, M. G. (1977). Covert conditioning: a theoretical analysis. *Behavior Modification, 1,* 351-368.

Cautela, J. R. & Kearney, A. J. (1986). *The covert conditioning handbook.* New York: Springer.

Cautela, J. R. & McCullough, L. (1978). Covert Conditioning: A learning theory perspective on imagery. In J. L. Singer & K. S. Pope (Hrsg.), *The power of human imagination* (S. 227-254). New York: Plenum Press.

Channon, L. (1980). Hypnosis in a self-control behaviour modification programme for weight reduction. *Australian Journal of Clinical and Experimental Hypnosis, 8,* 31-36.

Channon, L. (1983). The use of hypnosis in a systematic desensitization paradigm for the treatment of specific phobias: An outline and case study. *Australian Journal of Clinical and Experimental hypnosis, 11,* 15-21.

Chapman, C. R. & Feather, B. W. (1973). Effects of diazepam on human pain tolerance and sensitivity. *Psychosomatic Medicine, 35,* 330-340.

Chapman, C. R. & Feather, B. W. (1971). Sensitivity to phobic imagery:A sensory decision theory analysis. *Behav.Res.and Therapy, 9,* 161-168.

Charcot, J. M. (1882). Sur les divers états nerveux déterminés par l'hypnotisation chez les hystériques. *Comptes-Rendus hebdomadairs des Séances de l'Académie des Sciences, 94,* 403-405.

Charcot, J. M. (1886). *Neue Vorlesungen über die Krankheiten des Nervensystems, insbesondere der Hysterie* (Übers. von Sigmund Freud). Leipzig: Toeplitz und Deuticke.

Cheek, D. B. (1988). Einige Beiträge Ericksons zur Medizin. *Hypnose und Kognition, 5,* 34-38.

Chen, A., Dworkin, S. & Bloomquist, D. S. (1981). Cortical power spectrum analysis of hypnotic pain control in surgery. *International Journal of Neuroscience, 13,* 127.

Cherry, E. C. (1953). Some experiments on the recognition of speech with one and with two ears. *J. Acoust. Soc. Am., 25,* 975- 979.

Chertok, L. (1980). *Hypnose* (Theorie, Praxis und Technik eines psychotherapeutischen Verfahrens). München: Kindler Verlag.

Chomsky, N. (1959). Review of B. F. Skinner's verbal behavior. *Language, 35,* 26-58.

Chomsky, N. (1977). Die formale Natur der Sprache. In E. H. Lenneberg (Hrsg.), *Biologische Grundlagen der Sprache* (S. 483-540). Frankfurt: Suhrkamp Taschenbuch Wissenschaft.

Ciompi, L. (1982). *Affektlogik.* Stuttgart: KLETT-Cotta.

Clare, C. (1979). Hypnotherapy in the treatment of alcoholism. *Australian Journal of Clinical and Experimental Hypnosis, 7,* 1-5.

Clarke, C. & Jackson, A. (1983). *Hypnosis and behavior therapy.* New York: Springer.

Coe, W. C. (1978). The credibility of posthypnotic amnesia: A contextualists' view. *International Journal of Clinical and Experimental Hypnosis, 26,* 218-245.

Coe, W. C. (1989). Was ist Hypnose?: Eine kritische Analyse. *Report Psychologie, 14,* 23-33.

Cohen, B. B. (1984). A combined approach using meditation- hypnosis and behavioral techniques in the treatment of smoking behavior: Case studies of five distressed patients. *International Journal of Psychosomatics, 31,* 33-39.

Collins, J. K., Jupp, J. J. & Krass, J. (1981). Hypnosis and weight control: A preliminary report on the Macquarie University programme. *Australian Journal of Clinical and Experimental Hypnosis, 9,* 93-99.

Costello, C. G. (1957). The control of visual imagery in mental disorder. *Journal of Mental Science, 103,* 840-849.

Council on Scientific Affairs. (1985). Scientific status of refreshing recollection by the use of hypnosis: A council report. *Journal of the American Medical Association, 253,* 1918-1923.

Cox, T., H. (1978). Post-hypnotic suggestion in behavior modification. *Journal of the American Society of Psychosomatic Dentistry and Medicine, 25,* 68-73.

Crawford, H. J. (1989). Cognitive and physiological flexibility: Multiple pathways to hypnotic responsiveness. In V. A. Gheorghiu, P. Netter, H. J. Eysenck, & R. Rosenthal (Hrsg.), *Suggestion and Suggestibility: Theory and Research* (S. 155-168). Berlin: Springer.

Crawford, H. J., Mcdonald, H. & Hilgard, E. R. (1979). Hypnotic deafness: A psychophysical study of responses to tone intensity as modified by hypnosis. *American Journal of Psychology, 92,* 193-214.

D'Zurilla, T. J. & Goldfried, M. R. (1971). Problem solving and behavior modification. *Journal of Abnormal Psychology, 78,* 107-126.

Danaher, B. G. & Thoresen, C. E. (1972). Imagery assessment by self-reported and behavioral measure. *Behavioral Research and Therapy, 10,* 131-138.

Darwin, Ch. (1856). *The expression of emotion in men and animal.* London: Appleton.

Dash, J. (1981). Rapid hypno-behavioral treatment of a needle phobia in a five-year-old cardiac patient. *Journal of Pediatric Psychology, 6,* 37-42.

Davis, D., McLemore, C. & London, P. (1970). The role of visual imagery in desensitization. *Behavior Research and Therapy, 8,* 11-13.

Dedenroth, T. E. v. (1964). The use of hypnosis with "tobaccomaniacs". *American Journal of Clinical Hypnosis, 6,* 326-331.

Degun, M. D. & Degun, G. (1982). The use of hypnosis in the treatment of psychosexual disorders: With case illustrations of vaginism. *Bulletin of the British Society of Experimental and Clinical Hypnosis, 5,* 31-36.

Dempsey, G. L. & Granich, M. (1978). Hypno-behavioral therapy in the case of a traumatic stutterer: A case study. *International Journal of Clinical and Experimental Hypnosis, 26,* 125-133.

Dengrove, E. (1973). The use of hypnosis in behavior therapy. *International Journal of Clinical and Experimental Hypnosis, 21,* 13-17.

Dengrove, E. (1976a). Behavior therapy. In E. Dengrove (Hrsg.), *Hypnosis and behavior therapy* (S. 5-25). Springfield, Ill.: C.C. Thomas.

Dengrove, E. (1976b). Hypnosis. In E. Dengrove (Hrsg.), *Hypnosis and behavior therapy* (S. 26-38). Springfield, Ill.: C.C. Thomas.

Dengrove, E. (Ed.). (1976c). *Hypnosis and Behavior Therapy.* Springfield, Ill.: Charles C.Thomas.

Dennerstein, L. & Burrows, G. (1979). The role of hypnosis in the management of psychosexual dysfunction. *Australian Journal of Clinical and Experimental Hypnosis, 7,* 247-252.

Denney, D. R. & Gerrard, M. (1981). Behavioral treatments of primary dysmenorrhea: A review. *Behaviour Research and Therapy, 19,* 303-312.

DePiano, F. A. (1985). Hypnosis in the treatment of aquaphobia. *Psychotherapy in Private Practice, 3,* 93-97.

DeRoos, Y. S. & Johnson, David. P. (1983). Hypnosis and rational- emotive-therapy as used in teaching improved autosuggestion. *College Student Journal, 17,* 68-75.

Descartes, R. (1953). *Oeuvres et lettres.* Paris: Gallimard.

Diamond, M. J. (1988). Accessing archaic involvement: Toward unraveling the mystery of Erickson's hypnosis. *International Journal of Clinical and Experimental Hypnosis, 36,* 141-156.

Diment, A. D. (1981). Fear of flying: Case study of a phobia. *Australian Journal of Clinical and Experimental Hypnosis, 9*, 5-8.

Dixon, N. F. (1981). *Preconscious processing.* New York: Wiley.

Dixon, N. F. (1981a). Psychosomatic disorder: A special case of subliminal perception. In M. J. Christie & P. G. Mallett (Hrsg.), *Foundations of Psychosomatics.* New York: Wiley.

Dollard, J. & Miller, N. E. (1950). *Personality and psychotherapy: An analysis in terms of learning.* New York: McGraw Hill.

Dunlap, K. (1928). A revision of the fundamental law of habit formation. *Science, 67,* 360.

Dunlap, K. (1932). *Habits: Their making and unmaking.* New York: Liveright.

Dyckman, J. M. (1978). Imaging vividness and the outcome of in vivo and imagined scene desensitization. *Journal of Consulting and Clinical Psychology, 46,* 1155-1156.

Eberlein, G. (1985). *Autogenes Training für Kinder.* Berlin: Springer.

Eccles, J. C. (1980). *The human psyche* (The Gilford lectures). Heidelberg: Springer.

Edmonston, W. E. (1960). An experimental investigation of hypnotic age regression. *American Journal of Clinical Hypnosis, 3,* 139-168.

Elkins, R. L. (1980). Covert sensitation treatment of alcoholism: Contributions of successful conditioning to subsequent abstinence maintenance. *Addictive Behaviour, 5,* 67-89.

Ellenberger, H. F. (1985). *Die Entdeckung des Unbewußten: Geschichte und Entwicklung der dynamischen Psychiatrie von ihren Anfängen bis zu Janet, Freud, Adler und Jung.* Zürich: Diogenes. (amerik. Original: The discovery of the unconscious: The history and evolution of dynamic psychiatry. New York: Basic Books, 1970)

Elliotson, J. (1843). *Numerous cases of surgical operations without pain in the Mesmeric state: With remarks upon the opposition of many members of the Royal Medical and Chirurgical Society and others to the reception of the inestimable blessings of Mesmerism.* London: Cantab., F.R.S.

Ellis, A. (1977). *Die Rational-Emotive Therapie.* München: Pfeiffer.

Ellis, A. (1987). Angst vor der Angst: Die Verwendung von Hypnose mit Rational-Emotiver Therapie. *Hypnose und Kognition, 4,* 64-71.

Ellis, A. & Grieger, R. (1979). *Handbuch der rational-emotiven Therapie.* München: Urban und Schwarzenberg.

Ellis, A. (1984). The use of hypnosis with Rational Emotive Therapy (RET). *International Journal of Eclectic Psychotherapy, 3,* 15-22.

Erickson, M. E. & Rossi, E. L. (1981). *Hypnotherapie.* München: Pfeiffer.

Erickson, M. H. (1943/1980). Hypnotic investigation of psychosomatic phenomena: A controlled experimental use of hypnotic regression in the therapy of an acquired food intolerance. In E. L. Rossi (Hrsg.), *The collected papers of Milton H. Erickson* (Vol II: Hypnotic alteration of sensory, perceptual, and psychophysiological processes, S. 169-174). New York: Irvington. (Original in Psychosomatic Medicine, 1943, 5, 67- 70)

Erickson, M. H. (1953/1980). Impotence: Facilitating unconscious reconditioning. In E. Rossi (Hrsg.), *The collected papers of Milton H. Erickson on hypnosis. Vol. IV. Innovative hypnotherapy* (S. 374-382). New York: Irvington. (unpublished manuscript, 1953)

Erickson, M. H. (1954/1980a). A clinical note on indirect hypnotic therapy. In E. Rossi (Hrsg.), *The collected papers of Milton H. Erickson on hypnosis. Vol. IV. Innovative hypnotherapy* (S. 99-102). New York: Irvington. (Original in Journal of Clinical and Experimental Hypnosis, 1954, 2, 171-174)

Erickson, M. H. (1954/1980b). Pseudoorientation in time as a hypnotherapeutic procedure. In E. Rossi (Hrsg.), *The collected papers of Milton H. Erickson on hypnosis. Vol. IV. Innovative hypnotherapy* (S. 139-167). New York: Irvington. (Original in Journal of Clinical and Experimental Hypnosis, 1954, 2, 261-283)

Erickson, M. H. (1955/1980). The hypnotherapy of two psychosomatic dental problems. In E. Rossi (Hrsg.), *The collected papers of Milton H. Erickson on hypnosis. Vol. IV. Innovative hypnotherapy* (S. 499-506). New York: Irvington. (Original in Journal of the American Society of Psychosomatic Dentistry and Medicine, 1955, 1, 6-10)

Erickson, M. H. (1980). *The collected papers of Milton H. Erickson on hypnosis, Vol. I - IV* (ed. by E.L. Rossi). New York: Irvington.

Erickson, M. H. & Rossi, E. L. (1977/1980). Autohypnotic experiences of Milton H. Erickson. In E. L. Rossi (Hrsg.), *The collected papers of Milton H. Erickson* (Vol I: The nature of hypnosis and suggestion, S. 108-134). New York: Irvington. (Original in American Journal of Clinical Hypnosis, 1977, 20, 36- 54)

Erickson, M. H. & Rossi, E. L. (1981). *Hypnotherapie: Aufbau, Beispiele, Forschungen*. München: Pfeiffer. (Original: Hypnotherapy: An exploratory casebook. New York: Irvington, 1979)

Erickson, M. H. & Rossi, E. L. (1988). *The February man: Evolving consciousness and indentity in hypnotherapy*. New York: Brunner/Mazel.

Erickson, M. H., Rossi, E. L. & Rossi, I. (1978). *Hypnose: Induktion, psychotherapeutische Anwendung, Beispiele*. München: Pfeiffer. (Original: Hypnotic realities: The induction of clinical hypnosis and forms of indirect suggestion. New York: Irvington, 1976)

Erman, W. (1925). *Der tierische Magnetismus in Preußen vor und nach den Freiheitskriegen aktenmäßig dargestellt*. München: Oldenbourg.

Esdaile, J. (1851, 1957). *Hypnosis in medicine and surgery*. New York: Julian Press.

Estes, W. K. (1953). A theory of stimulus variability in learning. *Psychological Review, 60*, 276.

Evans, F. J. (1972). Hypnosis and sleep: Techniques for exploring cognitive activity during sleep. In E. Fromm & R. E. Shor (Hrsg.), *Hypnosis: Research developments and perspectives*. Chicago: Aldine-Atherton.

Evans, F. J. (1979). Hypnosis and sleep: Techniques for exploring cognitive activity during sleep. In E. Fromm & R. E. Shor (Hrsg.), *Hypnosis: Developments in research and new perspectives* (2.ed., S. 139-184). New York: Aldine.

Eysenck, H. J. (1979). The conditioning model of neurosis. *The Behavioral and Brain Sciences, 2*, 155 - 199.

Farelly, F. & Brandsman, B. (1986). *Provokative Therapie*. Paderborn: Junfermann.

Faria, J. C. (1819). *De la cause du sommeil lucide: ou étude sur la nature de l'homme* (ed. by D.G. Dalgado). Paris: Henri Jouve. (2nd edition 1906)

Femster, J. H. & Brown, J. E. (1963). Hypnotic aversion to alcohol [Three-year follow-up of one patient]. *American Journal of Clinical Hypnosis, 6*, 165-166.

Feffer, M. & Suchotliff, L. (1966). Decentering implications of social interactions. *Journal of Personality and Social Psychology, 4*, 415-422.

Feldman, J. B. (1988). Subliminale Wahrnehmung und Informationstheorie [Empirische und konzeptuelle Stichhaltigkeit von Ericksons Begriff des Unbewußten]. *Hypnose und Kognition, 5*, 74-86.

Feldman, J. B. (1988). The utilization of cognition in psychotherapy: A comparison of Ericksonian and cognitive therapies. *Ericksonian Monographs, 4*, 57-73.

Feamster, J. H. & Brown, J. E. (1976). Hypnotic aversion to alcohol: Three-year follow-up of one patient. In E. Dengrove (Hrsg.), *Hypnosis and behavior therapy* (S. 342-348). Springfield, Ill.: C.C. Thomas.

Ferenczy, S. (1915). The analysis of comparisons. In J. Richman (Hrsg.), *Further contributions to the theory and technique of psychoanalysis*. o.O..

Festinger, L. (1957). *A theory of cognitive dissonance*. Evanston, Ill.: Stanford University Press.

Field, P. B. (1976). Preventing crying through desensitization. In E. Dengrove (Hrsg.), *Hypnosis and behavior therapy* (S. 363- 366). Springfield, Ill.: C.C. Thomas.

Finke, R. A. (1980). Levels of equivalence in imagery and perception. *Psychological Review, 87*, 113-132.

Fisher, J. D., Anderson, A. & Jones, J. E. (1981). Types of paradoxical intervention and indications/contraindications for use in clinical practice. *Family Process, 20*, 25-35.

Flatt, J. R. (1983). What makes therapy work? Thoughts provoked by a case study. *Australian Journal of Clinical and Experimental Hypnosis, 11*, 63-72.

Fliegel, S., Groeger, W. M., Künzel, R., Schulte, D. & Sorgatz, H. (1981). *Verhal-*

tenstherapeutische Standardmethoden. München: Urban und Schwarzenberg.

Foenander, G. & Burrows, G. D. (1980). Phenomena of hypnosis: 1. age regression. In G. D. Burrows & L. Dennerstein (Hrsg.), *Handbook of hypnosis and psychosomatic medicine* (S. 68-83). Amsterdam, New York, Oxford: Elsevier/North-Holland Biomedical Press.

Fourie, D. P. (1980). Relationship aspects of hypnotic suspectability. *Perceptual and Motor Skills, 51*, 1032-1034.

Fourie, D. P. & Lifschitz, S. (1987). Ein ökosystemischer Ansatz der Hypnose [Rationale Kerngedanken und einige Folgerungen]. *Experimentelle und klinische Hypnose, 3*, 1-22.

Frank, J. D. (1985). *Die Heiler.* Stuttgart: Klett.

Frankl, V. (1960). "Paradoxical Intention". *American Journal of Psychotherapy, 14*, 520.

Frankl, V. (1970). *Theorie und Therapie der Neurosen.* München: Reinhardt.

Frankl, V. E. (1985). Logos, paradox, and the search for meaning. In M. J. Mahoney & A. Freeman (Hrsg.), *Cognition and psychotherapy* (S. 259-276). New York, London: Plenum Press.

Freud, S. (1892a). *Ein Fall von hypnotischer Heilung* (GW I). Frankfurt: Fischer.

Freud, S. (1892b). *Ein Fall von hypnotischer Heilung nebst Bemerkungen über die Entstehung hysterischer Symptome durch den Gegenwillen* (GW I). o.O..

Freud, S. (1893). *Charcot* (GW I). o.O..

Freud, S. (1894). *Die Abwehr-Neuro-Psychosen* (GW I). o.O..

Freud, S. (1960). *Gesammelte Werke* (GW). London: S.Fischer.

Freud, S. & Breuer, J. (1893). Über den psychischen Mechanismus hysterischer Phänomene (Vorläufige Mitteilungen). *Neurologisches Centralblatt, 12*, 4-10.

Freud, S. & Breuer, J. (1895a). *Studien über Hysterie* (GW I). Frankfurt: Fischer. (1952)

Freud, S. & Breuer, J. (1895b). *Studien über Hysterie* (GW I). Frankfurt: Fischer.

Freund, K. (1960). Some problems in the treatment of homosexuality. In H. J. Eysenck (Hrsg.), *Behaviour therapy and the neuroses* (S. 457-487). London: Pitman.

Freund, U. (1989). Beliebigkeit, Belegbarkeit, Bedingtheit - Gibt es einen ethischen Rahmen für die Arbeit mit der Metapher

vom Unbewußten. *Hypnose und Kognition, 6*, 33-42.

Friedrich, S. & Friebel, V. (1989). *Entspannung für Kinder - Übungen zur Konzentration und gegen Ängste.* Reinbek: Rowohlt.

Fromm, E. (1976). Dissociative and integrative processes in hypnoanalysis. In E. Dengrove (Hrsg.), *Hypnosis and behavior therapy* (S. 278-287). Springfield, Ill.: C.C. Thomas.

Fromm, E. (1984). The theory and practice of hypnoanalysis. In W. C. Wester & A. H. Smith Jr. (Hrsg.), *Clinical hypnosis* (A multidisciplinary approach, S. 142-154). Philadelphia: J.B. Lippincott Company.

Fromm, E. & Hurt, S. W. (1980). Ego-psychological parameters of hypnosis and other altered states of consciousness. In G. D. Burrows & L. Dennerstein (Hrsg.), *Handbook of hypnosis and psychosomatic medicine* (S. 13-27). Amsterdam, New York, Oxford: Elsevier/North-Holland Biomedical Press.

Frumkin, L.R.; Ripley, H.S.; Cox. G.B. (1978). Changes in cerebral hemispheric lateralization with hypnosis. *Biological Psychiatry, 13*, 741.

Frutiger, A. D. (1981). Treatment of penetration phobia through the combined use of systematic desensitization and hypnosis: A case study. *American Journal of Clinical Hypnosis, 23*, 269-273.

Gabelmann, B. & Kossak, H. C. (1983). *Standford Hypnotic Susceptibility Scale - deutsche Übersetzung* (Unveröffentlichtes Manuskript). Bochum.

Galileo, G. (1924). *Vita ed opere.* Milano: Francesco Vallardi.

Galin, D. (1974). Implications for psychiatry of left and right cerebral specialization. *Arch. Gen. Psychiatry, 31*, 572.

Gardner, R. A. & Gardner, B. T. (1969). Teaching sign language to the chimpanzee. *Science, 165*, 664-672.

Gardner, R. A. & Gardner, B. T. (1988). Feedforward versus feedbackward: An ethological alternative to the law of effect. *Behavioral and Brain Sciences, 11*, 429-493.

Gassner, J. J. (1774). *Weise, fromm und gesund zu leben, auch gottselig zu sterben, oder: Nützlicher Unterricht, wider den Teufel zu streiten, etc..* In der Hochfürstlichen Buchdruckerei des Stiftes zu Kempten.

Gauld, A. (1988). Reflections on mesmeric analgesia. *British Journal of Experimental and Clinical Hypnosis, 5,* 17-24.

Gazzinaga, M. S. (1985). *The social brain.* New York: Basic Books.

Gendlin, E. T. (1974). *Focusing.* Salzburg: Otto Müller Verlag.

Gheorghiu, V. (1990). Hypnose, Suggestion und Suggestibilität. In D. Revenstorf (Hrsg.), *Klinische Hypnose* (S. 65-78). Berlin: Springer.

Gheorghiu, V. A. (1989). The development of research on suggestibility: Critical considerations. In V. A. Gheorghiu, P. Netter, H. J. Eysenck, & R. Rosenthal (Hrsg.), *Suggestion and suggestibility: Theory and research* (S. 3-56). Berlin: Springer.

Gheorghiu, V. A., Netter, P., Eysenck, H. J. & Rosenthal, R. (Hrsg.). (1989). *Suggestion and suggestibility: Theory and research.* Berlin: Springer.

Gheorghiu, V. A. (1987). *The difficulty to explain and define suggestion* (Vortrag, gehalten auf dem First International Symposium on Suggestion and Suggestibility, 07.- 11.07.1987). Giessen.

Gibbson, D., Kilbourne, L., Saunders, A. & Castles, C. (1970). The cognitive control of behavior [A comparison of systematic desensitization and hypnotically-induced "directed experience" techniques.]. *American Journal of Clinical Hypnosis, 12,* 141-145.

Gibson, H. B. (1988). Discussion commentary: Gauld's (1988) reflections on mesmeric analgesia. *British Journal of Experimental and Clinical Hypnosis, 5,* 25-27.

Gill, M. M. & Brennman, M. (1959). *Hypnosis and related states: Psychoanalytic studies in regression.* New York: International Universities Press.

Gill, M. M. & Brennman, M. (1977). *Hypnosis and related states.* New York: Hallmark Press.

Gilligan, S. G. (1987). *Therapeutic trances.* New York: Brunner/ Mazel.

Gilligan, S. G. (1988a). Psychosomatisches Heilen in der Ericksonschen Hypnotherapie. *Hypnose und Kognition, 5,* 25-34.

Gilligan, S. G. (1988b). Symptom phenomena as trance phenomena. In J. K. Zeig & S. Lankton (Hrsg.), *Developing Ericksonian therapy: State of the art* (S. 327-352). New York: Brunner/Mazel.

Gilliland, B. e. & James, R. K. (1983). Hypnotherapy and cognition: A combinatorial approach. *Medical Hypnoanalysis, 4,* 101-103.

Gleick, J. (1988). *Chaos - die Ordnung des Universums* (Vorstoß in Grenzbereiche der modernen Physik). München: Droemer-Knaur.

Glick, B. S. (1976). Aversive imagery therapy using hypnosis. In E. Dengrove (Hrsg.), *Hypnosis and behavior therapy* (S. 202- 207). Springfield, Ill.: C.C. Thomas.

Goggins, R. (1983). Hypnotherapeutuc treatment of socially inhibited urinary response: Two case studies. *Journal of the American Society of Psychosomatic Dentistry and Medicine, 30,* 21- 25.

Goldstein, A. & Hilgard, E. R. (1975). Lack of influence of the morphine antagonist naloxone on hypnotic analgesia. *Proceedings of the National Academy of Sciences, 72,* 2041-2043.

Gottfredson, K. D. (1973). *Hypnosis as an anesthetic in dentistery.* (Doctoral dissertation). Dissertation Abstracts International, Young University, Department of Psychology, Brigham.

Gottwald, P. (1989). Die Rede vom "Unbewußten" im Menschen - Ein geistesgefährliches Spiel. *Hypnose und Kognition, 6,* 13-18.

Grawe, K. (1986). *Schematheorie und interaktionelle Psychotherapie* (Forschungsberichte). Psychologisches Institut, Bern.

Grawe, K. & Caspar, F. (1984). Die Plananalyse als Konzept und Instrument für die Psychotherapieforschung. In U. Baumann (Hrsg.), *Psychotherapie.* Göttingen: Hogrefe.

Grinder, J. & Bandler, R. (1975). *The structure of magic* (Vol 2). Palo Alto: Science & Behavior.

Gurman, A. S. (1970). A note on the use of "expanded" emotive imagery in desensitization. *Psychotherapy:Theory,Research and Practice, 7,* 226-227.

Guthrie, E. R. (1935). *The psychology of learning.* New York: Harper & Row.

Guy, M. E. & Mc Carter, R. E. (1978). A scale to measure emotive imagery. *Perceptual and Motor Skills, 46,* 1267-1274.

Haken, H. (1983). *Synergetik: Eine Einführung* (Nichtgleichgewichts-Phasenübergänge und Selbstorganisation in Physik, Chemie und Biologie, 2. Auflage). Berlin: Springer.

Haley, J. (1977). *Direktive Familientherapie. Strategien für die Lösung von Problemen.* München: Pfeiffer.

Haley, J. (1978). *Die Psychotherapie Milton H. Ericksons.* München: Pfeiffer. (Orig.: Uncommon therapy, New York: 1973)

Haley, J. (1981). *Ablösungsprobleme Jugendlicher. Familientherapie - Beispiele - Lösungen.* München: Pfeiffer.

Haley, J. (1988). Milton H. Ericksons Beitrag zur Psychotherapie. *Hypnose und Kognition, 5,* 19-33.

Haley, J. (1989). *Ordeal Therapie: Ungewöhnliche Wege der Verhaltensänderung.* Hamburg: Isko-Press.

Hammond, D. C. (1986). Mythen um Erickson und die Ericksonsche Hypnose. *Experimentelle und klinische Hypnose, 2,* 5-16.

Hammond, D. C. (1988). "Will the real Milton Erickson please stand up?". *International Journal of Clinical and Experimental Hypnosis, 36,* 173-181.

Hariman, J. (1978). An illustration of the use of eclectic procedures in short-term hypnotherapy. *Australian Journal of Clinical Hypnotherapy and Hypnosis, 6,* 59-62.

Hariman, J. (1980a). An exploration of group procedures in the management of mentally retarded and psychotic patients. *Australian Journal of Clinical Hypnotherapy and Hypnosis, 1,* 67-72.

Hariman, J. (1980b). An integration of hypnoanalysis, hypnothesis and rational emotive therapy. *Australian Journal of Clinical and Experimental Hypnosis, 8,* 97-100.

Hartland, J. (1956). *Medical and dental hypnosis and its clinical applications.* Baltimore: Williams & Wilkins.

Hartland, J. (1976). The ego-strengthening technique. In E. Dengrove (Hrsg.), *Hypnosis and behavior therapy* (S. 307-316). Springfield, Ill.: C.C. Thomas.

Heckhausen, H. (1980). *Motivation und Handeln: Lerhbuch der Motivationspsychologie.* Berlin: Springer.

Heider, F. (1958). *The psychology of interpersonal relations.* New York: Wiley.

Henley, S. H. A. (1974). *Preconscious processing in normals and schizophrenics* (Diss.). University of London.

Herbert, S. W. (1984). A simple hypnotic approach to treat test anxiety in medical students and residents. *Journal of Medical Education, 59,* 841-842.

Hershman, S. (1955). Hypnosis and excessive smoking. *Journal of Clinical and Experimental Hypnosis, 4,* 27-29.

Heyse, H. (1973). Verhaltenstherapie bei Zwangsneurotikern: Vorläufige Ergebnisse. In J. C. Brengelmann & W. Tunner (Hrsg.), *Behavior Therapy / Verhaltenstherapie* (S. 167-178). München: Urban & Schwarzenberg.

Hilgard, E. R. (1977). *Divided consciousness: Multiple controls in human thought and action.* New York: John Wiley & Sons.

Hilgard, E. R. (1986). *Divided consciousness: Multiple controls in human thought and action* (expanded edition). New York: Wiley. (Originally published 1977)

Hilgard, E. R. (1988). Milton Erickson als playwright and director. *International Journal of Clinical and Experimental Hypnosis, 36,* 128-140.

Hilgard, E. R. (1989). Eine Neo-Dissoziationstheorie des geteilten Bewußtseins. *Hypnose und Kognition, 6* (2), 3-20.

Hilgard, E. R. & Bower, G. H. (1970/1971). *Theorien des Lernens* (2 Bd.). Stuttgart: Klett.

Hilgard, E. R. & Hilgard, J. R. (1983). *Hypnosis in the relief of pain* (2nd ed.). Los Altos, CA: Kaufmann.

Hilgard, E. R., Macdonald, H., Marshall, G. D. & Morgan, A. H. (1974). The anticipation of pain and of pain control under hypnosis: Heart rate and blood pressure responses in cold pressure test. *Journal of Abnormal Psychology, 83,* 561-568.

Hilgard, J. R. (1979). Imaginative and sensory-affective involvements in everyday life and in hypnosis. In E. Fromm & R. E. Shore (Hrsg.), *Hypnosis: Developments in research and new perspectives* (rev. 2nd Ed., S. 483-518). New York: Aldine.

Hiscock, M. (1978). Imagery assessment through self-report: What do imagery qestionaires measure. *J. of consult. and clin. psychology, 46,* 223-230.

Hobbs, M. (1982). A treatment programme for agoraphobia with emphasis upon hyper-suggestibility and sensitization. *Australian Journal of Clinical Hypnotherapy and Hypnosis, 3*, 111-114.

Hoffman, M. L. (1982-83). Hypnotic desensitization for the management of anticipatory emesis in chemotherapy. *American Journal of Clinical Hypnosis, 25*, 173-176.

Hoffmann, B. (1985). *Handbuch des autogenen Trainings* (6.Aufl.). München: dtv.

Hoffmann, N. (1976). *Depressives Verhalten: Psychologische Modelle der Ätiologie und der Therapie.* Salzburg: Otto Müller.

Hoffmann, N., Frese, M. & Hartmann-Zeilberger, J. (1976). Psychologische Therapie bei Depressionen. In N. Hoffmann (Hrsg.), *Depressives Verhalten* (S. 218-270). Salzburg: Otto Müller Verlag.

Hoffmeister. (1955). *Wörterbuch der philosophischen Begriffe.* Hamburg: Meiner.

Holgate, R. A. (1984). Hypnosis in the treatment of bulimia nervosa: A case study. *Australian Journal of Clinical and Experimental Hypnosis, 12*, 105-112.

Hollon, S. & Beck, A. T. (1989). Research on cognitive therapies. In S. L. Garfield & A. E. Bergin (Hrsg.), *Handbook of psychotherapy and behavior change* (S. 443-482). New York: Wiley.

Hoppe, F. (1985). Direkte und indirekte Suggestionen in der hypnotischen Beeinflussung chronischer Schmerzen: Empirische Untersuchungen. In B. Peter (Hrsg.), *Hypnose und Hypnotherapie nach Milton H. Erickson* (S. 58-75). München: Pfeiffer.

Horowitz, S. L. (1976). Strategies within hypnosis for reducing phobic behavior. In E. Dengrove (Hrsg.), *Hypnosis and behavior therapy* (S. 113-130). Springfield, Ill.: C.C. Thomas.

Horowitz, M. J. (1972). Image formation: Clinical observations and a cognitive model. In P. W. Sheehan (Hrsg.), *The function and nature of imagery* (Kap.12). New York.

Hudgins, C. V. (1933). Conditioning and the voluntary control of the pupillary light reflex. *Journal of General Psychology, 8*, 3- 51.

Hull, C. L. (1933). *Hypnosis and suggestibility: An experimental approach.* New York: Appleton.

Hull, C. L. (1943). *Principles of Behavior.* New York: Appleton.

Hull, C. L. & Huse, B. (1930). Comparative suggestibility in the trance and waking states. *American Journal of Psychology, 42*, 279-286.

Hynes, J. V. (1982). Hypnotic treatment of five adult cases of trichotillomania. *Australian Journal of Clinical and Experimental Hypnosis, 10*, 109-116.

Inglis, S. (1982). Hypnotic treatment of obesity in a general practice. *Australian Journal of Clinical and Experimental Hypnosis, 10*, 35-42.

Jabush, M. (1976). Ego exhilarative techniques in hypnotherapy. In E. Dengrove (Hrsg.), *Hypnosis and behavior therapy* (S. 330- 334). Springfield, Ill.: C.C. Thomas.

Jaeggi, E. (1979). *Kognitive Verhaltenstherapie.* Weinheim: Beltz.

Janet, P. (1889). *L'Automatisme psychologique.* Paris: Alcan.

Janet, P. (1895). J.M. Charcot, son oeuvre psychologique. *Revue Philosophique, 39*, 598-604.

Jones, E. & Nisbett, R. E. (1971). The actor and the observer: Divergent perceptions of the causes of behavior. In E. Jones et al.(Eds.), *Attribution: Perceiving the causes of behavior.* Morristown, New Jersey: General Learning Press.

Jovanovic, U. (1988). *Methodik und Theorie der Hypnose.* Stuttgart, New York: Gustav Fischer Verlag.

Kanfer, F. H. (1977). Selbstmanagement-Methoden. In F. H. Kanfer & A. P. Goldstein (Hrsg.), *Möglichkeiten der Verhaltensänderung.* München: Urban & Schwarzenberg.

Kanfer, F. H. & Phillips, J. S. (1975). *Lerntheoretische Grundlagen der Verhaltenstherapie* (Learning foundations of behavior therapy, 1970). München: Kindler.

Kanfer, F. H. & Saslow, G. (1974). Diagnostik in der Verhaltenstherapie. In D. Schulte (Hrsg.), *Diagnostik in der Verhaltenstherapie* (S. 24-59). München: Urban & Schwarzenberg. (Original: Behavioral diagnosis. In C.M. Franks (Ed.), (1969). Behavior therapy: Appraisal and status. New York: McGraw Hill.)

Kapelis, L. (1984). Hypnosis in a behavior therapy framework for the treatment of migraine in children. *Australian Journal of Clinical and Experimental Hypnosis, 12,* 123-126.

Kazdin, A. E. (1978). Covert Modeling:. In J. L. Singer & K. S. Pope (Hrsg.), *The power of human imagination* (S. 255-278). New York: Plenum Press.

Kazdin, A. E. (1986). Verdecktes Modellernen: Die therapeutische Anwendung von Imaginationsübungen. In J. L. Singer & K. S. Pope (Hrsg.), *Imaginative Verfahren in der Psychotherapie.* Paderborn: Jungfermann.

Kazdin, A. E. (1979). Imagery elaboration and self-efficacy in the covert modeling treatment of unassertive behavior. *Journal of Consulting and Clinical Psychology, 47,* 725-733.

Kelemen, Z. (1980). Hypno-behavioral therapy for the treatment of stuttering. *Australian Journal of Clinical Hypnotherapy and Hypnosis, 1,* 17-23.

Kellerman, J. (1981). Hypnosis as an adjunct to thought- stopping and covert reinforcement in the treatment of homicidal obsessions in a twelve-year-old boy. *International Journal of Clinical and Experimental Hypnosis, 29,* 128-135.

Kelly, G. A. (1973). Fixed role therapy. In R. M. Jurjevich (Hrsg.), *Direct psychotherapy: 28 American originals.* Coral Gables, Fl.: University of Miami Press.

Kerner, J. (1829). *Die Seherin von Prevorst: Eröffnungen über das innere Leben und über das Hineinragen einer Geisterwelt in die unsere* (2 Bände). Stuttgart: Cotta.

Kingbury, J. (1980). Conditioning for hypnosis via telephone in a case of dental phobia. *Australian Journal of Clinical Hypnotherapy and Hypnosis, 1,* 50-53.

Kirmayer, L. J. (1988). Word magic and the rhetoric of common sense: Erickson's metaphors for mind. *International Journal of Clinical and Experimental Hypnosis, 36,* 157-172.

Kline, M. V. (1951). Hypnotic age regression and intelligence. *Journal of Genetic Psychology, 77,* 129-132.

Kline, M. V. (1976). The effect of hypnosis on conditionability. In E. Dengrove (Hrsg.), *Hypnosis and behavior therapy* (S. 131- 148). Springfield, Ill.: C.C. Thomas.

Kling, D. L. (1978). Image theory of conditioning,memory,forgetting,functional similarity,fusion and dominance. *Journal of Mental Imagery, 2,* 47-62.

Klinger, E. (1977). The nature of fantasy and its clinical uses. *Psychotherpy:Theory,Research and Practice, 14,* 223-231.

Kluge, C. A. F. (1811). *Versuch einer Darstellung des animalischen Magnetismus als Heilmittel.* Berlin: C. Salfeld.

Köhler, W. (1959). *The mentality of apes.* New York: Vintage Books.

Kolvin, I. (1967). Case histories and shorter communications: "Aversive Imagery" in adolescents. *Behavior research and therapy, 5,* 245-248.

Kossak, H. C. (1982). *Praxis der Erziehungsberatung: Hausaufgabenprobleme* (Unveröffentlichtes Seminarmanuskript). Ruhr Universität Bochum.

Kossak, H. C. (1983). Integration der Hypnose in das Konzept der Verhaltenstherapie. *Experimentelle und Klinische Hypnose, 1,* 45-56.

Kossak, H. C. (1985). Verhaltenstherapie unter Hypnose - Selbstkontrolle mit dem "hypnotischen Begleiter". *Experimentelle und Klinische Hypnose, 1,* 113-142.

Kossak, H. C. (1987). Verhaltenstherapie nächtlicher Asthmaanfälle: Kognitive Umstrukturierung unter Hypnose. *Hypnose und Kognition, 4,* 41-57.

Kossak, H. C. (1989). *Hypnose* (Ein Lehrbuch). München: Psychologie Verlags Union.

Kossak, H. C. (1990). Verhaltenstherapeutische Selbstkontrollmethoden unter Hypnose. *Verhaltenstherapie & Psychosoziale Praxis* (2/90), 199-224.

Kraft, T. (1984). Injection phobia: A case study. *British Journal of Experimental and Clinical Hypnosis, 1,* 13-18.

Kraiker, C. (1974a). Bemerkungen über die empirischen und theoretischen Grundlagen der Verhaltenstherapie. In C. Kraiker (Hrsg.), *Handbuch der Verhaltenstherapie* (S. 11-32). München: Kindler.

Kraiker, C. (Hrsg.). (1974b). *Handbuch der Verhaltenstherapie.* München: Kindler.

Kraiker, C. (1980). *Psychoanalyse, Behaviorismus, Handlungstheorie.* München: Kindler.

Kraiker, C. (1983). Imaginative Verfahren. In C. Kraiker & B. Peter (Hrsg.), *Psychothe-*

rapieführer (S. 144-151). München: C.H.Beck.

Kraiker, C. (1985a). Affekte und Kognitionen. Eine Untersuchung über die Funktion von Kognitionen und Affekten in der frühen Psychoanalyse (Freud/Breuer) und der frühen Verhaltenstherapie (Wolpe). *Hypnose und Kognition, 2,* 3-12.

Kraiker, C. (1985b). Kognitive Modelle hypnotischer Phänomene. In B. Peter (Hrsg.), *Hypnose und Hypnotherapie nach Milton H. Erickson: Grundlagen und Anwendungsfelder* (S. 20-30). München: Pfeiffer.

Kraiker, C. (1987). Die Geburt der Verhaltenstherapie aus dem Geist der Hypnose. *Hypnose und Kognition, 4* (1), 1-9.

Kraiker, C. (1989a). Besessen vom Unbewußten. *Hypnose und Kognition, 6,* 1-12.

Kraiker, C. (1989b). Beziehung und Deutung in der Verhaltenstherapie - oder: Ein Plädoyer für Indoktrination. In T. Reinelt & W. Datler (Hrsg.), *Beziehung und Deutung im psychotherapeutischen Prozess.* Berlin: Springer.

Kraiker, C. (1989c). Diskussionsbeitrag zu Bowers Dissoziationsmodell. *Hypnose und Kognition, 6,* 32.

Kraiker, C. (1989d). Nachgedanken zum Unbewußten. *Hypnose und Kognition, 6,* 59-60.

Kraiker, C. (1990a). Das Autogene Training. In D. Revenstorf (Hrsg.), *Klinische Hypnose* (S. 393-403). Berlin: Springer.

Kraiker, C. (1990b). Das exoterische Prinzip: Gedanken über den Ort und den Weg der Verhaltenstherapie. *Verhaltenstherapie und psychosoziale Praxis, 22,* 157-166.

Kraiker, C. & Peter, B. (Hrsg.). (1983). *Psychotherapieführer.* München: Beck.

Kraines, S. H. (1976). Hypnosis: Physiologic inhibition and excitation. In E. Dengrove (Hrsg.), *Hypnosis and behavior therapy* (S. 45-56). Springfield, Ill.: C.C. Thomas.

Krapf, G. (1977). Hypnose, Autogenes Training, Katathymes Bildererleben. In D. Eicke (Hrsg.), *Kindlers Psychologie des 20. Jahrhunderts. Bd. III: Freud und die Folgen (2)* (S. 1174-1196). München: Kindler.

Krass, J. L. & Collins, J. K. (1984). A case of enuresis: An hypnotic failure but a therapeutic success. *Australian Journal of Clinical and Experimental Hypnosis, 12,* 85-92.

Kriegel, E. & Graefke, I. (1978). Hypnose als Technik zur indirekten Verhaltensbeein-

flussung. In A. Katzenstein (Hrsg.), *Suggestion und Hypnose in der psychotherapeutischen Praxis.* Jena: G.Fischer.

Krippner, S. (1976). Hypnosis as verbal programming in educational therapy. In E. Dengrove (Hrsg.), *Hypnosis and behavior therapy* (S. 235-243). Springfield, Ill.: C.C. Thomas.

Kroger, W. S. (1976). Behavior modification and hypnotic conditioning in psychotherapy. In E. Dengrove (Hrsg.), *Hypnosis and behavior therapy* (S. 386-388). Springfield, Ill.: C.C. Thomas.

Kroger, W. S. & Fezler, W. D. (1976). *Hypnosis and Behavior Modification: Imagery Conditioning.* Philadelphia: Lippincott.

Kruse, P. (1987). *Some suggestions about suggestion* (Paper, read on 08.07.87, First International Symposium on Suggestion ans Suggestibility). Giessen.

Kruse, P. (1989). Some suggestions about suggestion and hypnosis: A radical constructivist view. In V. A. Gheorghiu, P. Netter, H. J. Eysenck, & R. Rosenthal (Hrsg.), *Suggestion and suggestibility: Theory and research* (S. 91-98). Berlin: Springer.

Kruse, P. & Gheorghiu, V. (1989). Suggestion, Hypnose, die Kategorie des Unbewußten und das Phänomen der Dissoziation: Ordnungsbildung in kognitiven Systemen. *Hypnose und Kognition, 6,* 49-61.

Kruse, P. & Stadler, M. (1987). Radikaler Konstruktivismus: Psychologische Überlegungen zu einem philosophischen Zweifel. In M. Amelang (Hrsg.), *Bericht über den 35. Kongreß der Deutschen Gesellschaft für Psychologie in Heidelberg, 1986* (S. 199-210). Göttingen: Hogrefe.

Kruse, W. (1980). *Einführung in das autogene Training mit Kindern.* Köln/Lövenich: Deutscher Ärzte Verlag.

Kupper, H. I. (1945). Psychic concomitants in waretime injuries. *Psychosomatic Medicine, 7,* 15-21.

Lader, M. H. & Mathes, A. M. (1968). A psychophysiological model of phobic anxiety and desensitization. *Behavior Research and Therapy, 6,* 411-421.

Lago, C. O. (1981). Systematic desensitization: A case-history including some developments in the use of fantasy. *British journal of Guidance and Counselling, 9,* 94-99.

Lang, P. e. al. (1980). Emotional imagery: Conceptual structure and pattern of somato-visceral response. *Psychophysiology*, *17*, 179-192.

Lang, P. (1977). Imagery in therapy:An information processing analysis of fear. *Behavior Therapy*, *8*, 862-886.

Lang, P. (1979). A bio-informational theory of emotional imagery. *Psychophysiology*, *16*, 495-512.

Lang, P., Kozak, M., Miller, G. & Levin, D. (1983). Fear behavior, fear imagery, and the psychophysiology of emotion: The problem of affective response integration. *Journal of Abnormal Psychology*, *92*, 276-303.

Langen, D. (1972). *Kompendium der medizinischen Hypnose: Einführung in die ärztliche Praxis*. Basel: Karger.

Lankton, S. R. & Lankton, C. H. (1983). *The answer within: A clinical framework of Ericksonian Hypnotherapie*. New York: Brunner/Mazel.

Larbig, W. & Miltner, W. (1990). Hirnelektrische Grundlagen der Hypnose. In D. Revenstorf (Hrsg.), *Klinische Hypnose*. Heidelberg: Springer.

Latimer, P. R. (1983). Colonic psychophysiology: Implications for functional bowel disorders. In R. Hölzl & W. E. Whitehead (Hrsg.), *Psychophyiology of the gastrointestinal tract*. New YORK: Plenum Press.

Laurence, J. R., Nadon, R., Nogrady, H. & Perry, C. (1986). Duality, dissociation, and memory creation in highly hypnotizable subjects. *International Journal of Clinical and Experimental Hypnosis*, *34*, 295-310.

Lazarus, A. A. (1968a). Learning theory and the treatment of depression. *Behavioral Research and Therapy*, *6*, 83-89.

Lazarus, A. A. (1968b). Variations in desensitization therapy. *Psychotherapy: Theory, Research and Practice*, *5*, 50-52.

Lazarus, A. A. (1971). *Behavior therapy and beyond*. New York: McGraw Hill. (deutsch: Verhaltenstherapie im Übergang. München: Reinhardt, 1978)

Lazarus, A. A. (1973a). "Hypnosis" as a faciliator factor in behavior therapy. *Journal of Clinical and Experimental Hypnosis*, *21*, 25-31.

Lazarus, A. A. (1973b). Multimodal behavior therapy: Treating the "BASIC ID". *Journal of Nervous & Mental Disease*, *56*, 404-411.

Lazarus, A. A. (1978). *Multimodale Verhaltenstherapie*. Frankfurt/ M: Fachbuchhandlung für Psychologie.

Lazarus, A. A. (1979). *Innenbilder*. München: Pfeiffer.

Lazarus, A. A. & Abramowitz, A. (1962). The use of "emotive imagery" in the treatment of children's phobias. *Journal of Mental Science*, *108*, 191-195.

Lebzeltern, G. (1987). S. Freud als Hypnotiseur. *Experimentelle und Klinische Hypnose*, *3*, 85-100.

LeCron, L. M. (1952). The loss during hypnotic age regression of an established conditioned reflex. *Psychiatric Quarterly*, *26*, 637-662.

Lefcourt, H. M. (). 1973 [Internal versus external control of reinforcement: A review]. *Psychological Bulletin*, *65*, 206-220.

Lehrer, M. (1988). Das überzeugende Placebo - Wie man außergewöhnliche Heilungen bei somatischen Krankheiten heilt. *Hypnose und Kognition*, *5*, 35-44.

Leitenberg, H., Agras, W. S., Barlow, D. H. & Oliveau, D. C. (1969). Contribution of selective positive reinforcement and therapeutic instructions to systematic desensitization therapy. *Journal of Abnormal Psychology*, *74*, 113-118.

Lenk, W. (1988). Psychotheraputische Behandlung eines Lipoms im Eigenversuch. *Hypnose und Kognition*, *5*, 45-52.

Lenneberg, E. H. (1977). *Biologische Grundlagen der Sprache* (Erste Auflage). Frankfurt: Suhrkamp Taschenbuch Wissenschaft.

Leuba, C. (1940). Images as conditioned sensations. *Journal of Experimental Psychology*, *26*, 345-351.

Leuba, C. & Dunlap, R. (1951). Conditioning imagery. *Journal of Experimental Psychology*, *41*, 352-355.

Leuner, H. (Hrsg.). (1980). *Katathymes Bilderleben - Ergebnisse in Theorie und Praxis*. Bern: Huber.

Leuner, H. (1987). *Lehrbuch des Katathymen Bilderlebens* (2.). Bern: Huber.

Leventhal, H. (1980). Towards a comprehensive theory of emotion. In L. Berkowitz (Hrsg.), *Advances in Experimantal Social Psychology* (Band 13, S. 139-207). o.O..

Levine, J. D., Gordon, N. C. & Fields, H. L. (1978). The mechanism of placebo analgesia. *Lancet*, 654-657.

Lewin, K. (1935). *A dynamic theory of personality*. New York: McGraw Hill.

Lewis, B. J. (1979). Treatment of a schizoid personality using hypno-operant therapy. *American Journal of Clinical Hypnosis, 22,* 42-46.

Lichstein, K. L. (1988). *Clinical Relaxation Strategies*. New York: John Wiley & Sons.

Liébeault, A. (1866). *Du sommeil et des états analogues, considéré surtout au point de vue de l'action du moral sur le physique*. Paris: Masson.

Little, L. M. & Curran, J. P. (1978). Covert sensitization: A clinical procedure in need of some explanation. *Psychological Bulletin, 85,* 513-531.

London, P. (1972). The end of ideology in behavior modification. *American Psychologist, 27,* 913-920.

London, R., W. (1981). Agoraphobia: Hypnosis treatment with cognitive, affective and behavioral change. *Australian Journal of Clinical Hypnotherapy and Hypnosis, 2,* 71-89.

Lukas, E. (1986). *Von der Trotzmacht des Geistes*. Freiburg/Br.: Herder.

Lunardi, C. (1983). Tecnice transazionali e cognitive nella ipnoterapia della depressione psichica. *Rivista Internazionale di Psicologia e Ipnosi, 24,* 387-392.

Luthe, W. (Ed.). (1969-1973). *Autogenic Therapy* (Vol.1 - Vol. 6). New York: Grune & Stratton.

MacLean, P. D. (1952). Some psychiatric implications of physiological studies on fronto-temporal portion of limbic system (visceral brain). *Electroencephalography and Clinical Neurophysiology, 4,* 407-418.

Madanes, C. (1982). *Strategic family therapy*. San Francisco: Jossey-Bass.

Maier, S. R., Druga, R. & Grau, J. e. al. (1982). Learned helplessness, pain inhibition and the endogenuous opiates. In M. D. Zeiler & P. Harzem (Hrsg.), *Advances in analysis of behavior* (Band 2). New York.

Malleson, N. (1959). Panic and phobia A possible method of treatment. *Lancet, 1,* 225-227.

Mann, H. (1961). Hypnotherapy in habit disorders. *American Journal of Clinical Hypnosis, 3,* 123-126.

Masters, W. H. & Johnson, V. E. (1070). *Human sexual inadequacy*. Boston: Little, Brown.

Matheson, G. (1979). Modification of depressive symptoms through posthypnotic suggestion. *American Journal of Clinical Hypnosis, 22,* 61-64.

Maturana, H. R. & Varela, F. J. (1987). *Der Baum der Erkenntnis* (Die biologischen Wurzeln des menschlichen Erkennens). Bern, München, Wien: Scherz.

Maultsby, M., Jr. (1977). Rational -emotive imagery. In A. Ellis Grieger,R. (Hrsg.), *Handbook of Rational -Emotive - Therapy* (Chap. 14). New York.

Mayer, E. (1988). Der intelligente Organismus - Wo Wissenschaft und Intuition sich treffen. *Hypnose und Kognition, 5,* 1-10.

Mayer, E. (1989). Von Gehirnen, Seelen und Sprachen. *Hypnose und Kognition, 6,* 43-48.

Mc Sweeny, A. J. (1976). Imagery as a variable in the efficacy of systematic desensitization. *Dissertation Abstracts International, 36,* 5271.

McCranie, E. J. & Crasilneck, H. B. (1955). The conditionend reflex in hypnotic age regression. *Journal of Experimental and Clinical Psychopathology, 16,* 120-123.

McGlashan, T. H., Evans, F. J. & Orne, M. T. (1969). The nature of hypnotic analgesia and the placebo response to experimental pain. *Psychosomatic Medicine, 31.*

McGuiness, T. P. (1984). Hypnosis in the treatment of phobias: A review of the literature. *American Journal of Clinical Hypnosis, 26,* 261-272.

McIntyre, J. (1982). *Der Geist in den Wassern*. Frankfurt: Zweitausendeins.

Meichenbaum, D. (1976). A self-instructional approach to stress management: A proposal for stress inoculation training. In C. Spielberger & I. Sarason (Hrsg.), *Stress and anxiety in modern life*. New York: Winston & Sons.

Meichenbaum, D. (1977/1979). *Kognitive Verhaltensmodifikation*. München: Urban & Schwarzenberg. (Original: Cognitive-behavior modification. New York: Plenum Press, 1977)

Meichenbaum, D. & Goodman, J. (1971). Training impulsive children to talk to themselves. *Journal of Abnormal Psychology*, 77, 115-126.

Meichenbaum, D. & Turk, L. (1975). The nature of coping with stress. In I. Sarason & C. Spielberger (Hrsg.), *Stress and anxiety* (Volume 2). New York: Wiley.

Mesmer, F. A. (1979). *Memoire sur la decouverte du magnetisme animal.* Paris.

Meyer, R. G. & Tilker, H. S. (1976). The clinical use of direct hypnotic suggestion: A traditional technique in the light of current approaches. In E. Dengrove (Hrsg.), *Hypnosis and behavior therapy* (S. 335-341). Springfield, Ill.: C.C. Thomas.

Meyer, V. (1966). Modification of expextations in cases with obsessional rituals. *Behavioral Research and Therapy*, 4, 273-280.

Miguel, T., Juan, J. & Gracia Fernandez-Abascal, E. (1980). Electrodermal measurements of different relaxation techniques. *Informes de Departamento de Psicologia General Univ. Madrid*, 4, 209-220.

Miller, G. A., Galanter, E. & Pribram, K. H. (1960). *Plans and structure of behavior.* New York: Holt, Rinehart & Winston.

Miller, M. E. & Bowers, K. M. (1986). Hypnotic analgesia and stress inoculation in the reduction of pain. *Journal of Abnormal Psychology*, 95.

Milne, G. (1982). Hypnobehavioral medicine in a university counselling centre. *Australian Journal of Clinical and Experimental Hypnosis*, 10, 13-26.

Milne, G. (1983). Hypnotherapy with migraine. *Australian Journal of Clinical and Experimental Hypnosis*, 11, 23-32.

Miltner, W. (1987). Streßbewältigung, subliminale Wahrnehmung und Krankheit. In W. Miltner, N. Birbaumer, & W. D. Gerber (Hrsg.), *Verhaltensmedizin*. Berlin: Springer.

Miltner, W., Braun, Ch. & Revenstorf, D. (1991). Evoked potentials of pain sensory under hypnosis. *In Vorbereitung.*

Minuchin, S. (1979). *Familien und Familientherapie. Theorie und Praxis struktureller Familientherapie.* Freiburg: Lambertus.

Montecchie, F. (1982). Psicoterapia ipnotica della depressione. *Rivista Internazionale di Psicologia e Ipnosi*, 23, 75-79.

Morrison, J. K. (1979). Emotive-reconstructive psychotherapy:Changing constructs by means of mental imagery. In A. A. Sheikh & J. T. Shaffer (Hrsg.), *The potential of fantasy and imagination* (chap.9). New York:Brandon House.

Morse, D. R. (1983). In vivo desensitization using meditation- hypnosis in the treatment of rubber dam claustrophobia. *Australian Journal of Clinical Hypnotherapy and Hypnosis*, 4, 75- 78.

Morse, D. R., Hancock, R. R. & Cohen, B. B. (1984). In vivo desensitization using meditation-hypnosis in the treatment of tactile-induced gagging in a dental patient. *International Journal of Psychosomatics*, 31, 20-23.

Moss, C. S. & Bremer, B. (1973). Exposure of a "Medical modeler" to behavior modification. *International Journal of Clinical and Experimental Hypnosis*, 21, 1-12.

Mott, T. (1982). The role of hypnosis in psychotherapy. *American Journal of Clinical Hypnosis*, 24, 241-248.

Mowrer, O. H. (1939). A stimulus-response analysis of anxiety and its role as a reinforcement agent. *Psychological Review*, 46, 553-556.

Mowrer, O. H. (1960). *Learning theory and behavior.* New York: Wiley.

Naish, P. L. N. (1986). *What is hypnosis: Current theories and research.* Open University Press.

Naranjo, C. & Ornstein, R. E. (1976). *Psychologie der Meditation.* Frankfurt: Fischer TB.

Neisser, U. (1976). *Cognitive psychology..* New York: Appleton.

Nicolis, G. & Prigogine, I. (1987). *Die Erforschung des Komplexen.* (Auf dem Weg zu einem neuen Verständnis der Naturwissenschaften). München: Piper.

Nisbett, R. & DeCamp, W. (1977). Telling more than we can know: Verbal reports on mental processes. *Psychological Review*, 84, 231- 259.

Novaco, R. W. (1975). *Anger control.* Massachusetts, Toronto, London: Lexington.

O'Brien, R., M., Cooley, L., E., Ciotti, J. & Henninger, K. M. (1981). Augmentation of systematic desensitization of snake phobia through posthypnotic dream suggestion.

American Journal of Clinical Hypnosis, 23, 231-238.

Obler, M. (1982). A comparison of hypnoanalytic/behavior modification technique and a cotherapist-type treatment with primary orgasmic dysfunction females: some preliminary results. *Journal of Sex Research, 18,* 331-345.

Orne, M. T. (1977). The construct of hypnosis: Implications of the definition for research and practice. In W. E. Edmonston Jr. (Hrsg.), *Conceptual and investigative approaches to hypnosis and hypnotic phenomena.* New York: Academy of Sciences.

Orne, M. T. (1979). The use and misuse of hypnosis in court. *International Journal of Clinical and Experimental Hypnosis, 27,* 311-341.

Paivio, A. (1971). *Imagery and verbal processes.* New York: Holt, Rinehart & Winston.

Paivio, A. (1978). Visuelles Vorstellen und verbale symbolische Prozesse. In G. Steiner (Hrsg.), *Kindlers Psychologie des 20. Jahrhunderts. Bd. VII: Piaget und die Folgen.* München: Kindler.

Paivio, A. (1986). *Mental representations: A dual coding approach.* New York: Oxford University Press.

Palazzoli, M. S., Boscolo, L., Cecchin, G. & Prata, G. (1977). *Paradoxon und Gegenparadoxon* (Ein neues Therapiemodell für die Familie mit schizophrener Störung). Stuttgart: Klett.

Parrish, M., Lundy, R. M. & Leibowitz, H. W. (1969). Effect of hypnotic age regression and on the magnitude of the Ponzo and Poggendorff illusions. *Journal of Abnormal Psychology, 74,* 693-698.

Paterson, A. S., Bracchi, F., Passerini, D., Spinelli, D. & Black, S. (1976). Acquisition of voluntary control over autonomic nervous functions by conditioning and hypnosis. In E. Dengrove (Hrsg.), *Hypnosis and behavior therapy* (S. 83-103). Springfield, Ill.: C.C. Thomas.

Pawlow, I. P. (1923). The identity of inhibition with sleep and hypnosis. *Scientific Monographs, 17,* 603-608.

Pazulinek, R. & Sajwaj, T. (1983). Psychological treatment approaches to psychogenic vomitting and rumination. In R. Hölzl & W. E. Whitehead (Hrsg.), *Psychphysiology of the gastrointestinal tract.* New York: Plenum Press.

Pederson, L. L., Scrimgeour, W. G. & Lefcoe, N. M. (1979). Variables of hypnosis which are related to success in a smoking withdrawal program. *International Journal of Clinical and Experimental Hypnosis, 27,* 14-20.

Perry, C. & Chisholm, W. (1973). Hypnotic age regression and the Ponzo and Poggendorff illusions. *International Journal of Clinical and Experimental Hypnosis, 77,* 129-132.

Peter, B. (1983a). Hypnotherapie. In R. J. Corsini (Hrsg.), *Handbuch der Psychotherapie* (Bd. 2, S. 336-367). Weinheim: Beltz.

Peter, B. (1983b). Klinische Hypnose. In C. Kraiker & B. Peter (Hrsg.), *Psychotherapieführer* (S. 191-216). München: Beck.

Peter, B. (1983c). Weitere Entspannungsverfahren. In C. Kraiker & B. Peter (Hrsg.), *Psychotherapieführer* (S. 244-254). München: C.H.Beck.

Peter, B. (Hrsg.). (1985a). *Hypnose und Hypnotherapie nach Milton H.Erickson.* München: Pfeiffer.

Peter, B. (1985b). Sinn und Unsinn strategischer Therapie. In B. Peter (Hrsg.), *Hypnose und Hypnotherapie nach Milton H. Erickson* (S. 271-284). München: Pfeiffer.

Peter, B. (1986a). Hypnose - Magie oder Psychotherapie?. In A. Schorr (Hrsg.), *Bericht über den 13. Kongreß für Angewandte Psychologie* (Bd. II, S. 70-74). Bonn: Deutscher Psychologen Verlag.

Peter, B. (1986b). Hypnose - Vom Schaubudenzauber zur seriösen Therapie. *Psychologie Heute, April 1986,* 38-45.

Peter, B. (1986c). Hypnotherapeutische Schmerzkontrolle: Ein Überblick. *Hypnose und Kognition, 3,* 27-41.

Peter, B. (1987). Dissoziation in kognitiven Therapien. *Hypnose und Kognition, 4,* 22-40.

Peter, B. (1988a). Haben wir einen neuen Mesmer nötig?. *Hypnose und Kognition, 5,* 87-96.

Peter, B. (1988b). Hypnose. In R. Asanger & G. Wenninger (Hrsg.), *Handwörterbuch der Psychologie.* Weinheim: Beltz.

Peter, B. (1988c). Milton H. Ericksons Weg der Hypnose. *Hypnose und Kognition, 5,* 46-53.

Peter, B. (1989). *Hypnose und Verhaltensthera-pie, dargestellt an einem Fallbeispiel Milton H. Ericksons.* Vortrag auf dem "1. Europäi-schen Kongreß für Hypnose und Psycho-therapie nach Milton H. Erickson", Sept. 1969 in Heidelberg. (erscheint demnächst in dem entsprechenden Kongreßband)

Peter, B. (1990a). Hypnose. In H. D. Basler, C. Franz, B. Kröner- Herwig, H. P. Rehfisch, & H. Seemann (Hrsg.), *Psychologische Schmerztherapie* (S. 482-500). Berlin: Sprin-ger.

Peter, B. (1990b). Hypnotische Phänomene. In D. Revenstorf (Hrsg.), *Klinische Hypnose* (S. 24-64). Berlin: Springer.

Peter, B. & Geissler, A. (1978). *Das integrierte Entspannungstraining, I: Muskelentspan-nung, II: Autogenes Training, III: Meditation (Cassettenprogramm).* München: Mosaik.

Peter, B. & Gerl, W. (1977). *Entspannung.* München: Mosaik. (1980 München: Gold-mann; 1988 München: Mosaik)

Peter, B. & Gerl, W. (1984). Hypnotherapie in der psychologische Krebsbehandlung. *Hyp-nose und Kognition, 1,* 56-69.

Peter, B. & Gerl, W. (1985). Clinical hypnosis in psychological cancer treatment. In J. K. Zeig (Hrsg.), *Ericksonian Psychotherapy* (Vol.II: Clinical Applications, S. 398-411). New York: Brunner/Mazel.

Piaget, J. (1926). *La presentation du monde chez l'enfant.* Neuchatel: Delanchaux & Niestle.

Piaget, J. (1976). *Die Equilibration der kogniti-ven Strukturen..* Stuttgart: Klett.

Plapp, J. M. & Edmonston, W. E. (1976). Ex-tinction of a conditioned motor response following hypnosis. In E. Dengrove (Hrsg.), *Hypnosis and behavior therapy* (S. 57-67). Springfield, Ill.: C.C. Thomas.

Platonov, K. I. (1933). On the objective proof of the experimental personality age regres-sion. *Journal of Genetic Psychology, 9,* 190-209.

Ploog, D. (1980). Emotionen als Produkte des limbischen Systems. In D. Beckmann ; Enke, H., J. Fahrenberg, M. von Kerek-jarto, L. Schmidt, & H. Völkel (Hrsg.), *Me-dizinische Psychologie* (Band 6, S. 7-19). Göttingen: Vendenhoeck & Ruprecht.

Powell, D., H. (1980). Helping habitual smo-kers using flooding and hypnotic desensiti-zation techniques: A brief communication.

International Journal of Clinical and Expe-rimental Hypnosis, 28, 192-196.

Puységur, A. M. (1784). *Memoires pour servir a l'histoire et a l'etablissement du Magnetisme animal.* o.O..

Puységur, A. M. (1897). *Du Magnétisme Ani-mal, considéré dans ses rapports avec diver-ses branches de la Physique général.* Paris: Desenne.

Rabkin, S. W., Boyko, E., Shane, F. & Kaufert, J. (1984). A randomized trial comparing smoking cessation programs utilizing beha-viour modification, health education or hypnosis. *Addictive Behaviors, 9,* 157-173.

Redd, W. H., Rosenberger, P. H. & Hendler, C. S. (1982-1983). Controlling chemothe-rapy side effects. *American Journal of Cli-nical Hypnosis, 25,* 161-172.

Redd, W. H., Andrykowski, Michael, A. (1982). Behavioral intervention in cancer treatment: Controlling aversion reactions to chemotherapy. *Journal of Consulting and Clinical Psychology, 50,* 1018-1029.

Reinecker, H. (1986a). Grundlagen verhaltens-therapeutischer Methoden. In DGVT (Hrsg.), *Verhaltenstherapie: Theorien und Methoden* (Forum 11, S. 43-63). Tübingen: DGVT.

Reinecker, H. (1986b). Methoden der Verhal-tenstherapie. In DGVT (Hrsg.), *Verhal-tenstherapie: Theorien und Methoden* (Forum 11, S. 64-179). Tübingen: DGVT.

Reinecker, H. (1987). *Grundlagen der Verhal-tenstherapie.* München: Psychologie Verlags Union.

Revenstorf, D. (Hrsg.). (1982). *Psychothera-peutische Verfahren* (Bd. 2). Stuttgart: Kohlhammer.

Revenstorf, D. (1985a). Kritik der "Struktur der Magie". In B. Peter (Hrsg.), *Hypnose und Hypnotherapie nach Milton H. Erickson* (S. 238-270). München: Pfeiffer.

Revenstorf, D. (1985b). Nonverbale und ver-bale Informationsverarbeitung als Grund-lage psychotherapeutischer Intervention. *Hypnose und Kognition,* 13-35.

Revenstorf, D. (1987). Hypnose und Verhal-tenstherapie. *Hypnose und Kognition, 4,* 10-21.

Revenstorf, D. (1988a). Hypnose: Grundlagen und klinische Anwendung bei Schmerz. In W. Miltner, W. Larbig, & J. C. Brengelmann (Hrsg.), *Psychologische Schmerzbehandlung* (IFT- Texte, Band 20, S. 57-100). München: Gerhard Rötter Verlag.

Revenstorf, D. (1988b). *Psychotherapeutische Verfahren* (Band 2: Verhaltenstherapie, 2. Aufl.). Stuttgart: Kohlhammer Verlag.

Revenstorf, D. (1989). Das Unbehagen mit dem sogenannten Unbewußten. *Hypnose und Kognition, 6,* 49-58.

Revenstorf, D. (1990). Technik der Hypnose. In D. Revenstorf (Hrsg.), *Klinische Hypnose* (S. 137-168). Heidelberg: Springer.

Riebensahm, H. (1985). Anwendung Ericksonscher Sprachmuster als rhetorische Strategien in Lerngruppen. *Hypnose und Kognition, 2,* 44-56.

Robert, P. (1980). *Micro Robert: dictionnaire du français primordial.* Paris: Dictionnaire Le Robert.

Rosa, K. R. (1973). *Das ist Autogenes Training.* München: Kindler. (auch als Fischer Taschenbuch))

Rossi, E. L. (1986). *The psychobiology of mind-body healing* (New concepts of therapeutic hypnosis). New York, London: W.W. Norton & Company.

Rossi, E. L. (1988). Neue Aspekte der molekularen Grundlagen des psychosomatischen Heilungsprozesses in der therapeutischen Hypnose. *Hypnose und Kognition, 5,* 11-23.

Rossi, L. E. (1980). *The collected papers of Milton H. Erickson* (Vol 4). New York: Irvington Publishers.

Rothman, I., Caroll, M. L. & Rothman, F. D. (1976). Homework and self-hypnosis: Three conditioning therapies in clinical practice. In E. Dengrove (Hrsg.), *Hypnosis and behavior therapy* (S. 244-270). Springfield, Ill.: C.C. Thomas.

Rotter, J. B. (1966). Generalized expectancies for internal versus external control of reinforcement. *Psychological Monographs, 80.*

Rubenstein, R. & Newman, R. (1954). The living out of "future" experiencies and hypnosis. *Science, 191.*

Rubin, M. (1976). Verbally suggested responses for reciprocal inhibition of anxiety. In E. Dengrove (Hrsg.), *Hypnosis and behavior therapy* (S. 208-218). Springfield, Ill.: C.C. Thomas.

Russel, R. A. (1984). The efficiacy of hypnosis in the treatment of learning problems in children. *International Journal of Psychosomatics, 31,* 23-32.

Salter, A. (1961). *Conditioned reflex therapy.* New York: Capricorn.

Salter, A. (1973). *What is hypnosis?* (Studies in conditioning including the techniques of autohypnosis). New York: Farrar, Straus and Giraux.

Sarbin, T. R. (1950). Contributions to role-taking theory: I. Hypnotic behavior. *Psychological Review, 57,* 255-270.

Sarbin, T. R. (1956). Physiological effects of hypnotic stimulation. In R. M. Docus (Hrsg.), *Hypnosis and its therapeutic applications.* New York: McGraw-Hill.

Sarbin, T. R. (1972). Imagining as muted role-taking:A historical-linguistic analysis. In P. W. Sheehan (Hrsg.), *The function and nature of imagery.* New York.

Sarbin, T. R. & Coe, W. C. (1972). *Hypnosis: A social psychological analysis of influence communication.* New York: Holt, Rinehart & Wintson.

Sarbin, T. R. & Slagle, R. (1980). Psychophysiological outcomes of hypnosis. In G. D. Burrows & L. Dennerstein (Hrsg.), *Handbook of hypnosis and psychosomatic medicine* (S. 53-65). Amsterdam, New York: Elsevier.

Satir, V. (1990). *Kommunikation, Selbstwert, Kongruenz.* Paderborn: Junfermann.

Schmidt, G. (1989). Wenn Sie Ihr Unbewußtes treffen, grüßen Sie es von mir! [Einige Anmerkungen zum Phänomen einer Verdinglichung]. *Hypnose und Kognition, 6,* 19-32.

Schmidt, S. J. (1987). *Der Diskurs des radikalen Konstruktivismus.* Frankfurt: Suhrkamp.

Schneck, J. M. (1976). Hypnotherapy in a case of claustrophobia and its implications for psychotherapy in general. In E. Dengrove (Hrsg.), *Hypnosis and behavior therapy* (S. 349-362). Springfield, Ill.: C.C. Thomas.

Schubert, D., K. (1983). Comparison of hypnotherapy with systematic relaxation in the treatment of cigarette habituation. *Journal of Clinical Psychology, 39* (No.2), 198-202.

Schulte, D. (Hrsg.). (1974). *Diagnostik in der Verhaltenstherapie.* München: Urban & Schwarzenberg.

Schulte, D. (1980). Diagnostik in der Klinischen Psychologie: Problemanalyse und

Therapieplanung. In W. Schulz & M. Haut-
zinger (Hrsg.), *Klinische Psychologie und
Psychotherapie. Indikation, Diagnostik, Psychotherapieforschung* (Bd. 2, S. 163-175).
Tübingen: DGVT.

Schulte, D. (1986). Verhaltenstherapeutische
Diagnostik. In DGVT (Hrsg.), *Verhaltenstherapie: Theorien und Methoden* (Forum
11, S. 16-42). Tübingen: DGVT.

Schulte, W. & Tölle, R. (1975). *Psychiatrie.*
Berlin: Springer.

Schultz, J. H. (1970). *Das Autogene Training*
(13. Aufl.). Stuttgart: Thieme.

Schultz, J. H. (1979). *Hypnose-Technik* (7.
durchgesehene und verbesserte Auflage
von R. Lohmann). Stuttgart: Gustav Fischer.

Schuster, M. M. (1983). Disorders of the eso-
phagus: Applications of psychphysiological
methods to treatment. In R. Hölzl & W. E.
Whitehead (Hrsg.), *Psychophysiology of the
gastrointestinal tract.* New York: Plenum
Press.

Schwartz, B. E., Bickford, R. G. & Rasmussen,
W. C. (1955). Hypnotic phenomena, including hypnotically activated seizures, studied
with the EEG. *Journal of Nervous and
Mental Disease, 122,* 564-574.

Scott, D. L. (1976). Treatment of a severe
phobia for birds by hypnosis. In E. Dengrove (Hrsg.), *Hypnosis and behavior therapy* (S. 227-234). Springfield, Ill.: C.C.
Thomas.

Scrignar, C. B. (1981). Rapid treatment of con-
tamination phobia with hand washing com-
pulsion by flooding with hypnosis. *American Journal of Clinical Hypnosis, 23,* 252-
257.

Seif, B. (1982). Hypnosis in a man with fear of
voiding in publing facilities. *American
Journal of Clinical Hypnosis, 24,* 288-289.

Seligman, M. E. P. (1975). *Helplessness* (On
depression, development and death). San
Franzisko: Freeman.

Seligman, M. E. P. (1983). *Erlernte Hilflosigkeit.* München: Urban & Schwarzenberg.

Sheehan, P. W. & Perry, C. W. (1976). *Metho-
dologies of Hypnosis: A critical appraisal of
contemporary paradigms of hypnosis.* Hills-
dale, New Jersey: Lawrence Erlbaum.

Sheehan, P. W. (1967). A shortened form of
Bett's questionnaire upon mental imagery.
Journal of Clinical Psychology, 23, 386-389.

Sherman, S. J. (1988). Psychotherapie nach
Milton H. Erickson als angewandte Sozialpsychologie. *Hypnose und Kognition, 5,* 54-
73.

Shorr, J. E. (1983). *Psychotherapy through imagery.* New York: Thieme/Stratton.

Silverman, L. H. (1976). Psychoanalytic theory:
"The reports of my death are greatly exag-
gerated". *American Psychologist, 31,* 612-
637.

Singer, J. L. (1978). *Phantasie und Tagtraum:
Imaginative Methoden in der Psychotherapie.*
München: Pfeifer.

Singer, J. L. (1979). Imagery and affect in psychotherapy. In A. A. Sheikh & J. T. Shaffer
(Hrsg.), *The potential of fantasy and imagination* (chap.3). New York:Brandon
House.

Skinner, B. F. (1938). *The behavior of orga-
nisms.* New York: Appleton-Century.

Skinner, B. F. (1953). *Science and human behavior.* London: Macmillan. (deutsch: Wissenschaft und menschliches Verhalten.
München: Kindler, 1973)

Skinner, B. F. (1969). *Contingencies of reinforcement: A theoretical analysis.* New York:
Appleton-Century. (deutsch: Die Funktion
der Verstärkung in der Verhaltenswissen-
schaft. München: Kindler, 1974)

Smith, S., J. & Balaban, A. B. (1983). A multi-
dimensional approach to pain relief: Case
report of a patient with Systemic Lupus
Erythematosus. *International Journal of
Clinical and Experimental Hypnosis, 31,* 72-
81.

Smolenskii-Ivanov, A. G. (Hrsg.). (1955).
*Works of the Institute of Higher Nervous Ac-
tivity* (Pathophysiological series, Band 1).
Moscow: The Academy of Sciences of the
U.S.S.R.

Sobell, M. B., Sobell, L. C., Ersner-Hershfield,
S. & Nirenberg, T. D. (1982). Alcohol and
drug problems. In A. S. Bellack, M. Her-
sen, & A. E. Kazdin (Hrsg.), *International
handbook of behavior modification and therapy.* New York: Plenum.

Solomon, R. L., Kamin, L. J. & Wynne, L. C.
(1953). Traumatic avoidance learning The
outcome of several extinction procedures
with dogs. *Journal of Abnormal and Social
Psychology, 48,* 291- 302.

Sorgatz, H. (1986). Theorien zur Erklärung gestörten Verhaltens. In DGVT (Hrsg.), *Ver-*

haltenstherapie: Theorien und Methoden (Forum 11, S. 180 - 206). Tübingen: DGVT.

Spanos, N. P. (1973). *Hypnosis: A social and phaenomenological perspective* (Diss.). Boston University.

Spanos, N. P. (1976). Hypnosis and behavior therapy: Common denominators. In E. Dengrove (Hrsg.), *Hypnosis and behavior therapy* (S. 148-179). Springfield, Ill.: C.C. Thomas.

Spanos, N. P. (1986). Hypnotic behavior: A socialpsychological interpretation of amnesia, analgesia and "trance logic". *The Behavioral and Brain Sciences, 9,* 449-502.

Spanos, N. P. (1988). *Hypnotic and suggestive procedures in wart removal* (Paper read at 11th International Congress of Hypnosis and Psychosomatic Medicine, 13.-19.8.1987,). Den Haag.

Spanos, N. P. & Barber, T. X. (1974). Toward a convergence in hypnosis research. *American Psychologist, 29,* 500-511.

Spanos, N. P., Flynn, D. M. & Gwynn, M. I. (1989a). Entgegnung der Autoren [Diskussionsbeitrag von Harold S. Zamansky zu Spanos et al.]. *Hypnose und Kognition, 6,* 44-47.

Spanos, N. P., Flynn, D. M. & Gwynn, M. I. (1989b). Kontext- Anforderungen, negative Halluzinationen und die Geheime- Beobachter-Reaktion: Drei Geheime Beobachter beobachtet. *Hypnose und Kognition, 6,* 33-40.

Spies, G. (1979). Desensitization of test anxiety: Hypnosis compared with biofeedback. *American Journal of Clinical Hypnosis, 22,* 108-111.

Spinthoven, P. (1987). Hypnosis and behavior therapy: A review. *International Journal of Clinical and Experimental Hypnosis, 35,* 8-31.

Spitz, R. (1967). *Vom Säugling zum Kleinkind* (Naturgeschichte der Mutter-Kind-Beziehung im ersten Lebensjahr). Stuttgart: Klett.

Squire, L. R. (1978). Memory: Neural organization and behavior. In F. Plum, V. B. Mountcastle, & S. R. Geiger (Hrsg.), *Handbook of physiology* (Band 5, S. 295-371). Bethesda, Maryland: American Physiological Society.

Stampfl, T. G. (1961). Implosive therapy: A learning theory derived psychodynamic therapeutic technique. In Lebarba; Dent (Hrsg.), *Critical issues in clinical psychology.* New York: Academic Press.

Stampfl, T. G. & Levis, D. J. (1967). Essentials of implosive therapy: A learning-theory-based psychodynamic behavioral therapy. *Journal of Abnormal Psychology, 72,* 496-503.

Stampfl, T. G. & Levis, D. J. (1973). *Implosive therapy: Theory and technique.* Morristowm, N.J.: General Learning Press.

Stegmüller, W. (1969). *Probleme und Resultate der Wissenschaftstheorie und Analytischen Philosophie* (Band I). Berlin: Springer.

Stokvis, B. & Wiesenhütter, E. (1971). *Der Mensch in der Entspannung* (3.Aufl.). Stuttgart: Hippokrates.

Strosahl, K. D. & Ascough, J. C. (1981). Clinical uses of mental imagery: Experimental foundations, theoretical misconceptions, and research issues. *Psychological Bulletin, 89,* 422-438.

Surman, O. S. (1979). Postnoxious desensitization: Some clinical notes on the combined use of hypnosis and systematic desensitization. *American Journal of Clinical Hypnosis, 22,* 54- 60.

Surwit, R., S. (1981). Behavioral approaches to Raynaud's disease. *Psychotherapy and Psychosomatics, 36,* 224-245.

Susskind, D. J. (1970). The idealized self-image (ISI). *Behavior Therapy, 1,* 538-541.

Susskind, D. J. (1976). The idealized self-image and the development of learned resourcefulness. In E. Dengrove (Hrsg.), *Hypnosis and behavior therapy* (S. 317-329). Springfield, Ill.: C.C. Thomas.

Sutcliffe, J. P. (1960). "Credulous" and "sceptical" views of hypnotic phenomena: A review of certain evidence and methodology. *International Journal of Clinical and Experimental Hypnosis, 8,* 73-101.

Sutcliffe, J. P. (1961). "Credulous" and "sceptical" views of hypnotic phenomena: Experiments in esthesia, hallucination, and delusion. *Journal of Abnormal and Social Psychology, 62,* 189-200.

Svoboda, T. (1979). *Kognitive Verhaltenstherapie(en) und Hypnose* (Diss.). Universität Würzburg.

Switras, J. E. (1978). An alternate-form instrument to assess vividness and controllability of mental imagery in seven modalities. *Perceptual and Motor Skills, 46,* 379-384.

Thomas, K. (1967). *Praxis der Selbsthypnose und des Autogenen Trainings.* Stuttgart: Thieme.

Thompson, K. F. (1988). Die Kuriosität Milton H. Ericksons. *Hypnose und Kognition, 5,* 39-45.

Timm, S. A. (1977). Systematic desensitization of a phobia for flying with the use of suggestion. *Aviation, Space & Environmental Medicine, 48,* 370-372.

Todd, F. J. & Kelly, R., J. (1976). The use of hypnosis to facilitate conditioned relaxation responses: A report of three cases. In E. Dengrove (Hrsg.), *Hypnosis and behavior therapy* (S. 219-226). Springfield, Ill.: C.C. Thomas.

Tolman, E. C. (1932). *Purposive behavior in animals and men.* New York: Appleton-Century.

Tosi, D., J., Howard, L. & Gwynne, P. H. (1982). The treatment of anxiety neurosis through rational stage directed hypnotherapy; A cognitive experiential perspective. *Psychotherapy: theory, research & practice, 19,* 95-101.

Tower, R. & Singer, J. (1980). The measurement of imagery: How can it be clinically useful?. In P. Kendall & S. Hollon (Hrsg.), *Cognitive - behavioral interventions: Assessment methods* (chap. 5). New York, Academic Press.

Trenkle, B. (1985). Anekdoten und Metaphern: Indirekte Ericksonsche Techniken in Psychotherapie, Medizin und Familientherapie. In B. Peter (Hrsg.), *Hypnose und Hypnotherapie nach Milton H.Erickson* (S. 128-144). München: Pfeiffer.

True, R. M. & Stephenson, C. W. (1951). Controlled experiments correlating EEG, pulse and plantar reflexes with hypnotic age regression and induced emotional states. *Journal of Personality, 1,* 252-263.

Tschacher, W. (1989). *Interaktion in selbstorganisierten Systemen* (Grundlegung eines dynamisch-synergetisch Forschungsprogramms in der Psychologie). Eberhard-Karls- Universität Tübingen, Tübingen. (unveröffentlichte Dissertation)

Tulving, E. (1972). Episodic and semantic memory. In E. Tulving & W. Donaldson (Hrsg.), *Organization of memory* (S. 381-403). New York: Academic Press.

Tulving, E. (1985). How many memory systems are there?. *American Psychologist, 40,* 385-398.

Ullrich, H. (1961-1962). Maria-Theresia Paradis und Dr. Franz Anton Mesmer. *Jahrbuch des Vereins für Geschichte der Stadt Wien, 17-18,* 149-188.

Ullrich, R. & Ullrich de Muynck, R. (1973). Probleme bei der klinischen Anwendung der Reizüberflutungsmethode. In J. C. Brengelmann & W. Tunner (Hrsg.), *Behavior Therapy / Verhaltenstherapie* (S. 104-116). München: Urban & Schwarzenberg.

Ullrich, R. & Ullrich de Muynck, R. (1974). Implosion, Reizüberflutung, Habituationstraining. In C. Kraiker (Hrsg.), *Handbuch der Verhaltenstherapie* (S. 369-397). München: Kindler.

Vaitl, D. (1978). Entspannungstechniken. In L. J. Pongratz (Hrsg.), *Handbuch der Psychologie* (Klinische Psychologie, 8/II, S. 2104-2143). Göttingen: Hogrefe.

Wachtel, P. L. (1981). *Psychoanalyse und Verhaltenstherapie.* Stuttgart: Klett-Cotta.

Wadden, T. A. & Flaxman, J. (1981). Hypnosis and weight loss: A preliminary srudy. *International Journal of Clinical and Experimental Hypnosis, 29,* 162-173.

Walker, W. L., Collins, J., K. & Krass, J. (1982). Four hypnosis scripts from the Macquarie Weight Control Programme. *Australian Journal of Clinical and Experimental Hypnosis, 10,* 125-133.

Wall, T. W. (1984). Hypnotic Phenomena. In W. C. Wester & A. H. Smith (Hrsg.), *Clinical Hypnosis* (A multidisciplinary approach, S. 57-72). Philadelphia, London, Mexico City, New York: Lippincott Company.

Watson, J. B. & Rayner, R. (1920). Conditioned emotional reactions. *Journal of Experimental Psychology, 3,* 1-14.

Watzlawick, P., Beavin, J. & Jackson, D. D. (1967). *Pragmatics of human communication.* New York: Norton.

Watzlawick, P., Weakland, J. H. & Fisch, R. (1975). *Lösungen* (Zur Theorie und Praxis menschlichen Wandels). Bern: Huber.

Watzlawick, P., Beavin, J. H. & Jackson, D. D. (1969). *Menschliche Kommunikation: Formen, Störungen, Paradoxien.* Bern: Huber.

Weeks, G. R. & L'Abate, L. (1982). *Paradoxical psychotherapy.* New York: Bruner & Mazel.

Weerts, T. C. & Lang, P. J. (1978). Psychophysiology of fear imagery:Differences between focal phobia and social performance anxiety. *Journal of Consulting and Clinical Psychology, 46,* 1157- 1159.

Wegner, R. (1990). "Intrinsische Motivation" - ein Fremdwort in der Verhaltenstherapie. *Verhaltenstherapie & Psychosoziale Praxis* (2/90), 225-234.

Weiss, J. M. (1972). Psychological factors on stress and disease. *Scientific American, 226* (6), 104-113.

Weitzenhoffer, A. M. (1953). *Hypnotism: An objective study in suggestibility.* New York: Wiley.

Weitzenhoffer, A. M. (1972/1976). Behavior therapeutic techniques and hypnotherapeutic methods. In E. Dengrove (Hrsg.), *Hypnosis and behavior therapy* (S. 288-306). Springfield, Ill.: C.C. Thomas. (Original in American Journal of Clinical Hypnosis, 1972, 15, 2, 71-82)

Weitzenhoffer, A. M. & Hilgard, E. R. (1959). *Stanford Hypnotic Susceptibility Scale, Forms A and B.* Palo Alto, Calif.: Consulting Psychologists Press. (Deutsche Fassung von Walter Bongartz, Univ. Konstanz, 1982)

Weitzman, B. (1967). Behavior therapy and Psychotherapy. *Psychological Review, 74,* 300-317.

Welch, L. A. (1947). A behavioristic explanation of the mechanism of suggestion and hypnosis. *Journal of Abnormal and Social Psychology, 42,* 359-364.

Westmeyer, H. & Hoffmann, N. (1977). *Verhaltenstherapie: Grundlegende Texte.* Hamburg: Hoffmann & Campe.

White, K., Sheehan, P. W. & Ashton, R. (1977). Imagery assessment:A survey of self-report measures. *Journal of Mental Imagery, 1,* 145-170.

White, P. (1980). Theoretical note:Limitations on verbal reports of internal events. *Psychological Review, 87,* 105-112.

Wickramasekera, I. (1976). The modification of hypnotic behavior or extending the verbal control of complex human behavior. In E. Dengrove (Hrsg.), *Hypnosis and behavior therapy* (S. 367-378). Springfield, Ill.: C.C. Thomas.

Wilder, J. (1957). The law of initial value in neurology and psychiatry. *Journal of Nervous & Mental Disease, 125,* 73-86.

Wilson, G. T. & Davison, G. C. (1971). Processes of fear reduction in systematic desensitization. *Psychological Bulletin, 76,* 1-14.

Winson, J. (1986). *Auf dem Boden der Träume.* Weilheim: Beltz.

Wittgenstein, L. (1960). *Schriften.* Frankfurt: Suhrkamp.

Wolberg, L. R. (1948). *Medical hypnosis* (2 Vols.). New York: Grune & Stratton.

Wolpe, J. (1958). *Psychotherapy by reciprocal inhibition.* Stanford: Stanford University Press.

Wolpe, J. (1961). The systematic desensitization treatment of neuroses. *Journal of Nervous and Mental Deseases, 112,* 189.

Wolpe, J. (1969). *The practice of behavior therapy.* Oxford: Pergamon. (deutsch: Praxis der Verhaltenstherapie. Bern: Huber, 1974)

Wolpe, J. (1972). *Praxis der Verhaltenstherapie.* Bern: Huber. (Original: The practice of behavior therapy. London: Pergamon, 1969)

Wolpin, M. (1969). Guided imagining to reduce avoidance behavior. *Psychotherapy: Theory, Research and Practice, 6,* 122- 124.

Yamauchi, K. T. (1981). Dental fear in a chronic schizophrenic: A case report. *American Journal of Clinical Hypnosis, 24,* 128- 131.

Yapko, M. D. (1984). *Trancework: An introduction to clinical hypnosis.* New York: Irvington Publishers.

Yates, A. J. (1958). The application of learning theory to the treatment of tics. *Journal of abnormal and social psychology, 56,* 175-182.

Yates, A. J. (1970). *Behavior therapy.* New York: Wiley.

Yates, A. J. (1975). *Theory and practice in behavior therapy*. New York: Wiley.

Young, P. C. (1940). Hypnotic regression: fact or artifact. *Journal of Abnormal and Social Psychology, 35,* 273-278.

Zamansky, H. S. (1989). Diskussionskommentar zu Spanos et al. [Kontext-Anforderungen, negative Halluzinationen und die Geheime- Beobachter-Reaktion: Drei Geheime Beobachter beobachtet]. *Hypnose und Kognition, 6,* 41-43.

Zeig, J. K. (1977). *Tympanic temperature, hypnosis and laterality* (Ph.D. dissertation). Georgia State University.

Zeig, J. K. (1980). *A teaching seminar with Milton H. Erickson*. New York: Brunner/Mazel.

Zeig, J. K. (Hrsg.). (1985). *Ericksonian Psychotherapy* (2 Vols.). New York: Brunner/Mazel.

Zeig, J. K. (1988a). An Ericksonian phenomenological approach to therapeutic hypnotic induction and symptom utilization. In J. K. Zeig & S. R. Lankton (Hrsg.), *Developing Ericksonian therapy: State of the art* (S. 353-375). New York: Brunner/Mazel.

Zeig, J. K. (1988b). Therapeutische Muster der Ericksonschen Kommunikation der Beeinflussung. *Hypnose und Kognition, 5,* 5-18.

Zeig, J. K. & Lankton, S. R. (Hrsg.). (1988). *Developing Ericksonian Therapy. State of the art*. New York: Brunner/Mazel.

Zeltzer, L. & LeBaron, S. (1983). Hypnotische und nichthypnotische Interventionen zur Linderung von Schmerz und Angst unter schmerzhaften Eingriffen bei krebskranken Kindern und Jugendlichen. *Experimentelle und Klinische Hypnose, 1,* 1-8.

Zimbardo, P. G., Marshall, G., White, G. & Maslach, C. (1976). Objective assessment of hypnotically induced time distortion. In E. Dengrove (Hrsg.), *Hypnosis and behavior therapy* (S. 104-112). Springfield, Ill.: C.C. Thomas.

Sachindex

Namensindex

Achterberg-Lawlis, J. 83
Adams-Webber, J.R. 179
Ahsen, A. 179, 180, 182
Asher, L.M. 224
Astor, M.H. 42

Babinski, J.F. 14
Bandler, R. 125, 226
Bandura, A. 146, 147
Barber,T.X. 16, 40, 42, 45, 183, 222, 224
Barrios, A.A. 41, 42
Bartling, G. 247
Baum, M. 176
Bayer, V. 213
Bearoff, J. 40
Bechterew, V. 13
Beck, A. 13, 38, 175, 196, 226, 234, 235, 249
Benline, T.A. 172
Bergold, J. 31
Berkovec, T.D. 32
Bernheim, H. 13-15, 18-21, 167, 182, 190, 193, 195, 223, 238
Bernstein, D.S. 32
Binet, A. 17
Birbaumer, N. 82, 83, 157, 158, 219
Black, S. 171
Blankart, B. 172
Blöschl, L. 201
Bongartz, B. 17, 76
Bongartz, W. 17, 76, 92, 145, 159, 160, 184, 193, 195, 199, 210
Bower, G.A. 244, 248
Bower, G.H. 147, 156
Bowers, K.M. 216
Braid, J. 12, 19
Bramwell, H. 13
Brandsman, B. 233
Braun, Ch. 42, 218
Brehm, J.W. 148, 150, 202, 203
Brehm, S.S. 202-204
Bremen, S.v. 144
Bremer, B. 42
Brennman, M. 213, 223
Breuer, J. 14, 15, 20-22, 27, 179-181, 185, 194, 195, 209, 238
Brown, B.M. 206
Burrows, G.D. 224
Butollo, W. 157, 176

Cannon, D.S. 33
Carlson, H.J. 171
Caspar, F. 247
Cautela, J.R. 33, 34, 37, 42, 148, 183, 237
Chapman, C.R. 216
Charcot, J.M. 14, 15, 223
Chaves, J.F. 42
Chen, A. 215
Cherry, E.C. 221
Chertok, L. 225
Chisholm, W. 224
Chomsky, N. 226
Ciompi, L. 233
Clarke, C. 43
Coe, W.C. 16, 223
Crasilneck, H.B. 41, 224
Curran, J.P. 34

D'Zurilla, T.J. 237
Danaher, B.G. 45
Darwin, Ch. 218
Davison, G.C. 157
Dedenroth, T.E.v. 42
Dengrove, E. 42
Descartes, R. 189
Diamond, M.J. 157
Dixon, N.F. 82, 219
Dollard, J. 148
Dunlap, K. 40, 161, 166, 201

Eccles, J.C. 218, 252
Edmonston, W.E. 224
Elkins, R.L. 34
Ellenberger, H.F. 10, 21, 182
Elliotson, J. 18
Elliott, R. 172
Ellis, A. 38, 186, 234, 235, 237
Erickson, M.H. 15, 16, 21-27, 42, 143, 148, 150-163, 166-173, 176, 179, 182, 183-187, 191, 202, 206, 221, 223, 238, 241, 242, 244, 246, 252
Erman, W. 11
Esdaile, J. 18, 216
Estes, W.K. 230
Evans, F.J. 40
Eysenck, H.J. 246

Farelly, F. 233